中國人口通史

9
元代卷

袁祖亮主编

李　莎著

人民出版社

目　录

绪　论

第一节　蒙元概说

一、分期、疆域与人口数量

蒙元在历史上包括大蒙古国（1206—1270 年）和大元（1271—1368 年）两个统治时期，合称蒙元，历史上泛称为元代。元代是由蒙古民族建立的统一的封建政权，也是中国历史上第一个由少数民族建立的统一政权。

蒙古族的祖先很早就生活在大兴安岭北段、额尔古纳河以东地区，后西迁至蒙古高原，以游牧、畜牧和渔猎为生。11—12 世纪，蒙古高原遍布大大小小的蒙古部落，主要有乞颜部、塔塔儿部、弘吉剌部、汪古部、克烈部、乃蛮部、篾儿乞部等等。各部没有统一的首领，互相攻掠，纷争不已。13 世纪初，蒙古部首领铁木真通过兼并战争统一了蒙古高原各部，1206 年于斡难河（今鄂嫩河）源称帝，建国于漠北，称成吉思汗，国号为大蒙古国。成吉思汗的大斡耳朵设在怯绿连河上游的曲雕阿兰之地（今蒙古国肯特省温都尔汗西南）。1235 年，太宗窝阔台始于鄂尔浑河上游建立国都哈剌和林城（今蒙古国哈尔和林）。此后，定宗贵由和宪宗蒙哥相继继承汗位。

中统元年（1260 年），世祖忽必烈在开平即位。中统四年（1263 年），正式定开平为上都，燕京为中都。至元八年（1271 年），取易经"大哉乾元"之义，改国号为大元。次年，改中都为大都，定为首都。至元十三年（1276 年），元军攻陷南宋都城临安（今浙江杭州）。随后又用了三年时间剿杀南宋反元残余势力，完成了全国的统一。

忽必烈后，历经成宗、武宗、仁宗、英宗、泰定帝、天顺帝、文宗、明宗、宁宗和顺帝诸朝，成吉思汗家族内部争夺皇位和统治阶级上层争权夺利的政治斗争愈演愈烈，阶级矛盾日益激化,蒙古贵族的统治在农民起义的浪潮中迅速土崩瓦解。至正二十八年(1368年)八月,明军攻占大都,元顺帝逃往蒙古本土,两年后死于应昌(今内蒙古克什克腾旗达里诺尔西)。太子爱猷识理达腊即位,仍沿用大元的国号,在明代又传了六帝,苟延残喘了34年,史称北元。

总的来说,元代自1206年成吉思汗称帝建国到1368年元顺帝北遁、明王朝建立,历15帝,共163年。从1271年忽必烈定国号大元算起,历11帝,凡98年。而从1279年统一全国算起仅有90年,在中国历史上属于比较短命的王朝。

蒙古国建立后,成吉思汗及其后继者对外展开了大规模的掠夺和征服战争,先后消灭了西辽、西夏、金、吐蕃、大理、南宋等割据政权,征服了西域一些部族,版图不断扩张,成为一个疆域空前、横跨亚欧大陆的大帝国。元代极盛时版图西到两河流域,北到西伯利亚,东达朝鲜半岛,南抵中国南海,大大超过了汉唐盛世,奠定了我国当今疆域的基础。《元史·地理志·序》曰:"自封建变为郡县,有天下者,汉、隋、唐、宋为盛,然幅员之广,咸不逮元……元东南所至不下汉、唐,而西北则过之,有难以里数限者矣。"

元代的疆域名义上应包括中央直辖的"大汗之国"和诸王统治下的西北各"宗藩之国"——钦察汗国(又称金帐汗国)、察合台汗国、窝阔台汗国和伊利汗国[①]。四大汗国分别是由成吉思汗的四个儿子——术赤、察合台、窝阔台、拖雷及其后裔在各自封地的基础上建立起来的元代的藩属国。它们的历史有长有短,领地大小不一,与元代中央的关系也有亲有疏。四大汗国领地的境外部分包括苏联的欧洲领土、罗马尼亚、保加利亚、波兰的加利西亚以及伊朗、伊拉克、阿富汗、叙利亚、土耳其的一部分,境内部分据有今新疆昆仑山以北、乌鲁木齐以西的大部分地区。忽必烈以前,大蒙古国全境是统一在大汗的统治之下的。忽必烈争得皇位后,各汗国的统治区进一步扩大,并走向了独立化和半独立化。成宗以后,察合台汗国又占据了东部天山的畏兀儿地区和塔里木盆地的一些绿洲,元代中央直接统治的地域在西北边线大大缩减。

随着版图的扩张,蒙古政权统治下的人口数量迅速增长。史料中有明确记载的户口数据显示,元代户数最高时在至元三十年,计14002760户;口数最高时在至元二十八年,计60278082口。[②]

二、统治制度与发展状况

(一)统治制度

蒙古国的开创者成吉思汗建立和完善了大蒙古国的统治制度。他对蒙古百姓实行军政合一的千户制,建立了一支万人护卫军和怯薛机构,设置了处决中央司法行政的长官大断事官,制定了法典大札撒,按照蒙古传统分封子弟,并创制了畏兀儿字蒙古文。在蒙古国内,形成了成吉思汗家族的各支宗王、千户长和百户长等各级那颜、平民和奴隶不同的社会等级。广大蒙古牧民以游牧和狩猎为生,向统治阶级纳税服役。经略中原后,窝阔台汗和蒙哥汗先后在汉地实行括户和新税法,建立并整顿了统治机构。

忽必烈改国号为大元后,完成了全国统一,奠定了元代统一政权的各项统治制度的基础。

元代的都城北有上都、南有大都,两都并存,形成了具有蒙古游牧民族特色的两都巡幸制度。两都巡幸制度始于中统四年,有元一代诸帝皆遵循不变。皇帝一般是每年二月或三月从大都北上,八月或九月自上都南还,后来在大都的时间延长到八个月。皇帝北巡期间,除后妃、怯薛外,中书省、枢密院、御史台及其他中央官署的主要官员也随从至上都,处理政务,而留副职若干员居守大都,重要军政事务需急驿奏报上都朝廷处理。

中央政府的军、政统治机构主要由中书省、枢密院、御史台构成。中书省领六部并主持全国政务,枢密院掌军事,御史台负责督察。地方行政机构分别为省、路、府、州、县。行省是朝廷委派重臣到各地署事、行使中书省职权的简称,以后行省由中央临时派出机构转为地方常设的最高行政机构。元代在全国设有陕西、四川、甘肃、河南、云南、湖广、江浙、江西、辽阳、岭北等 10 个行省[③]。加上中书省直辖(又称腹里)和宣政院所辖吐蕃地区,元朝全境共划分为 12 个一级政区,形成了"都省握天下之机,十省分天下之治"的行政区划格局。行省权限很大,统辖路、府、州、县的政务、钱粮、兵甲、屯种、漕运、军事等等。元代行省制度是自秦汉以来中央集权制度的一个重大发展。

元代的军事制度十分严密。保留了成吉思汗创立的四怯薛轮番入侍宿卫制度,宿卫军队一般在万人以上,由皇帝或亲信大臣直接节制。担任两都防卫的军队是侍卫亲军,到元末先后设置 30 余卫,隶属于枢密院。镇守全国各地的是镇戍军,正规军队有蒙古军、探马赤军、汉军、新附军等。

元代的司法制度实行蒙古法与汉法并行。有元一代,蒙古国原设的扎鲁忽赤(断事官)与中书省的刑部并存。元代民族等级制度突出,蒙古统治者规定由不同机构处理不同民族的争讼。蒙古宗室贵族所属的蒙古、色目人口及两都所属蒙古、军、站、色目人口的刑狱都由扎鲁忽赤和宗正府来掌管;蒙古人与色目人犯重罪,一概由大宗正府审理,而且必须由蒙古人对罪犯进行判决;量刑的轻重也因民族等级不同而相差悬殊。在审判方面形成了特殊的约会制度,用于处理民户与僧、道、儒、医、灶、军等诸色户计之间发生的法律问题。世祖、英宗和顺帝时分别颁布了《至元新格》《大元通制》和《至正条格》等法典，但是有元一代的司法断案基本上是以旧例为准，始终没有颁行一部真正意义上的、形式完备的法典。

（二）发展状况

元代的统一，结束了我国自唐末以来持续了300多年的分裂局面，不仅加强了国内各地区、各民族间的相互联系，还扩大了对内对外交流，为社会各项事业的发展创造了有利条件。

元代的经济仍以农业经济为主，在生产技术、垦田面积、粮食产量、水利兴修和棉花的推广种植技术等方面都超过了前代。牧地的扩大和牧养设施的改进促进了畜牧业的发展。蒙古统治者十分重视手工业，行业种类和生产水平均有提高。尤其是官营手工业十分发达，其规模、产量和分布之广均超过前代，民间手工业也有一定发展。新兴棉纺业和毡业已达到相当高的水平，制瓷和印刷业等也有较大进步。驿站制度的建立完善和海运的开通，使国内外交通空前发达，商业比宋、唐时代有很大发展，城镇的数量和人口有较大增长，城市繁荣，盛况空前，大都、杭州、泉州、广州等都是当时闻名世界的大都市。元朝的国际贸易交往，东到高丽、日本，南到印度和南洋各地，西南通阿拉伯、地中海东部，西面远达非洲。元朝先后在泉州、庆元（今浙江宁波）、上海、澉浦（今浙江海盐南）、温州、广州、杭州等地设立市舶司，专门管理对外贸易。元代与高丽王朝长期往来密切，并有多次皇室联姻。此外，元廷多次派人出使，与日本、泰国、越南、缅甸、柬埔寨、印度、印度尼西亚等南海诸国、非洲、阿拉伯半岛以及欧洲等许多国家和地区建立广泛交往，民间贸易和往来也比较频繁。

元代的文化艺术和科学技术异常繁荣，取得了许多举世瞩目的成就。程朱理学在全国范围内得以继承和发展，耶律楚材、赵复、许衡、刘因、吴澄、窦默、许谦、郝经等都是当时较有影响的理学家。除蒙古族传统的萨满教外，蒙古统治者不排斥佛教、道教、伊斯兰教、基督教、摩尼教、犹太教、湿婆教（印度教）等的传播，宗教的发展十分兴盛。官修史书《脱卜赤颜（tobciyan，秘史）》《元实录》《辽史》《金史》《宋史》等和胡三省的《资治通鉴音注》、马端临的《文献通考》、苏天爵的《国朝名臣事略》等私家史学著作都具有很高的史料价值，并开创了各族史学家共同参与合作的新局面。其中成书于13世纪中期的《脱卜赤颜》是蒙古族的第一部历史、文学巨著，是研究早期蒙古历史、文学的最重要的典籍。元代创造了新的文艺品种——元曲，推动了文学平民化，关汉卿、马致远、郑光祖、白朴被后世誉为"元曲四大家"。诗词创作数量可观，"呈现出各民族作家共同用汉文创作的繁荣景象。这种情况也是历代文学史上所没有的"④。国内外音乐得到广泛交流和发展，风琴、火不思、胡琴等乐器都第一次出现在中国文献记载中。山水画和壁画艺术也有很高的成就。图书出版尤其是民族语言文字图书的出版成就斐然,出版的图书有蒙古文、藏文、西夏文、契丹文、梵文、波斯文、粟特文、突厥文、叙利亚文、回纥文、阿拉伯文等。元代是中国天文学发展的鼎盛时期,位居世界前列,科学家郭守敬为元代天文学发展作出了突出贡献。宋元时期,"在许多数学的重要领域之内,中国数学家处于遥遥领先的地位"[5],珠算就是在元代发明的。国内外交往频繁,地理知识得到发展。元代官方首次派人实地考察黄河之源,写成了我国关于河源的第一部专著《河源志》。元代还出现了我国第一个地球仪,即至元四年(1267 年)扎马鲁丁制造的一个木质地球仪。元代对纺织业、陶瓷业、制茶业、制盐业、矿冶、机械、印刷、建筑、水利、造船与航海、兵器等手工业工程技术加以改进和革新,出现了三锭脚大纺车、水力大纺车、水转龙骨水车、晒盐法、木活字印刷术、套色印刷术等一系列发明。此外,在农学、医药学等领域也取得了不少成就。

第二节　本书的研究意义、内容和方法

一、研究意义

元代人口史研究是中国古代人口史研究的重要组成部分,是探索揭示当时人口状况和发展变化的重要途径,是进行人口问题的对比研究、宏观研究、发现总结历史人口发展规律的基础,对正确认识和处理现代社会的人口问题具有一定的参考借鉴意义。

学者们已为元代人口研究奠定了坚实的基础,但研究领域主要集中于元代人口数量、户口统计、户籍制度、人口分布、人口迁移、民族人口,区域人口和城市人口方面也取得了一些成果。本书的学术价值和学术创新主要体现在:除对已有研究内容加以辨析、吸收和推进外,还分别对元代的人口政策、人口结构、人口思想、人口素质和人口姓氏等问题的研究进行了积极探索和拓展。

二、研究内容

本书的研究内容包括元代人口研究概况、元代的户口概况、元代的人口分布、元代的人口政策、元代的人口迁移、元代的人口素质、元代的人口构成、元代的婚姻家庭与人口、元代的人口姓氏与分布、元代的人口思想共 10 个部分,重点研究元代人口史

9 个方面的问题,分析总结元代人口发展的一般规律和特点。

（一）元代人口研究概况

从十几个方面收录概括了国内外元代人口研究的主要成果和学术观点,分别是元代人口数量问题研究概况、元代人口统计与管理问题研究概况、元代人口分布与迁移问题研究概况、元代区域人口问题研究概况、元代民族人口问题研究概况、元代城市人口问题研究概况、元代人口的婚姻家庭问题研究概况、元代人口政策问题研究概况、元代人口思想和人口素质问题研究概况、元代人物与家族问题研究概况。

（二）元代的户口概况

户口问题是元代人口研究中的一个基本问题。书中主要论述元代不同时期的全国（不包括四大汗国）户口数量和各级地方政区的户口概况。学术界对元代全国户口问题一直存有争议:一是对史料所载一些蒙元全国户口资料的认识不统一,如太宗乙未籍户的户数、宪宗壬子籍户的户数、世祖至元七年的户数、"终世祖之世"的年代和户口数据、至顺元年"户部钱粮户数"的含义;二是对元代全国实际人口的峰值、峰点的推算有不同结论。在阐述分析学界不同结论的基础上,书中就元代全国户口数量问题说明了个人观点,还考察了元代省、路、府、州、县各级政区的人口概况以及隅、坊、乡、里、村、社等城乡基层行政组织的人口概况。

（三）元代的人口分布、密度与比重

人口分布有广义和狭义之分。广义的人口分布包括人口过程的各个方面,即人口再生产过程、人口结构、人口素质等的地域差别;狭义的人口分布只是人口数量的地域差别。书中所称的人口分布是狭义的人口分布,对元代的人口数量和史料中的户口数据加以辨析,以至顺元年（1330 年）为标准年代,研究了元代人口在现今国内 28 个省区的分布情况,计算出各省区的人口比重和人口密度,并分析了其规律和特点。

（四）元代的人口政策

人口政策也有广义和狭义之分。广义的人口政策是指那些对人口过程产生重大影响和旨在影响人口过程的国家行为。它包括人口社会变动方面的政策,如职业、行业、城乡人口转化、人口城镇化等;人口自然变动方面的政策,如婚姻、家庭、生育、死亡政策;人口迁移变动方面的政策,如人口的地区分布、国内国际迁移、侨居政策;人口社会活动方面的政策,如普及教育、劳动就业、户籍管理、医疗卫生、退休安置、社会保障政策。狭义的人口政策专指统治阶级采取的、旨在影响人口过程的政策、法令和措施,包括生育政策、死亡政策和婚姻家庭政策。人口政策是统治阶级意志的具体体现,具有历史性、强制性。其实施情况直接关系到人口的发展过程,关系到社会的稳定、经济的发展和民族关系的融洽。

元代的人口政策涉及经济、民族、宗教、教育、法律、婚姻、生育、医疗、社会保障等诸多领域,目前学界尚未见有比较系统的研究。书中从广义人口政策的角度,结合元代的历史特点,较为详细地考述了元代的户籍管理制度、屠杀俘掠政策、人口赏赐政策、赋役优免政策、刑律优免政策、救助赈恤政策、优抚政策、医疗政策、收养政策、官员休假和退休养老政策的主要内容、实施情况及其影响与特点。至于迁移政策、教育政策、婚姻家庭和生育政策分别在元代的人口迁移、人口素质、婚姻家庭和人口思想的有关章节论述。

（五）元代的人口迁移

人口迁移是指人口在不同地理空间的迁徙和移动。按照迁移的地理空间,可分为国内迁移和国际迁移。按照迁移的行为可分为迁入和迁出。按照迁移的时间过程和性质,可分为临时的、短期的非定居性人口迁移(如外出务工、经商、从军、求学、仕宦、服役、行医、传教、文化技术交流、游历、逃荒、躲债、避祸、乞讨、流浪)和长期的、永久的定居性迁移(即迁居或定居)。按照促成迁移的主体,可分为国家组织的人口迁移和人口的自发性迁移。历史上的人口迁移与自然环境和各种经济、社会因素密切相关。

元代的人口迁移规模大、范围广、次数频繁。主要是由官方组织的人口迁移,也有人口的自发性迁移。书中较为广泛地探讨了元代一些人口迁移类型的迁移状况、规模、政策及其影响。分别为俘掠、进献和买卖人口迁移,征调服役、官吏迁转和人质迁移,屯田迁移,流民和逃人的迁移,流放人群的迁移,降附、亡国、离叛、实京师、联姻、政治防范和经济文化交流迁移等等。

（六）元代的人口素质

人口素质是中国现代人口学中的概念表述。在 20 世纪七八十年代,"人口质量"和"人口素质"通常一起被用作和"人口数量"相对应的概念,用法比较混乱。1987 年和 1991 年,国家教委组织专家、学者和有关人士召开了中国人口素质研讨会,专门就人口质量和人口素质是不是同一概念的问题展开讨论。学者朱国宏认为,人口素质是一个具有多义性的概念,可以从不同的角度来理解和界定。人口质量、人口素质和人口品质均相当于英文中的 Population Quality 一词,其所指是同一的,至于使用哪一术语,一来与时代背景有关,二来与研究者的偏好有关。随着研究的深入,越来越多的学者开始使用人口素质的说法。

目前学术界对人口素质的内涵和外延仍存在争议。穆光宗认为,所谓人口素质或人口质量,就是指在一定的历史条件下人口的结构和组合状态所展现的各种社会功能和影响力。从人口素质的外延来看,主要是"三要素"和"二要素"之争。"三要素"论认为,人口素质包括身体素质、文化科学素质和思想道德素质三个方面。具体说来,人口的身体素质是指发育是否健全、智力是否完好、体力大小、体质强弱、耐力的持久状况、动作的敏捷程度等,一般的常用性指标有平均身高、体重、胸围以及平均增长速度、相对的平均体力和耐力水平、呆残低能人口占总人口的比重、婴儿死亡率、总死亡率、平均预期寿命等;人口的文化科学素质是指一个人口群体的文化知识、科学技术水平、生产经验和劳动技能等,一般的常用性指标有在校大学生占总人口的比重、知识分子占总人口的比例、文盲率等;人口的思想道德素质是指人们的思想意识形态,其中包括人生观、道德观、思想品质和传统习惯,直接或间接进行衡量的指标主要有忠诚的爱国者占总人口的比重、尊老爱幼者占总人口的比重、模范遵守公共秩序者占总人口的比重、吸毒者占总人口的比重、青少年犯罪率及刑事犯罪率等。"二要素"论则认为,人口素质由身体素质和文化科学素质组成。

根据历史唯物主义观点,人口质量和人口数量一样,是由社会生产力的性质及其发展水平决定的,反过来,也对社会经济的发展起着促进或延缓的作用。马克思和恩格斯认为,决定人口素质特别是文化素质和身体素质的最根本的因素是生产力。恩格斯说:"社会一旦有技术上的需要,则这种需要就会比十所大学更能把科学推向前进。"[⑥]这就是说,生产力发展对社会提出的技术上的需要,是推动文化科学发展和提高人口文化科学素质的根本动力。[⑦]

元代人口素质的研究以现代人口学人口素质的"三要素"论为基础。由于社会发展阶段的差异和史料限制,元代的人口素质研究无法像现代人口研究那样以大量精确而全面的数据统计为评价指标,只能在尽可能搜集人口数据资料的同时,探寻和分析当时的有关历史现象。其中元代人口的身体素质主要从寿命、身高和一些人口异常现象来说明,文化科学素质主要从当时教育的发展状况、人们接受教育的主要途径、文化科技的发展与成就、生产劳动技能水平来反映,思想道德素质主要从蒙古族的传统思想观念、道德规范和行为以及忠、孝、节、义等汉族传统思想道德规范在元代的影响来体现。

(七)元代的人口构成

人口构成又叫人口结构,是指人口内部的各种结构。根据人口自身的特性以及同外界事物的关系,可以分为人口的自然构成、社会经济构成和地域构成三个方面。人口的自然构成是从人口的自然生理标志来反映人口的结构,如人口的性别、年龄构成;人口的社会经济构成是从人口的社会经济标志来反映人口的结构,如人口的阶级、民族、宗教、文化程度、婚姻、家庭、行业、职业构成;人口的地域构成是从人口分布的地域状况来反映人口的结构,如人口的自然地域、行政区划、城乡构成。

　　根据掌握的元代史料,书中重点考察了元代的官员构成、吏员构成和区域人口构成。元代官员构成包括官员的数量构成、品级构成、民族构成,以及官员数量构成、品级构成与人口数量的关系;吏员构成在借鉴许凡《元代吏制研究》一书成果的基础上,增加所考察的官府机构的数量和吏员种类;区域人口构成重点考察了《至顺镇江志》、《至元嘉禾志》、《至正金陵新志》、《大德昌国州图志》、《大德南海志》5 种元代方志记载的户口数据,纠正、估算《至顺镇江志》人口数据 35 处,纠正、补充《至正金陵新志》人口数据 37 处,纠正《至元嘉禾志》人口数据 6 处、《大德南海志》人口数据 2 处,详细考察了元代镇江路、嘉兴路、集庆路、昌国州、广州路的政区人口构成、职业人口构成、民族人口构成、城市人口和南北人口构成情况。

　　(八)元代的婚姻家庭与人口

　　马克思和恩格斯认为,社会生产包括物质资料生产和人类自身的生产两种,同样社会再生产也包括物质资料再生产和人口再生产两种。物质资料生产和再生产是人类为了维持自己和后代的生存、发展等消费需要所进行的生产,它的内容是通过劳动从自然界取得满足这些需要的物质财富;人口的生产和再生产是人类为了自身的世代延续所进行的生命的生产,其内容主要是通过生育来繁衍后代。物质资料生产和再生产的社会形式就是劳动者和生产资料结合的形式,即生产关系;人口生产和再生产的社会形式就是男女两性相结合的形式,即婚姻家庭制度。马克思主义唯物辩证法认为,形式和内容是一种辩证关系。那么,作为人口生产和再生产社会形式的婚姻家庭关系是由人口生产和再生产决定的,同时,婚姻家庭关系又对人口生产和再生产起着重要的反作用。

　　元代在婚姻家庭形式和制度方面具有民族性、多样性的特征。除汉族传统的一夫一妻制家庭外,多妻制、收继婚、入赘婚和典雇婚也在社会上和各民族内有不同程度的留存。蒙古统治者在保留本民族传统的基础上,在全国大致实行"各从本俗"的政策,并对汉地的婚礼制度、离婚制度和妇女改嫁制度等做了相对统一的规定。除对上述制度和有关史实的认识外,书中还重点考察了元代女性的初婚年龄、蒙古帝王的后妃子女数量、元代官员的妻妾子女数量、全国及区域户均人口、个体家庭的人口规模等。

　　(九)元代的人口姓氏与分布

　　姓氏是伴随着人类社会的发展而产生的,它起源于原始社会氏族部落使用的图腾。姓氏学是一门颇具特色的边缘学科,与社会学、历史学、地理学、民俗学、人口学等密切相关。中国姓氏的起源很早,从伏羲氏开始"正姓氏,别婚姻",到汉代姓氏体系的基本确定,再经过 2000 多年的发展和演变,中国姓氏和人口一起繁衍生息,变得枝繁叶茂。从古至今,我国记录和研究姓氏的书很多,但中国究竟有多少个姓氏,目前还没有统一的说法。据《中华姓氏大辞典》®统计,我国古今各民族用汉字记录的姓氏有 11969 个,其中单字姓氏 5327 个,双字姓氏 4329 个,三字姓氏 1615 个,四字姓氏 569 个,五字姓氏 96 个,六字姓氏 22 个,七字姓氏 7 个,八字姓氏 3 个,九字姓氏 1 个。中国科学院遗传与发育生物学研究所副研究员袁义达常年从事当代中国人口姓氏与分布的调查统计和研究,他指出:"中国人的姓氏和分布是中国一项特有的国情,它将涉及中华民族的起源、祖宗们遗留下来的基因资源的分布、当今海内外的寻根和国家的统一、今后人口发展趋势等许多问题,具有重要的意义。"

书中搜集了元代蒙古、畏兀儿、唐兀、回回、女真、契丹等民族的主要姓氏,总结元代人口姓氏来源与变化的主要类型;根据搜集整理的元代人口姓氏与籍贯资料,一一查找标注其对应的现代地名,制成元代人口姓氏分布表,分析元代人口的姓氏分布及其规律。

(十)元代的人口思想

元代在人口思想方面不仅具有鲜明的特色,还有不少具有重大意义和历史影响的创见。书中重点论述了蒙古社会分土分民的人口管理思想、实边固塞的人口思想、土流共治的人口思想、"重惜人命"的人口思想和马端临的以人口质量为重的人口思想。在这些人口思想的影响下,形成了元代的蒙古分封制、镇戍制度和屯田制度,开创了土官制度和死刑审判中央终审制度,提出了人口质量的新概念。此外,书中还阐述了统治阶级的民本主义人口思想和元代社会重视人口繁衍、重视子嗣、重男轻女的人口思想等。

除上述内容外,民族人口研究也是元代人口研究的重要内容之一。民族人口研究的主要内容有民族人口数量、分布迁移、人口构成、人口素质等等。元代民族人口的这些内容在各章多有论述,若再单列民族人口一章,资料叙述难免多有重复,因此不再单列。元代民族人口著述可参阅罗贤佑著《元代民族史》、中国社会科学院民族研究所主编《中国民族史研究》、王钟翰主编《中国民族史》等。

三、主要研究方法

(一)历史文献方法

历史文献方法是研究历史问题最基本、最常用的方法。和其他封建王朝相比,元代的统治时间不长,从成吉思汗建立政权算起不过 160 多年,而从统一全国计算仅有 90 年。但是盛况空前的大统一、国内各民族各地区之间联系的加强和中外广泛的经济文化交流,丰富了元代历史文献的内容。除了《元史》、《元朝秘史》、《元典章》和《通制条格》几种基本史料外,本书大量搜集利用国内外元史和有关元代人口的历史文献,包括正史、杂史、传记、行记、诗文集、笔记、各类志书、少数民族文字资料和东亚、中亚、欧洲国家的历史文献,研究分析元代人口史的基本面貌。在本书多处章节正文和附录部分提供了大量翔实的元代人口数据和相关资料,并一一注明资料来源,是考察分析元代人口寿命、人口构成、姓氏分布等问题的重要依据。这改进了前人成果中多见数据列举和分析结论,而资料缺乏或无从查证的不足。

（二）民族学方法

元朝是一个由蒙古族建立的统一的多民族国家,不仅国内的民族成分复杂多样,还加入了一些新的外来民族。每个民族都有其特有的社会组织、经济、文化、宗教信仰和风俗习惯等等。蒙古统治者对各民族实行等级划分和"各从本俗"的方针,并十分重视对边疆民族地区的治理。同时,全国的大一统加强了各民族间的联系,促进了各民族的交流与融合。元代的许多人口问题都带有十分鲜明的民族特征。因此,运用民族学的方法来认识、分析和研究元代的人口问题至关重要。

（三）人口学的一般方法

运用统计、计算、数理分析、间接估算法等人口学的一般研究方法,考察元代人口状况及其变化,探讨元代人口与社会、经济、环境、文化等诸因素间的相互关系,估算和评价记载不完整、不准确的元代人口数据。元代人口分布和人口构成问题的研究主要运用的是上述研究方法。对元代人口平均寿命和同姓人群分布的研究,也是以元代个体寿命和姓氏分布统计为基础,总结分析元代人口寿命的普遍规律、元代人口姓氏的来源变化和分布规律。

（四）交叉学科的方法

人口史是一门交叉学科。人口研究必须从社会学、考古学、经济学、民俗学、地理学等学科中汲取营养,才能更充分地占有资料,才能更真实、更全面地认识和反映人口问题。因此,本书在撰写过程中吸收和借鉴了多种学科元代部分的研究成果。

第三节　元代人口研究概况

20世纪80年代以来,人口史逐渐成为我国史学研究领域的一个新热点。经过前辈们数十年的辛勤耕耘,中国古代人口研究取得了丰硕成果,产生了一定的学术效应和社会效应。在元代人口研究领域,学者们也相继在诸多方面取得了突破和进展,主要论及元代人口数量、人口分布、人口统计与管理、人口迁移、人口政策、人口素质、人口思想、区域人口、民族人口、城市人口、婚姻家庭等问题。为便于整理总结,现将主要研究成果分类概述如下。成果未被收录或归类评述不当之处,敬请谅解,待日后补正。

一、人口数量问题研究概况

学界对史料记载的元代户口总数存有一些疑问和争议。对于太宗年间的三组户口记载,大多数学者认为灭金前 1233 年 73 万户的这一户数统计很不完整;乙未籍户是太宗在中原地区进行的第一次大规模的户籍清理,始于 1235 年,1236 年完成,因此 1235 年的 873781 户也不是完整的全国户数。学者们通过考证,就 1236 年乙未籍户的全国总户数提出了 110 万户、160 万户、183 万户、197 万户等不同结论。上述结论又直接影响了 1252 年宪宗朝全国总户数的推算。[⑨]灭南宋后的全国户口总数问题主要集中在两点:一是对《元史·食货志》所载"终世祖之世"户口数据及其年代的考证,二是对《元史·地理志》至顺元年"户部钱粮户数"含义的探讨。《元史·食货志》记载了"终世祖之世"的一组详细的户口数据,但由于数据年代表述不具体,引发了学界的争议。王育民认为其年代应为世祖去世的至元三十一年(1294 年),但户口数据记载错误[⑩];路遇、滕泽之解释为 1294 年从事农业生产的户口[⑪];赵文林、谢淑君推断是元统一全国后、1290 年以前某一年代的户口,被《食货志》编者错引了地方[⑫];吴松弟则论证该组数据是至元三十年(1293 年)南方(江淮和四川)户口数,而至元三十一年的全国户口被《世祖纪》遗漏了[⑬]。关于至顺元年"户部钱粮户数"的含义,邱树森、王颋、赵文林、谢淑君、路遇、滕泽之、吴松弟等学者都认为,它仅仅是元代官方或户部掌握的交纳赋税的人户,不是全国总户数。[⑭]

元代全国的实际人口数量以及人口峰点、峰值问题一直是元代人口数量问题研究中的热点。由于对元代户口调查统计制度和史料中人口数据的认识不同,选取的推算方法、人口年代和地域范围不同,学者们对元代人口数量得出了各自的研究结论。邱树森、王颋最早在 1983 年撰文指出"元代实际人口数的最高年份不在至元末,而在大德末或至正初",全国人户最高数字除征东行省及宣政院辖地(今西藏、青海大部分,四川、云南、甘肃小部分)外,估计有 1980 万户、近 9000 万口。[⑮]此后,学界就元代的实际人口数量争议不断。韩儒林估计元代人口最多时在元顺帝初期,在 8000万以上。[⑯]葛剑雄认为元代人口峰点在至正初,峰值人口有 8500 万人。[⑰]张呈琮估计元代人口最多有 8000 万人。[⑱]袁祖亮把元代人口限制在目前国境线之内,估算 1330年达 63712133 口。[⑲]赵文林、谢淑君也把元代人口限制在目前国境线之内,估算 1279

年实际人口有 5527.6 万口、1290 年约有 7530.6 万口,1291 年约有 7649.6 万口,1293 年约有 7981.6 万口,1330 年约有 8487.3 万口,1351 年峰值人口达 8758.7 万口。[20]吴松弟估算元朝全国境内 1290 年约 1500 万户、7500 万口,1330 年约 1700 万户、8500 万口,至正初峰值人口约为 1800 万户、9000 万口。[21]路遇、滕泽之分析了蒙元时期的社会形势和人口数量发展变化情况,认为元朝极盛人口(含在籍、不在籍)达 9830 万口。[22]王育民分别探讨了蒙元各个时期人口数量的发展变化情况,推断元代人口的峰值在顺帝至正前期,全国在户部版籍、不在户部版籍的人口合计高达 2335 万户、10438 万口。[23]秦新林赞同邱树森、王颋提出的元代实际人口峰点在大德末或至正初的观点,估算元代全国人口峰值超过 1 亿。[24]总之,目前学界基本一致认为元代人口峰点是在至正初或前期,峰值人口主要有 8000 万、8500 万、9000 万、1 亿以上几种不同结论。

二、人口统计与管理问题研究概况

学者们重点研究了元代的人口统计管理制度,并对民户、军户、匠户、站户等重要的诸色户计进行了专门和深入的探讨。

(一)人口统计与管理制度研究

关于人口管理的户籍制度,陈高华先生考证,元代在户籍制度中存在按资产划分的户等制,共分三等九甲,登记户等的簿籍叫做"鼠尾文簿"。户等与诸色户(军户、民户、站户、灶户等)、各类户(元管户、交参户、漏籍户)是不同的概念,诸色户和各类户都要划分户等,再按户等承担一定的赋役。元代的户等制不仅作为征发赋役的标准,而且在社会生活的不少方面都加以运用,但推行得并不彻底,户等的划分常常与居民的资产情况不符,为官吏和地主豪强欺压剥削群众增开了方便之门,进一步加剧了元代的阶级矛盾。[25]刘晓详细考述了元代的户口登记程序,指出元代的户籍登记工作为巷长和社长所包揽,主要由各户自行填写"手状",然后由基层首领汇总核实,再上报官府,地方官府参考原有户籍,编定出新的户籍册子。在进行户籍登记时,将以前的登记情况抄录在前,然后再据实抄录现在的情况,登记内容至少包括人口、事产和孳畜三个部分。他认为元代的户籍登记与检核缺乏制度性,户籍登记与实际不符。[26]

关于元代人口统计的范围,学者们有不同意见。王育民认为元代在户部版籍之外,有五类人户没有列入官方统计范围,分别是:蒙古及其他少数民族地区的人口,蒙古诸王贵族私属人口中的"投下户",民户以外的军户、站户、民屯户、匠户、释、道等诸色户计,奴婢(驱口)、佃客和游食者(流民)[27]。路遇、滕泽之认为,元朝全国户口数字并不是真正全面的户口统计,它不仅没有包括很多少数民族聚居地区的人口,而且就连中心区域的人口也没有全部统计进去。朝廷掌握的赋役户口包括民户、汉军军户、匠户中从民间签发的工匠、站户、灶户、投下户中的"系官五户丝户"等,他们虽然有单独的户籍,但都在总的民户统计之内;而被诸王贵戚勋臣等占有的奴隶(元代称驱、驱口、驱户)和私属人口(元代称怯怜口)不在统计之列,估计至少在千万以上,主要是在北方地区。[28]吴松弟专门深入考察了蒙元时期的户口调查统计制度。他的总体认识是,元代的户口调查统计制度和数据均极为复杂,且存在着制度和实际相脱离的现象。重要结论有:

第一,就蒙元户口调查统计制度本身而言,并没有许可某一地区的某一户计或人群可以超脱于户口统计之外。不过,民、军、匠、僧道等主要户计都有自己的登记系统,此外,驱口往往附籍于主人名下,投下户在民户籍账上要注明所属关系。

第二,从村、乡、州县直到户部的地方户口统计系统,其统计范围前后有所不同。至元前不少人户未列入地方户籍的登记范围,但至元后朝廷要求所有的人户均须纳入这一范围。然而,由于一些人为的原因,难免还有一些人户未能在户籍上登记,但这部分人不可能很多。

第三,各地方志中的户口登记范围不尽相同,有的已将各色户计都登记在内。地方志中的户数往往大于《元史·地理志》所载的同一单位同一年度的户数,主要原因可能是后者没有将军户和匠户统计在内。

第四,《元史·地理志》所载的全国户数,无论是统一南宋以前还是统一南宋以后,都大于志中各相关路府州户数的合计数。据此,可以估计蒙元的全国户口总数均包括所有的户口,而《地理志》的分路府州大都是承担赋役的户口。

第五,绝大多数的户口数据,都表现为年代愈后愈接近实际和南方户口较北方户口接近实际的特点。[29]

李景林详细考察了太宗乙未年(1235年)户籍清理的历史背景、目的、主要内容以及影响,认为蒙古统治者的这次户籍清理是以增加剥削收入为目的的,奠定了蒙古在北方地区的统治基础,反映了蒙古贵族被迫逐步实行封建化(汉化)的一种端倪。[30]黄颢依据汉、藏文史资料,考察了蒙元时期在西藏地区进行的两次以人口、土地和牲畜为主的社会大普查。当时人口的统计单位是"霍尔堆",统计对象包括基本民户、寺属百姓、贵族所属百姓及独立自营的牧民。普查后,元朝中央政府在西藏地区划定了"六柱之家"的民户,建立了十三万户的行政机构,确立了庄园制度。[31]

（二）诸色户计研究

元代按照职业、民族、宗教等，将全部人口划分为民户、军户、站户、匠户、盐户、儒户、驱户、僧、道等诸色户计加以管理。学界对一些重要户计分别做了专题研究。

陈高华先生探讨了元代军户、站户的来源、管理制度、承担的封建义务和所受的封建剥削等问题，估计军户数量有二三十万户，站户有 30 万户。他认为在元代的诸色户计中，数量最大的是民户，其次是站户和军户；正、贴户制是元代户籍制度的一个重要特点，在军户中最明显，站户和其他一些户中也存在类似的情况；将全国居民划分为封建义务不同的诸色户计，是元代赋役制度与户籍制度的基本特点之一。[32]

高树林先后系统深入地研究了元朝民户、匠户、冶炼户、茶户、酒醋户和盐户的构成、数量和比重、管理制度、承担的封建义务等[33]。他的主要结论是：元朝民户户计最多，占全国总户数的 80% 左右，是元代"诸色户计"中最基本的户计，也是元朝赋役的主要承担者，由州县衙门及其下属城乡的社会基层机构坊、都、社等统辖；匠户（不包括冶炼户计和盐户）是元代"诸色户计"中户数较多的户计之一，分为系官匠户、诸投下的私属怯怜口和民间散居的匠人三个基本类型，统管机构十分复杂。其中系官匠户是元代匠户的主干户计，估计有 110 万户，占至元二十七年全国总户数的 8% 左右；冶炼户计包括金户、银户、铜户、铁户、铅锡户、矾户、朱砂户、水银户等，分不同职业承担不同的税役。他们的人口数量都不多，但各户总数都缺乏资料记载。元代对冶炼户计多实行入场服役的管理制度，也存在定额岁课制和抽分制等，其封建束缚性比唐宋进一步加深；元政府对盐户实行严密控制和管理，元代盐户大概共 36057 户—54812 户，为元文宗至顺元年（1330 年）全国总户数 13400699 户的 0.27% — 0.41%，为元代财政提供了国家总收入的 80% 左右，是元朝诸色户计中劳苦最深的户计之一。

高荣盛在元代匠户的研究中认为，蒙古军在西征与占据华北期间掳掠的工匠不下 100 万户，在这批为数十分庞大的民众中，特别是汉地民众中，绝大多数是因"畏死"而混入工匠行列的。元代官营局院、投下私属工匠及其后备力量的数目可达千万之众。匠户的家庭人口一般在 5 口以上，多达 10 口左右的情况比较常见。[34]胡小鹏专门研究了元代匠户中民匠和系官匠户的来源、数量、管理制度和地位等。[35]吴小红根据《经世大典》中关于元代江西行省各路船户户数的记载，推算世祖至元末年，江西站户共计 37000 多户，每站平均 300 多户；元代江西站户数量为 4 万户左右、约 20 万人。[36]李治安将元代投下户分为蒙古直属千户部民、诸王兀鲁思封户、五户丝食邑户和投下私属四类，重点讨论了各类投下人户的身份特征。[37]李干、周祉征探讨了元代奴婢的来源、使用、身份和数量，认为元代的奴婢是被封建地主阶级从土地上驱逐出来的破产农民,这些官私奴婢主要不是生产奴婢而是家庭奴婢,奴婢的总数和奴婢占当时人口总数中的比例都不是很大。[38]姚家积探讨了元代蒙古军、色目军、探马赤军、汉军和侍卫亲军等军队中的奴隶来源、数量和管理问题。[39]

邱树森先生考察了元朝回回人的管理机构——"回回哈的司"的建置、职能和行废等。他认为回回哈的司应设于世祖忽必烈时期,是一种带有宗教和民族管理双重性质的政教合一机构,从中央到地方都有建置。每个有回回人居住的城市设哈的司,由谢赫·伊斯兰(总教长)总管穆斯林宗教事务,另有哈的(法官)一人,处理他们的刑名、户婚、钱粮、诉讼、大小公事,或者总教长与法官由一人兼任。地方上的哈的司,普遍设置在回回人聚居区的礼拜寺内。回回哈的司的置废与元代政治息息相关:当回回人政治地位上升时,哈的司的权力增大;反之则被废置或受限制。[40]

日本学者松田孝一考证 720000 户仅仅源于 1235 年籍户所籍的全部人数,根本不是军户的数量,实际的军户数远远少于这一数字。[41]本田弥一郎认为元代的儒户不同于军户、站户等户,而是与医户、乐人户一起包括在广义的民户之中;儒籍并非儒户特有的户籍簿,只不过是儒人的名簿。[42]

三、人口分布与迁移问题研究概况

(一)人口分布

在研究元代人口分布问题时,学者们选择的人口年代标准、地域范围和具体研究方法不一。

梁方仲先生对元代人口数据资料做了广泛收集和考证,以元代政区为基础重点研究了元代的全国及各省的人口分布、人口密度、人口比重和屯田人口分布等。[43]

按照现代省区研究元代人口分布的学者有陈章彩、袁祖亮、赵文林、谢淑君先生。陈章彩先生在 1946 年出版的《中国历代人口变迁之研究》一书第三节中,最早按照现代行政区划研讨了西汉至清朝历代人口数量在全国 18 个省(河北、山西、山东、河南、安徽、江苏、湖北、陕西、甘肃、四川、湖南、浙江、福建、江西、广东、广西、贵州、云南)的分布,不过其现代省区划分依据的是民国时期的分省地图,古今行政建制的对照也没有标准年代。袁祖亮先生在陈先生研究方法的基础上加以改进,把元代人口限制在目前国境线之内,把元代政区人口转化为现代政区人口,考察了 1330 年元代人口在现代 27 个政区(河北、山西、内蒙古、黑龙江、吉林、辽宁、山东、江苏、安徽、浙江、江西、福建、河南、湖北、湖南、广东、广西、陕西、宁夏、甘肃、青海、四川、贵州、云南、西藏、新疆、台湾)的人口分布、人口比重和人口密度[44],明确列出了跨省区的路(府)州)在现代省区的县份和户口数据的分割计算。后来赵文林、谢淑君也选择同样的方法,分别以 1290 年和 1351 年为标准年代,考察了元代人口在上述现代 27 个省区的人口分布、比重和密度,并做了 1351 年元代峰点人口分布表⑮;对跨省区的户口数据进行分割时,只列出了现代省区所辖的县数,没有注明具体的县名。

路遇、滕泽之详细考证了元末峰值人口在东北、北方东部、河南江北、陕西、甘肃、四川、云南、湖广及岭南西部、江南东部及岭南东部、吐蕃、新疆 11 个地区的地理分布,测算了部分地区的人口密度;⑯其地区划分标准不统一,主要为元代的地区名称,也有用现代地区名称代替的。

（二）人口迁移

对元代人口迁移做专门研究的主要成果有石方撰写的《中国人口迁移史稿》和葛剑雄主编的《中国移民史》。石方简单阐述了元代蒙古族的人口迁移、蒙古贵族组织的强制性人口迁移、移民屯田和元末流民起义,认为元朝统治者对蒙古族等民族人口组织的人口迁移活动次数频繁、规模巨大、遍及全国各地,人口移动的趋势是中原人口迁往边疆地区和少数民族人口移住内地,并肯定了元朝人口迁移在社会发展中的积极作用;葛剑雄、曹树基、吴松弟以翔实的资料系统研究了蒙元时期汉族、蒙古、色目、高丽、契丹、女真以及欧亚等民族的人口迁移,包括迁移类型、迁移状况、地理分布及其对蒙元社会经济、文化、民族等产生的影响。⑰此外,秦新林简要考察了元统一全国前后的人口迁徙和流动以及元代蒙古人、色目人的迁徙和流动。⑱任崇岳重点考察了元代蒙古族、党项族、维吾尔族等少数民族迁入中原和中原汉人的双向迁移。⑲

还有一些关于人口迁移的专题研究,如流民、人口买卖和国际人口迁移等。

罗贤佑和任崇岳先生较早关注了元代的流民问题。他们考察了蒙元时期流民的规模和比重,认为当时产生大量流民的最主要的原因是土地兼并严重。元廷多次发布安辑流亡和严禁农民流徙的法令,但并没有改变流民的悲惨境况,流民连续发生骚乱,最终导致了元朝的覆亡。⑳陈高华先生详细考述了蒙元各个时期的流民问题和特点。他认为,流民问题是元代一个严重的社会问题,且几乎与有元一代相始终。流民的成分主要是农牧民,也有一部分地主和牧主,残酷的封建剥削和自然灾害是逼迫他们流徙的主要原因。一些流民死于流浪的途中,少数返回故里,大多数流民或沦为佃户和奴隶、或流入山林或边远地区谋生、或成为城乡中的无业游民。历朝蒙古统治者都很重视流民问题,曾采取赈济、招诱复业、强制遣返等措施,但效果不佳。㉑洪用斌也对此问题加以关注。㉒

人口买卖问题。洪用斌考察了元代奴隶买卖的地域范围、民族成分、市场价格、手续和相关法令等,认为中国封建时代的奴隶买卖以元代最盛㉓。谭晓玲指出元代女口买卖现象广泛存在。蒙古入主中原后,女口买卖的形式更加多样化,官军掳卖女口、籍没妻女断给仇家都是具有游牧特色的新形式；由于社会需求的存在，以收养过房男女为名转卖女口也是这一时期女口买卖的重要形式。㊴

国际人口迁移问题。杨志玖先生考证，元代来到中国的啰哩人应当是蒙古西征时从波斯带回来的，也有自动流浪来的，他们主要散居在陕西和甘肃，人数应不少。㊵徐黎丽研究了蒙元时期中亚各族迁入的人口数量和分布，指出他们或与中国其他民族融合后形成回族，或因散居而同化于中国各民族之中，成为中华民族的组成部分。㊶周良霄研究了元代西方人的东迁过程和迁移后的生存状况。他认为，元代在中国旅居的西方人数目远远超过前代，除经商、旅行外，大多是蒙古西征中因降附和俘虏而来华的。他们被元政府按原部族做集团性安置，在全国形成大分散、小集中的局面，保持原有的语言、风俗、宗教信仰，与汉人社会彼此隔绝。㊷元代与高丽之间的人口迁移是一个研究热点，成果颇多。王崇实主要以《高丽史》为依据，研究了元代高丽人的迁入情况；常大群考察了蒙元时期高丽太子入元为人质和元丽王室联姻有关的人口迁移及其影响；桂栖鹏详细考述了入元的 31 位高丽僧人的姓名、生平、主要事迹和他们在元代的佛教等文化交流活动；喜蕾以翔实的高丽史料展现了元代入居高丽的回回人的迁移背景、迁移规模、民族特点、身份地位等。㊸喜蕾对元代高丽贡女制度和贡宦制度进行了系统研究，分别探讨了元代宫廷中的高丽贡女和高丽女性、元代高丽贡女与其他民族的通婚状况、元代高丽贡女制度的形成、发展、政治文化背景与实质，贡宦制度的发展及其与贡女制度、元代政治的关系等。㊹

四、区域人口问题研究概况

学界对人口区域的年代标准、划分标准、名称和地域界定不统一，有选取元代区域概念的，有选取现代区域概念的，还有将两者相结合的。在此以现代区域概念分别介绍有关研究成果。

南方和北方地区。吴松弟对《元史·地理志》中记载的区域户口数据加以考证、分析和修订，详细研究了北方（燕南、代北、河北、河东、河南、山东、关中、秦凤）和南方（江南、福建、江西、淮南、荆襄、湖南、两广、四川）16 个人口区域的人口数量、人口密度和人口增长率。㊱

北方地区。韩光辉注意到，《元史·地理志》中记载的世祖至元七年（1270 年）蒙古国统治区的户口数据比金泰和七年（1207 年）同一区域的户数减少了五分之一，各州县平均户量（即户均口数）也大大降低。究其原因，他认为，至元七年户口统计总数减少主要由于受蒙古初入中原时若干户籍制度的影响和制约，该年户口统计总数中不包括蒙古贵族的驱口、军户、站户和匠户，仅仅包括隶属州县的赋役户口，因此该年州县户口统计只是社会总户口的一部分;该年州县平均户量偏低的主要原因是大量签取军户和站户、将众多协济合并户和析户检括入籍、对外战争的大量签军和苛剥敛赋导致的人口增长停滞。经分析考察,他的结论是,至元七年对北方地区路府州县户口统计的结果是可信的。⑥默书民重点考察了元代腹里地区(今山西省、河北省、山东省、北京市、天津市全部和内蒙古自治区、河南省的部分地区)的人口变化情况。他认为这一地区的人口数量在元代前期和中期一直呈增长趋势,世祖至元末有7809943口,元中期在1000—1350万口之间,人口比较稠密;元末受战乱和其他因素的影响,该地区的户口大大损耗,但各地的减耗情况不等。⑥温海清以盐课与人口的关系为切入点,推算出至元二十七年或稍后庆元路的在籍人口数为924473,以此证明《元史・地理志》所载该路口数511113是不可靠的。⑥高树林考察了元代河北地区(包括今北京市和天津市)的人口数量。数据表明,元代河北地区的户口数量、户均口数和该地区占全国户口的比重都降到比以前历代都少的程度。这从人口发展的角度说明,元代河北地区的社会和经济发展已远远落后于过去,河北地区在全国的地位到元代已大大下降。⑥

江南地区。潘清分析了元代迁居江南的蒙古、色目侨寓人户的基本类型,主要有随官附籍、随军驻守、商人逐利、迁徙罪犯、传播宗教等,探讨了他们的生存状态和迁移影响,具体论述了江浙行省集庆路、镇江路、松江地区、苏州地区、杭州地区、庆元路等地蒙古、色目侨寓人户的分布概况,分析了他们的民族构成和南北人口构成。⑥李伯重对宋末至明初江南人口与耕地的变化研究表明:南宋末及元末江南人口有较大波动,但总体上呈增长的态势;江南人口的增加主要集中在东部低田地带的苏州和嘉兴,而人口减少主要发生在江南西部和北部高田地带各府州,即人口分布中心由西部和北部逐渐转移到东部。他还指出该时期江南人口城市化水平可能略有下降,但程度轻微。⑥

西南地区。陈伟明考察了元代岭南少数民族人口迁移的历史状况、特点、意义及瑶、壮、黎、畬等族的分布;肖迎考察了元代怒江地区傈僳族、怒族、独龙族、普米族、彝族、藏族、茶山人、傣族的源流、分布及社会生活状况;方慧研究了元代蒙古、回回、契丹、汉族等人口进入西南的历史状况及其影响。⑥

东南地区。徐晓望对《元史・地理志》和福建方志中的元代福建人口数字加以辨正,认为元代福建人口比宋代略减,大体相当;战争影响了福建人口增长的曲线,主要表现在大量人口死于战争、元军掳掠贩卖福建人口、战乱迫使福建人口大量外流和战争引起的灾荒瘟疫导致大批人口饿死。⑥黄挺、杜经国考证了文献中元代潮汕地区的人口数据,估测该地区人口峰值在至正十年(1350年),最高人口数达580470—633240人。⑥

东北地区。申友良认为元代东蒙古地区的居民主要是蒙古族,大多是跟随诸王勋臣一起迁徙来的部众或担任镇戍任务的蒙古军队,他们与契丹、女真、渤海、汉族一起杂居,出现了被蒙古统治民族同化和汉化两种趋势;丛佩远分别考察了元代辽阳行省境内契丹、高丽、色目与蒙古各族人口的迁移、分布和数量。[70]

西北地区。袁祖亮专门研究了元代丝绸之路沿线地区人口的迁出、迁入状况以及迁移原因、特征和后果等,肯定了迁移对我国民族构成的重大影响,认为这一人口双向迁移的频繁性和大规模性是历史发展进步的一种折射;胡小鹏研究了元代西夏故地数量众多的徙入人口,主要有蒙古族、汉族、畏兀儿、哈密里、回回等,他们与西夏遗民交错杂居,形成了民族大融合的局面。[71]

五、民族人口问题研究概况

秦新林对元代东北地区、云南地区、湖广与东南沿海等边疆民族人口数量的发展变化、分布、迁移、婚姻和家庭状况等进行了综合研究,认为元代边疆民族人口在迁徙方面存在着大辐射、小对流的特点,在各民族人口的杂处方面存在着大分散、小聚居的特点,在各民族的历史发展进程方面存在着大融合、小回返的特点。[72]任崇岳等专门考察了元代蒙古、回回、契丹、女真、党项、畏兀儿等少数民族迁入中原汉地的时间、类型、地点、成分和规模等,并分析了迁移对中原地区民族融合的影响。[73]蔡志纯从元代屯田的角度论述了元代汉族向边疆民族地区、少数民族向汉族地区和少数民族之间的民族迁徙及其影响。[74]

王三北通过考察元代蒙古本土的蒙古人和中原汉族人口的相互迁移,论证蒙元时期的蒙汉种族融合,具体表现为迁入汉地的蒙古人的汉化和迁入蒙古高原的汉人蒙古化;罗贤佑考察了蒙古人迁入中原并定居的史实,将迁移原因分为作战镇守、任官、分封诸王、灾害、降附及避战乱等。[75]

尚衍斌专门深入研究了内迁的畏兀儿人、畏兀儿家族及其汉化的有关问题;贾丛江探究了内迁畏兀儿人的居住形式、分布状况、内迁背景和原因、内迁后的身份等。他认为内地普通的畏兀儿民众大多是受海都、都哇等西北叛王战争的波及而迁居内地的,他们被朝廷以聚落的形式安置,不属于国家编户,而属于亦都护领有的投下封户;此外田卫疆、王胞生分别对元代畏兀儿人迁入内地和云南的情况做了考述。[76]

杨志玖先生对元代回回人的东迁和分布做了详细考证,并结合政治背景考察了元代各行省回回省臣分布情况;穆德全专门考察了东迁回回人在元代江浙行省的分布情况。大多数回回人是被签发从军来到江浙的,还有一些来到江浙经商、传教、任官。今杭州、镇江、宁波、扬州、泉州都是元代回回人的聚居区;王建平以大量的史料展现了元代自中亚一带迁往云南的穆斯林移民的宗教、文化、生活习俗、社会地位等。⑦

马建春详细考述了元代钦察、阿速、斡罗思和康里人的东迁过程、职业结构、在华分布、社会活动、宗教信仰和文化成就等;陈高华考察了元代哈刺鲁人的族源和演变,并详细论述了哈刺鲁人内迁后在中原和江南各地的分布与生活状况;孟楠考察了元代西夏遗民的迁徙、分布及其影响;修晓波研究了元代色目各族商人的分布情况等。⑦⑧

罗贤佑和邱树森都对金、元时期女真人的内迁及汉化情况做了历史考察。元代的女真人或从军,或为官,或从商务农,分散居住在全国各地,居住范围大大超过金代。内迁的女真人与汉族通婚、学习汉文化、改用汉族姓氏,在元代已等同于汉人。⑦⑨

冯继钦探讨了蒙元时期契丹人在东北、华北、西北、中南、西南、华东和华南沿海的分布情况。总的来说,蒙元时期契丹人主要分布在东北地区,特别是契丹人的发源地——内蒙古赤峰地区。部分契丹人随蒙古参加了灭西夏、南宋和远征高丽、亚欧的战争,加速了与其他民族特别是与汉族的同化和融合,一些显贵的契丹家族从其发源地扩展到几乎整个中国,因此蒙元时期是契丹人分布最广的时期。⑧⓪

王献军不仅研究了元代入居内地的藏族人的总体状况,还从萨迦派僧人、噶玛噶举派僧人和世俗官吏三个方面考察了一些迁居的藏族典型人物,认为元代入居内地的藏族人以藏传佛教僧侣为多,主要集中在京城大都且绝大多数是在内地短期居住。⑧①

彭清深探讨了元朝自东、南之地迁入西北的汉族人口,他们主要是:西征中的汉族军人、随军工匠和伎乐人等,忽必烈平定西北叛王时进入新疆的汉军和汉人,蒙元初期朝廷组织迁入陕甘的汉族军民和屯田迁移进入西北的汉族人口。⑧②

六、城市人口问题研究概况

韩光辉在元代城市发展的研究中有一些重要的城市人口研究成果。他在研究12—14世纪我国城市发展时指出,元代对城市及其人口实行专门化行政管理,都市警巡院管理京师城市民事,城市录事司管辖治理城市居民户役事务。他以大都、上都、杭州、集庆(今南京)、广州、镇江、嘉兴7个建制城市为例,考察了元代建制城市的户口规模和户口特征,推断元代录事司城市的户口规模一般在3000—20000户、1.5万—10万人左右,认为元代建制城市的户口特征主要有三点:一是户籍和民族构成复杂;二是南方建制城市户口均以南人即土著户口占绝对多数,而北人即侨寓户口所占比重受城市区位和交通条件制约遵循距离衰减规律;三是建制城市户量(即每户口数)低于所在路府全部户口的户量,侨寓户口的户量低于土著户口户量。^⑥韩光辉考察了元代城市录事司的职业构成、民族构成和南北人口构成,不过他未列入僧、道、驱几种户类,也没有核算、考证元代方志史料中的户口数据。

韩光辉专门考察了元代京城大都的城市人口。关于大都的人口规模,他根据元代防盗弓手的设置制度、户口统计数据、州县等级变化等资料,推算不同时期大都城居民总数分别为:中统五年,4万户;至元七年,约11.9万户、42万人;至元十八年,南城(即中都旧城)14万户,北城(大都新城)7.95万户,合计21.95万户、约88万人;泰定四年,约21.2万户、93万人;至正九年,南北二城均为10万户,合计20万户、近100万人,又关厢8500户、约3.4万人。这反映了元世祖迁都大都前后,大都城市居民人口的惊人增长。在此基础上,他又根据大都南北两城的坊数推算:至元十八年,北城与南城每坊居民分别为1590户、2258户,人口密度分别为每平方公里6360人、26046人;至正九年,北南两城每坊居民分别为1316户与1613户,人口密度分别为每平方公里9000人、16279人。^⑥他还研究了元大都的城市户籍管理和户口统计问题。他认为,元大都城市并存城市赋役户、军户、匠户和怯怜口四个主要户籍管理和户口统计系统,分别由各自的行政系统履行户籍管理和户口统计的职责。其中大都城市诸警巡院为专门城市行政建置,在城市赋役户管理和户口统计中发挥了重要作用。^⑥

此外司徒尚纪在考察广州建制城市缘起时探讨了元代广州录事司的城市人口结构问题。^⑥

七、人口的婚姻家庭问题研究概况

元代人口婚姻家庭的研究突出了几个重点和热点。

一是关于元代的婚姻形态。俄国蒙古学专家符拉基米尔佐夫详细考述了蒙元前期蒙古人的家庭婚姻状况,陈鹏专门考察了元代的多种历史婚姻形态,陈高华、史卫民探讨了元代不同民族和社会阶层的婚姻形态、家庭结构与礼俗,戴伟论述了元代蒙古族和民间的婚姻爱情状况及汉文化、宗教等对元代婚姻爱情的影响。^⑥收继婚这一特殊的婚姻形态受到了很多学者的关注,王晓清、洪金富、杨毅、翟宛华、秦新林、谭晓玲等探究了元代收继婚的历史背景和具体史实,分析了蒙汉收继婚俗的异同和相互影响,同时也展现了不同的研究视角。王晓清强调了蒙汉两种文化的冲突与融合,翟宛华分析了收继婚俗的经济实质,秦新林较全面地概括了社会、经济和文化的多种决定因素,谭晓玲重点探讨了收继婚对元代妇女的影响。^⑥王晓清和谭晓玲还分别研究了元代另外两种特殊的婚姻形态——赘婿婚和典雇婚。^⑥

二是元代民族间的通婚与融合。杨志玖先生考述了史料中内迁回回人与汉族通婚的四则实例,认为回汉通婚是回回华化的具体原因,并指出回汉通婚的单向性即只见回人娶汉女不见回女嫁汉人;日本学者池内功考察了蒙元时期蒙古与汉族之间不同形式的通婚,主要有蒙古统治阶层娶汉女、蒙古投下领主与汉人世侯之间的通婚、汉人世侯与蒙古达鲁花赤之间的通婚、蒙古军官与蒙古军官定居地的汉人权贵家族之间的通婚等;潘清考察了元代迁居江南的蒙古和色目人口之间、蒙古色目侨寓人口与江南汉族之间的通婚实例,认为江南的多民族通婚加强了民族间的联系交往,进一步加深了民族间的融合,并形成了江南回族的先民;马娟考述了元代色目与高丽通婚的几则实例,均为色目男子娶高丽女子,且高丽女子多嫁为妾,地位不高;孟楠以翔实的事例分析元代西夏遗民与其他民族的通婚状况和特点。[90]

三是元代蒙古皇室和各族贵族、官僚的婚姻。罗贤佑、王崇实、萧启庆、洪玉范、张沛之等分别考察了元代蒙古皇室、蒙古与其他少数民族官僚贵族的婚姻家庭状况。元代蒙古皇室与上层社会普遍实行族外婚和等级婚,蒙古皇室与国内畏兀儿、西藏、云南地区的土著势力和高丽国联姻,蒙古贵族内部及蒙古贵族与其他民族高官显贵的通婚,都具有十分鲜明的政治色彩。[91]

四是元代妇女的婚姻问题。徐适端、谭晓玲、张靖龙分别探讨了元代妇女的婚姻生活和离婚、再嫁问题。[92]

八、人口政策问题研究概况

韩光辉从放奴为良、鼓励婚嫁生育、救助老幼病贫、赈灾和制止人口流亡等方面阐述了元代的人口增殖政策。[93]刘晓、金滢坤分别研究了元代民间和官方的收养制度。刘晓以大量的原始资料详细考述了元代有关民间收养行为的法律规定、养子的主要来源及其法律地位等。他认为,元朝对社会生活中的收养关系持放任态度,收养制度也不完善,这为人口贩卖及其泛滥创造了一定条件;金滢坤以《俄藏敦煌文献》中的一件黑城文书为实证,考察了元代官方收养的制度、机构、标准和操作程序等,认为元代官方收养制度——养济院制度的建立直接受宋代养济院、福田院等社会救助制度的影响,曾有效地实行到元末。元代还建立了相关法律,以确保鳏寡孤独老弱残疾者得到收养。[94]

九、人口思想和人口素质问题研究概况

吴希庸、张敏如、吴申元等分别对元代马端临的人口思想做了简单总结和评价,主要有三个方面:一是明确提出人口质量的概念与标准;二是认为人口的多寡不能决

定国家的强弱;三是分析赋役与人口的关系,指出封建王朝赋役加重会使在册户口减少。[65]

袁祖亮从人口寿命的角度研究了元代的人口素质,对元代官员、隐逸等群体的平均死亡年龄做了数据统计和分析,探讨了自然环境、气候、社会治乱、性格、生活习惯、遗传等与人口寿命的关系。[66]葛仁考、谭晓玲、位雪燕、徐适端等详细考述了元代女性的贞节观念和守节行为,认为元代女性贞节观念比较淡薄,离婚和改嫁的现象比较普遍。[67]符海朝探讨了蒙元时期汉人世侯的文化素质。通过对汉人世侯家族文化、科学、艺术素养和藏书、印书文化活动的分析,他认为,在与北方儒士的频繁接触和汉族文化传统的影响下,蒙元时期汉人世侯的文化素质逐渐有了很大提高,对动乱环境中汉文化的保存和发展做出了贡献。[68]许凡谈到了元代官吏的政治素质、文化素质和业务素质。[69]

十、人物与家族问题研究概况

此类研究涉及姓氏、民族、婚姻、家族世系、分布迁移等:

比较重要的成果有:吴海涛、聂树锋和王秀珑分别以京兆贺氏和真定史氏家族为代表,探讨了元代汉人官僚家族的兴起和仕宦情况。[100]杨志玖先生通过到山东实地调研,考证今山东淄博刘家营村聚居的蒙古族是元代世祖时期定居于此的蒙古斡罗那歹氏族的后裔,并详细论述了其氏族、汉姓的来源和通婚状况;岳青、培植考证今甘肃靖远县营儿门马氏系元末明初迁入的蒙古贵族后裔,详细论述了其民族渊源、姓氏来历、迁移过程等;修晓波专门考察了木华黎家族世系的有关问题。[101]罗贤佑、王梅堂分别考述了贯氏、廉氏两个内迁畏兀儿族世家的主要人物、事迹和家族发展状况;史金波、吴峰云考察了西夏人余阙的生平事迹及其后裔在安徽的分布、婚姻和汉化,孟楠详细考述了元代西夏人察罕的事迹及其家族中主要人物的历史贡献、通婚情况等;党宝海考察了西域人察罕帖木儿的族属、生年与汉姓问题;刘迎胜考察了钦察人床兀儿及其家族在元代的主要活动;马娟以乌伯都剌家族为例,探讨了色目人家族的仕宦状况、婚姻特点、与汉文化的关系等问题;何兆吉考证了元代显族康里氏家族的东迁与兴衰,又对定居河南光州的汪古马氏家族的源流、迁徙过程、主要事迹、华化等做了较为详尽的探讨;方慧、杨延福详细考述了元代大理总管段氏家族的世系与相关史实;[102]等等。一些元代墓碑、人骨和遗址发掘等考古发现及其研究成果也为研究元代人口寿命、人口体质特征、人口族属种系、人口婚姻家族和人口迁移等问题提供了十分宝贵的资料。[103]

此外,在一些有关元代经济、社会和民族研究的著述中,也有不少成果值得利用和借鉴。如陈智超、乔幼梅主编《中国封建社会经济史》，蒙思明著《元代社会阶级制度》，高树林著《元代赋役制度研究》，李干著《元代社会经济史稿》，李治安著《元代分封制度研究》，许凡著《元代吏制研究》，吕思勉著《中国民族史》，罗贤佑著《元代民族史》，中国社会科学院民族研究所主编《中国民族史研究》，王钟翰主编《中国民族史》；陈顾远、王书奴著《中国婚姻史 中国娼妓史》，秦新林著《元代社会生活史》，陈高华、史卫民著《中国风俗通史·元代卷》。⑭

遗憾的是，国内外未被翻译的民族语言和外文史料、研究成果的搜集难度大，语言不通，因此未能了解、收录。

注 释：

① 元成宗时，窝阔台汗国被察合台汗国所吞并，其辖地一部分归属元代。

② 宋濂：《元史》卷 17《世祖十四》、卷 16《世祖十三》，中华书局 1997 年版。其中至元二十八年的人口数量不包括僧、尼 213148 人。

③ 元代还设有征东行省即当时的高丽国，情况特殊，与其他行省的性质不同，故不列入。

④ 马冀：《浅论元代少数民族汉语作家》，见《北方民族文学于中华文化》，第 269—270 页，内蒙古社会科学杂志社 1988 年版。

⑤ 李俨、杜石然：《中国古代数学简史》下册，第 148 页，中华书局 1963 年版。

⑥ 《马克思恩格斯选集》第 4 卷，第 505 页，人民出版社 1972 年版。

⑦ 张纯元：《马克思主义人口思想史》，第 176 页，北京大学出版社 1986 年版。

⑧ 袁义达、杜若甫编著：《中国姓氏大辞典》，北京教育科学出版社 1996 年版。

⑨ 梁方仲：《中国历代户口、田地、田赋统计》，第 176 页，上海人民出版社 1980 年版；邱树森、王颋：《元代户口问题刍议》，《元史论丛》第 2 辑，第 111—124 页，中华书局 1983 年版；吴松弟：《中国人口史》第三卷《辽宋金元时期》，第 251—252 页，复旦大学出版社 2000 年版；高树林：《元代赋役制度研究》，第 139—145 页，河北大学出版社 1997 年版；王育民：《中国人口史》，第 357、359 页，江苏人民出版社 1995 年版；刘浦江：《金代户口研究》，《中国史研究》1994 年第 2 期。

⑩ 王育民：《元代人口考实》，《历史研究》1992 年第 5 期。

⑪ 路遇、滕泽之：《中国人口通史》第五章"宋、辽、金、元时期"，第 609 页，山东人民出版社 2000 年版。

⑫ 赵文林、谢淑君：《中国人口史》第八章"元代人口"，第 319 页，人民出版社 1998 年版。

⑬ 吴松弟：《中国人口史》第三卷《辽宋金元时期》，第 259 页，复旦大学出版社 2000 年版。

⑭ 邱树森、王颋：《元代户口问题刍议》，《元史论丛》第 2 辑，第 115 页，中华书局 1983 年版；赵文林、谢淑君：《中国人口史》第八章"元代人口"，第 320 页，人民出版社 1998 年版；路遇、滕泽之：《中国人口通史》第五章"宋、辽、金、元时期"，第 609 页，山东人民出版社 2000 年版；吴松弟：《中国人口史》第三卷《辽宋金元时期》，第 260 页，复旦大学出版社 2000 年版。

⑮ 邱树森、王颋：《元代户口问题刍议》，《元史论丛》第 2 辑，第 111—124 页，中华书局 1983 年版。

⑯ 韩儒林：《元朝史》（上册），第 382 页，人民出版社 1986 年版。

⑰ 葛剑雄：《中国人口发展史》，第 220 页，福建人民出版社 1991 年版。

⑱　张呈琮:《中国人口发展史》第六章"宋、元时期",中国人口出版社1998年版。

⑲　袁祖亮:《中国古代人口史专题研究》,第337页,中州古籍出版社1994年版。

⑳　赵文林、谢淑君:《中国人口史》第八章《元代人口》,第321页,人民出版社1998年版。

㉑　吴松弟:《中国人口史》第三卷《辽宋金元时期》,第387、389、391页,复旦大学出版社2000年版。

㉒　路遇、滕泽之:《中国人口通史》第五章"宋、辽、金、元时期",第613页,山东人民出版社2000年版。

㉓　王育民:《中国人口史》第六章"元代人口的变迁",第353—396页,江苏人民出版社1995年版;此内容还见于王育民:《元代人口考实》,《历史研究》1992年第5期。

㉔　秦新林:《元代社会生活史》第一章"元代人口和人口迁徙与流动",第1—9页,河南大学出版社1997年版。

㉕　陈高华:《元代户等制略论》,《中国史研究》1979年第1期。

㉖　刘晓:《从黑城文书看元代的户籍制度》,《江西财经大学学报》2000年第6期。

㉗　王育民:《元代人口考实》,《历史研究》1992年第5期。

㉘　路遇、滕泽之:《中国人口通史》第五章"宋、辽、金、元时期",第602—608页,山东人民出版社2000年版。

㉙　吴松弟:《中国人口史》第三卷《辽宋金元时期》,第281—282页,复旦大学出版社2000年版。

㉚　李景林:《论元太宗乙未年的户籍清理》,《社会科学战线》1987年第2期。

㉛　黄颢:《元初对西藏人口等的普查及其经济意义》,《中国民族史研究》,第135—148页,中国社会科学院民族研究所主编,中国社会科学出版社1987年版。

㉜　陈高华:《论元代的军户》,《元史论丛》第1辑,第72—90页,中华书局1982年版;《论元代的站户》,《元史论丛》第2辑,第125—143页,中华书局1983年版。

㉝　分别见高树林:《元朝民户研究——元朝"诸色户计"研究之一》,《河北大学学报》1993年第2期;《元朝匠户户计研究——元朝"诸色户计"研究之二》,《河北学刊》1993年第5期;《元朝冶炼户计研究——元朝"诸色户计"研究之三》,《中国经济史研究》1993年第3期;《元朝茶户酒醋户研究》,《河北学刊》1996年第1期;《元朝盐户研究》,《中国史研究》1996年第4期。

㉞　高荣盛:《元代匠户散论》,《南京大学学报》1997年第1期。

㉟　胡小鹏:《元代的民匠》,《西北师范大学学报》(社会科学版)2002年第6期;《元代的系官匠户》,《西北师范大学学报》(社会科学版)2003年第2期。

㊱　吴小红:《元代江西驿站及站户考》,《江西师范大学学报》(哲学社会科学版)2000年第3期。

㊲　李治安:《元代的投下户》,《南开学报》1989年第5期。

㊳　李干、周祖征:《元代奴婢探讨》,《黑龙江民族丛刊》1990年第4期。

㊴　姚家积:《元代的"驱军"与军驱》,《中国史研究》1985年第1期。

㊵　邱树森:《元"回回哈的司"研究》,《中国史研究》2001年第1期。

㊶　松田孝一:《元代军户的数量》,《蒙古学信息》1998年第2期。

㊷　太田弥一郎:《元代的儒户与儒籍》,《东北大学东洋史论集》5,1992年版。

㊸　梁方仲:《中国历代户口、田地、田赋统计》,第178—185页、322—328页,上海人民出版社1980年版。

㊹　袁祖亮:《中国古代人口史专题研究》,第316—339页,中州古籍出版社1994年版。

㊺　赵文林、谢淑君:《中国人口史》,第323—338页,人民出版社1998年版。

㊻　路遇、滕泽之:《中国人口通史》,第615—643页,山东人民出版社2000年版。

㊼　石方:《中国人口迁移史稿》第十章"元朝的人口迁移",第303—328页,黑龙江人民出版社1990年版;葛剑

雄、曹树基、吴松弟:《中国移民史》第四卷《辽宋金元时期》,第529—682页,福建人民出版社1997年版。

㊽ 秦新林:《元代社会生活史》第一章“元代人口和人口迁徙与流动”,第9—22页,河南大学出版社1997年版。

㊾ 任崇岳:《中原移民简史》第四章第三节“元代移民中原与民族融合”,第143—157页,河南人民出版社2006年版。

㊿ 罗贤佑、任崇岳:《元代流民问题浅谈》,《郑州大学学报》1988年第3期。

(51) 陈高华:《元代的流民问题》,《元史论丛》第4辑,第132—147页,中华书局1992年版。

(52) 洪用斌:《元代的流民问题》,《中国民族史研究》第1辑。

(53) 洪用斌:《元代的奴隶买卖》,《内蒙古社会科学》1982年第5期。

(54) 谭晓玲:《元代买卖女口现象初探》,《中央民族大学学报》2003年第4期。

(55) 杨志玖:《元代的吉普赛人——啰哩回回》,《历史研究》1991年第3期。

(56) 徐黎丽:《蒙元时期中亚诸民族在中国的民族过程》,《兰州大学学报》2002年第1期。

(57) 周良霄:《元代旅华的西方人——兼答马可·波罗到过中国吗?》,《历史研究》2001年第3期。

(58) 王崇实:《元代入居中国的高丽人》,《东北师大学报》1991年第6期;常大群:《高丽入元太子与丽元文化交流》,《山东师大学报》2001年第4期;桂栖鹏:《入元高丽僧人考略》,《西北师范大学学报》2001年第2期;喜蕾:《从高丽文献看元代的回回人》,《内蒙古大学学报》2006年第4期。

(59) 喜蕾:《论元代高丽贡女制度的实质》,《内蒙古社会科学》2000年第6期;《元代高丽贡女制度的形成与发展》,《中国社会科学院研究生院学报》2001年第2期;《元朝宫廷中的高丽贡女》,《内蒙古大学学报》2001年第3期;《元朝宫廷中的高丽女性》,《元史论丛》第8辑,江西教育出版社2001年版;《元代高丽贡女与蒙古族以外的其他民族通婚状况考述》,《西北民族研究》2002年第3期;《元代高丽贡女制度与其政治文化背景》,《内蒙古社会科学》2003年第5期;《元代高丽贡宦制度与高丽宦官势力》,《内蒙古社会科学》2002年第3期。

(60) 吴松弟:《中国人口史》第三卷《辽宋金元时期》,第283—343页,复旦大学出版社2000年版。

(61) 韩光辉:《〈元史·地理志〉至元七年户口考辨》,《人口与经济》1990年第2期。

(62) 默书民:《关于元代腹里地区的人口问题》,《河北师范大学学报》2003年第3期。

(63) 温海清:《元代庆元路口数考实——以盐课与人口之关系为中心》,《中国史研究》2004年第3期。

(64) 高树林:《元朝时期的河北人口初探》,《河北大学学报》1984年第1期。

(65) 潘清:《元代江南蒙古、色目侨寓人户的基本类型》,《南京大学学报》2000年第3期;《元代江浙行省蒙古、色目侨寓人户的分布》,《中州学刊》1999年第6期。

(66) 李伯重:《宋末至明初江南人口与耕地的变化——十三、十四世纪江南农业变化探讨之一》,《中国农史》1997年第3期。

(67) 陈伟明:《元代岭南少数民族的人口迁移》,《中国历史地理论丛》1999年第4期;《元代岭南少数民族的人口分布》,《广东史志》2000年第1期。肖迎:《元明清时期怒江地区的民族》,《思想战线》1994年第1期;方慧:《元、明、清时期进入西南地区的外来人口》,《中央民族大学学报》1996年第5期。

(68) 徐晓望:《论元代福建的人口问题》,《福建论坛》1998年第6期。

(69) 黄挺、杜经国:《潮汕地区人口的发展(唐—元)》,《韩山师专学报》1995年第1期。

(70) 申友良:《辽金元时期东蒙古地区人口迁徙研究》,《内蒙古社会科学》1996年第1期;丛佩远:《元代辽阳行省境内的契丹、高丽、色目与蒙古》,《史学集刊》1993年第1期。

○71　袁祖亮:《丝绸之路人口问题研究》第五章"元朝时期丝绸之路的人口问题",新疆人民出版社 1998 年版;胡小鹏:《元朝统治下的西夏故地》,《西北师范大学学报》2000 年第 6 期。

○72　袁祖亮:《中国古代边疆民族人口研究》第五章"元代边疆地区的民族人口",第 309—392 页,中州古籍出版社 1999 年版。

○73　任崇岳:《中原地区历史上的民族融合》,第 368—382 页,内蒙古人民出版社 2004 年版。

○74　蔡志纯:《略论元代屯田与民族迁徙》,《民族研究》2002 年第 4 期。

○75　王三北:《论蒙元时期蒙汉种族融合》,《甘肃社会科学》2001 年第 2 期;罗贤佑:《元代蒙古族人南迁活动述略》,《民族研究》1989 年第 4 期。

○76　尚衍斌:《元代内迁畏兀儿人的分布及其对汉文化的吸收》,《民族研究》1997 年第 1 期;尚衍斌:《元代畏兀儿研究》,民族出版社 1999 年版;贾丛江:《关于元朝内迁畏兀儿的几个问题》,《内蒙古社会科学》2003 年第 6 期;田卫疆:《元代畏兀儿人内迁及其原因初探》,《喀什师范学院学报》1992 年第 2 期;王胞生:《元代入滇的畏兀儿人》,《云南民族学院学报》1991 年第 1 期。

○77　杨志玖:《回回人的东来和分布》、《回回人的东来和分布(续)》,《回族研究》1993 年第 1、2 期;《元代回回人的政治地位》,《历史研究》1984 年第 3 期;《回回人与元代政治》(五),《回族研究》1994 年第 4 期;《元代回回人的社会地位》,《回族研究》1993 年第 3 期。穆德全:《元代回回人分布江浙考》,《河南师范大学学报》1984 年第 1 期。王建平:《元代穆斯林移民与云南社会》,《青海民族学院学报》1999 年第 2 期。

○78　马建春:《钦察、阿速、斡罗思人在元朝的活动》,《西北民族研究》2002 年第 4 期;马建春:《元代东迁中土的康里人》,《宁夏社会科学》2003 年第 1 期;陈高华《元代的哈剌鲁人》,《西北民族研究》1988 年第 1 期;孟楠:《元代西夏遗民的迁徙及与其他民族的融合》,《宁夏大学学报》1995 年第 3 期;修晓波:《元代色目商人的分布》,《元史论丛》第 6 辑,中国社会科学出版社 1997 年版。

○79　罗贤佑:《金、元时期女真人的内迁及演变》,《民族研究》1984 年第 2 期;邱树森:《元代的女真人》,《社会科学战线》2003 年第 4 期。

○80　冯继钦:《从战迹和官职看契丹人在蒙元时期的分布》,《北方文物》1995 年第 2 期。

○81　王献军:《元代入居内地的藏族人》,《海南师范学院学报》2003 年第 1 期。

○82　彭清深:《宋元西北汉族族群历史观照》,《西北第二民族学院学报》2001 年第 1 期。

○83　韩光辉:《元代中国的建制城市》,《地理学报》1995 年第 4 期;《12 至 14 世纪中国城市的发展》,《中国史研究》1996 年第 4 期;《宋辽金元建制城市的出现与城市体系的形成》,《历史研究》2007 年第 4 期。

○84　韩光辉:《建都以来北京历代城市人口规模蠡测》,《人口与经济》1988 年第 1 期;《辽金元明时期北京地区人口地理研究》,《北京大学学报》(哲学社会科学版)1995 年第 5 期。

○85　韩光辉:《古代北京城市户籍管理与户口统计》,《中国历史地理理论丛》1993 年第 2 期。

○86　司徒尚纪:《广州作为建制城市始于元代》,《岭南文史》1996 年第 1 期。

○87　[苏]B. я. 符拉基米尔佐夫:《蒙古社会制度史》,刘荣焌译,第 76—109 页,中国社会科学出版社 1980 年版;陈鹏:《中国婚姻史稿》,中华书局 1990 年版;陈高华、史卫民:《中国风俗通史·元代卷》第五章"家庭与婚姻风俗",第 204—240 页,上海文艺出版社 2001 年版;戴伟:《中国婚姻性爱史稿》第七章"封建礼教的沉浮",东方出版社 1992 年版。

○88　王晓清:《元代收继婚制述论》,《内蒙古社会科学》1989 年第 6 期;洪金富:《元代的收继婚》,《中国近世社会文化史论文集》,台北中央研究院历史语言研究所 1992 年版;杨毅:《说元代的收继婚》,《元史论丛》第 5

辑,中国社会科学出版社 1993 年版;翟宛华:《论元代的收继婚》,《甘肃社会科学》1995 年第 4 期;秦新林:《元代收继婚俗及其演变与影响》,《殷都学刊》2004 年第 2 期;谭晓玲:《元代两种婚姻形态的探讨》,《内蒙古大学学报》2007 年第 5 期。

⑧⑨　王晓清:《试论元代的赘婚婚制》,《史学月刊》1990 年第 6 期;谭晓玲:《元代两种婚姻形态的探讨》,《内蒙古大学学报》2007 年第 5 期。

⑨⓪　杨志玖:《元代回汉通婚举例》,《元史三论》,第 156—162 页,上海人民出版社 1985 年版;[日]池内功、郑信哲译:《元代的蒙汉通婚及其背景》,《民族译丛》1992 年第 3 期;潘清:《元代江南地区蒙古、色目侨寓人户婚姻状态的分析》,《学海》2002 年第 3 期;马娟:《元代色目高丽通婚举例》,《宁夏社会科学》2002 年第 5 期;孟楠:《元代西夏遗民婚姻研究》,《宁夏社会科学》1992 年第 2 期。

⑨①　罗贤佑:《试论元朝蒙古皇室的联姻关系》,见中国社会科学院民族研究所主编《中国民族史研究》,第 82—98 页,中国社会科学出版 1987 年版;王崇实:《元与高丽统治集团的联姻》,《吉林师范学院学报》1992 年第 4 期;萧启庆:《元丽关系中的王室联姻与强权政治》,《元代史新探》,台湾新文丰出版公司 1983 年版;洪玉范:《元朝时期蒙古上层社会婚姻及家庭》,《黑龙江民族丛刊》2000 年第 1 期;张沛之:《元代少数民族官僚家族婚姻初探》,《河南师范大学学报》2004 年第 1 期。

⑨②　徐适端:《元代平民妇女婚姻生活考》,《西南师范大学学报》2003 年第 2 期;谭晓玲:《浅析元代的判决离婚》,《内蒙古大学学报》2003 年第 3 期;谭晓玲:《元代的妇女再嫁》,《内蒙古社会科学》2007 年第 4 期;张靖龙:《元代妇女再嫁问题初探》,《社会学研究》1993 年第 1 期。

⑨③　韩光辉:《论中国古代人口增殖政策》,《湖北大学学报》1995 年第 5 期。

⑨④　刘晓:《元代收养制度研究》,《中国史研究》2000 年第 3 期;金滢坤:《从黑城文书看元代的养济院制度——兼论元代的集乃路》,《中央民族大学学报》2003 年第 2 期。

⑨⑤　吴希庸:《人口思想史》,北平大学出版社 1936 年版;张敏如:《中国人口思想简史》,第 138—141 页,中国人民大学出版社 1982 年版;吴申元:《中国人口思想史稿》,中国社会科学出版社 1986 年版;复旦大学经济系人口理论研究室:《人口问题与理论》,第 132—134 页,复旦大学出版社 1983 年版。

⑨⑥　袁祖亮:《中国古代人口史专题研究》,第 111—134 页,中州古籍出版社 1994 年版。

⑨⑦　葛仁考:《元代汉族妇女守节问题初探》,《内蒙古社会科学》2003 年第 3 期;谭晓玲:《元代女性贞节观念刍议》,《中央民族大学学报》2007 年第 5 期;位雪燕、徐适端:《从〈元史·列女传〉析元代妇女的贞节观》,《内蒙古师范大学学报》2007 年第 3 期;位雪燕:《元代妇女贞节问题再探》,《河北师范大学学报》2007 年第 3 期。

⑨⑧　符海朝:《蒙元时期汉人世侯文化素质之探讨》,《殷都学刊》2008 年第 2 期。

⑨⑨　许凡:《元代吏制研究》,第 146—151 页,劳动人事出版社 1987 年版。

⑩⓪　吴海涛:《元代京兆贺氏与其他汉人官僚家族仕宦之比较》,《中国史研究》1998 年第 2 期;《元代贺氏家族的兴起及原因探析》,《内蒙古社会科学》2002 年第 1 期。聂树锋、王秀珑:《史氏家族在真定——金元之交的汉人世侯剖析》,《石家庄师范专科学校学报》2000 年第 3 期。

⑩①　杨志玖:《山东的蒙古族村落和元朝墓碑——一个古老蒙古氏族的新生》,《历史教学》1991 年第 1 期;岳青、培植:《营儿门马氏——汉族大家庭中前元蒙古贵族的后裔》,《丝绸之路》1996 年第 6 期;修晓波:《关于木华黎家族世系的几个问题》,《蒙古史研究》1993 年第 4 期。

⑩②　罗贤佑:《论畏兀儿贯氏家族两位代表人物的历史业绩及其社会原因》,《民族研究》1994 年第 5 期;王梅

堂:《元代内迁畏兀儿族世家——廉氏家族考述》,《元史论丛》第7辑,江西教育出版社1999年版;史金波、吴峰云:《元代党项人余氏及其后裔》,《宁夏大学学报》1985年第2期;孟楠:《略论元代的察罕及其家族》,《内蒙古大学学报》2003年第3期;党宝海:《察罕帖木儿的族属、生年与汉姓》,《中国史研究》1998年第3期;刘迎胜:《床兀儿及其家族的活动》,《西域研究》1993年第3期;马娟:《对元代色目人家族的考察——以乌伯都剌家族为例》,《回回研究》2003年第3期;何兆吉:《元政权中的显赫家族——〈康里氏先茔碑〉考略》,《西北第二民族学院学报》1994年第2期;何兆吉:《辽金元时期一支外来的民族世家——汪古马氏家族源流考略》,《青海师范大学学报》1998年第3期;方慧:《元代大理段氏总管世次历年考略》,《广西民族研究》1998年第2期;杨延福:《元代大理总管段氏世系正误与轶事补》,《大理师专学报》1996年第4期。

⑩ 如魏坚:《元上都》(上下),中国大百科全书出版社2008年版;宁夏文物考古研究所编:《固原开城墓地》,科学出版社2006年版;李俊义:《元蓟国公张应瑞墓及相关问题管窥》,《昭乌达蒙族师专学报》第19卷第3期;陈安利:《西安出土〈元故韩城尹张君墓志铭〉考释》,《考古与文物》1995年第2期;方晓:《三台发现元赵垠祖墓碑》,《四川文物》1994年第1期;刘兆伟、徐向军:《元全宁路张氏碑刻考》,《锦州师范学院学报》1999年第2期;任崇岳:《元〈浚州达鲁花赤追封魏郡伯墓碑〉考释》,《宁夏社会科学》1995年第2期;贺云朝、狄富保:《元〈合剌普华墓志铭〉考释》,《南方文物》2000年第1期;樊子林、梁小丽:《元故恭人史氏墓碑考》,《文物春秋》2003年第4期。

⑩ 陈智超、乔幼梅:《中国封建社会经济史》,齐鲁书社、文津出版社1996年版;蒙思明:《元代社会阶级制度》,中华书局1980年版;高树林:《元代赋役制度研究》,河北大学出版社1997年版;李干:《元代社会经济史稿》,湖北人民出版社1985年版;李治安:《元代分封制度研究》,天津古籍出版社1992年版;许凡:《元代吏制研究》,劳动人事出版社1987年版;吕思勉:《中国民族史》,东方出版社1996年版;罗贤佑:《元代民族史》,四川民族出版社1996年版;中国社会科学院民族研究所:《中国民族史研究》,中国社会科学出版社1987年版;王钟翰:《中国民族史》,中国社会科学出版社1994年版;陈顾远、王书奴:《中国婚姻史 中国娼妓史》,岳麓书社1998年版;秦新林:《元代社会生活史》,河南大学出版社1997年版;陈高华、史卫民:《中国风俗通史·元代卷》,上海文艺出版社2001年版。

第一章　元代的户口概况

　　元代包括大蒙古国（1206—1270 年）和大元（1271—1368 年）两个统治时期，历 15 帝，共 163 年。大体可分为四个时期。一是前四汗时期：太祖铁木真（1206—1227 年）、太宗窝阔台（1229—1241 年）、定宗贵由（1246—1248 年）、宪宗蒙哥（1251—1259 年），中间穿插了拖雷监国（1227—1229 年）、乃马真后称制（1242—1246 年）和海迷失后称制（1248—1251 年）；二是世祖忽必烈时期（1260—1294 年）；三是元代中期：成宗铁穆耳（1295—1307 年）、武宗海山（1308—1311 年）、仁宗爱育黎拔力八达（1312—1320 年）、英宗硕德八剌（1321—1323 年）、泰定帝也孙铁木儿（1324—1328 年）、天顺帝阿剌吉八（1328 年）、文宗图帖睦尔（1328—1333 年）、明宗和世瓎（1329 年）、宁宗懿璘质班（1332—1333 年）；四是元代末期即顺帝妥懽贴睦尔统治时期（1333—1368 年）。本章主要论述元代不同时期的全国（不包括四大汗国）户口和各级地方政区的户口概况，在阐述分析学界不同结论的基础上，提出一些个人观点。

第一节　元代的全国户口概况

一、《元史》所载全国户口及存疑

　　宋濂等人所著《元史》是了解元代全国户口的重要文献资料。所载户口数据始见于蒙古灭金的前一年 1233 年，终于文宗至顺元年 1330 年。兹将具体内容摘录如下：

　　　　太宗五年秋八月……以阿同葛等充宣差勘事官，括中州户，得户七十三万余。

　　　　太宗八年夏六月，复括中州户口，得续户一百一十余万。《元史》卷 2《太

宗纪》

中统二年,天下户一百四十一万八千四百九十有九。《元史》卷4《世祖一》

中统三年,天下户一百四十七万六千一百四十六。

中统四年,天下户一百五十七万九千一百一十。

至元元年,户一百五十八万八千一百九十五。《元史》卷5《世祖二》

至元二年,户一百五十九万七千六百一。

至元三年,天下户一百六十万九千九百三。

至元四年,天下户口一百六十四万四千三十。

至元五年,天下户一百六十五万二百八十六。

至元六年,天下户一百六十八万四千一百五十七。《元史》卷6《世祖三》

至元七年,天下户一百九十二万九千四百四十九。

至元八年,天下户一百九十四万六千二百七十。

至元九年,天下户一百九十五万五千八百八十。《元史》卷7《世祖四》

至元十年,天下户一百九十六万二千七百九十五。

至元十一年,天下户一百九十六万七千八百九十八。

至元十二年,天下户四百七十六万四千七十七。《元史》卷8《世祖五》

至元二十八年,户部上天下户数,内郡百九十九万九千四百四十四,江淮、四川一千一百四十三万八百七十八,口五千九百八十四万八千九百六十四,游食者四十二万九千一百一十八……宣政院上天下寺宇四万二千三百一十八区,僧、尼二十一万三千一百四十八人。《元史》卷16《世祖十三》

至元三十年,户一千四百万二千七百六十。《元史》卷17《世祖十四》

初,太宗六年甲午,灭金,得中原州郡。七年乙未,下诏籍民,自燕京、顺天等三十六路,户八十七万三千七百八十一,口四百七十五万四千九百七十五。宪宗二年壬子,又籍之,增户二十余万。世祖至元七年,又籍之,又增三十余万。十三年,平宋,全有版圆。二十七年,又籍之,得户一千一百八十四万八百有奇。于是南北之户总书于策者,一千三百一十九万六千二百有六,口五千八百八十三万四千七百一十有一,而山泽溪洞之民不与焉……文宗至顺元年,户部钱粮户数一千三百四十万六百九十九,视前又增二十万有奇,汉、唐极盛之际,有不及焉。《元史》卷58《地理志》

故终世祖之世,家给人足。天下为户凡一千一百六十三万三千二百八十一,为口凡五千三百六十五万四千三百三十七。《元史》卷93《食货志·农桑》

根据以上记载,元代全国最高户数为至元三十年14002760户、最高口数为至元二十八年60491230口。不过上述数据总本上有三大缺憾:一是缺乏历史的连续性。这些人口数据在世祖统治时期特别集中,24个年份的人口数据中世祖朝就占了19个,而在世祖以后的30多年间和元末整个顺帝朝的30多年间却不见有一个全国户口数据传世;二是缺乏人口数据的完整性。24个年份的人口数据中大多只有户数、没有口数,只有4组完整的户口数据;三是有些人口数据或因记述的词义不明,或因史料前后不一,或因缺乏具体的户口数据而让人难以断定。如太宗八年"复括中州户口,得续户一百一十余万"中"续户"是再次统计中新增加的户数还是得到的总户数? 文宗至顺元年的"户部钱粮户数"是全国性的全部数据还是户部掌握的部分数据?"终世祖之世"的户数究竟指的是哪一年? 宪宗二年没有具体的户口数,只能根据"增户二十余万"来推算是否可靠? 至元七年的户数在《世祖本纪》和《地理志》中对比起来悬殊甚大,哪一个更准确? 这些都是我们在研究元代全国人口数量时不可回避的问题。

二、蒙古国时期全国户口问题

(一)成吉思汗统治时期

由于目前尚未发现成吉思汗统治时期的具体户口数字,因此学界对太祖时期的户口问题很少提及。在此,笔者通过一些相关史料,大体描述一下太祖创建和统治蒙古国时期的户口状况。

1206年成吉思汗统一蒙古高原各部,建立大蒙古国,将所有人户按照新的组织形式——千户制编组为95个千户。千户制采用十进制的方式管理蒙古百姓,十户为一牌子、一个十户为一百户、十个百户为一千户,分别以牌子头、百户、千户为首领,后来又增加了万户。照此说来,蒙古国初创时约有95000户,若以户均5口估算[1],共约四五十万人。据《黑鞑事略》记载,蒙古国建立后,"成吉思立法,只要其种类子孙繁衍"。加之蒙古族当时实行一夫多妻制,流行抢夺婚、收继婚,因此可以想见蒙古国初期人口的自然增殖是较快的。同时成吉思汗率领蒙古军队进攻西夏、金朝和西征的过程中,也掳掠了一定数量的人口。他们或被掠往蒙古本土,或被编入蒙古军队。虽然蒙古人口在掠夺和征服战争中也有伤亡,但在蒙古国初期,整体人口数量应该是增长的。白寿彝主编《中国通史》中说:"据《蒙鞑备录》记载,成吉思汗'起兵数十万',西域史家载成吉思汗西征军达六十万,这个数字显然过于夸大,但也反映了兵力确有大增的事实"。[2]由于蒙古国的人口都列入军事编制,因此兵力增加的事实可以证明当时总人口的增加。

（二）太宗和宪宗时期

史料中蒙古国具体的户口数据最早见于太宗时期：太宗五年得户 73 万余，太宗七年乙未籍户得户 873781、口 4754975，太宗八年得续户 110 余万。然而这三组数据都是全国性的户口吗？如何理解"续户"一词的含义？太宗八年的户口总数应该是多少？学界对这些问题的认识存在很大分歧。史料记载中又说，乙未籍户后，"宪宗二年壬子，又籍之，增户二十余万"。可见宪宗壬子户籍的计算考证与太宗乙未户籍有着直接的关系。因此我们把太宗和宪宗时期的户口放在一起讨论。

梁方仲先生在《中国历代户口、田地、田赋统计》中，根据多种史料整理了《元代户口数及其升降百分比》③一表。表中太宗时期的户口只录入了太宗七年、八年的户口数，而没有录入太宗五年的户数，原因不见注解，这似乎表明他不认为太宗五年的户数是全国性的数据。表中太宗八年的户数为 110 万，注释中仅指出为"太宗 8 年复括中州户，续得户如上数"，但并没有做具体的解释。不过根据下一条关于宪宗二年户数的注解，梁先生认为 110 万是该年的总户数。表中宪宗二年的户数为 120 万，是将太宗七年的户数加上"增户三十余万"计算所得。此处编者注说明其依据见于《元史·地理志》注。笔者反复查找，没有见到地理志注中有这样的记载，只有地理志开篇中"增户二十余万"，学界其他学者也都引用的是"增户二十余万"的说法。所以笔者对梁先生宪宗二年有 120 万户的观点是存有疑问的。

邱树森和王颋先生在 1983 年发表的《元代户口问题刍议》一文中，陈述了太宗至宪宗时期历次户口统计的史料，指出：

> 从蒙古国时期历次户口统计来看，可以明显看出：一、蒙古统治者的"括户口"并不是全国范围内的户口普查，因此，它在地域上不是"全国性"的，所记载的数字仅包括金旧土的一部或大部；二、从窝阔台到蒙哥统治时期的三十年间，只有一二三五年那一次户口统计数字比较完整……④

然而，他们并未就史料中的户口统计数据做具体的论证和解释。从笔者对此文一些内容的分析来看，他们把 110 万户看做是太宗八年统计的全国总户数，认为宪宗二年增加了 20 多万户，但并没有明确指出宪宗二年的户数究竟是多少⑤。文章第一部分所称"蒙古国时期的户口"中，仅仅谈到了太宗、定宗和宪宗统治时期，而把忽必烈至元七年改国号为"大元"以前的这段时期排除在外，列入了元朝前期加以叙述。

1995 年王育民在《中国人口史》第六章《元代人口的变迁》中指出：太宗五年所括 73 万户是灭金前夕已占领地区的户口。历史上所说的乙未籍户是灭金后对北方中原地区全面的户口统计，始于太宗七年，当年户数为 87 万多。太宗八年六月，户口统计工作完成，"实有人户似应为 183 万余户"⑥，即将 1333 年阿同葛所籍 73 万户与 1236 年所得"续户"110 余万相加。这里他在结论中用了"似应为"的字样，可见他本人对这个数字并不确信。因此在下文探讨宪宗二年的户数时，他并没有在 183 万户的基础上增加 20 万户，也没有根据《地理志》中的记载在太宗七年 87 万多户的基础上增 20 万户，而是在乙未籍户结束时所得总户数 110 余万的基础上增 20 万户，"则宪宗二年实有人户当为 130 万"⑦。

1997 年白寿彝主编《中国通史》中认为，乙未籍户是太宗在中原地区进行的第一次大规模的户籍清理，始于 1234 年，1235 年完成⑧，"所得汉地人户为一百万四千六百五十六户"⑨。其依据是《元史》卷 98《兵志一》中所载"〔太宗〕十三年八月，谕总管万户刘黑马，据斜烈奏，忽都虎等元籍诸路民户一百万四千六百五十六户"，进而指出宪宗二年的户籍比乙未年增加 20 余万户，"应为一百二十余万户"⑩。文中对户数的判定尚有史料可查，但是对乙未籍户时间的说法却是错误的。《元史·地理志》载"七年乙未，下诏籍民"，《太宗纪》又载"〔八年〕夏六月，复括中州户口"。显而易见，太宗七年（1235 年）乙未籍户开始，八年（1236 年）结束，大多数学者都是这种看法。

吴松弟在 2000 年出版的《中国人口史》一书中，详细考证了《元史》所载太宗时期的户口数据。他考察了乙未籍户这一历史事实，对比相关史料数据，分析了《续文献通考》⑪和周良霄⑫、陈高华⑬、高树林⑭、刘浦江⑮观点中的正误，得出了以下重要结论：

> 综上所述，窝阔台汗时期的户口数据主要有三组。其一是五年的 73 万余户，此数是阿同葛主持得到的部分地区的户口数。其二是七年的 86 万余户（此处笔者疑为笔误，应为 87 万余户）。该年开始进行蒙元时期的第一次全面性的户口调查，第二年调查结束，故 86 万余户只是已调查地区的户口，并非全国户口数。第三组数据是 110 万户，该年户口调查结束，获得这一全国户口总数。⑯

也就是说，他认为蒙元在中原的首次大规模户口调查始于太宗七年乙未括户，太宗八年完成时"得续户一百一十余万"不是又增加 110 余万户，而是乙未括户得到的总户数。虽然这与《元史·兵志一》和《元文类》卷 58 宋子贞《中书令耶律公神道碑》中 100 万、104 万的记载数据略有差异，但可以证实将 110 余万户看做是 1236 年总户数的判断是符合历史事实的。在此基础上，他认为宪宗二年的全国户数为一百三十余万户。

（三）忽必烈统治时期

在忽必烈统治的蒙古国时期，《元史·世祖纪》中记载了自中统二年到至元七年连续 10 年的户数,反映了当时户数从 1418499 至 1939449 的平稳增长。其中至元七年的户数与《地理志》中的推算结果相差 20 多万户。《地理志》中记载,"宪宗二年壬子,又籍之,增户二十余万。世祖至元七年,又籍之,又增三十余万"。也就是说至元七年户口调查的结果比宪宗二年壬子户数增加了 30 多万。如果采用上述学者的壬子户数的观点,将 120 万、130 万、130 万—140 万、180 万分别加上 30 多万,其推算结果都与《世祖本纪》中的记载数据相差 20 万户以上。"由于《元史·地理志》采用含糊的记载方法,我们通过相加的方法获得的户数未必与该年公布的户数相等"[①],因此大多数学者还是认同《世祖本纪》中至元七年 1939449 户的记载。

关于蒙古国时期全国的户口问题,学界讨论最多的是太宗乙未籍户、宪宗壬子籍户和世祖至元七年的户数。为了让大家更明晰地了解学界的不同观点,笔者将上述问题的结论列简表如下。

学者考证的蒙古国时期全国户口数据表

学者＼年代	太宗五年 (1233 年)	太宗七年 (1235 年)	太宗八年 (1236 年)	宪宗二年 (1252 年)	至元七年 (1270 年)
梁方仲		873781	1100000	1200000	1939449
邱树森、王颋			1100000		
王育民	730000	873781	似应为 1830000	1300000	1939449
白寿彝		1004656		1200000	
吴松弟	730000	873781	1100000	1300000—1400000	1939449
高树林	730000	873781	1600000	1800000	2100000
刘浦江	730000	873781	1970000		

总之,大多数学者认为:灭金前 1233 年的户数统计很不完整;乙未籍户是太宗在中原地区进行的第一次大规模的户籍清理,始于 1235 年,1236 年完成,因此 1235 年的户数也不是完整的全国户数。关于 1236 年所载"得续户一百一十余万"的含义,主要有两种观点:一种观点认为指的是该年户口调查结束后的总户数,另一种观点认为所谓"续户"应当是该年户口调查新增的户数。笔者认同前一种观点,并十分赞赏吴松弟先生的论证。至于 1252 年全国总户数问题,学界大多认为是比乙未籍户的户数增加了 20 余万,其计算差异是在乙未籍户问题观点不同的基础上产生的。世祖至元七年的户数问题虽然也引起了学界的注意,但争论并不太大,基本一致认可《元史·世祖纪》中 1939449 户的记载。

三、大元时期全国户口问题

至元八年(1271 年)十一月,忽必烈取《易经》"大哉乾元"之意,将"大蒙古国"的国号改为"大元"。至元十三年,蒙古军队攻占了南宋的都城临安。至元十六年,拥有南宋全部版图。大元时期的全国户口问题主要集中在灭南宋统一全国以后,学者们各抒己见,争论不断。

(一)关于《元史·食货志》所载"终世祖之世"的年代和户口数据

有的学者认为"终世祖之世"的年代是世祖去世的至元三十一年(1294年),有的持否定态度,并对这组户口数据作出了不同的解释。王育民认为其年代应当是1294年,但户口数据记载错误,理由是该年户数仅为1293年户数的83.1%[18]。路遇、滕泽之则解释为1294年从事农业生产的户口,其依据是这组户口数据出自《元史·食货志·农桑》[19]。赵文林、谢淑君推断是元统一全国后、1290年以前某一年代的户口,被《食货志》编者错引了地方[20]。吴松弟则论证应当是至元三十年(1293年)南方(江淮和四川)户口数,而被误认为全国户口,因此和《世祖纪》中同年全国户数相比少了2368479户约16.9%;而世祖去世的至元三十一年的全国户口被《世祖纪》遗漏了[21]。学者们对"终世祖之世"的年代和户口记载产生质疑的原因是:该年的户数与上一年(1293年)的户数相比有比较明显的下降,减少了2369479户。这个理由是不充分的。根据中国和世界历史人口数量发展变化的规律,人口数量整体上呈逐渐增长的趋势,但其运动形式是波浪式前进,而非直线式上升。因此,在历史进程中户口数量出现升降和波动也是正常现象。

(二)关于至顺元年"户部钱粮户数"的含义

大多数学者认为仅仅是元代官方或者说户部掌握的交纳赋税的人户,不包括全国所有人口,但阐述的依据不尽相同。

邱树森、王颋曾指出"至顺元年所核计的户口干脆被称为'钱粮户',这似乎是在表明它的取舍是以缴纳钱粮与否为标准的"[22]。赵文林、谢淑君也曾指出"1330年的钱粮户数不包括所有的户数。《元史》上还经常有拨'漏籍户'采炼金属的记录。我们估计至顺年代的非钱粮户和籍外户至少还有10%"[23]。不过他们并未对此进行论证。

路遇、滕泽之的看法是,不仅1330年的户数是赋役户口,统一后1290年、1291年和1293年户口数字的"性质都是一样的,都是钱粮户,也就是赋役户口"。他们解释道:

> 看一看原书记载就会明了。"文宗至顺元年,户部钱粮户数一千三百四十万六百九十九,视前又增二十万有奇"。这里直接和至元二十七年的1319万户作比较,正说明两个户口统计数字的性质是一致的。[24]

吴松弟也申明,《地理志》总序所载的"至顺钱粮户"不是户部掌握的全国户口总数。其依据是松江府统一后的人口数据。

据《元史·地理志》和正德《松江府志》卷6。本府至元二十七年（1290年）有"实在户"163926，口888051；至顺钱粮户163931，至正中（1341—1368年）有户177348。同样是在和平发展的环境，至元二十七年到至顺元年的40年中，本府所辖户数只增加5户，而在至顺到至正的一二十年间却增加了13000余户。"至顺钱粮户"不应是全部户口，而是需要向政府交纳税赋的那部分户口。㉕

笔者以为，吴松弟以松江府为例所做的分析固然有一定的道理，但这毕竟只是一个地方的情况。如果以此就来推断全国，显然缺乏充分的证据，也难以让人信服。因此，在目前难以找到更多实证的情况下，笔者认为像路遇、滕泽之那样从原始材料入手来分析判断其性质的做法虽然简单，但符合逻辑，比较能站得住脚。

（三）关于统一后全国实际人口数量和人口峰值、人口峰点

目前不少学者都对元代记载的人口数量提出质疑，认为元代实际人口要比记载的人口数量高，并从不同角度对元代全国实际人口进行估算和推断。关于元代人口峰点，基本一致认为是在至正初或前期。但由于学者们对户口记载的认识、人口推算方法和考察地域范围不同，推算出的人口峰值主要有8500万口、8700万口、9000万口、9800万口、1亿口以上等几种不同结论。

邱树森和王颋先生在1983年发表的《元代户口问题刍议》一文中，对见于记载的元代户口最高数1400万户、6000余万口提出质疑，并对元代实际户口和最高人口数作了估算。他们的结论是：

忽必烈以后，元代实际户口时有升降，到元至正初止，总的趋势是增加，但缺少官方的统计数字。根据各种材料估计，元代实际户口最高曾达一千九百多万户，近九千万口。

元末自至正四年后，实有户、口开始减少。这一现象由于灾荒和连年的战争所致。估计中原一带人口减少三分之一，江南减少五分之二。元末两地区尚余人户一千余万，口五千余万。㉖

他们指出，元代官方统计数字和实际人口不符的原因在于，官方的人口数据中没有统计达官贵人的奴隶（驱口）、贫弱、迁流、僧、道、游食者（即流民）、军户、蒙古诸王与勋贵的直属部众以及云南行省、湖广行省西南部、四川南部、宣政院辖地的"山泽溪氓之民"。需要说明的是，邱树森、王颋推断的元代全国最高实际人口1980万户、近9000万口中不包括征东行省及宣政院辖地。此文一出，在学界产生了很大影响，尤其是文中关于元代人口峰点的论断即"元代实际人口数的最高年份不在至元末，而在大德末或至正初"已为大多数学者接受和认同。然而正如两位先生自己所说，

"以上统计与估计由于史料欠缺","主观臆测之处很多"。因此,其他学者相继就元代全国人口提出了不同的观点和结论。

1988 年,赵文林、谢淑君在《中国人口史》一书中简要分析了统一全国后世祖至元二十七年、至元二十八年、至元三十年、终世祖之世和文宗至顺元年的户口记载,推算出在目前国境内 1279 年实际人口有 5527.6 万口、1290 年 7530.6 万口、1291 年约有 7649.6 万口、1293 年约有 7981.6 万口、1330 年约有 8487.3 万口、1351 年约有 8758.7 万口[㉑]。他们的推算方法是:先根据《地理志》中区域户口记载,算出我国境内在 1290 年的实际人数,除以在籍户数 1320 万,得出户均口数实有 5.7 口。然后按照这个户均口数,推算出 1291 年、1293 年、1330 年的全国实际口数。1330 年的全国实际总人口的推算方法是:在当年所载钱粮户数的基础上,加上他们估计的 10% 的非钱粮户和籍外人户,则该年应有 1489 万户,再按照户均 5.7 口的标准,推算出该年的实际口数。他们认为,元代人口波段的峰点应当在顺帝至正十一年(1351 年),即刘福通举行反元起义的那一年。1351 年的峰点人口是以 1330 年实际口数为基准,按照 1.5‰的人口年均增长率推算而来的。笔者按照两位先生的方法核算了一下,发现 1291 年的实际人口存在计算错误,不是 7649.6 万口,而应为 7655.3 万口。

1991 年葛剑雄在《中国人口发展史》中论证:1293 年实际人口约 7000 万人,元代的人口高峰确切地说应该在至正初,人口峰值达 8500 万人[㉒]。

王育民在 1992 年和 1995 年先后发表论著[㉓],对于元代统一后的人口发展状况论述道:

> 元代前期完成统一以后,户数一直徘徊在 1300 余万户上下,只及公元 1200 年前后南宋与金户数之和 20716037 户的 65% 左右。西夏、大理尚不在内。元代没有像以往朝代那样在国内局面稳定后出现一个人口的上升期,而是一开始即陷于停滞状态。

> 但元代从成宗到顺帝至正初,基本上还是处于社会安定、经济发展与人口增长的时期。

> 因而更确切地说,元代人口的峰值当在至正前期。

> 元末顺帝至正后期,政治日趋腐败,自然灾害严重……导致农民战争的爆发。战乱中人口急遽下降……

他推算,在元代中后期人口最高时,全国户部管辖内有 1831 万户、8185 万人,加上户部版籍之外 504 万户、2253 万口,则实际人口高达 2335 万户、10438 万口。这不仅是目前学界对元代全国实际人口推算的最高值,而且涵盖的人口地域范围也是最广大的,包括了岭北行省和宣政院辖地。

　　路遇、滕泽之分析,统一后元代的实际人口要比记载的统计数字高得多。他们对元代人口峰值的考察结论与上述王育民的观点十分接近,认为元朝人口极盛时全国合计约有 9830 万人[30],地域范围主要是现今国境之内。

　　吴松弟推算元代全国实际人口在 1290 年约有 1500 万户、7500 万人,1330 年约有 1700 万户、8500 万人,在人口高峰的至正初有 1800 万户、9000 万口左右[31]。他的推算方法是:将 1290 年记载的 1319 多万户,加上他考证的一些未包括的边疆地区(和宁路、中书省北部 7 路 1 府、云南行省和西藏地区)约 180 万户,按照户均 5 口计算,得出 1290 年全国实际户口数。1330 年的户口数是在钱粮户数的基础上,增加 15% 为实际户数,再加上未著籍的 180 万户,按照户均 5 口计算,得出当年全国实际户口数。至正初时的人口峰值是按照 1330 年到至正初户年均增长率为 4‰—5‰ 来推算的。

　　学者们对元代实际人口数量各执一词,除了人口考证和估算的方法不同外,界定的人口地域范围也不一致。由于缺乏确凿的数据资料,无论哪一种推断都不能让人完全信服,但其探索精神令人钦佩。笔者就学者们对这一问题的探讨角度做了一些思考,就此谈谈个人认识。

　　疆域大就一定人口多吗? 邱树森、王颋和王育民对元代官方统计的最高户口记载提出质疑的理由是:元代比宋、金疆域大,但人口数量却大大低于宋金时的 2000 多万户[32]。姑且不论他们将宋、金相近年代的户数直接相加是否合理,从他们的质疑中应该得到这样一种逻辑判断:疆域大则人口多,疆域小则人口少。不必做过多的解释,从古今中外人口数量的发展状况来看,这种逻辑显然是不成立的,人口数量和地域范围不存在正比关系。

　　怎样看待古代官方统计人口与实际人口? 笔者认为,史料中记载的元代全国户口数据确实不是实际户口数,而是官方掌握的户口数量,作为蒙古统治者分封或征发封建赋役的依据。事实上,由于中国封建社会阶级关系和政治制度的普遍性和特权性,不只是元代,历代封建王朝的人口统计都是不全面的、多口径的、多变化的。比如以皇室为主体的最高统治阶层的人口都不在历代封建王朝人口统计之列,奴婢、工商业者、佃户、雇农和僧尼人口等也在相当长的历史时期内都不纳入封建王朝的人口统计之中,元代和清代更是对士兵人数极为保密。[33]这就是说,历代封建王朝的统计人口都不是实际人口。现在要想还原历史上真实的实际人口,就是费劲心力也难以做到。因此从人口发展和数据资料连续性的角度考虑,笔者倾向于选取史料中的官方统计数据为依据。

　　总之,20 世纪 80 年代以来,学术界从人口统计制度、户籍制度、人口增长率、史料分析、历史背景、人口发展变化规律等多种角度,对元代全国户口问题加以探究和考证,研究越来越深入,论证越来越严密,并提出了各自的观点和结论。笔者在上文考述的基础上,对元代官方的全国户口数据整理列表如下。

元代全国户口数据表

年度	公元	户数	口数	资料来源	户口上下年度增长率(‰)		户均口数
太宗五年	1233	730000		《元史》2/32			
七年	1235	873781	4754975	《元史》58/1345			5.44
八年	1236	1100000⑤		《元史》2/34			
宪宗二年	1252	1300000③		《元史》58/1345	9.3		
世祖 中统二年	1261	1418499		《元史》4/77	9.9		
三年	1262	1476146		《元史》5/90	40.6		
四年	1263	1579110		《元史》5/95	69.8		
至元元年	1264	1588195		《元史》5/101	5.8		
二年	1265	1597601		《元史》6/109	5.9		
三年	1266	1609903		《元史》6/113	7.7		
四年	1267	1644030		《元史》6/117	21.2		
五年	1268	1650286		《元史》6/120	3.8		
六年	1269	1684157		《元史》6/124	20.5		
七年	1270	1939449		《元史》7/132	151.6		
八年	1271	1946270		《元史》7/139	3.5		
九年	1272	1955880		《元史》7/144	4.9		
十年	1273	1962795		《元史》8/153	3.5		
十一年	1274	1967898		《元史》8/159	2.6		
十二年	1275	4764077		《元史》8/172	1420.9		
二十七年	1290	13196206	58834711	《元史》58/1346	1769.9		4.46
二十八年	1291	13430322	60491230 59848964⑤	《元史》16/354	17.7	28.2 17.2	4.49 4.46
三十年	1293	14002760		《元史》17/376	42.6		
终世祖之世	1294	11633281	53654337	《元史》93/2356	−169.2	−113.0 −103.5	4.61
文宗至顺元年	1330	13400699		《元史》58/1346	151.9		

第二节　元代各级政区和基层行政组织的人口概况

忽必烈即位后,改革并确立了元代的政治制度,将全国政区划分为省、路、府、州、县 5 个等级。省包括中书省和 10 个行省。中书省是中央政务机构,直辖河北、山东和山西,当时被称为"腹里"。其他大部分区域被划分为 10 个行中书省(征东行省除外),分别是陕西、四川、甘肃、河南、云南、湖广、江浙、江西、辽阳、岭北,形成了"都省握天下之机,十省分天下之治"的行政区划格局。行中书省简称行省,又简称省,最初为中央临时派出机构,以后逐渐演变为地方常设的最高行政机构,"掌国庶务,统郡县,镇边鄙,与都省为表里","凡钱粮、兵甲、屯种、漕运、军国重事,无不领之"⑤。省作为我国地方行政区划中的一级政区始于元代,并一直沿用至今。省的下属政区有路、府、州、县。一般是路领州、县(路的"亲领县"),州领县;府或隶于路,或直隶于省,下领州、县,或只领县;州隶于路、府,有些直隶于省,有些无属县。此外,大都路和上都路设警巡院,比较繁荣的路、府治所设录事司,州治设司候司(后并入所附郭县),管理城市居民。在距离省治较远的地区设宣慰司,作为行省的派出机构,分道领属若干路、府、州、县,就便处理军民事务。边远地区又有宣慰司、宣抚司、安抚司、招讨司、长官司、元帅府、万户府等等,或领路府州军司或不领州县。在元代的社会基层,还设有村社、乡都、隅坊、聚落等行政组织。

　　下面探讨一下元代地方各级政区和基层行政组织的人口概况。由于地方政区中府、州、县的情况比较复杂,因此都按照政区的名称分类考察。

一、各级政区的人口概况

　　《元史》中记载了世祖年间的两组全国政区设置情况。至元二十七年,"立中书省一,行中书省十有一:曰岭北,曰辽阳,曰河南,曰陕西,曰四川,曰甘肃,曰云南,曰江浙,曰江西,曰湖广,曰征东,分镇藩服,路一百八十五,府三十三,州三百五十九,军四,安抚司十五,县一千一百二十七"⑧。至元三十年,"天下路、府、州、县等二千三十八:路一百六十九,府四十三,州三百九十八,县千一百六十五,宣抚司十五,安抚司一,寨十一,镇抚所一,堡一,各甸部管军民官七十三,长官司五十一,录事司百三,巡院三"⑨。

　　(一)省级政区人口概况

　　元代行省制度的最终确立在至元二十七年,根据至元二十七年、二十八年、三十年、三十一年和文宗至顺元年的全国户口数据,计算省级政区的平均户口分别为:

　　1290 年省均 1099684 户,4902893 口
　　1291 年省均 1119194 户,5040936 口
　　1293 年省均 1166897 户
　　1294 年省均 969440 户,4471195 口
　　1330 年省均 1116725 户

据《元史·地理志》全国区域户口统计,元代省级政区的人口数量分别为:

中书省:户数 1355344,口数 3691416

辽阳等处行中书省:户数 84756,口数 461424

河南江北等处行中书省:户数 901956,口数 4117737

陕西等处行中书省:户数 89839,口数 769598

四川等处行中书省:户数 98538,口数 615772

甘肃等处行中书省:户数 2812,口数 32666

江浙等处行中书省:户数 6326423,口数 28736947

江西等处行中书省:户数 2337191,口数 11674542

湖广等处行中书省:户数 2670351,口数 9419625

由于《元史·地理志》所载区域人口数据不是同一年代,辽阳行省和云南行省的人口数据缺载,其他行省路府州县的人口数据也不完整,因此,这些数据只能粗略地反映元代省级政区的人口概况。从计算结果来看,南方江浙行省、江西行省和湖广行省的人口数位居全国前三,人口最多的江浙行省高达近 3000 万人,而人口最少的甘肃行省仅有 3 万多人。

(二)路、府人口概况

元代诸路总管府设置于至元初年,至元二十年(1283 年)以户数多少将路府划分为上、下两级,10 万户以上为上路,10 万户以下为下路,但地理位置十分重要的路府,户数不到 10 万户也列为上路。[40]

《元史·地理志》中记载有户口数据的路共有 127 个。其中人口在 10 万户以上的路有:

中书省

大都路:户数 147590,口数 401350(1270 年抄籍数)

真定路:户数 134986,口数 240670(1270 年抄籍数)

晋宁路:户数 120620,口数 270121(1270 年抄籍数)

河南行省

扬州路:户数 249466,口数 1471194(1290 年抄籍数)

中兴路:户数 170682,口数 599224(1290 年抄籍数)

江浙行省

杭州路:户数 360850,口数 1834710(1290 年抄籍数)

湖州路:户数 254345(1330 年钱粮户数)

嘉兴路:户数 426656,口数 2245742(1290 年抄籍数)

平江路:户数 466158,口数 2433700(1290 年抄籍数)

常州路:户数 209732,口数 1020011(1290 年抄籍数)

镇江路:户数 103315,口数 623644(1290 年抄籍数)

建德路:户数 103481,口数 504264(1290 年抄籍数)

庆元路:户数 241457,口数 511113(1290 年抄籍数)

衢州路:户数 108567,口数 543600(1290 年抄籍数)

婺州路:户数 221118,口数 1077540(1290 年抄籍数)

绍兴路:户数 151234,口数 521588(1290 年抄籍数)

温州路:户数 187403,口数 497848(1290 年抄籍数)

台州路:户数 196415,口数 1003833(1290 年抄籍数)

处州路:户数 132754,口数 493692(1290 年抄籍数)

宁国路:户数 232538,口数 1162690(1290 年抄籍数)

徽州路:户数 157471,口数 824304(1290 年抄籍数)

饶州路:户数 680235,口数 4036570(1290 年抄籍数)

集庆路:户数 214538,口数 1072690(1290 年抄籍数)

信州路:户数 132290,口数 662258(1290 年抄籍数)

福州路:户数 799694,口数 3875127(1290 年抄籍数)

建宁路:户数 127254,口数 506926(1290 年抄籍数)

江西行省

龙兴路:户数 371436,口数 1485744(1290 年抄籍数)

吉安路:户数 444083,口数 2220415(1290 年抄籍数)

瑞州路:户数 144572,口数 722302(1290 年抄籍数)

袁州路:户数 198563,口数 992815(1290 年抄籍数)

临江路:户数 158348,口数 791740(1290 年抄籍数)

抚州路:户数 218455,口数 1092275(1290 年抄籍数)

广州路:户数 170216,口数 1021296(1290 年抄籍数)

湖广行省

武昌路:户数 114632,口数 617118(1290 年抄籍数)

岳州路:户数 137508,口数 787743(1290 年抄籍数)

常德路:户数 206425,口数 1026042(1290 年抄籍数)

澧州路:户数 209989,口数 1111543(1290 年抄籍数)

天临路:户数 603501,口数 1081010(1290 年抄籍数)

衡州路：户数 113373，口数 207523（1290 年抄籍数）

静江路：户数 210852，口数 1352678（1290 年抄籍数）

据统计，10 万户以上的路共有 50 个，其中中书省 3 个、河南行省 2 个、江浙行省 21 个、江西行省 7 个、湖广行省 7 个；20 万户以上的路级政区 19 个，30 万户以上路级政区 8 个。各路户数最高的是福州路，有近 80 万户；口数最高的是饶州路，有 400 万人以上。这些路除大都路和真定路没有记载级别外，其余都是上路。

一些人口在 10 万户以下的路也被列为上路：

中书省

兴和路：户数 8973，口数 39495（1270 年抄籍数）

保定路：户数 75182，口数 130940（1270 年抄籍数）

大名路：户数 68639，口数 160369（1270 年抄籍数）

河间路：户数 79266，口数 168536（1270 年抄籍数）

济南路：户数 63289，口数 164885（1270 年抄籍数）

大同路：户数 45945，口数 128496（1270 年抄籍数）

冀宁路：户数 75404，口数 155321（1270 年抄籍数）

辽阳行省

辽阳路：户数 3708，口数 13231（1252 年数）

大宁路：户数 46006，口数 448193（1252 年数）

河南行省

汴梁路：户数 30018，口数 184367（1252 年数）

庐州路：户数 31746，口数 2294517（1290 年抄籍数）

淮安路：户数 91022，口数 547377（1290 年抄籍数）

陕西行省

奉元路：户数 33935，口数 271399（1252 年数）

四川行省

成都路：户数 32912，口数 215888（1290 年抄籍数）

重庆路：户数 22395，口数 93535（1290 年抄籍数）

甘肃行省

甘州路：户数 1550，口数 23987（1290 年抄籍数）

江浙行省

泉州路：户数 89060，口数 455545（1290 年抄籍数）

江西行省

赣州路:户数 71287,口数 285148(1290 年抄籍数)

江浙行省的镇江路(户数 103315,口数 623644)和建宁路(户数 127254,口数 506926)户数都在 10 万户以上,没有被列为上路,而被列为下路。

《地理志》中户数最少的甘州路(户数 1550,口数 23987)和肃州路(户数 1262,口数 8679)都在甘肃行省,户数都在 2000 户以下,仅相当于北方地区州县的设置标准。

《地理志》中凡称府者有户口记载的有 13 个,分别是:

河南行省

南阳府:户数 692,口数 4893(1252 年数)

汝宁府:户数 7075(1330 年钱粮户数)

归德府:户数 23317(1330 年钱粮户数)

高邮府:户数 50098(1330 年钱粮户数)

安陆府:户数 14665,口数 33554(1290 年抄籍数)

沔阳府:户数 17766,口数 30955(1290 年抄籍数)

德安府:户数 26889,口数 88282(1290 年抄籍数)

陕西行省

凤翔府:户数 2081,口数 14908(1252 年数)

巩昌府:户数 45135,口数 369272(1252 年数)

四川行省

绍庆府:户数 3944,口数 15189(1290 年抄籍数)

江浙行省

松江府:户数 1639319(1330 年钱粮户数)

湖广行省

汉阳府:户数 14486,口数 40866(1290 年抄籍数)

平乐府:户数 7067,口数 33820(1290 年抄籍数)

上述各府除绍庆府注明级别为下外,其他都没有注明。户数和口数最低的是南阳府,户数最高的是松江府,相差甚为悬殊。

(三)州、县人口概况

元代州、县级政区也主要是以户数为标准来设置的,分为上、中、下三级,但南北有别。北方地区的州县设置标准订立较早,至元三年规定:15000 户以上为上州,6000 户以上为中州,6000 户之下为下州;6000 户以上为上县,2000 户以上为中县,不及 2000 户为下县。灭南宋后,由于江南人口繁盛,元廷于至元二十年制定了江南地区州、县级政区的设置标准:5 万户以上为上州,3 万户以上为中州,不及 3 万户为下州;3 万户以上为上县,1 万户以上为中县,1 万户以下为下县。[41]成宗元贞元年(1295年)五月,再次提高江南地区州级政区的户数标准,4 万 5 万户为下州,5 万至 10 万户为中州[42]。每次设置标准的变化,都会引起地方政区级别和数量的调整。不过由路、府亲领的县,人口再多也不改升为州,仍称为县。

《元史·地理志》的区域户口数据中凡称州者有户口记载的有 32 个,除德州、冠州没有注明级别外,上州有 3 个:中书省曹州(1270 年户数 37153)和濮州(1270 年户数 17316)、江浙行省江阴州(1290 年户数 53821);中州有 4 个:中书省高唐州(1270年户数 19104)、泰安州(1270 年户数 9540)和恩州(1270 年户数 10545),江浙行省铅山州(1330 年钱粮户数 26035),其余 23 个都是下州。各州户数最高的是上州中的江阴州,户数最低的是江西行省循州(1290 年抄籍户数 1658)。这与上述元代州、县的设置标准大都是一致的。

《元史·地理志》的区域户口数据只具体到路一级,但是记载了大部分省、路所属的县数(包括各路的直辖县数和各跨下属的各府州所辖县数),这样可以计算出每县大致的平均户口数。

中书省 346 县,县均户数 3962

辽阳行省 10 县,县均户数 5431

河南行省 182 县,县均户数 4956

陕西行省 87 县,县均户数 1604

四川行省 79 县,县均户数 1564

江浙行省 144 县,县均户数 43379

江西行省 79 县,县均户数 29642

湖广行省 136 县,县均户数 18228

加上云南行省 47 县,以上各省合计有 1110 县,总县均户数约为 13427。由于一些户数和县数缺载,因此这些数据只能作为参考。不过从以上数据我们可以看出,这是符合元代县一级的设置标准的,而且江南地区的县均户数远远高于北方地区。

除《元史·地理志》外,元代存世的州县户口数据主要见于元、明、清三代的地方志中。兹将所见罗列如下。

《至元嘉禾志》卷 6《户口》:元代,嘉兴路总计 459377 户;其中录事司 6580户,松江府 234470 户(注:此至元十三年报省民数也……今实管仅一十二万余户而已),嘉兴县 120742 户,海盐县 42205 户,崇德县 55400 户。

《至正金陵新志》卷 8《户口》:至元二十七年本路抄籍户口,江宁县 22705户、132787 口,上元县 29277 户,句容县 34814 户、214790 口,溧水州 57896 户、

316425 口,溧阳州 63482 户。

《大德昌国州图志》卷 3《户口》:至元二十七年通抄数,昌国州概管户 22640、口 126005。

《大德南海志》卷 6《户口》:大德八年报数,南海县 67166 户,番禺县 27641 户,东莞县 24398 户,增城县 7628 户,香山县 11369 户,新会县 30913 户,清远县 1745 户。(不含僧道人数)。

《闽书》卷 6:元贞元年福清县升为州,4 万户。

林景熙《霁山集》卷 4《平阳县治记》:元贞元年升为州,平阳州 5 万余户。

嘉靖《惠州府志》卷 7:元代,循州 3498 户。

正德《松江府志》卷 6:至正中,华亭县 97786 户,上海县 72502 户。

光绪《乐清县志》卷 5《田赋》:至元二十七年,乐清县 20810 户、106724 口。

光绪《永嘉县志》卷 5:元代,永嘉县 65077 户。

嘉靖《泾县志》卷 5:元代,泾县 32500 户、89232 口。

嘉靖《宁德县志》卷 1:至正十七年,宁德县 15566 户。

嘉靖《仁化县志》卷 2:元代,仁化县 1634 户。

嘉靖《南雄府志》"志三":元代,保昌县 19000 户,始兴县 883 户。

嘉靖《南宁府志》卷 2:至元间,宁浦县 4011 户、31194 口,永淳县 1681 户、4975 丁(口)。

嘉靖《南宁府志》卷 2:元代,宣化县 2836 户、12524 口,武缘县 1176 户、4090 口。

(四)城市警巡院和录事司人口概况

元代除了省、路、府、州、县地方行政区外,还在大都、上都和拥有一定规模的路府治所建置了警巡院和录事司。元代的警巡院和录事司的城市建置是在金朝警巡院、录事司和司候司的城市体系的基础上发展而来的。忽必烈前期,作为古代小型建制城市的司候司已全面并入府州的附郭县,而警巡院和录事司建制城市得以保留和发展。都市警巡院管理京师城市民事,城市录事司管辖治理城市居民户役事务。[43]

至元二年,忽必烈根据各地户口凋敝、多寡不均的状况,诏令省并州县司:"诸路州府,若自古名郡,户数繁庶,且当冲要者,不须改并。其户不满千者,可并则并之。各投下者,并入所隶州城。其散府州郡户少者,不须更设录事司及司候。附郭县止令州府官兼领。"可见,当时省并州县司的首要标准就是户口的多少。此后省并 210多个州县和部分府州城市录事司,而城市司候司的建制在元代就已被取消。

都市警巡院随着元代两都制的确立在蒙古国时期恢复建制。大都警巡院陆续增置为 5 个,上都也设置了警巡院,其职能为"领京师坊事"及大都新城。关于元代大都的城市人口规模,韩光辉根据元代防盗弓手的设置制度、户口统计、州县等级变化等资料,推算出不同时期大都城市人口规模分别为:中统五年,4 万户;至元七年,约11.9 万户、42 万人;至元十八年,南城(即中都旧城)14 万户,北城(大都新城)7.95万户,合计 21.95 万户、约 88 万人;泰定四年,约 21.2 万户、93 万人;至正九年,南北二城均为 10 万户,合计 20 万户、近 100 万人,又关厢 8500 户、约 3.4 万人。这反映了元世祖迁都大都前后,大都城市居民人口的惊人增长。

元代录事司的设立始于中统元年,其设置原则是"凡路府所治,置一司,以掌城中户民之事","若城市民少,则不置司,归之倚郭县。在两京,则为警巡院。独杭州置四司,后省为左右两司"。⁴⁴警巡院和录事司都与州县平行隶属于所在路府。元代先后在 127 个路、府、州治所建置了录事司,其中有的由警巡院降置为录事司,有的因城市地位下降、人口减少而废入倚郭县,发展稳定的录事司约有 97 个。元代录事司的人口数据散见于一些方志的记载,如集庆路录事司 18205 户、94992 口,广州路录事司 10013 户,镇江路录事司 15654 户、65767 口,嘉兴路录事司 6580 户,潮州路录事司 3358 户,常州路录事司 5657 户、27040 口。⁴⁵这些录事司都位于江南地区,户口数在 3000—20000 户、1.5 万—10 万人左右,与至元二十年江南地区所设县级政区的人口标准相当。

二、基层行政组织的人口概况

元代在各路所属的州县城乡设立隅、坊、乡、都(里)、村、社等基层行政组织。这些基层行政组织是在承袭宋金旧制的基础上通过坊里制和社制来施行的。

(一)坊、里人口

坊里制指的是城市或城关的隅、坊和农村的乡、都等。不过,各地的具体情况有一定差异。根据元代《地理志》和有关方志中的资料来看,隅、坊设在城市或城关地区,有的在隅下分若干坊,有的分设若干隅、若干坊,有的只设若干坊,而后两种情况在方志记载中更为常见。有的地方除了坊,同时还有巷、街、湾的设置。如《元一统志》卷 1 载大都城分为 4 隅、南北两城 138 坊,《至顺镇江志》载镇江路录事司分为 7隅、27 坊、7 街、82 巷,《至元嘉禾志》卷 3 载嘉兴录事司 70 坊、海盐县 10 坊、崇德县 4坊、松江府有 2 坊 23 巷 2 湾。《至大金陵新志》卷 4 载集庆路有 36 坊、3 街、6 巷,《昌国州图志》卷 1 载昌国州有 21 坊。农村中的基层组织有乡,乡下有都、里。韩儒林先生在分析元代乡、都的关系时指出,在元代"事实上,不见得在各地都存在以乡统都这样两种层次"⁴⁶。从上述方志中所记载的情况来看确实如此,几个地方的农村通常是乡、里(都)两个层次,也有分为乡、都、里三个层次或乡、保、都、里四个层次的。《至大金陵新志》卷4解释说:"盖初以乡统里,宋末易里之名曰保,或曰管、曰都,由是相袭而失古矣"。不过,韩儒林先生又说,"可以认为乡、都基本上是属于同一个层次的基层行政设施"[47],这个论断恐怕就与事实不完全相符了。

那么元代坊、里的具体人口数量有多少呢?在目前所见的史料中,虽然详细记载了元代个别州县的总户数和隅、坊、乡、里的数量,但没有明确记载这些基层行政组织的户口,因此只能对个别地方做大致地推算。

据韩光辉推算,大都城:至元十八年,北城居民7.95万户,共76坊,平均每坊居民1590户;南城居民14万户,共62坊,平均每坊居民2258户。至正九年,北南两城各约10万户,平均每坊居民分别为1316户、1613户。[48]

高树林认为元代坊、都的规模大小不一,平均从二三百户到千余户。他根据《永乐大典》卷2276、2277《湖州府志》中各县户数和都数的记载推算:乌程县平均每都1267户,归安县平均每都1134户,长兴县平均每都516户,武康县平均每都247户,德清县平均每都1748户,安吉县平均每都351户。[49]

笔者根据元代方志中的资料推算:

《至顺镇江志》卷3载,至顺元年,丹徒、丹阳、金坛三县土著户90002户,都、里、村、保共470个,平均每里(都、村、保)有户190。

《至元嘉禾志》卷3载,元代某年,嘉兴县有120723户,有22乡40都80里,平均每乡5487户、每都3018户、每里1509户。

《至大金陵新志》卷4载,至元二十七年,江宁县有22000多户,有18乡86里,平均每乡1222户、每里256户。

《大德昌国州图志》卷3载,至元二十七年,该州通行抄数概管户22640、口126005,州所辖4乡19都,平均每乡5660户31501口、每都1192户6632口。

(二)村、社人口

元代与坊里制并行的基层组织还有社制。社制的推行始于至元七年初,当时仅限于北方农村,主要目的是劝农和维持基层的封建秩序[50]。大约同时,在真定等路的城镇也建立了社制。同年年末,又下诏在北方统治区"令所属州县,在城关厢见住诸色户计,钦依圣旨事理并行入社"[51]。灭南宋后,又把社制推行到江南。

城关的社设在坊下。据《延祐四明志》和《至正四明续志》,四明录事司下有社130个,分属40坊,社名以"天"、"地"、"玄"、"黄"等字编排[52]。

农村的社设在都(里)之下,以自然村为基础,是元代社制的主要形式。农村社的编立主要以人户为标准,具体规定如下:

诸县所属村疃,凡五十家立为一社,不以是何诸色人等,并行入社,令社众推举年高、通晓农事、有兼丁者,立为社长。如一村五十家以上,只为一社,增至百家者,另设社长一员。如不及五十家者,与附近村分相并为一社。若地远人稀,不能相并者,斟酌各处地面,各村自为一社者听。或三村,或五村,并为一社,仍于酌中村内选立社长。^③

从上文的内容来看,村的设置似乎没有人口标准,少则十几家,多的有几十家、上百家。而社的编立有相对明确的人口标准,一般情况下每社50户。不过,偏远、人口稀少的地方,一村不到50户也可以立为一社;而人口繁盛的地方,村的人口规模要大一些,一社的户数也在50户以上。

元代城乡社的具体人口数据目前尚缺乏史料。杨讷先生早年研究元代社制时推算:镇江路录事司治下有户9469,社长21名,每社约450户;该路丹徒、丹阳、金坛三县土著户90002户,社长750名,每社约120户。^④他认为,元代一社的户数实际不止50,南方农村的社可能比北方大一些,而江南城关每社包括的户数应比农村更多。

(三) 聚落人口

元代在人口相对集中但地处边远或人口稀少的地方设有聚落。聚落不属于行政组织,只是一种特殊的人口组织。聚落的人户都比较少。按照元代防盗弓手的设置制度,京师内外各级行政组织都要根据民户多少确定弓手的人数。在离州县城池较远的地方,"若无村店去处,或五七十里,创立聚落店舍,亦须及二十户数"^⑤。照此看来,元代聚落的设置和路、州、县、社一样,都有一定的人户标准。聚落的标准为20户。不过,从上述地方政区和基层行政组织的实际情况来看,实际的户数并非都和规定的人户标准一致,或高或低。那么,各个聚落的实际户数想必也是多少不一,有多于20户的,也有少于20户的。

注 释:

① 《元史》卷58《地理志》中辽阳行省区域户口记载,1252年户均口数为5.44。又见卷23《武宗二》记载,至大三年六月,赈济"自迤北来"的和林省贫民,"户以四口为率给之粟"。逃难来的贫民实际户均口数应当比赈济标准户均四口要高。据上述两条材料,此处将蒙古国初创时的户均口数估计为5口。

② 白寿彝主编:《中国通史》第13册《元时期》,第355页,上海人民出版社1997年版。

③ 梁方仲:《中国历代户口、田地、田赋统计》,第176页,上海人民出版社1980年版。

④ 邱树森、王颋:《元代户口问题刍议》,《元史论丛》第2辑,第112页,中华书局1983年版。

⑤ 邱树森、王颋:《元代户口问题刍议》,《元史论丛》第2辑,第112页,中华书局1983年版。"窝阔台时期的分封民户总数就达七十八万一千二百六十七,占同时期全国人户统计最高数的百分之七十一点〇二。蒙哥时期的情形与之相似……分封民户的总数为一四万一千九百〇七,占当时全国人户统计新增数的百分

之七十点九五。"笔者用两次分封民户总数分别除以110万和20万,和文中计算结果相同。因此可以判定,文中所说"同时期全国人户统计最高数"指的是太宗八年所得"续户"110余万,"当时全国人户统计新增数"指的是宪宗二年"增户二十余万"。

⑥　王育民:《中国人口史》,第357页,江苏人民出版社1995年版。

⑦　王育民:《中国人口史》,第359页,江苏人民出版社1995年版。

⑧　白寿彝主编:《中国通史》第13册,第766—767页,上海人民出版社1997年版。

⑨　白寿彝主编:《中国通史》第13册,第772页,上海人民出版社1997年版。

⑩　白寿彝主编:《中国通史》第13册,第773页,上海人民出版社1997年版。

⑪　《续文献通考》卷13。

⑫　周良霄:《元代投下分封制度初探》,《元史论丛》第2辑,中华书局1983年版。

⑬　陈高华:《元代的流民问题》,《元史论丛》第4辑,中华书局1992年版。

⑭　高树林:《元代赋役制度研究》,第139—145页,河北大学出版社1997年版。

⑮　刘浦江:《金代户口研究》,《中国史研究》1994年第2期。

⑯　吴松弟:《中国人口史》第三卷《辽宋金元时期》,第251—252页,复旦大学出版社2000年版。

⑰　吴松弟:《中国人口史》第三卷《辽宋金元时期》,第253页,复旦大学出版社2000年版。

⑱　王育民:《元代人口考实》,《历史研究》1992年第5期。

⑲　路遇、滕泽之:《中国人口通史》第五章"宋、辽、金、元时期",第609页,山东人民出版社2000年版。

⑳　赵文林、谢淑君:《中国人口史》第八章"元代人口",第319页,人民出版社1998年版。

㉑　吴松弟:《中国人口史》第三卷《辽宋金元时期》,第259页,复旦大学出版社2000年版。

㉒　邱树森、王颋:《元代户口问题刍议》,《元史论丛》第2辑,第115页,中华书局1983年版。

㉓　赵文林、谢淑君:《中国人口史》第八章"元代人口",第320页,人民出版社1998年版。

㉔　路遇、滕泽之:《中国人口通史》第五章"宋、辽、金、元时期",第609页,山东人民出版社2000年版。

㉕　吴松弟:《中国人口史》第三卷《辽宋金元时期》,第260页,复旦大学出版社2000年版。

㉖　邱树森、王颋:《元代户口问题刍议》,《元史论丛》第2辑,第123页,中华书局1983年版。

㉗　赵文林、谢淑君:《中国人口史》第八章"元代人口",第320页,人民出版社1998年版。

㉘　葛剑雄:《中国人口发展史》,第218—220页,福建人民出版社1991年版。

㉙　王育民:《元代人口考实》,《历史研究》1992年第5期;王育民:《中国人口史》第六章"元代人口的变迁",第353—396页,江苏人民出版社1995年版。

㉚　路遇、滕泽之:《中国人口通史》第五章"宋、辽、金、元时期",第613页,山东人民出版社2000年版。

㉛　吴松弟:《中国人口史》第三卷《辽宋金元时期》,第386—391页,复旦大学出版社2000年版。

㉜　他们对宋金户口总数的计算方法分别是:将《金史》卷46《食货志》中金章宗泰和七年(1207年)7684438户分别与《宋会要辑稿》卷183《食货》中宋光宗绍熙四年(1193年)12302876户和《宋史》卷85《地理志》中宋宁宗嘉定十一年(1218年)12669684户相加,分别得到总户数为20716037和20354122。见邱树森、王颋:《元代户口问题刍议》,《元史论丛》第2辑,第111页,中华书局1983年版;王育民:《元代人口考实》,《历史研究》1992年第5期。

㉝　王洪春:《略论中国古代人口统计口径》,《人口研究》1992年第4期。

㉞　此处将"得续户一百一十余万"看做是该年全国总户数。

㉟　将太宗八年的户数加上"增户"20 余万计算所得。

㊱　不包括《元史》卷 16《世祖十三》所载"游食者四十二万九千一百一十八"和"僧、尼二十一万三千一百四十八人"。

㊲　《元史》卷 91《百官七》。

㊳　《元史》卷 58《地理志》。

㊴　《元史》卷 17《世祖十四》。

㊵　《元史》卷 91《百官志》。

㊶　《元史》卷 91《百官志》。

㊷　《元史》卷 18《成宗一》。

㊸　关于元代的警巡院和录事司问题,主要参考了韩光辉的一些研究成果:《元代中国的建制城市》,《地理学报》1995 年第 4 期;《12 至 14 世纪中国城市的发展》,《中国史研究》1996 年第 4 期;《宋辽金元建制城市的出现与城市体系的形成》,《历史研究》2007 年第 4 期。

㊹　《元史》卷 91《百官七》。

㊺　《至大金陵新志》卷 8《民俗志》,《大德南海志》卷 6《户口》,《至顺镇江志》卷 3《户口》,《至元嘉禾志》卷 6《户口》,《永乐大典》卷 5343"潮"字引《三阳图志》,《成化毗陵新志》。

㊻　韩儒林:《元朝史》(上册),第 304 页,人民出版社 1986 年版。

㊼　韩儒林:《元朝史》(上册),第 304 页,人民出版社 1986 年版。

㊽　韩光辉:《建都以来北京历代城市人口规模蠡测》,《人口与经济》1988 年第 1 期。

㊾　高树林:《元朝民户研究——元朝"诸色户计"研究之一》,《河北大学学报》1993 年第 2 期。

㊿　《元典章》卷 23《户部九》"社长不管余事"条。

51　方龄贵:《通制条格校注》卷 16《田令·立社巷长》,第 454 页,中华书局 2001 年版。

52　杨讷:《元代社制研究》,《历史研究》1965 年第 4 期。

53　方龄贵:《通制条格校注》卷 16《田令·农桑》,第 458 页,中华书局 2001 年版。

54　杨讷:《元代社制研究》,《历史研究》1965 年第 4 期。

55　《元史》卷 101《兵志四·弓手》。

第二章　元代的人口分布

第一节　元代的地区人口分布

一、研究方法

对元代人口分布的研究主要参考袁祖亮先生的基本方法和体例,对原有成果中的错漏之处加以修正,并在原有成果的基础上加以补充和推进。具体做法是:以文宗至顺元年(1330年)为标准年代,参照谭其骧主编《中国历史地图集》①第七册元时期的全国和分区地图,将《元史·地理志》记载的全国各区域户口数据分别归入现代省区,其中北京市、天津市列入河北省,上海市列入江苏省,重庆市列入四川省,香港和澳门特别行政区列入广东省;增加了海南省的户口数据,从而将现代省区数量增加到28个;增设了各路、省的户均口数一栏;增补了史料记载户口数据的年代和缺载数据的估算方法等说明,分别得到1330年元代人口在现代各省区的分布情况。这里还有必要对几个问题做一些说明。

(一)关于区域户口数据

从现存史料看,《元史·地理志》和《新元史》集中保存了元代的全国区域性户口数据,而《新元史》中的户口数据基本上是抄自《元史·地理志》,只有个别数据有所差异,所以前者是研究中最常用也是最重要的材料,后者一般只作对比参考。但是与其他史料对比分析来看,《元史·地理志》中的区域户口数据明显存在着一些问题和错误。

一是各区域户口数据的来源年代不统一。记载的分别是宪宗二年(1252年)的数据、世祖至元七年(1270年)的抄籍数据、世祖至元二十七年(1290年)的抄籍数据和文宗至顺元年（1330年）的钱粮户数。其规律表现为：位于金朝末年基本统治区的汴梁路、河南府路、南阳府等地与陕西行省（除兴元府），以及东北地区的辽阳、大宁等路，为1252年的户口；南宋和西夏旧境为1290年的户口；北方除了上述金末基本统治区、西夏旧境和今东北以外的其他地区，为1270年的户口；而上述地域内的少数行政单位，因缺少区域标准年代的户口，还使用1330年的户部钱粮户数。

二是很多行政单位的户口数据缺载。元代全国10个行省仅记有8个行省的户口数字，其中辽阳、陕西、甘肃、四川和中书省的户口数据缺载较多。

三是某一地域记载的户口数字与实际人口有较大差异。与史料中受灾和赈济等的人口数据对比，某地受灾和赈济人户往往是《元史·地理志》中记载数据的几倍乃至几十倍。比较典型的有：天历二年（1329年），陕西诸路饥民1234000余口，诸县流民又数十万，而《地理志》中该省总人口只有769598；同年凤翔府饥民有197900人，为记载的1252年人口数的13倍多。[②]济宁路至顺元年（1330年）有饥民44900户[③]，是记载的1270年该路10545户的4.25倍。至顺四年（1333年）"大霖雨，京畿水平地丈余，饥民四十余万"，与1270年整个大都路的人口数相当；同年，宁夏饥民53000人，为甘肃行省总人口的1.6倍多。[④]至正十二年（1352年），大名路开州、滑州、浚州和元城11个县遭受水旱虫蝗，饥民多达716980口[⑤]，是1270年该路总人口的4.47倍。究其原因，邱树森、王颋、王育民、吴松弟、路遇、滕泽之等大多数学者认为，除地方官的夸大虚报外，主要是由于人口的增长和平时大量人口隐漏造成的，平时隐漏的人口"虽不入地方官府的赋役户籍，但遇有灾情则要上报求赈"[⑥]。

尽管《元史·地理志》中的区域户口数据存在种种问题，但笔者仍将其作为研究元代人口分布的主要依据。一是目前尚未见有比它更全面具体的史料；二是元代的历史时空跨度很小，人口数量的绝对变化不会太大。据统计，《元史·地理志》记载的区域户口数据共有13867219户（其中564942户无口数）、59519727口；如果将没有口数记载的50多万户按照户均5口计算的话，总人口数为62344437。从户数看，与1330年钱粮户数13400669相当；从口数看，比世祖至元二十八年（1291年）全国最高数字59848964增长了4.17%。明代与元代的疆域相当，户口管理与统计制度比较健全，明代全国人口一直在5000万至6300万之间波动，最多时达到66598337。因此，以《元史·地理志》的人口数据来研究元代全国人口分布是目前较为可靠的选择。

（二）关于标准年代

之所以选取1330年作为人口标准年代，是由于《元史·地理志》中的区域户口数据是按照1330年的区域建制来记载的，而谭其骧《中国历史地图集》中元代的第二幅全国地图和各区域分图都是以 1330 年为标准年代绘制的。因此,尽管该年的区域户口数据在《元史·地理志》中所占比例很小,笔者还是将其作为研究元代人口分布的标准年代,只有这样才能将元代各级行政区和现今行政区对应起来。

(三)关于具体的人口研究方法

这里采用的方法主要有区域户口数据分割法、史料引证法以及利用人口自然增长率、元代不同等级州县的户口数、每县平均户口数和户均口数等的估算法。在方法的使用上,有人口数据记载但牵涉跨省区的采用区域户口数据分割法:即先将各州县划归所属的现今省区,计算出元代所属的上级路府的每县平均户口数,再乘以州县数,最后得出在该省区部分的户口数。比如,元代汝宁府下辖 17 个州县,分跨今安徽、河南两省,其中安徽省有四个州县。《地理志》中汝宁府 1330 年有人口 7075 户,则每县平均户数为 7075 ÷ 17 = 416. 17 户。属于安徽省的人口有 416. 17 × 4 = 1665 户。《元史·地理志》1330 年的缺载口数,均在钱粮户数的基础上,按照户均 5 口的标准推算。其他缺载户口数据参用每县平均户口数、元代不同等级州县的户口数、人口自然增长率和史料引证法进行分析和估算,原则是就高不就低,口数除特别说明外均按户均 5 口推算。

各省区的排列次序依次为:河北省、山西省、内蒙古自治区、黑龙江省、吉林省、辽宁省、山东省、江苏省、安徽省、浙江省、江西省、福建省、河南省、湖北省、湖南省、广东省、海南省、广西壮族自治区、陕西省、宁夏回族自治区、甘肃省、青海省、四川省、贵州省、云南省、西藏自治区、新疆维吾尔自治区、台湾。

二、元代人口在现代各省区的分布概况

河北省元代人口分布

路府州县名称	户　数	口　数	户均口数
大都路	▲147590	▲401350	2. 72
保定路	▲75182	▲130940	1. 74
真定路	▲134986	▲240670	1. 78
顺德路	▲30501	▲124465	4. 08
广平路	▲41446	▲69082	1. 67
永平路	▲13519	▲35300	2. 61
大同路中之弘州	▲45945/16 * 1 = 2872	▲128496/16 * 1 = 8031	2. 80
兴和路中之 宝昌州　威宁　高原　怀安	▲8973/5 * 4 = 7178	▲39495/5 * 4 = 31596	4. 40
濮州一部分	?	?	?

续表

路府州县名称	户 数	口 数	户均口数
东昌路中之丘县	▲33102/6 * 1 = 5517	▲125406/6 * 1 = 20901	3.79
河间路中之 靖海　会川　兴济　清池 盐山　南皮　东光　吴桥 故城　修县　阜城　交河 乐寿　河间　肃宁　任丘 莫亭	▲79266/23 * 17 = 58588	▲168536/23 * 17 = 124570	2.13
大名路中之 元城　大名　魏县　清河	▲68639/12 * 4 = 22880	▲160369/12 * 4 = 53456	2.34
彰德路中之临漳	▲35246/4 * 1 = 8812	▲88206/4 * 1 = 22052	2.50
上都路中之 兴州　云州　飞狐　灵仙 顺圣　定安　奉圣州　宣平 宣德府　宜兴州	▲41062/15 * 10 = 27375	▲118191/15 * 10 = 78794	2.88
大宁路中之惠州	+46006/16 * 1 = 2875	+448193/16 * 1 = 28012	9.74
合　计	579321	1369219	2.37

山西省元代人口分布

路府州县名称	户 数	口 数	户均口数
冀宁路	▲75404	▲15532	2.06
晋宁路	▲120630	▲270121	2.24
上都路中之 广灵　灵丘	▲41062/15 * 2 = 5475	▲118191/15 * 2 = 15759	2.88
兴和路中之天成	▲8973/5 * 1 = 1795	▲39495/5 * 1 = 7899	4.40
大同路中之 金成　武州　朔州　山阴 大同　应州　怀仁　马邑 白登　浑源州	▲45945/16 * 10 = 28716	▲128496/16 * 10 = 80310	2.80
合　计	232020	529410	2.28

内蒙古自治区元代人口分布

路府州县名称	户　数	口　数	户均口数
上都路中之 开平　桓州	▲41062/15 * 2 = 5475	▲118191/15 * 2 = 15759	2.88
大宁路中之 武平　高州　大宁	+46006/16 * 3 = 8626	+448193/16 * 3 = 84036	9.74
大同路中之 平地　宣宁　丰州 云内州　东胜州	▲45945/16 * 5 = 14358	▲128496/16 * 5 = 40155	2.80
应昌路 德宁路 净州路 集宁路 亦集乃路 砂井总管府 全宁路 兀剌海路之大部分 哈密力之一部分	? 30000	? 150000	? 5.00
合　计	58459	289950	5.11

　　说明:本省缺载数据是根据各路所属县数乘以中书省每县平均3961.84户,推算为27700多户,再加上兀剌海路和哈密力的部分人口,估计共30000户。

黑龙江省元代人口分布

路府州县名称	户　数	口　数	户均口数
合兰府水达达等路	★20906	? 104530	? 5.00
女真之一部分	? 16000	? 80000	? 5.00
合　计	36906	184530	5.00

吉林省元代人口分布

路府州县名称	户　数	口　数	户均口数
开元路	★4367	? 21835	? 5.00
泰宁路 宁昌路之一部分 女真之一部分	? 40000	? 200000	? 5.00
合　计	44367	221835	5.00

辽宁省元代人口分布

路府州县名称	户　数	口　数	户均口数
广宁府路	★4595	? 22975	? 5.00
辽阳路	+3708	+33231	8.96
咸平府	?	?	?
沈阳路	★5183	? 25915	? 5.00
大宁路中之 川州　义州　锦州　利州 富庶　兴中州　惠和　金源 建州　龙山　和众　瑞州	+46006/16 * 12 = 34505	+448193/16 * 12 = 336145	
宁昌路之一部分	?	?	?
东宁府之一部分	?	?	?
上都路中之松州	▲41062/15 * 1 = 2737	▲118191/15 * 1 = 7879	2.88
合　　计	50728	426145	8.40

山东省元代人口分布

路府州县名称	户　数	口　数	户均口数
东平路	▲44731	▲50247	1.12
曹　州	▲37153	▲195335	5.26
高唐州	▲19104	▲23121	1.21
泰安州	▲9540	▲10795	1.13
德　州	▲24424	▲156952	6.43
恩　州	▲10545	▲37479	3.55
冠　州	▲5697	▲23040	4.04
益都路	▲77164	▲212502	2.75
济南路	▲63289	▲164885	2.61
般阳路	▲21530	▲123185	5.72
宁海州	▲5713	▲15743	2.76
东昌路中之 聊城　莘县　堂邑　博平　茌平	▲33102/6 * 5 = 27585	▲125406/6 * 5 = 104505	3.79
河间路之 乐陵　宁津　无棣　陵州 临邑　青城	▲79266/23 * 6 = 20678	▲168536/23 * 6 = 43966	2.13
大名路中之 东明	▲68639/12 * 1 = 5720	▲160369/12 * 1 = 13364	2.34
濮州中之 观城　朝城　鄄城 馆陶　临清	▲17316/6 * 5 = 14430	▲64293/6 * 5 = 53578	3.71

续表

路府州县名称				户　数	口　数	户均口数
巨野 肥城 泗水	济宁路中之 郓城 金乡 宁阳	嘉祥 滋阳 鱼台	任城 曲阜 单父	▲10545/16 * 12 = 7909	▲59818/16 * 12 = 44864	5.67
合　计				395212	1273561	3.22

江苏省元代人口分布

路府州县名称				户　数	口　数	户均口数
平江路				466158	2433700	5.22
常州路				209732	1020011	4.86
镇江路				103315	623644	6.04
松江府				★163931	? 819655	? 5.00
江阴州				53821	300177	5.58
集庆路				214538	1072690	5.00
高邮府				★50098	? 250490	? 5.00
山阳 盱眙	淮安路中之 清河 朐山 临淮	桃园 赣榆 安东州	盐城 沭阳	91022/13 * 10 = 70017	547377/13 * 10 = 421059	6.01
江都 扬子	扬州路中之 泰兴 静海 真州	海陵 海门 崇明州	如皋 六合	249466/13 * 10 = 191897	1471194/13 * 10 = 1131688	5.90
下邳	归德府中之 睢宁	宿迁	徐州	★23317/14 * 4 = 6662	? 33310	? 5.00
	济宁路中之 丰县	沛县		▲10545/16 * 2 = 1318	▲59818/16 * 2 = 7477	5.67
合　计				1531487	8113901	5.30

安徽省元代人口分布

路府州县名称	户　数	口　数	户均口数
安丰路	17992	97611	5.43
安庆路	35106	219490	6.25
宁国路	232538	1162690	5.00
太平路	76202	446371	5.86
池州路	68547	366567	5.35

续表

路府州县名称	户 数	口 数	户均口数
广德路	56513	339780	6.01
济宁路中之 砀山	▲10545/16 * 1 = 659	▲59818/16 * 1 = 3739	5.67
归德府中之 萧县 宿州 灵壁 谯县 城父	★23317/14 * 5 = 8328	▲41640	▲5.00
汝宁府中之 颍上 太和 沈丘 颍州	★7075/17 * 4 = 1665	▲8325	▲5.00
徽州路中之 歙县 休宁 绩溪 祁门 黟县	157471/6 * 5 = 131226	824304/6 * 5 = 686920	5.23
淮安路中之 五河 天长 虹县	91022/13 * 3 = 21005	547377/13 * 3 = 126318	6.01
扬州路中之 清流 全椒 来安	249466/13 * 3 = 57569	1471194/13 * 3 = 339506	5.90
庐州路中之 合肥 六安 梁县 舒城 含山 庐江 无为 巢县 历阳 乌江	31746/11 * 10 = 28860	229457/11 * 10 = 208597	7.23
合 计	736210	4047554	5.50

浙江省元代人口分布

路府州县名称	户 数	口 数	户均口数
嘉兴路	426656	2245742	5.26
湖州路	★254345	? 1271725	? 5.00
杭州路	360850	1834710	5.08
建德路	103451	504264	4.87
绍兴路	151234	521588	3.45
庆元路	241457	511113	2.12
台州路	196415	1003833	5.11
婺州路	221118	1077540	4.87
衢州路	108557	543660	5.01
处州路	132754	493692	3.72
温州路	187403	497848	2.66
合 计	2384280	10505715	4.41

江西省元代人口分布

路府州县名称	户 数	口 数	户均口数
饶州路	680235	4036570	5.93
信州路	132290	662258	5.01
铅山州	★26035	? 130175	? 5.00
江州路	83977	503852	6.00
南康路	95678	478390	5.00
龙兴路	371436	1485744	5.00
瑞州路	144572	722302	5.00
袁州路	198563	992815	5.00
临江路	158348	791740	5.00
抚州路	218455	1092275	5.00
建昌路	92223	553338	6.00
南丰州	25078	128900	5.14
赣州路	71287	285148	4.00
吉安路	444083	2220415	5.00
南安路	50611	303666	6.00
徽州路中之婺源州	$157471/6*1=26245$	$824304/6*1=137384$	5.23
合 计	2819116	14524972	5.28

福建省元代人口分布

路府州县名称	户 数	口 数	户均口数
福州路	799694	3875127	4.85
建宁路	127254	506926	3.98
邵武路	64127	248761	3.88
延平路	89825	435869	4.85
汀州路	41423	238127	5.75
兴化路	67739	352534	5.20
泉州路	89060	455545	5.12
漳州路	21695	101306	4.67
合 计	1300817	6214195	4.78

河南省元代人口分布

路府州县名称	户 数	口 数	户均口数
怀庆路	▲34993	▲170926	4.88
卫辉路	▲22119	▲127247	5.75
汴梁路	+30018	+184367	6.14
南阳府	+692	+4893	7.07
信阳府	3414	23751	6.96
河南府路	+9502	+65751	6.92
彰德路中之 安阳　汤阴　林州	▲35246/4 * 3 = 26435	▲88206/4 * 3 = 66155	2.50
大名府路中之 濮阳　南乐　内黄　浚州 白马　长垣　清丰	▲68639/12 * 7 = 40039	▲160369/12 * 7 = 93549	2.34
濮州中之 范县	▲17316/6 * 1 = 2886	▲64293/6 * 1 = 10716	3.71
汝宁府中之 汝阳　上蔡　西平　确山　遂平 新蔡　真阳　定城固始 光山　罗山　息州　信阳	★7075/17 * 13 = 5410	? 27050	? 5.00
归德府中之 宁陵　睢阳　下邑　永城　鹿邑	★23317/14 * 5 = 8328	? 41640	? 5.00
济宁路中之 虞城	▲10545/16 * 1 = 659	▲59818/16 * 1 = 3739	5.67
合　计	134495	819784	4.44

湖北省元代人口分布

路府州县名称	户 数	口 数	户均口数
襄阳路	★5090	? 25450	? 5.00
蕲州路	39190	249321	6.36
黄州路	14878	36879	2.48
中兴路	170682	599224	3.51
安陆府	14665	33554	2.29
沔阳府	17766	30955	1.74
荆门州	29471	165435	5.61
德安府	10923	36218	3.32
峡州路	37291	93947	2.52
随州	15966	52064	3.26
归　州	7492	10964	1.46

路府州县名称	户　数	口　数	户均口数
武昌路	114632	617118	5.38
兴国路	50952	407616	8.00
汉阳府	14486	40866	2.82
庐州路中之 英山	31746/11 * 1 = 2886	229457/11 * 1 = 20860	7.23
夔州路中之 施州　建始	20024/12 * 2 = 3337	99598/12 * 2 = 16600	4.97
怀德府	?	?	?
散毛府中之 沿边洞溪招讨司 师避洞安抚司	?	?	?
合　计	396707	2437071	6.14

湖南省元代人口分布

路府州县名称	户　数	口　数	户均口数
岳州路	137508	787743	5.73
澧州路	209989	1111543	5.29
天临路	603500	1081010	1.79
常德路	206425	1026042	4.97
茶陵州	36642	177202	4.84
衡州路	113373	207523	1.83
郴州路	61259	95119	1.55
耒阳州	25311	110010	4.35
桂阳路	65057	102204	1.57
道州路	78018	100989	1.29
永州路	55666	105864	1.90
宝庆路	72309	126105	1.74
武冈路	77207	356863	4.62
靖州路	26594	65955	2.48
沅州路	48632	79545	1.64
辰州路	83223	115945	1.39
思州宣抚司之一部分	?	?	?
融州中之一部分	?	?	?
永顺安抚司	?	?	?
常宁州	18431	69402	3.77
合　计	1919144	5719064	2.98

广东省元代人口分布

路府州县名称	户　数	口　数	户均口数
梅　州	2478	14865	6.00
潮州路	63650	445550	7.00
循　州	1658	8290	5.00
惠州路	19803	99015	5.00
韶州路	19584	176256	9.00
南雄路	10792	53960	5.00
广州路	170216	1021296	6.00
肇庆路	33338	55429	1.66
新　州	11316	67896	6.00
封　州	2077	10742	5.17
德庆路	13705	32997	2.41
南恩州	19373	96865	5.00
高州路	14675	43493	2.96
英德州	?	?	?
化州路	19749	52317	2.65
雷州路	89535	125310	1.40
桂阳州	6356	25655	4.04
连　州	4154	7141	1.72
贺州中之怀集	8676/4 * 1 = 2169	39235/4 * 1 = 9809	4.52
合　计	504623	2346886	4.65

海南省元代人口分布

路府州县名称	户　数	口　数	户均口数
乾宁安抚司	75837	128184	1.69
南宁军	9627	23652	2.46
万安军	5341	8686	1.63
吉阳军	1439	5735	3.99
合　计	92244	166257	1.80

广西壮族自治区元代人口分布

路府州县名称	户　数	口　数	户均口数
廉州路	5996	11686	1.95
钦州路	13559	61393	4.53
郁林州	9053	51528	5.69

续表

路府州县名称	户　数	口　数	户均口数
容　州	2999	7854	2.62
横　州	4098	31476	7.68
南宁路	10542	24520	2.33
思明路	4229	18510	4.38
太平路	5319	22186	4.17
龙州万户府	？	？	？
镇安路	？	？	？
藤　州	4295	11218	2.61
梧州路	5200	10910	2.10
浔州路	9248	30089	3.25
贵　州	8891	20811	2.34
宾　州	6248	38879	6.22
象　州	19558	92126	4.71
柳州路	19143	30694	1.60
静江路	210852	1352678	6.42
平乐府	7067	33820	4.79
贺州中之 临贺　富川　桂岭	8676/4＊3＝6507	39235/4＊3＝29426	4.52
全州路	41645	240519	5.78
融　州	21393	39334	1.84
庆远南丹安抚司	26537	50253	1.89
来安路军民总管府	？	？	？
田州路军民总管府	2991	18901	6.32
合　计	445372	2228811	5.00

陕西省元代人口分布

路府州县名称	户　数	口　数	户均口数
奉元路	＋33935	＋271399	8.00
延安路	＋6539	＋94641	14.47
兴元路	2149	19378	9.02
凤翔府	＋2081	＋14908	7.16
邠　州	？4000	？20000	？5.00
陇　州	？6000	？30000	？5.00
泾　州	？4000	？20000	？5.00
开成州之一部分	？1000	？5000	？5.00
平凉府之大部分	？5000	？25000	？5.00

续表

路府州县名称	户 数	口 数	户均口数
徽 州	? 2000	? 10000	? 5.00
广元路中之 略阳 铎水 大安	16442/13 * 3 = 3794	96406/13 * 3 = 22248	5.86
合 计	70498	517666	7.54

说明:元代路府州县的等级是根据户数来确定的。《元史》卷91《百官七》记载,至元二十年,"定十万户之上者为上路,十万户之下者为下路,当冲要者,虽不及十万户亦为上路"。至元三年,定一万五千户之上者为上州,六千户之上者为中州,六千户之下者为下州;二十年,又定江南五万户之上者为上州,三万户之上者为中州,不及三万户为下州。于是升县为州者四十有四。县户虽多,附路府者不改。至元三年,江北州县六千户之上者为上县,二千户之上者为中县,不及二千户者为下县;二十年,又定江淮以南三万户之上者为上县,一万户之上者为中县,一万户之下者为下县。本省缺载户数均按照所辖州县的等级和数量加以估测,部分区域在本省的再根据面积比例划出一部分户数。此地在元代属于人口比较稠密的地区,因此在估测户数时本着就高不就低的原则。

宁夏回族自治区元代人口分布

路府州县名称	户 数	口 数	户均口数
宁夏府路	? 40000	? 200000	? 5.00
开成州之大部分	? 5000	? 25000	? 5.00
静宁州中之隆德	? 2000	? 10000	? 5.00
平凉府中之一部分	? 1000	? 5000	? 5.00
合 计	? 48000	? 240000	? 5.00

说明:《元史》卷17《世祖十四》称"宁夏户口繁多",卷38《顺帝一》记载至顺四年(1333年)"赈恤宁夏饥民五万三千人一月"。如果按照饥民占总人口的四分之一估计,1333年仅宁夏府路就有居民20万人左右,1330年的人口数应当与此差距不大。其他地区的户口数按照州县等级人口和面积比例估算。

甘肃省元代人口分布

路府州县名称	户 数	口 数	户均口数
巩昌府	+45135	+369272	8.18
临洮府			
庆阳府			
秦 州			
宁 州			
定西州			
镇原州			
西和州			
环 州			

路府州县名称	户　数	口　数	户均口数
金　州			
山丹州			
兰　州			
会　州			
阶　州			
成　州			
铁　州			
岷　州			
洮　州	? 20000	? 100000	? 5.00
庄浪州			
沙州路之一部分			
兀剌海路、静宁州、哈密力、 永昌路之一部分			
阶文扶州上千户所			
礼店文州元帅府			
文扶州万户府			
肃州路	1262	8679	6.88
甘州路	1550	23987	15.48
合　计	67947	501938	7.39

　　说明:《元史》卷148《董俊传》曰:至元初,中兴、西凉、甘、肃、瓜、沙等州,"民之归者户四五万",又"受诸部落及溃叛之来降者"。甘州和肃州是该地区人口聚集之地,到1290年都只有1000多户,再除去甘州、肃州和宁夏中兴的人口,估计户口缺载地区的人口都不会很多,总共估计有2万户。

青海省元代人口分布

路府州县名称	户　数	口　数	户均口数
西宁州			
积石州			
贵德州	? 40000	? 200000	? 5.00
吐蕃等处宣慰司之一部分			
沙州路之一部分			
永昌路之一部分			
合　计	? 40000	? 200000	? 5.00

　　说明:青海在元代基本都在宣政院辖地,户口不明,此处参考袁祖亮先生的估计数字(见袁祖亮著:《中国古代人口史专题研究》,第334页,中州古籍出版社1994年版)。赵文林、谢淑君先生估计今青海省在1290年有20万人,1351年有232615人(赵文林、谢淑君:《中国人口史》,第333、338页,人民出版社1998年版)。

四川省元代人口分布

路府州县名称	户　数	口　数	户均口数
成都路	32912	215888	6.56
顺庆路	2821	95156	33.73
重庆路	22395	93535	4.18
绍庆府	3944	15189	3.85
广元路中之 绵谷　昭化　普安　梓潼　化城 龙州　阆中　苍溪　南部　曾口	16442/13 * 10 = 12648	96406/13 * 10 = 74158	5.86
夔州路中之 奉节　巫山　大宁州　通川 云阳州　万州　武宁 开州　梁山　新宁	20024/12 * 10 = 16687	99598/12 * 10 = 82998	4.97
嘉定府路 潼川府 叙州路 马湖路 石耶洞 永宁路 建昌路 德昌路军民府 会川路 柏兴府 怀德府 重庆路 宁远府 黎　州 雅　州 威　州 茂　州 鱼通万户府 松潘宣抚司 碉门宣抚司 亦思马儿甘万户府	? 42000	? 210000	? 5.00
合　计	123407	736924	5.99

说明:《元史》卷12《世祖九》:至元十九年(1282 年),"以四川民仅十二万户,所设官府二百五十余,令四川行省议减之"。元代四川行省除极少地方属今云南、贵州、陕西,小部分属湖北外,大都在今四川省境内。除去1290 年已有记载的 8 万多户,其他地区还有 3 万多户。考虑到人口的自然增长,估计1330 年该地区应不少于42000 户。

贵州省元代人口分布

	户　数	口　数	户均口数
合　计	? 400000 户	? 2000000 口	? 5.00

　　说明:关于贵州境内人口数字的记载有:《元史》卷63《地理六》中,至元十六年(1279年)八番顺元蛮夷官接受西南八番等归附者19万余户;卷131《速哥传》中,至元二十四年(1287年)"降八番金竹等百余寨,得户三万四千";卷18《成宗一》中,至元三十一年(1294年)经核实又有165000余户归附;卷29《泰定帝一》中,泰定元年(1324年)又"以其户二万七千来附",泰定二年(1325年)"平伐苗酋的娘率其户十万来降"。以上累计已有52万余户。考虑到其中有户数夸大的成分,又不是贵州全境的数据,将总户数估计为40万户。

云南省元代人口分布

	户　数	口　数	户均口数
合　计	? 180000 户	? 900000 口	? 5.00

　　说明:《元史》卷12《世祖九》载,至元十九年九月,"籍云南新附户。自兀良合带镇云南,凡八籍民户,四籍民田,民以为病。至是,令已籍者勿动,新附者籍之"。可见,元代确实曾在云南进行过多次全面的人口统计。卷18《成宗一》记载,至元三十一年四月,成宗即位后,"云南行省以所定路、府、州、县来上:上路二,下路十一,下州四十九,中县一,下县五十"。元代地方政区及其级别的设定主要是以户数为标准的,那么成宗初这次云南全省地方政区及其级别的定立也应当是建立在户口统计的基础上。遗憾的是,在云南的多次全省人口统计数据都没有存留,只有程钜夫《雪楼集》卷5《平云南碑》中提到大理初平时"见户百二十八万七千七百五十三"。方国瑜《云南地方史讲义》(下)中认为碑中所记128万余户应为128万余口。王育民在《元代人口考实》(《历史研究》1992年第5期)一文中进一步考证,至元十三年(1276年)"见户百二十八万"应为"见户二十八万",到元代中后期云南行省人口增至30余万户。这些人口并非全在今国境之内,估计在今云南省有18万户,总人口90万。

西藏自治区元代人口分布

	户　数	口　数	户均口数
合　计	? 63333 户	? 380000 口	? 6.00

　　说明:今西藏自治区的辖地在元代与宣政院所属的乌思藏纳里速古鲁孙等三路宣慰使司都元帅府相当,简称乌思藏宣慰司,管辖乌思(前藏)、藏(后藏)和纳里速古鲁孙(阿里周围)三个地区。据《汉藏史集》(达仓宗巴·班觉桑布,陈庆英译本,第185—186页,西藏人民出版社1986年版)中对至元五年(1268年)乌思藏十三万户所辖户数的记载:拉堆绛万户2250户,拉推洛万户2250户,曲弥万户3003户,古尔摩万户750户,夏鲁万户3892户,香万户1400户,嘉玛万户5950户,帕竹万户2438户,止贡万户3630户,蔡巴万户3700户,甲域万户5950户,羊卓万户750户,雅桑万户3000户。以上合计38963户,每户以《萨斯迦世系》中所说的"夫妇、子女二人、奴婢各一人"的"六口之家为准"计算,总计233778人。《汉藏史集》中记载的均为元朝朝廷所掌握的赋役人户数据,考虑到人口的自然增长因素,按照中国封建社会平均人口自然增长率10‰计算,估计西藏1330年有人口近63333户、38万人。

新疆维吾尔自治区元代人口分布

	户　数	口　数	户均口数
合　计	？70000	？350000	？5.00

说明：此处为参照元代西藏口数的估计数字。袁祖亮先生估计1330年今新疆有6万户、30万人（见袁祖亮著：《中国古代人口史专题研究》，第334页，中州古籍出版社1994年版）。赵文林、谢淑君先生估计今新疆在1290年有35万人，135□年有407076人（赵文林、谢淑君：《中国人口史》，第333、338页，人民出版社1998年版）。

台湾元代人口分布

	户　数	口　数	户均口数
合　计	？40000	？200000	？5.00

说明：台湾在元代称琉求，人口数量不明，此处参考袁祖亮先生的估计数字（见袁祖亮著：《中国古代人口史专题研究》，第327页，中州古籍出版社1994年版）。赵文林、谢淑君先生估计今台湾在1290年有14万人，1351年有162830人（赵文林、谢淑君：《中国人口史》，第333、338页，人民出版社1998年版）。路遇、滕泽之先生估计元代今台湾有10万人（路遇、滕泽之：《中国人口史》，第637页，山东人民出版社2000年版）。

总表注：+为宪宗二年（1252年）数，▲为世祖至元七年（1270年）数，★为文宗至顺元年（1330年）数，？为户口数据缺载和推算估计数字，其他为世祖至元二十七年（1290年）数。推算户口数取整数，四舍五入。计算户均口数精确到小数点后两位。

第二节　元代的人口比重和人口密度

根据以上1330年现代各省区的人口分布状况，该年总计有14814698户、67445338口，户均4.55口。参照《中国地图册》[⑦]中各省区的面积，现将各省区在总人口中所占的比重和人口密度列表如下。

序号	省区名称	户数	口数	人口比重（%）	人口密度（人/平方公里）	省区面积（万平方公里）
1	江西	2819116	14524922	21.54	90.78	16.00
2	浙江	2384280	10505715	15.58	105.06	10.00
3	江苏	1531487	8113901	12.03	76.69	10.58
4	福建	1300817	6214195	9.21	51.78	12.00
5	湖南	1919144	5719064	8.48	27.23	21.00
6	安徽	736210	4047554	6.00	31.14	13.00
7	湖北	396707	2437071	3.61	13.54	18.00
8	广东	504628	2346886	3.48	13.04	18.00

序号	省区名称	户数	口数	人口比重（%）	人口密度（人/平方公里）	省区面积（万平方公里）
9	广西	445372	2228811	3.30	9.69	23.00
10	贵州	400000	2000000	2.97	11.76	17.00
11	河北	579321	1369219	2.03	6.31	21.70
12	山东	395212	1273561	1.89	8.49	15.00
13	云南	180000	900000	1.33	2.37	38.00
14	河南	184495	819784	1.22	5.12	16.00
15	四川	123407	736924	1.09	1.31	56.23
16	山西	232020	529410	0.78	3.53	15.00
17	陕西	70498	517666	0.77	2.72	19.00
18	甘肃	67947	501938	0.74	1.29	39.00
19	辽宁	50728	426145	0.63	2.84	15.00
20	西藏	63333	380000	0.56	0.32	120.00
21	新疆	70000	350000	0.52	0.22	160.00
22	内蒙古	58459	289950	0.43	0.26	110.00
23	宁夏	48000	240000	0.36	3.64	6.60
24	吉林	44367	221835	0.33	1.23	18.00
25	青海	40000	200000	0.30	0.28	72.00
26	台湾	40000	200000	0.30	5.56	3.60
27	黑龙江	36906	184530	0.27	0.40	46.00
28	海南	92244	166257	0.25	4.89	3.40
	合计	14814698	67445338		7.03	约960

根据以上统计分析:第一,元代人口比重严重失衡。排在前十位的分别是江西、浙江、江苏、福建、湖南、安徽、湖北、广东、广西、贵州。人口最多的江西是人口最少的海南的86倍多,而前者的面积仅为后者的近5倍。排在首位的江西一个省就聚集了元代总人口的五分之一强,前三位的江西、浙江和江苏就占了总人口的近一半,将前十位的省区相加人口比重高达86.2%。而它们大都位于长江以南的东南区域。第二,元代人口密度的差距十分突出。人口密度排在前十位的分别是浙江、江西、江苏、福建、安徽、湖南、湖北、广东、贵州、广西。人口最为密集的浙江的密度数据是人口最为稀疏的新疆的478倍,而浙江的面积仅为新疆的十六分之一。在面积相当的地方,人口密度的差距也有数倍乃至数十倍之差。比如福建、安徽、山东、河南、山西、辽宁和吉林七省,它们的面积都在15万平方公里上下,人口密度分别为五十多、三十多、八点多、五点多、三点多、二点多、吉林仅有一点多。第三,元代的人口比重和人口密度在总体上呈正比关系。即人口比重较大的省区相对人口密度也较高,而人口比重

较小的省区相对人口密度也较低。

注　　释：

① 谭其骧:《中国历史地图集》,中国地图出版社 1996 年版。

② 《元史》卷 33《文宗二》。

③ 《元史》卷 34《文宗三》。

④ 《元史》卷 38《顺帝一》。

⑤ 《元史》卷 42《顺帝五》。

⑥ 路遇、滕泽之:《中国人口史》,第 611 页,山东人民出版社 2000 年版。

⑦ 《中国地图册》,中国地图出版社 2006 年版。

第三章　元代的人口政策

第一节　人口管理与户籍制度

户籍作为政府实施人口管理和征发赋役的重要依据,为历代统治者所重视,并形成了各自的户籍制度。

一、蒙古草原地区的千户制与青册

千户制是成吉思汗在建立蒙古国时创设的,是一种军政合一的人口管理制度。1206年,成吉思汗征服诸部、建立蒙古国,当时除森林百姓外,共任命了95个千户官,分别是:

1. 蒙力克父,2. 孛斡儿出,3. 木合黎国王,4. 豁儿赤,5. 亦鲁该,6. 主儿扯歹,7. 忽难,8. 忽必来,9. 者勒篾,10. 秃格,11. 迭该,12. 脱栾,13. 汪古儿,14. 出勒格台,15. 孛罗忽勒,16. 失吉忽秃忽,17. 古出,18. 阔阔出,19. 豁儿豁孙,20. 许孙,21. 忽亦勒答儿,22. 失鲁孩,23. 者台,24. 塔孩,25. 察合安豁阿,26. 阿剌黑,27. 锁儿罕失剌,28. 不鲁罕,29. 合剌察儿,30. 阔可搠思,31. 速亦客秃,32. 乃牙阿,33. 冢率,34. 古出古儿,35. 巴剌·斡罗纳儿台,36. 答亦儿,37. 木格,38. 不只儿,39. 蒙古兀儿,40. 朵罗阿歹,41. 孛坚,42. 忽都思,43. 马剌勒,44. 者卜客,45. 余鲁罕,46. 阔阔,47. 者别,48. 兀都台,49. 巴剌扯儿必,50. 客帖,51. 速别额台,52. 蒙可·合勒札,53. 豁儿察忽思,54. 苟吉,55. 巴歹,56. 乞失里黑,57. 客台,58. 察兀儿孩,59. 翁吉阑,60. 脱欢,61. 帖木儿,62. 篾格秃,63. 合答安,64. 抹罗合,65. 朵里不合,66. 亦都合歹,67. 失剌忽勒,68. 倒温,69. 塔马赤,70. 合兀阑,71. 阿勒赤,72. 脱撒合,73. 统灰歹,74. 脱不合,75. 阿只乃,76. 秃亦迭格儿,

77.撒潮兀儿,78.者迭儿,79.斡剌儿驸马,80.轻吉牙歹(驸马),81.不合驸马,82.忽邻勒(驸马),83.阿失黑驸马,84.合歹驸马,85.赤古驸马,86.阿勒赤驸马等翁吉剌惕三千户,87.不秃驸马等亦乞列思二千户,88.汪古惕之阿剌忽失的吉惕忽里驸马等汪古惕五千户①

千户制采用十进制的方式管理蒙古百姓,十户为一牌子,十个十户为一百户,十个百户为一千户,分别以牌子头、百户、千户为首领,后来又增加了万户。所有的蒙古百姓都"只能留在指定的百户、千户和十户内,不得转移到另一个单位去,也不得到别的地方寻求庇护。违反此令,迁移者要当做军士处死,收容者也要受惩罚"②。

蒙古的户籍簿册称为青册。青册登记的内容包括户口和财产。元"青册"一词最早见于《蒙古秘史》所载成吉思汗的指令:"将举国百姓所分之份,所断之案,书之青册文书,传至子子孙孙,其勿更改。失吉忽秃忽与我议之白纸所造青册文书脱有更改者,则当罪之。"③青册最初指的是蒙古政权记载刊载各种重大决断的籍册,以后才演变成户籍册子的专门称呼④。至于蒙古的户籍为什么称为青册,很有可能是由于其封面为青色,就像明代的黄册以黄纸为封面一样。⑤

这种与千户制相结合的户籍制度一直在蒙古草原地区实行,并在进入内地之后的蒙古军事系统沿用。

二、全国大部分地区的诸色户计、户类、户等与鼠尾文簿

在灭金和南宋以后,蒙古统治者在广大中原和江南地区先后进行了数次大规模的人口统计和户籍清理,划分诸色户计、户类和户等,编制户口籍册,初步形成了一定的户籍制度。

诸色户计的划分是元代户籍制度的一个显著特色,也是元代人口职业和行业政策的具体体现。蒙元统治者将从事不同职业的人户在户籍上区别开来,固定他们所承担的封建义务以满足统治者的不同需要,统称诸色户计。太祖时就有了民户、匠户、站户、僧户、道户等户计的区别,在太宗乙未(1235年)籍户时正式划分诸色户计并分别订立籍册。后来,户计种类逐渐增多,据笔者初步统计,有民、军、匠、站、儒、医、僧、道、答失蛮、也里可温、阴阳、投下、驱、屯田、银冶、铁冶、淘金、淘玉、盐、稻、船、漕、坝、驿、打捕鹰坊、控鹤、牧驼、牛递、炮手、姜、葡萄、藤花、伐木夫、种仙茅、采珠蜑、柴米、礼乐、观星、庙洒扫、脂粉丝线颜色等数十种之多,其中人数最多的是民、军、匠、站等户。他们承担元朝政府规定的不同封建义务,隶属于不同的管理系统,一旦定籍便世代承袭,不得擅自更改,也不得逃亡、迁徙和影占。兄弟析居、驱奴放良,也要依从原籍。不过元政府根据需要改变诸色户户籍的情况经常发生,最常见的是签发其

他户计为军户或改其他户计为民户。

元代的户类也是为征发赋役而划分的,但只针对北方地区的民户。按照世祖中统元年(1260 年)户籍科差条例中的划分,有元管户、交参户、协济户、漏籍户、摊丝户、储也速鹏儿所管纳丝户、复业户、渐成丁户等不同类别。最主要的是前四种:元管户是指过去业已登入户籍而在政府重新括户时情况没有变化的人户,交参户是指过去括户时曾经入籍后来迁徙他乡因而在当地重新登录著籍的人户,漏籍户是指过去从未著籍的人户,协济户是指没有成年人丁只能协助主要税户承担赋役的人户。在这四类人户下又有丝银全科户、减半科户、止纳丝户和止纳钞户等名目。

户等制由来已久,宋金两代都曾实行。元代的户等制始于太宗窝阔台乙未括户之后,规定"诸差发验民户贫富科取"。中统五年(1264 年),世祖发布《圣旨条画》,正式推行户等制。其内容为:

> 诸应当差发,多系贫民,其官豪富强往往侥悻苟避。已前哈罕皇帝圣旨:"诸差发,验民户贫富科取。"今仰中书省将人户验事产多寡,以参等玖甲为差,品答高下,类攒鼠尾文簿。除军户、人匠另各攒造,其余站户、医、卜、打捕鹰房、种田、金银铁冶、乐人等一切诸色户计,与民户一体推定,鼠尾类攒。将来科征差发,据站户马钱祗应,打捕鹰房合纳皮货、鹰,金银铁冶合办本色,及诸色户所纳物货,并验定到鼠尾合该钞数折算送纳。钦此。⑥

灭南宋后,户等制又被推广到江南地区。元代的户等制是按资产将居民划分为上、中、下三等,每一等又分上、中、下共九甲,即三等九甲,实际施行时往往只分三等。诸色户和各类户都要划定户等,并登记在鼠尾簿上,再按户等征派一定的赋役。

在世祖以前,窝阔台汗、蒙哥汗都在中原括户后编造了户籍,但是由于缺乏文献记载,户籍的具体情况不明。自世祖起,元代的户籍簿册为鼠尾簿,登记内容主要包括资产和人口两部分。其中资产包括房屋、土地和孳畜,登记时要详细写明房屋的所数、间数以及土地的亩数、种类和收成;人口部分首先要登记户主的姓名,然后按照成丁、不成丁的区别登记所有家庭成员的姓名、年龄、性别及其与户主之间的亲属关系。按照户等,各户"自上而下,置簿挨次",就像老鼠尾巴由粗而细一样,故称鼠尾簿。基层的户籍登记工作由巷长和社长负责,主要由各户自行填写"手状",然后由基层首领汇总核实上报官府,地方官府参考原有户籍,编定出新的户籍册子。在进行户籍登记时,将以前的登记情况抄录在前,然后再据实抄录现在的情况。⑦

元代基本形成了自己的户籍制度,但对户籍内容缺乏定期检核,再加上各级官吏和地方豪强弄虚作假,因此户籍的登记情况往往与实际不符。

第二节　人口的俘掠屠杀和赏赐政策

蒙古统治者在对外征服和政治统治过程中一直实行野蛮残酷的人口俘掠屠杀政策,并将人口赏赐给不同的统治阶层。

一、人口的俘掠屠杀政策

在蒙古内部的兼并和统一完成后,成吉思汗及其子孙又将战火和杀掠扩大到蒙古草原以外更为广阔的地域。成吉思汗对他的部下说:"男子最大之乐事,在于压服乱众和战胜敌人,将其根绝,夺取其所有的一切,迫使其结发之妻痛哭,骑其骏马,纳其美貌之妻妾以侍寝席"。因此在国境内外的征服和统一战争中,蒙古统治者制定并采取了残酷的俘掠和屠杀的人口政策,蒙古军法明确规定"凡攻大城,先击小郡,掠其人民以供驱使","每一骑兵必欲掠十人"⑧,又规定,"凡城邑以兵得者,悉坑之"⑨,或曰屠城。

早在蒙古国建立的前一年,成吉思汗第一次率军对西夏边境发动了掠夺性进攻,"拔力吉里寨,经落思城,大掠人民及其橐驼而还"⑩。此后又五征西夏,掳掠了大量生口,杀死西夏军无数,还屠杀了许多无辜的居民。1224 年秋,蒙古军攻破银州,杀夏军数万,俘其大将塔海,掳掠生口、牛羊数十万。1226 年,奋勇抵抗蒙古入侵的肃州军民在城破后遭到残酷屠杀,幸免的只有大臣昔里钤部的家人 106 户。

在攻金和进入中原的初期,蒙古军在汉地大肆掳掠烧杀,随后就裹挟掳掠的人口、牲畜和财产撤军返回漠北。仅 1213 年秋至 1214 年春数月之间,蒙古大军"凡破九十余郡,所过无不残灭。两河山东数千里,人民杀戮几尽,金帛、子女、牛羊皆席卷而去,屋庐尽毁,城郭丘墟矣"⑪。在战争中幸免于难者不少被蒙古贵族和军中将士作为战利品俘获,数量惊人,"诸王大臣及诸将校所得驱口,往往寄留诸郡,几居天下之半"⑫。在征服南宋前后,蒙古军中的将士又在人口繁盛的江南地区大肆劫掠。当时"江南新附,诸将市功,且利俘获,往往滥及无辜;或强籍新民以为奴婢"⑬。

此后,随着在广大汉地的进驻和治理,蒙古统治者逐渐接受了身边各族儒士官员的劝说和建议,限制随意俘掠人口的行为,"诸军马征伐,虏掠良民,凶徒射利,略卖人口,或自贼杀,或以病亡弃尸道路、暴骸沟壑者,严行禁止"⑭,违犯者要受到严惩。至元十六年,枢密院臣上奏:"有唐兀带者冒禁引军千余人,于辰溪、沅州等处劫掠新附人千余口及牛马、金银、币帛等,而麻阳县达鲁花赤武伯不花为之乡导。"结果首领唐兀带和向导武伯不花都被斩,其余人等免死定罪,并归还劫掠的人口、钱物和牲畜。[15]不过蒙古统治者在一定程度上承认俘掠人口的合法性:"诸蒙古、回回、契丹、女直、汉人军前所俘人口,留家者为奴婢,居外附籍者即为良民,已居外复认为奴婢者,没入其家财","诸收捕叛乱军人,掠取生口,并从按治官及军民官一同审阅,实为贼党妻属者,给公据付之,无公据者,以掠良民之罪罪之"[16]。蒙古统治者的姑息纵容导致人口俘掠现象实际上长期难以禁绝。有些蒙古将领有恃无恐,屡次违禁都未受到责罚,其中阿里海牙的事例就十分典型。"先是(至元十四年以前),荆湖行省阿里海牙以降民三千八百户没入为家奴,自置吏治之,岁责其租赋,有司莫敢言。雄飞言于阿里海牙,请归其民于有司,不从。雄飞入朝奏其事,诏还籍为民"[17];至元十七年,阿里海牙和忽都帖木儿俘掠人口的作为又被告发,将其"所俘三万二千余口,并放为民"[18];至元十九年,阿里海牙再次被告发强占降民1800户为奴,而这次阿里海牙辩称为征讨所得,世祖的裁决是:"果降民也,还之有司;若征讨所得,令御史台籍其数以闻,量赐有功者。"[19]

随意俘掠人口的行为受到一定限制,但是蒙古统治者制定的降者生、抵抗和叛逆者死的政策却从未改变,密州、保州、许州、德安、常州、静江等都因此惨遭屠城。忽必烈在灭南宋时一方面叮嘱前线大臣"不杀"之道,另一方面诏谕军臣:"无辜之民,初无预焉,将士毋得妄加杀掠。有去逆效顺,别立奇功者,验等第迁赏。其或固拒不从及逆敌者,俘戮何疑",又命"泉州行省所辖州郡山寨未即归附者率兵拔之,已拔复叛者屠之"[20]。统一全国后,武力征服战争基本告一段落,忽必烈及以后的蒙古帝王建立起封建统治,认识到了增加编民的重要性,想方设法招揽安集民户,大范围的人口屠杀得到遏制。但是到了元末,面对各地蜂起的义军和空前的统治危机,蒙古统治者的屠杀政策又显露出来。

蒙古国时期,蒙古帝王在对外发动的西征和征服高丽战争中也实行了野蛮的屠杀和俘掠政策。在征服中亚的过程中,蒙古人一般都将具有生产、作战和特殊技能的工匠、士兵、学者、青壮年男子和妇女儿童掳劫并带回国内,凡抵抗者都惨遭屠城。如花剌子模的旧都撒麻耳干和新都玉龙杰赤,呼罗珊地区的马鲁、你沙不儿、哥疾宁、巴里黑、塔里寒和范延等地[21]。从1231年元太宗派军首次大规模入侵高丽开始,蒙古军队劫掠、屠杀了大批高丽人口。宪宗三年(高丽高宗四十年,1253年)蒙古兵攻陷西海道椋山城,"屠男子十岁以上,擒其妇女小儿,分与士卒";又攻陷东州山城,"掳其妇女童男而去";当年蒙古兵在高丽"杀戮者不可胜计,所经州郡皆为煨烬,自有蒙兵之乱未有甚于此也"[22]。

二、罪人家属人口的籍没充赏制度

在蒙古部落间的战争中，获胜方往往将战败方的人口、财产掳掠驱使，更以掳掠战败方首领的妻子儿女为荣耀。这些战俘有的供胜利的部落首领驱使享用，有的被赏赐给有功的部下。这种传统在元朝得以沿袭，并形成了罪人家属人口的籍没充赏制度。事例见：至元十九年，诸王塔剌海受赐籍没人户 12 户，籍阿合马妻子婿奴婢财产；致和元年十月，以宦者米薛迷奴婢家赏赐伯颜；至正十四年，将所籍罪臣也先帖木儿的家赀人口赐给大臣哈麻。[23]在这一制度的实施过程中，最有特点也备受争议的是罪人妻女的籍没充赏制度，即罪人的妻子女儿被籍没为官口或直接被赏赐为他人的妻妾、奴婢，受赐人可以自由处置。

最初将罪人或战争对手的女眷人口充赏还只是出于对蒙古传统的承袭。如太宗时，端真战胜了敌人亦剌哈台，太宗就把亦剌哈台的妻子赐给了端真；纯只海受到同僚王荣的谋害，纯只海逃脱后，"朝廷遣使以荣妻孥赀产赐纯只海家"，后来都被纯只海放还为民。[24]世祖时，罪犯妻女籍没充赏开始被以法令的形式明确和制度化，以处罚杀人和写匿名者。至元十九年十一月，耶律铸建议："前奉诏杀人者死，仍征烧埋银伍十两，后止征钞二锭，其事太轻。臣等议，依蒙古人例，犯者没一女入仇家，无女者征钞四锭"；至元二十年正月，和礼霍孙又言："自今应诉事者，必须实书其事，赴省、台陈告。其敢以匿名书告事，重者处死，轻者流远方；能发其事者，给犯人妻子，仍以钞赏之"。[25]这两个建议都得到了准许。大德七年，成宗又下诏"凡为匿名书，辞语重者诛之，轻者流配，首告人赏钞有差，皆籍没其妻子充赏"[26]。笔者摘录了《元史》中一些籍没妻女充赏的事例：

至元十九年，赏太子府宿卫军御盗之功，给钞、马有差，无妻者以没官寡妇配之。《元史》卷 12《世祖九》

[至元二十一年二月]以江西叛寇妻子赐鹰坊养虎者。《元史》卷 13《世祖十》

至元二十八年十月，敕没入琏真加、沙不丁、乌马儿妻，并遣诣京师。《元史》卷 16《世祖十三》

[至元二十四年]有吴德者，尝为江宁县达鲁花赤，求仕不遂，私与人非议时政，又言："尚书今日核正中书之弊，他日复为中书所核，汝独不死也耶？"或以告桑哥，丞捕德按问，杀之，没其妻子入官。《元史》卷 205《奸臣·桑哥传》

[至元二十六年]五月，海都谋扰边，有旨令伯帖木儿以其军先来。行至怯吕连河，值拜要叛，伯帖木儿即移兵致讨，擒其党伯颜以献。帝深加奖谕，赐以所

得伯颜女茶伦……二十八年正月，至鸭绿江，与哈丹子老的战，失利。伯帖木儿以闻，帝命乃麻歹、薛彻干等征之，仍命伯帖木儿为先锋……伯帖木儿将百骑追至一大河，虏其妻孥……乃麻歹嘉其勇，赏以老的妻完者，上其功于朝……二十九年，闻叛王捏怯烈尚在濠来仓，伯帖木儿率兵击，虏其妻子畜产，追至陈河，捏怯烈以二十余骑脱身走，遂定其地。《元史》卷131《伯帖木儿传》

[致和元年十月]以缙山县民十人尝为王禅向导，诛其为首者四人，余杖一百七，籍其家赀，妻子分赐守关军士。以张珪女归也先捏。癸卯，以故徽政使失烈门妻赐燕铁木儿……以宦者伯帖木儿妻及奴婢田宅赐撒敦……以脱脱等三人妻赐阔阔出等三人。《元史》卷32《文宗一》

贵哥，蒙古氏，同知宣政院事罗五十三妻也。天历初，五十三得罪，贬海南，籍其家，诏以贵哥赐近侍卯罕。《元史》卷200《列女一》

[至顺三年四月]安西王阿难答之子月鲁帖木儿，坐与畏兀僧玉你达八的剌板的、国师必剌忒纳失里沙津爱护持谋不轨，命宗王、大臣杂鞫之，狱成，三人皆伏诛，仍籍其家。以必剌忒纳失里沙津爱护持妻丑丑赐通政副使伯蓝，玉鞍赐撒敦，余人畜、土田及七宝奁具、金珠、宝玉、钞币，并没入大承天护圣寺。《元史》卷36《文宗五》

这些籍没妻女充赏的事例涉及的大都是诸王大臣，而且带有浓重的蒙古传统痕迹。由于这种制度和儒家的伦理道德观背道而驰，因此自文宗以来不断遭到汉族官吏的抨击和强烈反对。文宗致和元年，中书省大臣建议："凡有罪者，既籍其家赀，又没其妻子，非古者罪人不孥之意，今后请勿没人妻子。"[22]文宗批准了中书大臣的奏请，并随即革正了将罪臣张珪的女儿赐给也先捏为妻的做法。但事实上，籍没妻女充赏的做法依然盛行。于是天历二年初，中书省大臣"仍请继今臣僚有罪致籍没者，其妻有子，他人不得陈乞，亦不得没为官口"。同年六月，陕西行台御史孔思迪言辞恳切地奏请："人伦之中，夫妇为重。比见内外大臣得罪就刑者，其妻妾即断付他人，似与国朝旌表贞节之旨不侔、夫亡终制之令相反。况以失节之妇配有功之人，又与前贤所谓'娶失节者以配身是己失节'之意不同。今后凡负国之臣籍没奴婢财产，不必罪其妻子。当典刑者，则孥戮之，不必断付他人，庶使妇人均得守节。请著为令"[23]。然而从史料和顺帝至元六年"今后有罪者，毋籍其妻女以配人"[24]的诏令看，直到元末将罪臣妻子赏赐给他人的情况仍时有发生。

总之，蒙古统治者用于分封赏赐的人口除原蒙古国所属的蒙古百姓外，主要来自征服战争中投降归附、俘虏掠夺、招户、括户和籍没的罪犯家属人口等。被分封赏赐的人口可以成为受封赐者的属民、妻妾或奴婢驱口等。蒙古帝王对上层统治者"擅招民户"的禁令一直贯彻得不彻底,还在一定程度上承认霸占俘掠人口的合法性。抵抗和叛乱者屠之的政策贯彻得比较彻底,造成了北方地区人口的锐减和大量向南方地区的迁移,但在统一全国后屠杀政策逐渐收敛,并向保护和增加人口的方向转变。

第三节　人口的赋役优免政策

征收赋役是封建统治者剥削广大劳动人民的主要方式,也是封建国家收入的主要来源。太宗窝阔台即位后,制定了蒙古牧民的羊马抽分税法,即每马、牛、羊百匹(头)抽一,"永为制"[30]。元代的赋役主要是税粮、科差和各种杂泛差役,依据户等征派,具体又有性别、年龄、户籍、职业、身份、成丁人数和地域的区别,一些特殊人户可享受到一定的赋役优免。[31]

一、元代的赋役制度

(一)税粮

元代的税粮仿唐制实行两税法,但南北有别。

在北方为丁税和地税,其税制以太宗窝阔台八年(1236年)丙申税制为基础,征收原则是"丁税少而地税多者纳地税,地税少而丁税多者纳丁税。工匠僧道验地,官吏商贾验丁"。民户中的成丁,"每丁岁科粟一石,驱丁五升,新户丁驱各半之",同时规定老、幼免税。世祖时北方税制逐步完善。中统五年下诏:儒户和僧、道、也里可温、答失蛮等宗教人户,种田只纳地税,白地每亩输税三升,水地每亩五升;军户和站户也只纳地税,并可以免除四顷的地税。至元八年,规定西夏中兴路、西宁州和兀剌海三处的税粮,按照僧道的标准征收。至元十七年统一全国后,户部又拟定税制,诸色户计都要交纳一定的丁税或地税,但"户既不等,数亦不同",具体为:"全科户丁税,每丁粟三石,驱丁粟一石,地税每亩粟三升。减半科户丁税,每丁粟一石。新收交参户,第一年五斗,第三年一石二斗五升,第四年一石五斗,第五年一石七斗五升,第六年入丁税。协济户丁税,每丁粟一石,地税每亩粟三升",税粮的输送根据民户的户等高下,"富户输远仓,下户输近仓"。

在南方则沿用南宋旧制,征收秋税和夏税。两税中以秋税为主,征收的主要是粮食,税额基本"依宋旧例",没有统一的标准,有的低到一二升,有的高到二三斗,部分税粮可以折绵、绢、钞等征收。夏税之制定于成宗元贞二年(1296年),征收的主要是木绵、布、绢、丝绵等实物,其数额一般是以秋税所征的粮额为基数,按一定比率折收,"粮一石或输钞三贯、二贯、一贯,或一贯五百文、一贯七百文",各地数额不一。泰定初,命江南民户有田一顷之上者,于所输税外,每顷划出一部分田地,以其每年的收入作为充役之费,即所谓的助役粮。江南寺观田地除南宋原有的部分外,其余也要按照规定出田助役。

(二)科差

北方的科差包括丝料和包银两项,分别始于太宗丙申年和宪宗乙卯年,征收对象主要是一般民户。中统元年,按照元管户、交参户、漏籍户、协济户、摊丝户、储也速鹏儿所管纳丝户、复业户、渐成丁户等不同类别,订立科差征收条例。"元管户内,丝银全科系官户,每户输系官丝一斤六两四钱、包银四两;全科系官五户丝户,每户输系官丝一斤、五户丝六两四钱,包银之数与系官户同;减半科户,每户输系官丝八两、五户丝三两二钱、包银二两;止纳系官丝户,若上都、隆兴、西京等路十户十斤者,每户输一斤,大都以南等路十户十四斤者,每户输一斤六两四钱;止纳系官五户丝户,每户输系官丝一斤、五户丝六两四钱。交参户内,丝银户每户输系官丝一斤六两四钱、包银四两。漏籍户内,止纳丝户每户输丝之数,与交参丝银户同;止纳钞户,初年科包银一两五钱,次年递增五钱,增至四两,并科丝料。协济户内,丝银户每户输系官丝十两二钱、包银四两;止纳丝户,每户输系官丝之数,与丝银户同。摊丝户,每户科摊丝四斤。储也速鹏儿所管户,每户科细丝,其数与摊丝同。复业户并渐成丁户,初年免科,第二年减半,第三年全科,与旧户等。"除丝料、包银之外,还有一种科差名为"俸钞",也是按照户等的高下征收,全科户输一两,减半户输五钱,受灾的地方允许用其他物品折纳。条例还明确规定,儒士及军、站、僧、道等户免征科差。

灭南宋后,又在江南民户中征收江南户钞和包银,但包银在江南征收的范围很有限,时间也很短。大德六年,成宗对科差的征收额和输纳期限做了少许的调整。

(三)杂泛差役

元代劳动人民承担的各种杂役也十分沉重。一种是由政府定期征发的治河、运输、工程建设以及人夫、牛车等杂泛之劳,另一种是参与封建国家行政管理和具体事务的各种差役,如担任基层的里正、主首、坊正、为官府保管财物的仓官、防盗的弓手。服役遵循"先富强,后贫弱;贫富等者,先多丁,后少丁"的基本原则,除边远军人、两都(大都和上都)站户和其他有特殊优免的人户外,诸色户计都要服役。不同地区、不同项目杂役的服役办法又有具体规定。

二、人口的赋役优免政策

在广泛征收摊派赋役的同时,元朝统治者还对一些特殊人户实行一定的优待和减免政策,如僧道等宗教人户、军户、站户、儒户、医户、阴阳户、质子户、种仙茅户以及复业流民逃户、归附军民、屯田户、孤老残疾、孝子义夫节妇、捕盗弓手、多胞胎家庭等。

元代的宗教人口主要有僧侣、道士、也里可温(指天主教和基督教教徒和教士)和答失蛮(指伊斯兰教教士)等,各宗教人口分别立户著籍,并可享受一定的差役优免,但在不同时期有较大的变化。贵由时期,宗教人户受到的优待程度相当高,不用纳地税和商税。到了忽必烈时期,则开始征收地税和商税。成宗时改革赋役制度,规定各宗教户计"与其余富户一例轮当里正、主首,催办钱粮,应当杂泛差役,永为定例"[32],但是几年后又先后免除了僧人和道士的租赋。武宗即位改元,立即宣布"僧、道、也里可温、答失蛮,并依旧制纳税",英宗时又下诏免除僧人的杂役,泰定时进一步免除了也里可温和答失蛮的差役,顺帝时又令僧人和道士"与民一体充役"。[33]相比之下,僧人在各宗教人户中享有更多更稳定的优待,并形成了一定的制度:江南寺院"除前宋所有常住及世祖所赐田土免纳税粮外,已后诸人布施并己力典买者,依例纳粮",河西僧人"有妻子者,当差发、税粮、铺马、次舍与庶民同。其无妻子者,蠲除之"。[34]在江南地区,一些富户为了规避差税往往寄名在寺院冒为僧道,寺院更是影占、招收了大量佃户,大德三年统计多达50多万户[35]。

军户和站户作为两种承担封建国家兵役和驿站徭役的两种重要人户,也享受较大程度的赋役优免政策。中统初规定,军户只纳税粮,科差和杂泛差役则一概优免;税粮只纳地税,并可蠲免四顷。北方站户的税粮只纳地税,并可蠲免四顷;南方站户则依据税粮的多少要出马匹。但实际上,军户的杂泛差役只有在出征时才免征,平时不仅承担各种杂役,还受到管军官吏的层层克扣和剥削,生活十分困苦。站户也由于负担沉重,往往入不敷出,难以维持,需要政府的救助和赈济。

儒户、医户和阴阳户也单独立籍,不过直到世祖前期,儒户往往被视为宗教户计,和僧道等享受同样的赋役优待。1276年,忽必烈对北方的儒户户籍进行整理,经考试后"敕诸路儒户通文学者三千八百九十,并免其徭役"[36]。此后先后搜括通晓医术和阴阳之人,别立户籍,医户免除徭役,阴阳户的差发军役税粮均可优免。

蒙古统治者减免新归附人口一定的赋役,主要是为了笼络人心,以达到增加封建收入的长远目的。如至元二十九年,海南4州519个洞寨、2万余民户归附后,世祖特设置会同、定安两县,隶属琼州管辖,并免除这些民户两年的田租[37]。此外,元代享受一定赋役优免的还有孤老残疾、多胞胎家庭、捕盗弓手和孝子义夫节妇⑱等等。

上述赋役优免政策有的是制度性的,有的是临时性的,起到了区分封建义务、恢复生产、照顾社会弱势群体和引导道德规范等作用。

第四节　人口的刑律优免政策

法律作为阶级统治的工具,是为统治阶级维护其阶级统治而服务的。元代的法律初有大蒙古国时期成吉思汗颁行的"大札撒",继有世祖忽必烈时期的至元条格、户口条画和《至元新格》,后有英宗时的《大元通制》和元末顺帝颁行的《至正条格》。其中《大元通制》是元代第一部完整的施行了的法典。它既承袭了唐宋以来中国封建法典的基本精神,又在司法结构、刑罚等方面体现了蒙古帝王因人而治的特点。

一、蒙古、色目和官员的司法特权和刑律优免政策

为确保蒙古统治阶级高层的利益,元代诸王、驸马及蒙古贵族犯法,由专门的司法机关宗正府决断,他们所属的蒙古、色目与汉人的诉讼之事也归大宗正府裁决。至元二年(1265 年)设置大宗正府时声明,"凡诸王驸马投下蒙古、色目人等,应犯一切公事,及汉人奸盗诈伪、蛊毒厌魅、诱掠逃驱、轻重罪囚……悉掌之"。致和元年(1328 年)进一步明确规定,"以上都、大都所属蒙古人并怯薛军站色目与汉人相犯者,归宗正府处断,其余路府州县汉人、蒙古、色目词讼,悉归有司刑部掌管"⑲。

蒙古人作为国族,犯法量刑从宽,在讯问和关押期间享有特殊待遇。比如刑法规定:"诸窃盗初犯,刺左臂,谓已得财者。再犯刺右臂,三犯刺项。强盗初犯刺项,并充警迹人,官司以法拘检关防之",而蒙古人有犯,"不在刺字之例","诸审囚官强愎自用,辄将蒙古人刺字者,杖七十七,除名,将已刺字去之"。⑳刑法还规定:"诸杀人者死,仍于家属征烧埋银五十两给苦主","蒙古人因争及乘醉殴死汉人者,断罚出征,并全征烧埋银"。㉑可见,汉人犯杀人罪必须处死,而蒙古人打死汉人可以用醉酒等种种理由开脱罪责,不必偿命,只须从军出征、给受害家属 50 两丧葬费便可了事。纯正的蒙古人,"除犯死罪,监禁依常法,有司毋得拷掠,仍日给饮食。犯真奸盗者,解束带佩囊,散收。余犯轻重者,以理对证,有司勿执拘之,逃逸者监收"㉒。

色目人在元代比较受蒙古统治者信任和重用,被列为第二等民族,量刑也遵循从宽的原则。如"诸色目人犯盗,免刺科断,发本管官司设法拘检,限内改过者,除其籍。无本管官司发付者,从有司收充警迹人"㉓。畏兀儿人享有朝廷赋予的司法特

权。至元十一年(1274年)元廷在西北置畏兀儿断事官,依其本俗法断畏兀儿词讼。后长期在那里设立都护府,"掌领旧州戍及畏兀儿之居汉地者,有词讼则听之"[44]。

官员犯法可以赎免:"诸牧民官(地方的管民官),公罪之轻者,许罚赎。诸职官(九品以上的品官)犯夜者,赎"[45]。所谓"犯夜"是指违犯了夜禁之令。蒙古族官员犯法"必择蒙古官断之,行杖亦如之"[46],以便于在量刑和处罚时给予照顾和优待。蒙古帝王毫不隐晦地庇护犯法的蒙古官员。至顺二年,文宗诏谕刑部,"鞫内侍撒里不花因巫蛊事,凡当死者杖一百七,流广东、西"[47]。元代开创土司制度,在边疆地区设置宣慰司、安抚司和招讨司等,委任土官管理当地事务。和内地官员以及在边疆任职的官员相比,土官享有一定的司法豁免权。同样是在云南作官,来自内郡的官员有罪照常律判决,"土官有罪,罚而不废"[48]。

二、僧、道等宗教群体的司法特权和刑律优免政策

蒙古统治者实行各种宗教兼容并蓄的政策,"对于各种教会及其信徒,皆特为优遇,不同常人"[49]。在中央和地方设有专门管理不同宗教人口和事务的机构。在中央设宣政院掌管全国佛教僧徒和吐蕃地区的事务,崇福司掌管基督教事务,集贤院管辖道教事务,各地的回回哈的司负责管理伊斯兰教徒。蒙古统治者赋予僧、道、也里可温(基督教徒)、答失蛮(伊斯兰教徒)等宗教群体一定的司法特权。

在元代的多种宗教中,佛教尤其是西藏佛教备受元代帝王的尊崇,西藏佛教的首领被封为"帝师",在宗教界势力最强大、地位最尊贵。佛教僧徒享有最稳定的多种司法特权。宣政院作为佛教僧侣的最高审判机关,与中书省和枢密院并立,而且最初不受御史台的监督。随着僧俗上层矛盾的激化,成宗时对宣政院的审判权作了一定的限制。但在地方,僧人内部的争讼依然由本寺院的主持审断,"诸僧人但犯奸盗诈伪,致伤人命及诸重罪,有司归问。其自相争告,从各寺院住持本管头目归问"[50]。元代僧侣、道士之间和僧俗之间的诉讼还适用元代首创的约会审判制度。《刑法志·职制》载:"诸僧、道、儒人有争,有司勿问,止令三家所掌会问","若僧俗相争田土,与有司约会,约会不至,有司就便归问"。这些均从司法制度上保证了僧侣不受普通法律制裁的特权。

三、老耄、幼疾和蠢愚的"三赦"政策

"三赦"政策早在春秋战国时期就出现了,《周礼·秋官·司寇》中解释说所谓"三赦"是指幼弱、老耄和蠢愚三类在处理刑狱案件时应当宽赦的人群。唐朝时将其正式载入《唐律》,第一次使之成为国家法律,还把这三类人群按年龄和类别分为三

个等级,给予不同的刑律优免,即:"诸年七十以上,十五以下及废疾,犯流罪以下,收赎","八十以上、十以下及笃疾,犯反、逆、杀人应死者,上请","九十以上,七岁以下,虽有死罪,不加刑"[51]。《唐律》对以后历代王朝的法律影响很大,宋代有关的刑律优免政策都是按照《唐律疏议》制定的。

元代借鉴宋法,继续实行"三赦"政策。按照《吏学指南》中的解释,元代三赦的对象为老耄(年老而昏耄者)、幼疾(年少微弱及三疾者)和蠢愚(痴騃不晓者)三类人群。[52]老耄是70岁以上的老人,15岁以下为幼。所谓"三疾"是指残疾、废疾、笃疾。残疾的标准是"一目盲,二耳聋,手无二指,足无三指,手足无大拇指,久漏下,重大瘿肿也",废疾的标准是"痴、哑、侏儒、腰脊、折一肢疾者",笃疾的标准是"哑疾、癫狂、二肢折,双目盲之类"。[53]刑法中相关的优免政策有:

诸年老七十以上,年幼十五以下,不任杖责者,赎。

诸罪人癃笃残疾,有妨科决者,赎。

诸幼小为盗,事发长大,以幼小论。未老疾为盗,事发老疾,以老疾论。其所当罪,听赎,仍免刺配,诸犯罪亦如之。

诸和奸者,杖七十七;有夫者,八十七……诸强奸人幼女者处死,虽和同强,女不坐。凡称幼女,止十岁以下。诸年老奸人幼女,杖一百七,不听赎。诸十五岁未成丁男,和奸十岁以下女,虽和同强,减死,杖一百七,女不坐。诸强奸十岁以上女者,杖一百七。诸十五以下小儿,过失杀人者,免罪,征烧埋银。诸十五以下小儿,因争毁伤人致死者,听赎,征烧埋银给苦主。诸瞽者(眼睛瞎)殴人,因伤致死,杖一百七,征烧埋银给苦主。诸病风狂,殴伤人致死,免罪,征烧埋银。

诸快意中或酒后及害风狂疾,失口乱言,别无情理者,免罪。

诸有罪年七十以上、十五以下,及笃废残疾罚赎者,每笞杖一,罚中统钞一贯。[54]

和前代相比,元代刑律优免的老人和幼小年龄统一为70岁以上和15岁以下,老幼内不再有80岁与90岁、10岁与7岁等年龄段的区分。犯死罪的老人,无论年龄有多大,都不能免刑,即"诸以老病杀人者,不以老病免"[55]。《元史·答里麻传》中记载了这样一个典型案例:深州的一位平民老妇人,一怒之下将媳妇殴打致死,被打的媳妇还抱着自己的幼子,结果小孩也不慎被碰死了。这位老妇人已经70岁了,在判案时,一些官员认为应该免刑,廉访副使答里麻认为不可,理由是:"国制,罪人七十免刑,为其血气已衰,不任刑也。媪既能杀二人,何谓衰老?"最终这位老妇人未能免除刑罚。

四、其他特殊群体的刑律优免政策

元代刑法还对养老责任人、家族尊长、奴婢的主人、妇女和饥民等特殊人群实行刑律优免政策。

为了保证"老有所养"的仁政的落实,元代给予养老责任人刑律宽免,犯死罪者甚至可以免除死刑的处罚以便侍养父母。相关条文有:"诸醉后殴其父母,父母无他子,告乞免死养老者,杖一百七,居役百日";"诸窃盗应徒,若有祖父母、父母年老,无兼丁侍养者,刺断免徒;再犯而亲尚存者,候亲终日,发遣居役";"诸兄弟同盗,罪皆至死,父母老而乏养者,内以一人情罪可逭者,免死养亲";"诸犯死罪,有亲年七十以上,无兼丁侍养者,许陈请奏裁"。[56]例如致和元年十一月,官员速速"坐受赂,杖一百七,徙襄阳;以母年老,诏留之京师"[57],免除了流刑的处罚。养老责任人被免除死刑的案例在元代比较多见。以下是《元史》中记载的三个详细案例:中统初年,顺天路的平民王住儿,因斗殴误杀一人,他70岁的老母向朝廷陈告,后经世祖裁决,免于王住儿死刑的处罚;延祐元年,晋宁路平民侯喜儿昆弟五人犯法连坐,都应当被处死,仁宗特赦免其中一个罪行较轻者的死罪,处以杖刑,留下侍养父母;文宗时,宁国路泾县平民张道因盗窃杀人被处死,他的弟弟张吉是从犯,因禁了七年也没有判决,他们的母亲年老并且没有其他的子孙,情况上报后,张吉得以赦免死刑,杖责后回家养母。[58]

在元代的封建等级制度下,家族中的尊长和幼小、家庭中的主人和奴婢之间有着严格的等级界限。从刑名上看,以下犯上、以卑犯尊为大恶和恶逆,反之仅为一般的斗殴和杀伤。量刑时则罪同罚异,尊长和主人可以获得减免,从宽从轻,反之量刑从严从重。同样是刺伤双目,"诸卑幼挟仇 辄刺伤尊长双目成废疾者,杖一百七,流远","诸尊长辄以微罪刺伤弟侄双目者,与常人同罪,杖一百七,追征赡养钞二十锭给苦主,免流,识过于门"。[59]刑法明确申明主人和奴婢在法律地位上的不平等:"诸主奸奴妻者,不坐","诸奴奸主女者,处死","诸强奸主妻者,处死","诸奴杀伤本主者,处死","诸奴故杀其主者,凌迟处死。诸奴殴死主婿者,处死","诸奴殴詈其主,主殴伤奴致死者,免罪。诸故杀无罪奴婢 杖八十七,因醉杀之者,减一等"。[60]也就是说,奴婢杀伤自己主人要被处死,故意杀死主人的凌迟处死;而奴婢殴打谩骂主人、主人将奴婢打伤致死的免罪,主人故意杀死无罪的奴婢只需杖87,主人喝醉后杀死奴婢的还可以减刑一等。

妇女在量刑时享有一定的优待和减免。"诸私盐再犯,加等断徒如初犯,三犯杖断同再犯,流远,妇人免徒","诸妇人为盗,断罪,免刺配及充警迹人,免征倍赃,再犯并坐其夫","诸妇人诱卖良人,罪应徒者,免徒"。[61]

此外,饥民因穷困偷盗的,可以宽恕,"计赃断罪,免刺配及征倍赃"㉒。

综上所述,元代对不同人群实行的刑律优免政策体现了以下几个特征。

第一,元代在对不同人群刑律优免政策的制定中采用了阶级等级、民族等级、家族等级、宗教信仰、性别、年龄、健康状况等多重标准。如对蒙古宗室贵族、官员、奴婢主人等的优免政策就体现了阶级地位的差异,对蒙古人、色目人和汉人罪同罚异体现了民族等级差异,对家族中尊长量刑从轻从宽、卑幼量刑从重从严体现了家族等级差异,对僧道等宗教人口赋予司法特权采用的是宗教信仰标准,对妇女的优待采用的是性别标准,对老、幼的优待采用的是年龄标准,对有精神和身体疾病者的减免采用的是健康标准。

第二,元代刑律优免政策的适用对象突出了社会群体的两大极端——特权阶层和弱势群体。特权阶层包括蒙古宗室贵族、各族官员和奴隶主、僧侣等宗教信徒,弱势群体主要是那些需要照顾和优待的老幼单弱、废疾贫乏和妇女等人群。

第三,元代刑律优免政策体现了蒙古统治策略中将中原封建王朝的汉法与蒙古法并行的鲜明特点。例如"三赦"政策就是典型沿袭了传统汉法中的仁政思想和法律条文,而对蒙古、色目和宗教群体的减免则具有典型的蒙古法精神。

第五节　人口的救助赈济政策

元代对遭受天灾人祸或丧失一定生存能力的人群实行救助赈济。救助和赈济的对象十分广泛,有鳏寡孤独、老幼单弱、废疾灾贫等不能自存之人,新近归附的军民,受兵、贼、寇、盗扰乱侵害的人户,屯田军民以及复业的流民、逃户等等,包括各民族的民、军、匠、僧道、站、驿、盐、铁、船、牧驼、鹰房等诸色户计。元代对人口的救助和赈济主要体现为救荒,主要政策有赈给、赈粜、赈济、赈借、存恤、养济六种不同类型。赈给是指政府无偿地将救灾物品发放给灾民;赈粜是指政府在饥荒之年将粮食减价卖给食物缺乏的人户;赈济是救急,包括给粜、借贷、减放、展阁等;赈借是官府借给饥民粮食,不取利息,日后再如数还给官府;存恤是常加赈念;养济是养育和赈救。㉓具体措施如下。

一、仓储制度

元代仿效汉唐以来历代的救荒政策,在全国设置常平仓和义仓。据《元史·食货志》记载,元代的常平仓和义仓都始立于世祖至元六年(1269年)。而据考证,常平仓应最早设置于蒙哥汗丁巳年(1257年)，义仓最早设置于世祖至元三年。^⑥常平仓一般设在地方的路府，是政府行为，具体做法是在粮食丰收市场价格低贱的年份，官方以高于市场的价格买进，储备粮食；在遇到灾荒粮食市场价格昂贵的年份，官方又以低于市场的价格卖出，救助灾民。义仓立于基层的乡社，属民间自救性质，在每社(50户)置一仓，由社长负责管理，丰收的年份"每亲丁纳粟五斗，驱丁二斗，无粟听纳杂色"^⑥，灾荒年份开仓放粮，发放给社民，至元二十三年改为"各家验口数，每口留粟一斗"^⑥。在世祖朝两仓的救荒功能发挥得较好，成宗时基本维持，仁宗以后国库日渐损耗，政治局面混乱，"行之既久，名存而实废"。

中统元年十一月，发常平仓赈益都、济南、滨棣饥民。《元史》卷4《世祖一》

至元二十五年八月，以咸平荐经兵乱，发沈州仓赈之。

至元二十六年十月，武平路饥，支常平仓米万五千石。十二月，蠡州饥，发义仓粮赈之。河间、保定二路饥，发义仓粮赈之，仍免今岁田租。《元史》卷15《世祖十二》

至元二十九年二月，发义仓官仓粮，赈德州、齐河、清平、泰安州饥民。

至元三十年五月，真定路深州静安县大水，民饥，发义仓粮二千五百七十四石赈之。九月，登州蝗，恩州水，百姓阙食，赈以义仓米五千九百余石。《元史》卷17《世祖十四》

至治元年十一月，巩昌成州饥，发义仓赈之。《元史》卷27《英宗一》

泰定元年十月，延安路饥，发义仓粟赈之，仍给钞四千锭。十二月，温州路乐清县盐场水，民饥，发义仓粟赈之。《元史》卷29《泰定帝一》

泰定四年六月，永兴屯被灾，免其租。发义仓粟，赈盐官州民。《元史》卷30《泰定帝二》

至顺四年十一月，江浙旱饥，发义仓粮、募富人入粟以赈之。

元统二年三月，杭州、镇江、嘉兴、常州、松江、江阴水旱疾疫，敕有司发义仓粮，赈饥民五十七万二千户。四月，成州旱饥，诏出库钞及发常平仓米赈之。五月，中书省臣言："江浙大饥，以户计者五十九万五百六十四，请发米六万七百石、钞二千八百锭，及募富人出粟，支常平、义仓赈之，并存海运粮七十八万三百七十石以备不虞。"从之。

至元元年八月，道州、永兴水寇，发米五千石及义仓粮赈之。九月，耒阳、常宁、道州民饥，以米万六千石并常平米赈粜之。《元史》卷38《顺帝一》

至元二年九月，台州路饥，发义仓、募富人出粟赈之。十一月，松江府上海县饥，发义仓粮及募富人出粟赈之。

至元三年二月,发义仓米赈蕲州及绍兴饥民。三月,发义仓粮赈溧阳州饥民六万九千二百人。《元史》卷39《顺帝二》

至元六年十月,河南府宜阳等县大水,漂没民庐,溺死者众,人给殡葬钞一锭,仍赈义仓粮两月。十一月,处州、婺州饥,以常平、义仓粮赈之。

至正元年四月,临贺县民被徭寇钞掠,发义仓粮赈之。《元史》卷40《顺帝三》

至正四年六月,巩昌陇西县饥,每户贷常平仓粟三斗,俟年丰还官。《元史》卷41《顺帝四》

二、赈恤制度

元代最主要、最有效的救荒政策是赈恤。赈恤分为两种:一种为蠲免,即免除一定的差税,有恩免之制和灾免之制两种;另一种是赈贷,即给予米粟钞薪等物质,有鳏寡孤独赈贷之制、水旱疫疠赈贷之制、京师赈粜之制和入粟补官之制四种。

(一)恩免之制

所谓"恩"特指皇帝的恩赐。元代恩免之制由皇帝根据需要自由掌握,可以是救助赈济性的,如对灾民和贫乏者的蠲免;可以是补偿性的,如对战争中供给繁重地区人户的蠲免;可以是鼓励性的,如对复业逃户差役的蠲免;可以是庆贺性的,如在皇帝即位、上尊号和改元时对人户赋役的蠲免;等等。有的是全国性的,有的只针对某些地区。按照户等,下户可以受到更大的恩免,如至大二年,东平、济宁两路发生饥荒,蠲免民户一半的差税,"下户悉免之"[67]。从地域上看,受到恩免的以两都、京师、腹里和江淮地区为多。世祖朝实行的次数最多,成宗以后呈逐渐减少的趋势。

(二)灾免之制

所谓"灾",既包括水旱地震等天灾,又包括兵寇等人祸。元代的天灾人祸都十分严重,可谓史不绝书。成宗、武宗、泰定和顺帝朝更是灾祸频发。元刑法规定,各级地方官府在灾害发生时要及时如实地申报灾情、申请赈恤、组织捕杀虫灾蝗灾、核查死亡灾民身份并组织收葬等,凡失职或错报、漏报者要被处以相应的刑罚。所谓"诸掩骼埋胔,有司之职。或饥岁流莩,或中路暴死,无亲属收认,应闻有司检覆者,检覆既毕,就付地主邻人收葬;不须检覆者,亦就收葬。诸救灾恤患,邻邑之礼。岁饥辄闭籴者,罪之。诸郡县灾伤,过时而不申,或申不以实,及按治官不以时检踏,皆罪之。诸虫蝗为灾,有司失捕,路官各罚俸一月,州官各笞一十七,县官各二十七,并记过。诸水旱为灾,人民艰食,有司不以时申报赈恤,以致转徙饥莩者,正官笞三十七,佐官二十七,各解见任,降先职一等叙。诸有司检覆灾伤,或以熟作荒,或以可救为不可救,一顷已上者罚俸,二十顷者笞一十七,二百顷已上者笞二十七,五百顷已上笞三十七,惟以荒作熟,抑民纳粮者,笞四十七,罢之。托故不行,妨误检覆者,笞三十七"⑱。对于遭遇水旱灾伤的人户,元代根据其损失程度实行赋税减免政策。至元二十八年奏准的至元新格规定,经地方官核查属实者,申报户部,"十分损八以上,其税全免;损七以下,止免所损分数;收及六分者,税既全征,不须申检"⑲。

（三）鳏寡孤独赈贷之制

元代的鳏寡孤独赈贷之制始于世祖中统元年,诏曰"鳏寡孤独废疾不能自存之人,天民之无告者也,命所在官司,以粮赡之"。此后力度不断加大,政策不断完善。"至元元年,又诏病者给药,贫者给粮。八年,令各路设济众院以居处之,于粮之外,复给以薪。十年,以官吏破除入己,凡粮薪并敕于公厅给散。十九年,各路立养济院一所,仍委宪司点治。二十年,给京师南城孤老衣粮房舍。二十八年,给寡妇冬夏衣。二十九年,给贫子柴薪,日五斤。三十一年,特赐米绢。元贞二年,诏各处孤老,凡遇宽恩,人给布帛各一。大德三年,诏遇天寿节(皇帝诞辰),人给中统钞二贯,永为定例。六年,给死者棺木钱"。

（四）水旱疫疠赈贷之制

自中统建元,蒙古帝王就开始对遭受水旱等自然灾害地区的人口实行赈贷之制。赈济以发放粮食为主,有时只给钱钞或盐引,有时赈给钱粮布帛等;有按户发放的,有按口发放的,也有按户均口数发放的。其中按口发放的又以年龄大小区别为应支口粮的大口、小口和不须放支之口。至元二十五年,"各衙门应支口粮人等,男子妇人十五岁以上为大口,十四岁以下至五岁为小口,五岁以下不须放支"⑳。小口的赈粮一般是大口的一半,如至元二十四年,"以粮给诸王阿只吉部贫民,大口二斗,小口一斗"。按户均口数发放的例子有,至大三年,由于漠北蒙古高原贫民来内地的人口太多,政府"四年之间靡粟六十万石、钞四万余锭、鱼网三千、农具二万",为此"诏尚书、枢密差官与和林省臣核实;给赐农具田种,俾自耕食,其续至者,户以四口为率给之粟"㉑。

（五）京师赈粜之制

为稳定天子脚下的社会秩序,调控灾荒时的粮食价格,至元二十二年,元代开始实行京师赈粜之制。根据赈济对象的不同,分为赈粜粮和红帖粮两种。

赈粜粮是针对京师内全体灾民的优惠和救助政策。官方在京师内设置米肆或米铺,根据需要调拨一定数量的粮食,以低于市场的价格卖出。最初世祖在京城和南城各设米铺3所,派遣官吏发海运粮至京师赈粜,规定白米每石减钞5两、南粳米减钞3两。成宗元贞元年,由于京师米价昂贵,将米肆增至30所,发粮7万余石低价出售,白粳米每石中统钞 15 两,白米每石 12 两,糙米每石六两五钱;元贞二年,将米肆减少为 10 所,每年低价出售的粮食最少 20 余万石,最多达 40 余万石;大德五年设米肆 36 所。至大元年,两城米肆为 15 所,每个米肆每天粜米 100 石;四年,增设米肆 10 所,将米价提高到每石中统钞 25 两,每年粜粮 50 余万石。泰定二年,将米价减为每石 20 两。致和元年,又减为 15 两。这本来是政府在灾荒时采取的一种调控物价、惠及贫苦京师百姓的救助政策。可是这些低价粮大多被一些豪强嗜利之徒用计巧取,未能起到周济贫民的作用。于是成宗大德五年,元代开始在京师发放红帖粮。

红帖粮是专门针对大都和上都两京地区贫民的优惠和救助政策。由官府将两京贫乏之人登记造册,写上贫乏人户的姓名和口数,逐月发放(闰月除外)低价粮食,大口三斗、小口减半。粮食价格根据赈粜粮的价格来确定,通常为赈粜粮价格的三分之二,每年拨米 204900 余石。这样贫民才能买到低廉的粮食,得到有效的救助。

(六)入粟补官之制

天历三年发生了全国性的旱灾,常平义仓久行日废,根本拿不出粮食救灾。于是文宗采用太师答刺罕等人的建议,实行入粟补官之制。富实民户或僧人道士按照朝廷官府规定将粮食运送到指定地点或折纳钞银用于救灾,称为"入粟";朝廷依照富民、僧道提供的粮食数量或钞银授予其一定的官职,称为"补官"。"夫入粟补官,虽非先王之政,然荒札之余,民赖其助者多矣"[72]。

入粟和补官按照区域划分为江南、陕西、河南三个等级,每个等级规定的入粟折钞数量和补官的资品不同。"陕西每石八十两,河南并腹里每石六十两,江南三省每石四十两,实授茶盐流官,如不仕让封父母者听。钱谷官考满,依例升转。陕西省:一千五百石之上,从七品;一千石之上,正八品;五百石之上,从八品;三百石之上,正九品;二百石之上,从九品;一百石之上,上等钱谷官;八十石之上,中等钱谷官;五十石之上,下等钱谷官;三十石之上,旌表门闾。河南并腹里:二千石之上,从七品;一千五百石之上,正八品;一千石之上,从八品;五百石之上,正九品;三百石之上,从九品;二百石之上,上等钱谷官;一百五十石之上,中等钱谷官;一百石之上,下等钱谷官。江南三省:一万石之上,正七品;五千石之上,从七品;三千石之上,正八品;二千石之上,从八品;一千石之上,正九品;五百石之上,从九品;三百石之上,上等钱谷官;二百五十石之上,中等钱谷官;二百石之上,下等钱谷官。"再次入粟者另有规定,四川富民将粮食运到江陵地区的按照河南的标准授官。此外,僧道入粟,"三百石之上,赐六字师号,都省给之;二百石之上,四字师号;一百石之上,二字师号,礼部给之"[73]。

第六节 医疗政策

蒙元时期,成吉思汗及其子孙们以武力开创了我国历史上疆域最为辽阔的统一的强大帝国。由于长期征战的军事需要,自成吉思汗始,蒙古帝王就十分重视医药和医学人才。世祖忽必烈即位后,在借鉴其他封建王朝统治制度的基础上,本着兼容并蓄、为我所用的思想,逐步构建了由中央到地方、自上而下的社会医疗体系,并形成了多方位的医疗保障机制。

一、统治阶级的医疗政策

作为最高统治阶级,蒙古帝王宗室享有最充分的医疗保障。服务于皇室的医疗机构比较健全,分工细致明确。设置最早、品级最高的太医院设立于中统元年,正二品,负责全面掌管医事、制作供奉御用药物。此后相继设立了御药院、御药局、行御药局、广惠司和典医监等。其中御药院、御药局、行御药局都是从五品,负责国内御用药物的管理和煎制;广惠司正三品,专门负责御用回回药物的修制,下设大都、上都两个回回药物院;典医监正三品,是专门服务于太子的医疗机构,设行典药局、典药局、广济提举司。宫廷内网罗聚集了国内外的名医高人。当时的中医名家韩公麟、汪斌等都曾在蒙古皇帝或太子身边担任太医,爱薛、铁树、曲枢等多名回回医生曾负责或工作在回回医疗机构。御用药物的来源一是由各地乡贡,每年依照产地科收;二是诸王和国外供奉进献的各种名贵药物。

官员可以享有一定的医疗保障,但并不完备。朝中的一些中央机关没有设立单独的医疗机构,仅设有数量不等的医官掌管本部门的医疗保健工作。如中书省设有省医3人,枢密院设院医2人,御史台置台医2人,大宗正府置府医1人,江南诸道行御史台也置台医[74]。在任的官员患病,可以享受100天的带薪病假,百天后停薪免职。中统五年八月颁布的圣旨条画规定,赴任或外派官员在途中患病,由当地官府负责验证治疗,"其赴任职官或宣使人员,在他所病患者,即告所在有司验治,病愈给据发还"[75]。

二、军士的医疗政策

无论是长期的对内对外征服战争,还是新政权下镇戍、宿卫、军屯的需要,如何保证数量充足、健康有力的兵源一直是蒙古统治者十分重视的问题。因此朝廷不断采取措施,建立完善军队中的医疗保障制度。

元代的军队中有军医。金元时期著名的医家张从正、罗天益等都曾担任过军医。在罗天益《卫生宝鉴》一书中,记载了他在宪宗时从征扬州,治疗被俘宋军中流行的传染时气。关于正在军中服役士兵的看病和用药问题,元代有着严格的规定。至元十五年三月,圣旨条画曰:"军前有病患军人,随令高手医工对证(症)用药看治,各翼选差好人服侍。仍仰本翼额设首领官,不妨本职,专一司病看治,病军将养复元,方许轮当差使,逐旋具数开呈。本翼若考较时,验病死军人多寡,定夺司病官责罚施行。"⑯大德三年十二月又规定,屯戍军生病,在月粮内一半支付新米,熬粥将养,痊愈后改为陈米⑰。

元代的兵役十分繁重,征调频繁,路途遥远。服役的来回物资和费用都由军户自己承担。一些家庭贫乏的人,应役时变卖田产甚至妻子儿女,返家时缺吃少穿,甚至病倒、饿死在回家的路上,境况十分悲惨。针对这种情况,朝廷也采取一定的医疗措施。如至元七年六月,下令"戍军还,有乏食及病者,令所过州城村坊主者给饮食医药"⑱;至元十六年,命令湖南行省在戍军还家的途中,每四五十里立一所安乐堂,"疾者医之,饥者廪之,死者藁葬之,官给其需"⑲;大德七年十一月,河南行省奏:"照得各翼摘差蒙古、汉军征进八番叛蛮,经涉艰险重地回还,虽称应付口粮,所在官司奉行不至,致有在路饥饿病死,实可哀悯。拟合遍行合属,出征回还军人经过,随即支付口粮,病者应付药饵脚力,行移前路应接,庶使远征军人稍得苏息",得到了中书省的批准⑳。

宿卫之士在元代称为怯薛歹,是天子的禁军和贴身侍卫,地位和使命十分特殊,由负责修制御用回回药物的广惠司提供医疗保健。

三、贫民的医疗政策

元代不仅高度重视统治阶级和军士的健康和医疗保障,还建立了全国范围的贫民医疗救助制度,机构有广济提举司、广惠司和惠民局。

惠民药局的职责是"掌收官钱,经营出息,市药修剂,以惠贫民",是专门的贫民医疗机构。成宗大德三年恢复各路惠民局时规定,"凡局皆以各路正官提调","择良医主之",上路设良医2名,下路府州各设良医1名,根据民户人口的数量拨给一定的经营钞本。《元史·食货四》中记载了一组各省惠民药局的经营本金,分别为:腹里,3780锭。河南行省,270锭。湖广行省,1150锭。辽阳行省,240锭。四川行省,240锭。陕西行省,240锭。江西行省,300锭。江浙行省,2615锭。云南行省,真贝111500索。甘肃行省,100锭。㉑世祖时广行汉法,特别注重对贫民中"鳏寡孤独废疾不能自存

之人"的救助,包括由官方提供医疗保障。中统五年八月颁布的圣旨条画指出:"鳏
寡孤独不能自存者,前诏已尝及之。今仰中书省令随在官司勘当,委实贫穷不能自存
者,给降赡济口粮,有疾病者命官医调治,其药物惠民局支给。"⑧

　　作为贫民医疗救助机构的惠民药局基本覆盖了元代全国的各大政区,其出发点
是好的。但是由于蒙古统治者对诸王、贵族和勋臣进行大规模的分封赏赐,朝廷的财
政状况不容乐观。惠民药局是官给钞本、以赢利为目的的经营性医疗救助机构,一旦
经营不当,官方又不追加资金,就会陷于停滞状态,因此各朝有立有废,其实际作用不
可高估。

四、罪犯囚徒的医疗政策

　　元代的罪犯囚徒依法享有官方提供的医疗保障。监狱设有狱医,专门负责"调
视病囚"⑧。法律中明确规定了罪犯囚徒的病情申报和诊治制度、患病罪犯囚徒的优
待制度、狱医考试选拔制度和对违制官员的处罚制度等。刑法明确规定:

> 诸在禁囚徒,无亲属供给,或有亲属而贫不能给者,日给仓米一升,三升之
> 中,给粟一升,以食有疾者。凡油炭席荐之属,各以时具。其饥寒而衣粮不继,疾
> 患而医疗不时,致非理死损者,坐有司罪。
> 诸狱囚病至二分,申报渐增至九分,为死证,若以重为轻,以急为缓,误伤人
> 命者,究之。诸狱囚有病,主司验实,给医药,病重者去枷锁杻,听家人入侍。职
> 事散官五品以上,听二人入侍。犯恶逆以上,及强盗至死,奴婢杀主者,给医药而
> 已。诸有司,在禁囚徒饥寒,衣食不时,病不督医看候,不脱枷杻,不令亲人入侍,
> 一岁之内死至十人以上者,正官笞二十七,次官三十七,还职;首领官四十七,罢
> 职别叙,记过。
> 诸流囚在路,有司日给米一升,有疾命良医治之,疾愈随时发遣。
> 诸狱医,囚之司命,必试而后用之,若有弗称,坐掌医及提调官之罪。⑧

　　也就是说,在监狱服刑的囚徒如果患病,要及时向上申报病情的严重程度,经查
验属实,应当及时看病吃药。生病的囚徒在发放食物时要给予特殊照顾,病情严重的
可以摘除刑具,让家属来狱中照料。不过,囚徒的身份地位和罪行不同,享受的医疗
政策也不同。囚徒若是五品以上的官员,重病期间可以让两位家属来侍奉;而犯谋
反、谋大逆、谋叛、恶逆罪者,犯盗窃罪被判死刑者以及杀死主人的奴婢患病,只给看
病吃药,不准家属侍奉。被判流刑的囚徒如果途中患病,要请"良医"医治,待痊愈后
再上路。负责给囚徒看病的狱医,必须经过考试后才能选用,如果不称职,要追究太
医院和相关官员的责任并治罪。如果不遵照上述制度导致囚徒死亡,相关责任官员

要分别治罪。

五、医疗政策的保障机制

（一）制度保障——太医院制度的革新和三皇庙制度的创立

忽必烈统治时期，改造并创新了前代的太医院制度，使太医院成为总领天下医政的国家最高医疗卫生管理部门，形成自上而下的管理体制，建立了十分严密复杂的医官序列。元代的太医院大致分为四个系统：御医系统（包括负责掌管和炮制御用回回药物的广惠司和回回药物院）、负责医学教育的医学系统、官医系统和惠民药局系统。医官的设置趋于规范化和系统化，形成了独立的医官系统，构成了庞大的编制。正如元人吴澄所云："今在朝有太医院，而普天之下，各道、各路及府、州、县莫不有医官焉"[85]。

元代太医院和医官的地位之高在中国封建社会可谓是空前绝后[86]。有元一代，太医院地位最低时在1283年，当时称尚医监，级别为正四品，这也比以往任何朝代的品级都高。1301年起，太医院成为正二品的机构，地位高于六部。元代医官的升迁只设15阶，品级最低从八品、最高正二品。其晋级的阶梯与宋金相比大大减少，而品级之高为历代之最。

忽必烈时期还创立了元朝独有的医学三皇庙制度，规定凡天下医学必须建有祭祀伏羲、神农和皇帝的三皇庙，尊三皇为"医家之祖"，定为医家专祀的神祇，纳入国家祀典。这项特殊的制度建立在至元初年，后来又规定凡是医学生、医户和行医为业的人每月初一和十五都要在各地三皇庙集会祭祀，并讨论交流医疗经验，把自己行医的详细记录交给本路医学教授，这为官方对医务人员的管理和医学人才的培养选拔奠定了基础。[87]

（二）人才保障——官方对医家的网罗、优待和培养

由于对内对外征服战争的需要，蒙古帝王自成吉思汗起就十分注重寻访、征用医家。太宗窝阔台四年，曾下诏"罗天下医"。世祖忽必烈即位后，不断在全国寻访"儒、医、释、道"等各类人才。不少名医被征用为御医，侍奉在皇帝左右，深受蒙古帝王的宠信和重用，比如郑景贤、高善长、田阔阔、窦默、罗天益、韩公麟、麻泽民、宋超、汪斌。医生和职业世袭的医户可以享受减免赋役的优待。世祖至元十三年曾下诏"免大都医户至元十二年丝银"[88]，成宗元贞元年"诏免医工门徭"[89]，大德七年又"诏从军医工止复其妻子，户如故"[90]。

忽必烈即位不久恢复并完善了全国官方的中医医学教育，培养选拔医学人才。中统二年（1261年），忽必烈听从太医院使王猷"医学久废，后进无所师授。窃恐朝廷

一时取人,学非其传,为害甚大"的劝谏,在各路设立医学,定立医学之制。至元九年(1272年)首创医学提举司^⑨,专门负责管理医学教育,其职能是"凡随朝太医,及医官子弟,及路府州县学官,并须试验。其各处名医所述医经文字,悉从考校。其诸药所产性味真伪,悉从辨验"^⑨。各路医学设教授1员,由朝廷委任,学录、学正各1员;上、中、下州备设学正1员,由太医院委任;各县设学谕1员,由各路医学教授选聘。元代在医药教学上是颇为系统和正规的。医学教育分为13科:大方脉、杂医科、小方脉科、风科、产科、眼科、口齿科、咽喉科、正骨科、金疮种科、针灸科、祝由科、禁科,其中正骨科是新设的。医学生不仅要学习《素问》、《难经》、《神农本草经》、《圣济总录》、《伤寒论》及《千金翼方》等医药典籍,自大德九年(1305年)还规定:学医者必须精通四书,凡不精通经书者不得行医。医学提举司每年拟定13科疑难题目,呈报太医院转发各路医学教授,令医学生依式每月学习医义一通,年终时造册呈报医学提举司,以考察医学生学习成绩^⑨。此外,各路医学教授就所下发的题目解答3道,年终时另行造册,呈报太医院,以考核其是否称职。医学教育者和管理者要为医学生的培养质量负责,"诸各路医学大小生员,不令坐斋肄业,有名无实,及在学而训诲无法,课讲卤莽,苟应故事者,教授、正、录、提调官罚俸有差"^⑨。

（三）管理保障——加强对医药人员和医药市场的监管

为了保障医疗体系的秩序和安全,蒙古统治者还建立了非常严格的管理制度。

一是医户单独定立户籍,职业世袭,不得随意更改,以确保医疗体系中医生的数量。敕太医院领诸路医户和医官,又置各路官医提举司(秩从五品)掌管医户的差役和词讼。

二是对医药人员实行行业准入制度。元代对医药行业人员的从业资格和考试选拔有严格的限制和要求。法律规定"诸医人于十三科内,不能精通一科者,不得行医"^⑤,并"禁医人非选试及著籍者,毋行医药"^⑥。全国每三年选试一次医生。府试一般取100名,中试者可补充随路学官并去大都参加省试。省试合格者,开报姓名并奏明朝廷可收充为内医。省试一般一次取30名,分三甲:一甲可充任太医,二甲可充任副提举,三甲可任教授。

三是加强对医药市场的监管,对违制犯法者及相关责任人严加惩处。"太医院不精加考试,辄以私妄举充随朝太医及内外郡县医官,内外郡县医学不依法考试,辄纵人行医者,并从监察御史廉访司察之"^⑨。对那些未经医学学习和考试、不懂医术而伤人性命的庸医要处以"杖一百七,征烧埋银"的刑罚^⑧。对于那些行走江湖,以"弄禽蛇、傀儡、藏撅撒钹、倒花钱、击鱼鼓,惑人集众,以卖伪药"骗取钱财的假医严行禁止,"违者重罪之"^⑨。专门卖药的药铺"不畏公法者,往往将有毒药物如乌头、附子、巴豆、砒霜之类,寻常发卖与人,其间或有非违,致伤人命;及有不习医道诸色人等,不通医书,不知药性,欺诳俚俗,假医为名,规图财利,乱行铜药,误人性命"[30]。对于这些人,元代法律的处罚更加严厉:"诸有毒之药,非医人辄相卖买,致伤人命者,买者卖者皆处死。不曾伤人者,各杖六十七,仍追至元钞一百两,与告人充赏。不通医术,制合伪药,于市井贷卖者,禁之"[31]。

此外,蒙古统治者还积极开展中外医药交流,丰富医学理论和药品种类,提高医疗手段和技术水平。元代的中医医学理论、针灸、卫生保健、营养学、临床外科、骨伤科等方面,都取得显著的进步和成就。《四库全书总目·子部·医学类》评价说:"儒之门户分于宋,医之门户分于金元"。这些都为元代医疗政策的落实提供了保障。

第七节　收养政策

一、官方收养政策

(一)鳏寡孤独废疾者的收养政策和养济院

元代设立有专门的官方收养机构,对失去生存能力而又无人收养的鳏寡孤独废疾者给予救助和赡养。元初,刘秉忠上书建议"鳏寡孤独废疾者,宜设孤老院,给衣粮以为养"[32]。忽必烈采纳了他的建议,下诏赈济天下鳏寡孤独废疾者。此后,元朝逐步建立和完善了收养救助制度,至元八年在各路设济众院一所,至元十九年各路立养济院一所,还规定了收养的标准和操作过程。《元史》卷103《刑法二》户婚条规定:"诸父母在,分财异居,父母困乏,不共子职,及同宗有服之亲,鳏寡孤独,老弱残疾,不能自存,寄食养济院,不行收养者,重议其罪。亲疾亦贫不能给者,许养济院收录。"从操作程序看,基层官府对拟收养对象的基本情况分辨虚实,然后造册登记,和应发放的粮食衣物等一起申报,经核查确认后,方才批准对符合条件者进行收养。元代还制定了相关法律,以确保收养政策的有效施行。"诸鳏寡孤独,老弱残疾,穷而无告者,于养济院收养。应收养而不收养,不应收养而收养者,罪其守宰,按治官常纠察之","诸年谷不熟,人民转徙,所至既经赈济,复聚党持仗,剽劫财物,殴伤平民者,除孤老残疾不能自赡,任便居住,有司依前存养"[33]。

元代专门救助收养鳏寡孤独废疾不能自存之人的官方机构为养济院(又称孤老院、济众院)。养济院中的被收养者可以定期得到一定数量的粮食、柴薪、衣服等生活物品,享受官方免费提供的医疗保障,死后官方负责安葬,皇帝还不定期地给予他们特殊的物质赏赐等。其处所为官房,没有官房的由官方营建。用于赡养的粮食为粟,从官仓内支取,依人数按月发放,有时蒙皇帝恩典,会赐予米。每人每天发放柴五斤,从本地年销柴(每年所供应之柴薪)中支取。有疾病的,由官医负责调养治疗,药物取自惠民药局。冬衣开始为每名支给土麻布二匹,后来改为保暖性较强的木棉布二匹;夏衣支给土麻布;有时皇帝会赏赐每人布、帛和绢。病故者,由官方负责安葬,坟地指定在城乡周围空闲的官地内分派,棺材由官方提供,孤老中的头目为主丧人,并派人运送安葬,所有费用取自"赃罚钱"(即朝廷收缴的犯贪污受贿官吏的赃款或罚款)。官方收养的基本保障是满足被收养者的最低生活需要,做到病有所医,丧有所葬。[104]流民遗弃的子女也在官方的收养范围。

（二）蒙古子女的收养政策和宗仁卫

蒙古民族虽然是元代的统治民族,可是只有少数蒙古贵族和官吏是统治阶级,广大蒙古百姓都是被统治阶级,地位低下,生活十分艰难。蒙古本土气候严寒恶劣,经常遭受大风雪等自然灾害的侵袭,给牧民造成巨大的经济损失,加之当地农业经济不发达,饥民和灾民没有食物,经常流散到中原地区,蒙古子女被人贩子卖为奴婢的现象十分突出。仁宗延祐年间,接受大臣拜住的建议,设立宗仁卫,由官方负责赎买和收养贫苦的蒙古子女。英宗时下令"蒙古子女鬻为回回、汉人奴者,官收养之",又在大都永平路设置营房,专门收养蒙古子女,并派使者向全国宣告,对隐匿蒙古子女者治罪。[105]朝廷还经常向被收养的蒙古子女发放粮食、衣服和牲畜、金钱等。

二、民间收养政策[106]

中国古代社会的民间收养,一般是指收养子女的行为。元代承认民间收养子女的合法性,"诸乞养过房男女者,听"。元代民间收养的主要对象仍然是男性,大致分为两种类型,一种是法律上以承继为目的的养子,一般称为"嗣子";另一种为事实上恩养的养子如孤儿、被遗弃的孩子,一般称为"义子"。从收养行为上看,前者称为"过继"、"过房",后者称为"乞养"。立嗣是男性收养的主流,即无子者为传宗继祀找一个别人的儿子立为"嗣子"。收养女性的行为在民间也很常见,但因为女性不能传宗接嗣,所以同前代一样,元代民间收养政策主要是针对男性立嗣性质的收养而言,并出台了对民间被收养人、收养人、送养人、收养程序等的限制和规定。

一是对被收养人资格的限制。在这方面历代王朝普遍遵循"异姓不养"的法律原则。唐代法律规定:"诸无子者,听养同宗于昭穆相当者",收养异姓男子的要被处以刑罚。金代的法律将被收养人扩大到同姓男子。元代初年继承了金代的法律制度,"听养同宗昭穆相当者为子。如无,听养同姓"[107]。也就是说,如果同宗没有合适人选的话,也可以过继同姓之人为子,但对收养异姓男子仍严格限制。从《通制条格》和《元史》中的有关法律规定来看,至少自元代中期开始,在立法中已经取消了异姓养子的禁止性规定。二是对送养人资格的限制。元代把送养人的资格限定为父母,兄长"过房弟妹者,禁"⑩。三是对收养人和被收养人对应身份地位的限制。身份低贱的驱口和奴婢不能收养良人的男子,禁止将奴婢过房给良民。⑩在贩卖收养子女成风的江浙行省,还对收养人资格和收养行为的法定程序做了特别限制。"年及四十、无子之人,方听养子","不得年小预先抱子",并要求"明立文字,两家并说合俱各画字,仍须经官告给公据"⑩。在养子的养父母又生有子女、养子不孝、养父母虐待养子或者收养行为违反法律规定等情况下,收养关系可以解除。

　　许多人口贩子往往假借收养,以转行过房(再过房)的名义进行人口贩卖,这种情况在江南地区尤其普遍。为了杜绝这种现象,元代官方明确规定:"诸乞养过房男女者,听;转卖为奴婢者,禁之";"假以过房乞养为名,因而货卖奴婢者,(杖)九十七,引领牙保知情,减二等,价没官,人给亲"⑪。同时对转行过房也进行了程序上的限制。延祐二年(1315年)规定:"诸人乞养过房到男女,如值贫乏,赴所在官司具由陈告,勘当是实,出给公具,方许转行乞养过房。图利兴贩及转于远方者,有司严行禁治。仍仰监察御史、肃政廉访司常加纠察"⑫。

第八节　官方抚恤和官员给假养老政策

一、官方抚恤政策

　　官员和军士是蒙元立国的重要依靠力量,蒙古统治者对他们特别重视。在职品官和隶属于兵籍的军士病故或阵亡,都可以享受一定的抚恤政策。在元代史料中,通常称"恤"、"存恤"或"优恤"。

　　(一)官员的抚恤政策

　　元代官员亡故,根据其品级和身份高低、个人事迹,可享受荫叙子孙、旌表封赠、发放抚恤金、养育家人子女等抚恤政策。

　　元袭宋制,官员亡故,其子孙可以荫叙得官。有资格享受这个优待的官员称为"取荫官",限为一品至七品的职官,无论居官、去任、致仕、亡故都可由子孙荫叙;被授予官职的官员子孙称为"用荫者"或承荫人。至元四年的民官"荫例"规定:承荫人只限一名,年龄在25岁以上,身体健全,无犯罪记录,顺序以嫡长子为先,"若嫡长子有废疾,立嫡长子之子孙,曾玄同。如无,立嫡长子同母弟,曾玄同。如无,立继室所生。如无,立次室所生。如无,立婢子。如绝嗣者,傍荫其亲兄弟,各及子孙。如无,傍荫伯叔及其子孙。诸用荫者,孙降子、曾孙降孙、婢生子及傍荫者,皆于合叙品从降一等。"[113]按照规定,承荫人应将父祖及本人基本情况和证明以书面材料如实上报,经本级官府查验属实,向上级官府保举,再经上级官府审验无误后,由承荫人持相关材料到吏部等候授官。承荫人的品级与取荫官的品级成正比,"一品子荫正五品,从一品子荫从五品,正二品子荫正六品,奚次至七品",八品、九品官没有荫子资格,色目人比汉人高一等荫叙,"正蒙古人"(纯正的蒙古人)和"知识跟脚深重"的蒙古人由皇帝亲自裁决。民官阵亡,儿子承荫要比父亲的官职降二等,若是孙子或兄弟还要再降一等。[114]至元十五年初,定立军官承袭之制:"阵亡者始得承袭,病死者降一等。总把、百户老病死,不在承袭之例。凡将校临阵中伤、还营病创者,亦令与阵亡之人一体承袭"[115]管匠官只能在匠官序列迁用,所以荫例自有规定:"其身故匠官之子……量拟正从五品子于九品匠官内叙,六品、七品子于院长内叙。"江淮地区的承荫者,无论是管军官、管民官还是管匠官都只能在当地任用。

对阵亡、因公殉职的文武官员,朝廷除给予褒赠外,还发放一定的抚恤金、荫叙子孙、养育家人子女等。比如太宗时,肩庆奉命使金被害,同时被杀的还有他的两个弟弟。灭金后,朝廷"厚恤其家,赐金五十斤,诏官其子,仍计其家人口,给粮以养焉";世祖初,王鉴因出使大理没于王事,他的儿子不能自存,"优恤之";至正六年,万户买住等征讨吾者野人遇害,"诏恤其家";顺帝末年,淮东道廉访使褚不华与农民起义军力战,城破后被俘"徇忠尽节",得以褒赠和优恤。[116]"殁于王事者"或"死事者"的官员可得到朝廷发放的一定数额的抚恤金,少则数百两,多则数万两。一般来说,官职和身份越高,发放的抚恤金就越多,宗室贵族要高于一般官员。千户扎剌儿没于王事,赐银250两;亲王完者秃和八秃阵亡,分别得到抚恤金500锭;诸王彻兀台秃忽鲁死事,赐钞35000两。[117]

(二)普通军士的抚恤政策

蒙元以武力平天下,继大统,全国归一后仍是兵火不熄、战事不断,因此广大普通军士是元代征服战争和阶级统治的重要依靠力量。元朝规定"天下既平,尝为军者,定入尺籍伍符,不可更易"[118]也就是说一旦被定为军籍,世代相袭,不能随便更改。为了保障兵源,元朝经常对军士尤其是贫乏、老弱和亡故的军士及其家庭加以存恤,比如救济粮食、赐给金钱、减免差役,"禁长军之官不恤士卒"[119],否则治罪。亡故军士的存恤政策通常分为两种情况区别对待:病死在镇戍地的军士,其家庭可以免役半年;阵亡军士之家免役一年。有时蒙古帝王给予亡故军人特别的照顾,比如延长存恤时间,抚养救济家属。世祖至元三十一年曾下诏:凡屯戍征进军人"其临阵而亡、被病而死者,尤当哀悯,例应存恤一年者,仰存恤二年,应存恤半年者,存恤一年。贫难单弱不能起遣者,从枢密院定夺优恤";大德二年对特别贫困无人养济的阵亡军人家属,除依例存恤外,"官给衣粮"。[120]

伤亡的军士还可以受到朝廷的褒赠,得到一定的抚恤金和安葬费等。不过和军官相比,死难的普通军士受到褒赠的等级和得到抚恤金的数量要低得多。而在普通军士的优恤政策上,蒙古军士又显得特别优厚。如至元十六年,赐征北诸郡蒙古军阔阔八都等力战有功者银50两,战殁者家给银100两;至顺二年,赐上都死事者不颜帖木儿等11家钞各100锭。[121]可见,阵亡蒙古军士的抚恤金一般为每家100两左右。其他亡故军士的生命则十分低贱,每人只发给一二两的安葬费。如元统二年,诏:"云南出征军士亡殁者,人赐钞二锭以葬";至元二年,以钞2000锭赈新收阿速军扈从车驾者,每户钞2锭,死者人1锭。[122]

总之,在官方的抚恤政策上,官员的待遇优于军士,军官的待遇优于民官,同时还体现出明显的身份和品级差异。除上述官员和军士的抚恤政策外,其他群体受到朝廷抚恤的事例比较少见。在此仅举两例。一是对服劳役期间死于意外事故和疾病者发放一定的抚恤金。例如至大元年,赐修建中都行宫中"死于木石及病没者给钞有差"[123]。另一例是存恤殁于王事的捕盗弓手。皇庆元年,唐州弓手宋聚因捕捉抢劫曹州钞本的贼人,被贼人射死。其事迹上报后,获准优恤其家,"本户身役,比依阵亡军人存恤二年",并由官府支给烧埋银(丧葬费)。[124]

二、官员休假养老政策

元代官员的假期主要有劳动假日、节日假、丧葬假和病假四种。按照世祖至元元年的规定,随朝官和外路官(文官)"若遇天寿(皇帝诞辰)、冬至,各给假二日;元正(正旦、元旦)、寒食(清明),各三日;七月十五(中元节、鬼节)、十月一日(送寒衣节)、立春、重午(端午)、立秋、重九(重阳)、每旬,各给假一日。公务急速,不在此限",即除比较重要的传统节日和皇帝的生日外,官员每十天休息一天。至元十四年,将每月初十、二十日、三十日共放假三天改为初一、初八、十五、二十三和乙亥日共放假五天,并规定这几天不许杀生。官员需要奔丧迁葬的,除路上的日程外,祖父母、父母丧亡,给假30日;祖父母、父母迁葬者,给假20日,假期内不扣俸钱。家在中原的云南官员,由于路途遥远,如奔丧祖父母、父母,要临时解除职务。在任的官吏患病,可以享受100天的带薪病假,百天后停薪免职。赴任或外派官员在途中患病,应当告知当地的官府并及时治疗,痊愈后由当地官府出具证明。[125]

元代的文官退休与前代一样称为致仕。文官致仕的条件包括四个方面,即年龄、健康状况、官职高低和政务需要。就退休年龄来说,元代继承了前代的传统,将70岁定为致仕标准,但是"其德望素著,为时所重,翰林集贤,侍从老臣,备朝廷咨询者,不拘此例",如泰定朝的中书平章政事尚文致仕时就已达91岁高龄。官员的致仕制度根据蒙古统治者的需要而变动,一些担任特殊职责的官员则不准休假和退休。至治三年下令"医、卜、匠官,居丧不得去职,七十不听致仕"[⑫],自郭守敬始,翰林太史司天官不致仕成为定制:"大德七年,诏内外官年及七十,并听致仕,独守敬不许其请。自是司天官不致仕,定著为令。"[⑫]

元朝退休官员能够享受的养老政策主要有以下几项。一是加官进秩。元代按照官员退休前的官职品级和民族等级,规定"内外官员年至七十者,三品以下,于应授品级,加散官一等,令致仕",后来增加了遥授职事的待遇。皇庆二年,又针对蒙古、色目官员作出优待规定,"三品以下官员,职事、散官俱升一等,令致仕"[⑫]。二是食俸禄。官员在职时均按品级领取一定的俸禄,俸为钞,禄为米。官员退休后,根据品级、地位、贫富和受皇帝重视程度的不同,可以继续领取一定的俸禄养老。大德九年规定,官员退休后,"子幼家贫者,给半俸终其身"[⑫]。由此可以推断,一些家境比较富裕,不需要特殊照顾的退休官员估计只能自谋生计,顶多享受阶段性的半俸待遇。而一些皇帝特别器重和宠信的官员,退休后可以享受全俸的终身供养,如畏兀人昔班、高昌人答里麻、陈颢、张翥、欧阳玄、不兰奚都是"给全俸终其身"。也有个别官员得到的是"食其禄"的待遇,其中又有半禄和全禄之分。比如顺帝时的张升,退休后由"本郡月给禄半,以终其身";世祖时的王鹗、仁宗时的许宸、顺帝时的李好文,都得以"食其禄终身"[⑬]。三是荫其子。宋代退休官员按照品级高低可以荫自己的儿孙一至三人为官,获得荫官者不必再参加科举考试[⑬]。元代沿用了宋代的做法,但承荫者只能有一人,军官、民官和匠官的荫例不同(相关制度见上文"官员的抚恤政策")。如世祖朝的许衡致仕,官其子师可为怀孟路总管;王磐年老致仕,进阶资德大夫、给半俸终身、无子而命其婿李稚宾为东平判官;文宗朝的吴澄退休,特命次子京为抚州教授,以便奉养。[⑬]

通过对元代诸多人口政策的认识和分析,我们可以看到元代人口政策具有以下显著特点。第一,在人口政策的某些方面,蒙古统治者有较大的调整和转变。由最初的大规模的人口俘掠屠杀逐渐转变为禁止俘掠、不嗜杀和招徕安集政策,由蒙古民族传统的贵壮贱老到在全国大力提倡尊老敬老和养老,由以私人占有为目的的人口财产的增加到以封建剥削为目的的促进人口的稳定增殖。第二,比较注重对弱势群体的照顾和倾斜。针对老年人口,政府以赏赐、赈济、旌表、减免赋役和刑罚、收养等多种形式给予物质、精神、法律和社会地位等方面的照顾和优待,并针对退休官员实行专门的养老政策。针对妇女儿童,元代在刑法上予以优待和减免。针对鳏寡孤独废疾、灾民、流民、贫困人口等,政府制定了详细具体的救助、赈恤和收养政策。第三,保护优待特殊人户与人才。军、匠、站、医、儒和宗教人口等,或承担着特殊的封建义务,或具有蒙古统治者看重的特殊才能,在服役、司法方面享受不同程度的优待,在战乱期间受到保护,甚至在屠城时可以以工匠的身份保存性命。第四,维护封建等级制度和蒙元统治是元代人口政策的本质。封建纲常、民族等级和社会、阶级地位的差异,在诸多人口政策中一以贯之,是一道道不可逾越的鸿沟。

注　释:

① 道润梯步:《新译简注蒙古秘史》卷8,第221—222页,内蒙古人民出版社1979年版。

② 志费尼:《世界征服者史》(上册),第34页,何高济译,内蒙古人民出版社1981年版。

③ 道润梯步:《新译简注蒙古秘史》卷8,第225页,内蒙古人民出版社1979年版。

④ 刘晓:《从黑城文书看元代的户籍制度》,《江西财经大学学报》2000年第6期。

⑤ 陈高华、史卫民:《中国经济通史·元代经济卷》,第511页,经济日报出版社2000年版。

⑥ 方龄贵:《通制条格校注》卷17《赋役·科差》,第493—494页,中华书局2001年版。

⑦ 参见刘晓:《从黑城文书看元代的户籍制度》,《江西财经大学学报》2000年第6期。

⑧ 孟珙:《蒙鞑备录·军政》。

⑨ 姚燧:《牧庵集》卷4《序江汉先生事实》。

⑩ 《元史》卷1《太祖》。

⑪ 《建炎以来朝野杂记》卷19《鞑靼款塞》。

⑫ 《元文类》卷57《中书令耶律公神道碑》。

⑬ 《元史》卷170《雷膺传》。

⑭ 《元史》卷103《刑法二·军律》。

⑮ 《元史》卷10《世祖七》。

⑯ 《元史》卷103《刑法二·户婚》。

⑰ 《元史》卷163《张雄飞传》。

⑱ 《元史》卷128《相威传》。

⑲ 《元史》卷128《相威传》。

⑳ 《元史》卷8《世祖五》,卷11《世祖八》。

㉑ 志费尼:《世界征服者史》,何高济译,翁独健校订,第135—207页,内蒙古人民出版社1981年版。

㉒ 《高丽史节要》卷17,第395—400页,韩国东国文化社1961年版。转引自喜蕾:《元代高丽贡女制度的形成与发展》,《中国社会科学院研究生院学报》2001年第2期。

㉓ 《元史》卷12《世祖九》,卷32《文宗一》,卷205《奸臣·哈麻传》。

㉔ 《元史》卷120《术赤台传》,卷123《纯只海传》。

㉕ 《元史》卷12《世祖九》。

㉖《元史》卷21《成宗四》,又见卷105《刑法四·禁令》:"诸写匿名文书,所言重者处死,轻者流,没其妻子,与捕获人充赏。"

㉗《元史》卷32《文宗一》。

㉘《元史》卷33《文宗二》。

㉙《元史》卷40《顺帝三》。

㉚《元史》卷2《太宗》。

㉛ 以下内容除另有注释外均见于《元史》卷93《食货一》。

㉜ 方龄贵:《通制条格校注》卷17《赋役·主首里正》,第497页,中华书局2001年版。

㉝《元史》卷22《武宗一》,卷27《英宗一》,卷29《泰定帝一》,卷38《顺帝一》。

㉞《元史》卷102《刑法一·职制上》,卷103《刑法二·户婚》。

㉟《元史》卷19《成宗二》,卷20《成宗三》。

㊱《元史》卷9《世祖六》。

㊲《元史》卷17《世祖十四》。

㊳ 具体事例参见《通制条格校注》卷17《赋役》"孤老残疾"、"一产三男"、"弓手税粮"、"孝子义夫节妇",第507、508、510、516页,中华书局2001年版。

㊴《元史》卷87《百官三》。

㊵《元史》卷104《刑法三·盗贼》,卷103《刑法二　职制下》。

㊶《元史》卷105《刑法四》。

㊷《元史》卷103《刑法二·职制下》。

㊸《元史》卷104《刑法三·盗贼》。

㊹《元史》卷89《百官五》。

㊺《元史》卷102《刑法一·赎刑附》。

㊻《元史》卷102《刑法一·职制上》。

㊼《元史》卷35《文宗四》。

㊽《元史》卷103《刑法二·职制下》。

㊾ 蒙思明:《元代社会阶级制度》,第80页,上海人民出版社2006年版。

㊿《元史》卷102《刑法一·职制上》。

(51)《故唐律疏议(一)》卷4,四部丛刊本。

(52) 徐元瑞:《吏学指南》,杨讷点校,第48页,浙江古籍出版社1988年版。

(53) 徐元瑞:《吏学指南》,杨讷点校,第86—87页,浙江古籍出版社1988年版。

(54) 见《元史·刑法志》卷103、104、105。

(55)《元史》卷105《刑法四·杀伤》。

(56)《元史》卷104《刑法三》"大恶"、"盗贼",卷105《刑法四》"恤刑"。

(57)《元史》卷32《文宗一》。

(58)《元史》卷170《袁裕传》,卷25《仁宗二》,卷35《文宗四》。

(59)《元史》卷105《刑法四·斗殴》。

(60)《元史》卷104《刑法三·奸非》,卷104《刑法三·大恶》,卷105《刑法四·杀伤》。

(61) 《元史》卷104《刑法三》。

(62) 《元史》卷104《刑法三·盗贼》。

(63) 徐元瑞:《吏学指南》,杨讷点校,第47页,浙江古籍出版社1988年版。

(64) 见王颋:《元代粮仓考略》,《安徽师范大学学报》1981年第2期,第42—52页。

(65) 《元史》卷96《食货四》。

(66) 方龄贵:《通制条格校注》卷16《田令·农桑》,第460页,中华书局2001年版。

(67) 《元史》卷23《武宗二》。

(68) 《元史》卷102《刑法一·职制上》。

(69) 方龄贵:《通制条格校注》卷17《赋役·科差》,第495页,中华书局2001年版。

(70) 方龄贵:《通制条格校注》卷13《禄令·大小口例》,第391页,中华书局2001年版。

(71) 《元史》卷23《武宗二》。

(72) 《元史》卷96《食货四》。

(73) 《元史》卷96《食货四》。

(74) 《元史》卷85、86、87《百官志》。

(75) 方龄贵:《通制条格校注》卷22《给假》,第606页,中华书局2001年版;《元典章》卷11《吏部·职制·假故·放假日头体例》。

(76) 方龄贵:《通制条格校注》卷7《军防·口粮医药》,第314页,中华书局2001年版。

(77) 方龄贵:《通制条格校注》卷7《军防·口粮医药》,第311页,中华书局2001年版。

(78) 《元史》卷7《世祖四》。

(79) 《元史》卷10《世祖七》。

(80) 方龄贵:《通制条格校注》卷7《军防·口粮医药》,第314页,中华书局2001年版。

(81) 《元史》卷96《食货四》。

(82) 方龄贵:《通制条格校注》卷4《户令》,第182页,中华书局2001年版。

(83) 《元史》卷85《百官一》。

(84) 《元史》卷105《刑法四·恤刑》。

(85) 吴澄:《吴文正公集》卷15《送陈景咨序》。

(86) 高伟:《元朝君主对医家的网罗及其影响》,《兰州大学学报》1999年第4期。

(87) 高伟:《元朝君主对医家的网罗及其影响》,《兰州大学学报》1999年第4期。

(88) 《元史》卷9《世祖六》。

(89) 《元史》卷28《成宗一》。

(90) 《元史》卷21《成宗四》。

(91) 梁峻:《元代中医教育史论》,《中医教育》1995年第2期。

(92) 《元史》卷81《选举一》。

(93) 《元史》卷81《选举一》。

(94) 方龄贵:《通制条格校注》卷21《医药·医学》,第589—590页,中华书局2001年版。

(95) 《元史》卷103《刑法二·学规》。

(96) 《元史》卷24《仁宗一》。

⑨ 《元史》卷 103《刑法二·学规》。

⑨ 《元史》卷 105《刑法四》。

⑨ 《元史》卷 105《刑法四》。

⑩ 方龄贵：《通制条格校注》卷 21《医药·假医》，第 598—600 页，中华书局 2001 年版。

⑩ 《元史》卷 105《刑法四》。

⑩ 《元史》卷 157《刘秉忠传》。

⑩ 《元史》卷 103《刑法二·户婚》。

⑩ 本段内容参见方龄贵：《通制条格校注》卷 4《户令·鳏寡孤独》，第 182—188 页，中华书局 2001 年版。

⑩ 《元史》卷 27《英宗一》，卷 28《英宗二》。

⑩ 此部分主要参考刘晓《元代收养制度研究》一文，见《中国史研究》2000 年第 3 期。

⑩ 《元典章》卷 17《户部三·户计·承继·禁乞养异姓子》。

⑩ 《元史》卷 103《刑法志二·户婚》，又见《元典章》卷 57《刑部十九·诸禁·禁诱略·兄不得将弟妹过房》。

⑩ 《元史》卷 103《刑法志二·户婚》。

⑩ 《元典章》卷 17《户部三·户计·承继·养子须立限附》。

⑪ 《元史》卷 103《刑法志二·户婚》，卷 104《刑法三·盗贼》。

⑪ 方龄贵：《通制条格校注》卷 4《户令·过房男女》，第 192 页，中华书局 2001 年版。

⑪ 《元史》卷 83《选举三》；方龄贵：《通制条格校注》卷 6《选举·荫例》，第 263—273 页，中华书局 2001 年版。

⑪ 《元史》卷 82《选举二》。

⑪ 《元史》卷 98《兵志一》，卷 82《选举二》又说军官"阵亡者，本等承袭。病故者，降二等"。

⑪ 《元史》卷 152《唐庆传》，卷 5《世祖二》，卷 41《顺帝四》，卷 45《顺帝八》。

⑪ 《元史》卷 6《世祖三》，卷 43《顺帝六》，卷 28《英宗二》。

⑪ 苏天爵：《国朝文类》卷 40《经世大典序录·军制》，四部丛刊初编本，上海商务印书馆 1919 年版。

⑪ 《元史》卷 98《兵志一》。

⑫ 方龄贵：《通制条格校注》卷 7《军防·存恤》，第 327 页，中华书局 2001 年版。

⑫ 《元史》卷 10《世祖七》，卷 35《文宗四》。

⑫ 《元史》卷 38《顺帝一》，卷 39《顺帝二》。

⑫ 《元史》卷 22《武宗一》。

⑫ 方龄贵：《通制条格校注》卷 7《军防·存恤》，第 323 页，中华书局 2001 年版。

⑫ 方龄贵：《通制条格校注》卷 22《假宁》，第 602—607 页，中华书局 2001 年版；《元史》卷 83《选举三·凡官员给假》。

⑫ 《元史》卷 28《英宗二》。

⑫ 《元史》卷 164《郭守敬传》

⑫ 《元史》卷 84《选举四·考课》。

⑫ 《元典章》卷 11《职制二·致仕》。

⑬ 《元史》卷 177《张升传》，卷 144《王鹗传》，卷 168《许国祯传》，卷 183《李好文传》。

⑬ 《宋史》卷 170《职官十》。

⑬ 《元史》卷 158《许衡传》，卷 160《王磐传》，卷 171《吴澄传》。

第四章　元代的人口迁移

第一节　俘掠、进献、买卖人口迁移

一、俘掠人口迁移

元代因被俘掠而迁移的人口不在少数,这主要和蒙古统治者实行的人口俘掠屠杀政策有关。自太祖发动对外战争到灭南宋统一全国,蒙古军队从中亚、欧洲、西夏、金朝和南宋等国家和地区俘虏了大批人口。除工匠和妇女儿童外,还包括平民、儒、医、僧、道、阴阳等各类人群。

随着蒙古军队的三次西征,今俄罗斯、土库曼共和国、格鲁吉亚共和国、波兰、匈牙利、阿富汗、伊朗、伊拉克等中亚及欧洲国家的一些人口被俘掠到蒙元境内。据考证,其中以第一次西征从中亚俘掠到国内的人口数量最多,估计至少有 100 万人。

从成吉思汗第一次西征的整个过程来看,河中地区和呼罗珊地区是他们掠劫人口的重点地区。其中遭他们掳掠的河中城市有讹答剌、毡的、巴耳赤邢、忽毡、费纳客特、昔格纳黑、匝儿讷黑、纳儿、养吉干、不花剌、撒麻耳干、玉龙杰赤、那黑沙不(今卡尔希)、特耳迷(今捷尔梅兹)等地。蒙古人在这些城市中掳掠了难以数计的人口。但从史籍记载来看,除了在撒麻耳干掳掠了三万工匠、在玉龙杰赤掳十万工匠外,其余均无明确记载。这两个数字不包括士兵、儿童、妇女等。如果我们假设蒙古人在每个河中城市掳三万人(这是有可能的事情。因为蒙古人掳掠的人口不仅有工匠,还有其他有使用价值的人,平均起来至少掳掠三万人)。那么,仅河中地区就有四十多万人被掠劫。这之中还不包括对所经乡村和一些小的城镇的掠劫。在呼罗珊地区,遭蒙古人劫掠的城市更多,如康格儿特、薛蛮、巴里黑、古儿疾汪、范延、塔里寒、哥疾宁、迦儿漫、桑忽兰、阿格刺黑、南答纳、匝维、你沙不儿、徒思、刺的康、岭不珊、亦思法刺因、阿的康、冯撑答、九迷失、阿模里、答木罕、西模娘、刺夷、胡瓦耳、可疾云、哈马丹、木干、帖必力思、蒉刺合、纳黑出汪、阿塔毕哈木失、阿兰、聂勒寒、阿必瓦儿的、奈撒、牙即儿、札职儿、志贾因、拜哈吉、哈甫、桑占、撒刺哈只、祖刺巴的、马鲁、也里（其中许多地名无法找到）。从资料记载来看。成吉思汗诸子在哥疾宁、你沙不儿等地均掳掠工匠 400—500 人，但其中并不包括其他人口。而呼罗珊地区自古以来就是波斯诸省中最富的省份，这里人口稠密，经济发达。如果以每城平均掳掠两万人计算，那么蒙古人在呼罗珊地区掳掠人口达 80—90 万，加上在河中地区所掳 40 多万人，蒙古人在中亚掳掠的人口总数近 130 万。这之中除掉蒙古人强征的人堆（即哈沙儿队）在战争中的损失外（因为没有确切的资料，人堆仅是蒙古人掳掠的中亚人口的很少一部分，故我们暂且认为人堆的损失率为 1/4），蒙古人实际从中亚掳掠的人口至少在 100 万左右。[①]

在蒙古国与高丽的战争中，蒙古军队劫掠了大批高丽人口。据高丽史料记载，宪宗三年（高宗四十年，1253 年）蒙古兵攻陷西海道椋山城，"擒其妇女小儿，分与士卒"；又攻陷东州山城，"掳其妇女童男而去"；当年蒙古兵从高丽掳掠的人口不少于 206800 余人[②]。

太祖初征西夏，拔力吉里寨，经落思域，"大掠人民及其橐驼而还"[③]。河南初破时，"被俘虏者不可胜计"[④]。史秉直归附后，曾受命将蒙古军在中原地区俘掠的十余万户、数十万人迁到漠北。而自攻宋开始，南宋的众多人口成为蒙古军俘掠的主要目标。蒙哥汗九年（1259 年），杨大渊攻合州，俘获男女 8 万余；鄂州降民 2 万人被将领张文谦发送北归；在至元初年的襄阳之战中，仅大将阿术和刘整就先后在附近地区俘人口 5 万和 8 万。[⑤]蒙古统治者对俘虏中的儒士、医家和僧人、道士等的关注，始于进入中原后听从了耶律楚材的劝说。在攻打开封时，耶律楚材"奏选工匠、儒、释、道、医、卜之流，散居河北，官为给赡。其后攻取淮、汉诸城，因为定例"[⑥]。后来江南大儒赵复和王磐等都是从俘虏中被挑拣出来，又迁往北方元廷中讲学任官的。进入中原后，蒙元统治者逐渐收敛了对人口的俘掠行为，多次颁发了禁止军士随意掳掠人口的命令，并将一部分被掳人口放还为民。

被掳掠人口的命运主要有以下几种：放还为民、就地没为家奴、迁移到漠北以供驱使、编入军队随蒙古军作战、迁往北方和内地屯田服役、进献给朝廷贵族、用于分封赏赐、被买卖、个别受到蒙古统治者的重用。蒙元统治者对中外各地大量人口的掳掠和迁移，改变了中国的民族成分，促进了民族交流与融合。

二、进献人口迁移

元代人口的俘掠往往和投献联系在一起。一些将帅除将一部分掳掠人口留下或分给将士外,还将其作为战利品献给最高统治者,领功受赏。至元十一年,主帅塔出率军攻打丰州、庐州和寿州等地,进献俘获生口万余人,被赏赐葡萄酒、第宅和牧地[7]。至元十二年,大将阿里海牙进献从江南俘获的童男童女1000人[8]。至元二十一年,江淮行省进献新组编的各翼军童男童女100人,云南行省进献被攻破的缅国江头城童男童女80人,蒙古侍卫亲军都指挥使八忽带进献出征江西行省黄华时的俘获人口171人。[9]斡罗思人多次被诸王大臣进献给朝廷而迁入内地。至顺二年,撒敦献斡罗思16户;至顺三年,诸王章吉献斡罗思170人,燕铁木儿献斡罗思2500人,诸王阿儿加失里献斡罗思30人和渐丁103人。[10]

还有一些人口投献活动则和政治关系、权力交易直接相关。一些人为了求官进阶,把自己占有的驱奴甚至亲生女儿当做财产和礼物投献给权臣和王室成员。参知政事张德润曾献其家人400户于皇太子真金[11]。这里所说的400户家人,绝对不是他自己的家眷或族人,只能是他家中存蓄驱使的奴婢。回回人阿合马当政期间,贪色敛财,卖官鬻爵。他获罪处死后,朝廷下令罢免"以妻女姊妹献阿合马得仕者"[12]的官职。为了制止献女求官的歪风,元代在刑法中明确规定:"诸以亲女献当路权贵求进用,已得者追夺所受命,仍没入其家"[13]。在征服战争中,一些部族和国家迫于蒙古军队的强大进攻,用进献人口与和亲的方式请求停战和归附。蔑里乞部贵族带儿兀孙曾献女迎降,后又叛逃;西夏国王曾纳女请和;金朝皇帝也曾遣使求和,进献卫绍王的女儿岐国公主及500童男童女。[14]至元末,真蜡和占城入元时贡乐工10人,女人国人贡海人。[15]

在13世纪初元朝和高丽的交战中,蒙古军队主要是采取掳掠的方式,将高丽人口带回国内以供役使。在蒙古和高丽两国之间的宗属关系确立后,高丽王国向元朝进献高丽女子和宦官的活动趋于经常化,并形成了由国家政权予以推行的高丽贡女制度和贡宦制度[16]。

1274年,高丽王国设立了专门负责向元献纳贡女事宜的结婚都监,标志着高丽贡女制度正式确立。此后这一制度不断被统治者强化。1338年元代颁布"申取高丽女子及阉人之禁"[17],贡女制度才开始走向禁绝和消亡。不过直到1368年元代灭亡,少数索要和进献贡女的活动依然存在。据初步统计,在1260年到1335年贡女制度最为鼎盛的75年间,见于《高丽史》、《高丽史节要》和《元史》等正史记载的贡女活动就有50次以上,终元之世入元的贡女数量超过1500人,这还不包括一些上层贡女入元时携带的侍从和奴婢。值得注意的是,最初元代向高丽索要妇女是为了安抚南宋归附的军人,高丽选送的贡女大多是社会地位低下的民间女子,高丽官方和民间对这一做法都比较抵触。随后贡女制度逐渐向两国贵族阶层联姻的方向发展,不少高丽王国的达官显贵之女陆续进入元代上层社会,比如高丽都元帅金深之女(后成为泰定帝皇后)、副元帅赵瑞之女、高丽顺妃之女(后成为仁宗皇后)、明理和尚之妹、高丽王族靖安翁主、上洛君金恂之女、总部散郎奇子敖之女(后成为顺帝第二皇后)。高丽女子以其"婉媚,善事人"成为元代上层社会身份的象征和争相求娶的目标。"北人女使,必得高丽女孩童。家僮,必得黑厮。不如此谓之不成仕宦"[18]。顺帝奇皇后"多蓄高丽美人,大臣有权者,必以此女送之。京师达官贵人,必得高丽女,然后为名家","自至正以来,宫中给事使令,大半为高丽女"[19]。通过上层之间的联姻,高丽贡女在元代的社会地位大大提高,并在元代上层社会形成了一个高丽贡女集团这一特殊政治势力,高丽统治集团对贡女活动的态度也转向主动献纳。与早期元军直接发动战争劫掠人口的方式相比,贡女制度从表面上看显得比较和平和隐蔽,但从本质上看,贡女制度依然是一种人口的掠夺政策,是两国和平相处、维护双边关系以及高丽王国少数人谋取政治利益的重要政治手段,它反映了两国政治地位的不平等,是蒙古帝国强加给高丽民族的深重灾难。

高丽贡宦制度是伴随贡女制度产生的另一高丽人入迁形式。在元世祖时期,由安平公主献纳的第一批高丽宦官进入蒙元宫廷。在蒙元帝国对高丽国进行控制的近百年时间内,高丽贡宦活动持续不断,蒙古皇帝、诸王和朝廷大臣还可凭借权力求索宦官。来到元代的高丽宦官大多在本国地位不高、生活贫困,他们进入蒙元宫廷和少数蒙古王公贵族之家,成为最高统治集团成员的贴身奴仆。由于宦官的身份是男子,可以走出皇宫,从事多种职能的工作,因而他们的活动范围要大于高丽贡女,在元代以及高丽国的上层社会分别形成一股强大的政治势力———一个由高丽宦官组成的特殊权力集团。

三、买卖人口迁移

各种形式的人口买卖在元代比较盛行。人口买卖涉及的地域范围广、民族成分多、数量也比较大。元代有专门买卖人口的场所即人市。大都、上都等北方地区,"处处有人市数层,等级其坐,贸易甚盛"[20]。被卖人口往往沦为奴隶(北方谓之"驱口"),有的充当买主的妻妾,还有一些良家女子被迫为娼。

元代人口买卖的范围遍及国内外。江南地区人口数量多,且在元代的地位最低,因此从江南贩卖人口到北方是国内人口买卖的主要流向。《元典章》载:"两浙良民,因值缺食,将亲生男女得价,虽称过房乞养,实与货卖无异,将来腹里转卖为驱"[21]。《元史·孝友传》中记载了庐州庐江人羊仁一家的悲惨遭遇。至元初,羊仁一家为阿术率领的蒙古军队所掠,父亲被杀,母亲兄弟失散。当时年仅七岁的羊仁被卖给汴人李子安家为奴,20多年后主人将他放良。羊仁打听到母亲兄弟分别在颍州蒙古军塔海家、睢州蒙古军岳纳家和邯郸连大家为役使,就求遍亲朋好友,贷钞100锭,一一到各家赎买,历经六年之久,一家大小20余口才重新团聚,恢复了良民的身份。虽然羊仁为此历尽艰辛、负债累累,但他们一家还是幸运的,大多被掠卖为奴的人只能世代隶属奴籍听从主人的指使。《元典章》载:"禁治拨掠诱卖良民,自腹里至江南或至闽广,动经数千里之远"[22],可见也有北方人口被贩卖到南方的。还有一些人口被贩卖到蒙元境外。《元典章》载:"延祐三年三月……歹人每将好百姓每的儿女,推称过房为由,车里、船里,多载着往高丽等地面里货卖去有"[23]。刑法中有关条文也表明,元代向海外贩卖人口的现象不在少数。"诸市舶金银铜钱铁货、男女人口、丝绵段匹、销金绫罗、米粮军器等,不得私贩下海,违者舶商、船主、纲首、事头、火长各杖一百七,船物没官,有首告者,以没官物内一半充赏,廉访司常加纠察","诸下海使臣及舶商,辄以中国生口、宝货、戎器、马匹遗外番者,从廉访司察之"。[24]

元代买卖人口的形式多样,主要有买卖俘掠人口、转卖收养子女、质卖妻子儿女、嫁卖妻妾等等。蒙古习惯法规定,虏获人口即为虏者所有,其本人及子孙后代永为奴婢,都可以买卖。受蒙古法的影响,将俘掠人口转卖是人口买卖中最常见的形式。转卖收养子女则是人口贩子和贪财之人钻民间收养制度的空子,以乞养过房子女为名,而行人口买卖之实。沉重的封建赋役和天灾迫使一些贫困家庭不得不质卖妻子和亲生儿女。例如,至元十四年,"永昌路驿百二十户,疲于供给,质妻孥以应役";至元十六年,"临洮、巩昌、通安等十驿岁饥,供役繁重,有质卖子女以供役者";延祐间,漠北发生大风雪灾害,"羊马驼畜尽死,人民流散",一些蒙古牧民只得将子女卖为奴婢。[25]

元人郑介夫给成宗铁穆耳的上书中反映了元代人口买卖的事实和危害。"父子夫妇乃三纲五常之大者,百世不能以损益也。今鬻子休妻视同犬豕贱卖贵买,略无恻忍。虽有抑良买休之条例而转卖者,则易其名曰过房,实为驱口。受财者则易其名曰聘礼,实为价钱。今大都、上都有马市、羊市、牛市、亦有人市,使人畜平等,极为可怜。是朝廷虚视其禁而明开其门也。夫民之安于田里而不好作乱者,以妻子可恋、生理足惜耳。若父不以子为子,夫不以妻为妻,朝为骨肉,暮即歧路,六亲不保,恩情已绝,推是心以往,则子弃其父,妻弃其夫,弟弃其兄,为下者疾视其长上,纲常之道荡然不存,此风甚为不美。所宜严行禁绝。无分买者卖者引至者,并令一体断治,并坐本贯官吏以亏失户口之罪,使各相保守,无弃天伦。"[26]

　　洪用斌先生根据一些史料记载考察了元代奴隶买卖的价格问题。他将男、女奴隶的价格划分为上、中、下三等,并尽量折换成白银,换算结果为:

		女奴隶	男奴隶
上等价	15 岁	81.25 两白银	50 两白银
	10 岁—15 岁	48.75 两白银	
	青壮年	1100 两丝	
中等价		30 两—50 两白银	1 两—2 两半白银
下等价		20 两白银或一餐饱饭	一饷钱—100 钱白银

元政府曾制定颁发了一些禁止人口买卖的法令,如:

　　诸有司治赋敛急,致贫民鬻男女为输者,追还所鬻男女,而正有司罪,价勿偿。

　　诸受财嫁卖妻妾及过房弟妹者,禁。

　　诸乞养过房男女者,听;转卖为奴婢者,禁之。

　　诸典卖佃户者,禁。

　　诸籍没人口,元主私典卖者,追收入官,征价还主。

　　诸以女子典雇于人,及典雇人之子女者,并禁止之。若已典雇,愿以婚嫁之礼为妻妾者,听。诸受钱典雇妻妾者,禁。其夫妇同雇而不相离者,听。

　　诸卖买良人为娼,卖主买主同罪,妇还为良,价钱半没官,半付告者。或妇人自陈,或因事发觉,全没入之。

　　诸略卖良人为奴婢者,略卖一人,杖一百七,流远;二人以上,处死;为妻妾子孙者,一百七,徒三年;因而杀伤人者,同强盗法。若略而未卖者,减一等,和诱者又各减一等,及和同相卖为奴婢者,各一百七。略诱奴婢,货卖为奴婢者,各减诱略良人罪一等;为妻妾子孙者,七十七,徒一年半;知情娶买及藏匿受钱者,各递减犯人罪一等。假以过房乞养为名,因而货卖奴婢者,九十七,引领牙保知情,减二等,价没官,人给亲。如无元买契券,有司辄给公据者,及承告不即追捕者,并笞四十七。关津主司知而受财纵放者,减犯人罪三等,除名不叙,失检察者笞二十七。如能告获者,略人每人给赏三十贯,和诱每人二十贯,以至元钞为则,于犯人名下追征,无财者征及知情安主,牙保应捕人减半。其事未发而自首者,若同党能悔过自首,擒获其徒党者,并原其罪,仍给赏之半。再犯及因略伤人者,不在首原之例。诸妇人诱卖良人,罪应徒者,免徒。诸职官诱略良人为奴,革后不首,仍除名不叙,所诱略人给亲。⑳

但是由于参与人口买卖的不少是朝廷官员和军士,因此这些法令很难得到有效执行,也无法禁绝人口买卖的现象。无奈,统治者只好采取官方赎买的辅助措施,将一些人口放良。至元十年,世祖下令江南儒士被人掠卖者官赎为民;至元十八年,"谦州织工百四十二户贫甚,以粟给之,其所鬻妻子官与赎还。以开元等路六驿饥,命给币帛万二千匹,其鬻妻子者官为赎之";延祐四年,仁宗命中书省大臣将被卖到民家为奴婢的蒙古子女,由官府赎回,遣还各部。㉘

事实上,蒙古统治者并非禁止所有的人口买卖活动,主要是禁止买卖良民,以保障统治阶级的封建剥削。在某些特定情况下,一些嫁卖妻妾的行为还是法律授权的。刑法规定,凡"妻魇魅其夫者"、"男妇与奸夫谋诬翁欺奸,买休出离者"、"奸私再犯者"、"妻曾背夫而逃,被断复诬告其夫以重罪者"、"妻故杀妾子者"等等,皆"从其夫嫁卖"。㉙

第二节　征调服役、官吏迁转、人质迁移

一、征调服役

蒙古统治者根据军事、政治、文化娱乐和各类封建差徭的需要,不时从全国征调军士、民户、工匠、炮手、乐工、绣女、儒、医、僧、道、阴阳人等各种人才。

(一)军士的征调服役

元代军士主要有蒙古军、探马赤军、汉军和新附军四种。蒙古人"家有男子,十五以上、七十以下,无众寡尽签为兵"。早些时候降附和被征服的西夏、畏兀儿、乃蛮、克烈、康里、钦察、阿速、阿儿浑、哈刺鲁人等有许多被征发为军士,是探马赤军的重要组成部分。灭金和南宋后,原金朝的人民或按户等户数或按丁数出人组成汉军,原南宋的军队被收编为新附军。军户一旦定籍,则世代为军,不经批准不得更改。他们要听从蒙古统治者的调遣,或四处征战,或镇戍各地。至元九年下令,军户的驱丁除至元七年前从良入民籍者外,其余虽为良民,也要协助本户服军役。㉚

元代镇戍军士的征调范围遵循一定的制度。至元初,世祖命宗王领兵镇守西北、东北、云南等边疆要塞和扬州等军事重地,中原腹地以蒙古军和探马赤军屯守,淮河、长江以南直至南海的广大地区以汉军和新附军戍守。后世帝王大体沿袭了世祖的布局和制度,有时略有调整,比如宗王出镇在泰定朝后增加了武昌、庐州和中书省腹里地区。在四种正规军中,蒙古军的镇戍范围最广,遍及全国各地。但由于蒙古军士的人数有限,在征调军士驻防时,往往根据需要各军掺杂。至元二十二年,"诏改江淮、

江西元帅招讨司为上中下三万户府，蒙古、汉人、新附诸军相参，作三十七翼。上万户：宿州、蕲县、真定、沂郯、益都、高邮、沿海七翼；中万户：枣阳、十字路、邳州、邓州、杭州、怀州、孟州、真州八翼；下万户：常州、镇江、颍州、庐州、亳州、安庆、江阴水军、益都新军、湖州、淮安、寿春、扬州、泰州、弩手、保甲、处州、上都新军、黄州、安丰、松江、镇江水军、建康二十二翼"③。蒙古帝王的战场横跨欧亚大陆，镇戍军除在蒙元境内驻守，还被调遣到高丽、占城等征战诸国。至元二十四年，在征安南的战争中，蒙元先调遣新附军1000人，又动用江淮、江西、湖广三省蒙古、汉军、券军7万人及云南兵6000人、海外四州黎兵15000人，分路进攻②。因此元代军士征调的迁移范围十分广阔，迁移次数也相当频繁。

蒙古统治者还根据军事需要，随时从民、匠、站、猎、打捕鹰房等人户乃至囚徒、叛众中签军，其中以世祖朝最为多见。在《元史·世祖本纪》中，自中统建元到至元末年，几乎每年都有此类签军的记载。笔者将其中的一些史实摘录如下：

中统二年，括西京两路官民，有壮马皆从军，令宣德州杨庭训统之，有力者自备刀仗，无力者官与供给；中统三年，括木速蛮、畏兀儿、也里可温、答失蛮等户丁为兵。括北京鹰坊等户丁为兵，蠲其赋，令赵炳将之。签见任民官及打捕鹰坊、人匠等军；至元四年，诏遣官签平阳、太原人户为军，除军、站、僧、道、也里可温、答失蛮、儒人等户外，于系官、投下民户、运司户、人匠、打捕鹰房、金银铁冶、丹粉锡碌等，不以是何户计，验酌中户内丁多堪当人户，签军二千人，定立百户、牌子头，前赴陕西五路西蜀四川行中书省所辖东川出征；至元五年，签河南、山东边城附籍诸色户充军。至元六年，诏益都路签军万人，人给钞二十五贯；至元七年，签诸道回回军。至元八年，签女直、水达达军，签西夏回回军；至元十一年，汪惟正以所部军逃亡，乞于民站户选补，从之。至元十二年，敕淮东元帅府发兵，及鄂州戍兵与李璮旧部曲，并前河南已签军万人后免为民者，复籍为兵，并付行中书省。签云南落落、蒲纳烘等处军万人，隶行中书省；至元十四年，括上都、隆兴、北京、西京四路猎户二千为兵；至元十九年，中书省臣言："天下重囚，除谋反大逆，杀祖父母、父母，妻杀夫，奴杀主，因奸杀夫，并正典刑外，余犯死罪者，令充日本、占城、缅国军。"从之。至元二十年，命兀奴忽鲁带往扬州录囚，遣江北重囚谪征日本；至元二十六年，尚书省臣言："乃颜以反诛，其人户月给米万七千五百二十三石，父母妻子俱在北方，恐生它忘，请徙置江南，充沙不丁所请海船水军。"从之；至元二十七年，从甘肃行省请，签管内民千三百人为兵，以戍其境。

这种因签军造成的人口迁移涉及面很广，包括汉、女真、西夏、畏兀儿、回回以及云南边疆少数民族，每次签军的数量不等。世祖以后，随着全国政治局势的基本稳定和对外征战的缩减,签军的次数也大大减少。

元代军士服役途中的一切费用物资都由个人负担,因此每当应役,军士家庭都要花费大量开支,蒙古戍军的家属依旧制随军迁移。常年频繁的征调,令广大军士苦不堪言。大德七年和尚曾上疏言:"蒙古军在山东、河南者,往戍甘肃,跋涉万里,装橐鞍马之资,皆其自办,每行必鬻田产,甚则卖妻子。戍者未归,代者当发,前后相仍,困苦日甚。"③

（二）各类人户的征调服役

征调全国的人力承担各项封建杂役在元代人口迁移中是十分常见的。至元四年,巩昌、凤翔、京兆等处的1000户未占籍户被征发到四川修治山路、桥梁、栈道;至元五年,益都的4000户漏籍户被征发到登州栖霞县淘金;至元二十七年,云州民夫被征发凿银洞。㉞

在长期的征战中,蒙古帝王虽然执行残酷的屠杀政策,但是对各种手工业工匠从来都是网开一面,不仅不杀,还十分注意搜罗和保护。在大都聚集了许多从全国各地征调来的能工巧匠。窝阔台时,曾征收天下童男童女和工匠在弘州设立匠局。世祖中统三年,徙弘州锦工绣女于京师㉟。至元二年,又徙镇海、百八里、谦谦州诸色匠户以及奴怀、忒木带儿炮手人匠800名赴中都,用于造船运粮等㊱。至元十六年,襄加带搜罗两淮能造回回炮的新附军匠600人,及蒙古、回回、汉人、新附人中所有能造炮者,一起迁移到京师㊲,共同研制出世界上第一个金属管火炮——火铳。元贞元年,"徙甘、凉御匠五百余户于襄阳"㊳。

在灭南宋前后,蒙古统治者多次从江南各地搜求征调各种人才。至元十二年,世祖遣使到江南搜访儒、医、僧、道、阴阳人等。南宋归降后,一些文人儒生被发遣到京师,世祖命姚枢、王磐挑选其中有真才实学者留下,"余听还家"。至元二十二年,将江南乐工800家迁至京师。㊴全真教真人丘处机、白云宗首领张宗演及其徒张留孙、太一教首领萧辅道及弟子李居寿等都曾被蒙古帝王征召,讲经授道,并被委任为本教派的宗师。名儒王磐、郝经、许衡、窦默、商挺、李昶等等都先后被征召到统治集团中,辅佐蒙古帝王治理天下。

二、官吏迁转

元代职官的迁转制度最早在至元元年开始推行,适用范围主要是地方的州县管民官,三十个月为一考,三年一迁转㊵。几年后一度改为60个月迁转,考课时间增加了一倍㊶。至元十四年,正式颁行新的迁转体例《循行选法体例》,将迁转对象扩大到随朝官、京官、地方官、匠官等各种职官系统。体例规定:元代职官的迁转升等以一个任期的考满为基础,不同的系统任期和升等的标准不同。一般来说,随朝官和行省、宣慰司官 30 个月为一考,一考升一等,15 个月进一阶。外任地方官三年为一考,一考进一阶,两考升一等或三考升二等。上述外任官员迁转规定,仅对汉人、南人有效,达鲁花赤和回回官员不受此限。对于曾迁调福建、两广、四川、云南、甘肃等偏远、险恶地方任职的官员,给予升等、缩短考满任期或今后迁调内地的优待:至元十九年,"若腹里常调官员迁入两广、福建溪洞州郡者,于本等资历上,例升二等,其余州郡,例升一等";二十年,"迁叙江淮官员,拟定应得资品,若于接连福建、两广溪洞州郡任用,升一等。甘肃、中兴行省所辖系西夏边地,除本处籍贯见任官外,腹里迁去甘肃者,拟升二等,中兴府拟升一等";二十二年,诏:"管民官腹里迁去四川升一等,接连溪洞升二等。四川见任官迁往接连溪洞升一等,若迁去溪洞诸蛮夷,别议定夺。达鲁花赤就彼处无军蒙古军官内选拟,不为常例","江淮官员迁于龙南、安远县地分者,拟升三等,仍以三十月为满升转";二十八年,诏:"腹里官员迁去云南近里城邑,拟升二等,若极边重地,更升一等。行省咨保人员,比依定夺。其蒙古、土人及招附百姓有功之人,不拘此例";二十九年,诏:"福建、两广官员历两任满者,迁于接连去处,一任满日,历江南一任,许入腹里通行迁转,愿于两广、福建者听,依例升等"。至治元年,对边地官员迁调又有了新的规定:"江浙、江西、湖广、四川、云南五处行省所辖边远地分官员,三年一次差人与行省、行台官一同迁调。"

延祐六年,吏部呈报了承荫官的任职范围,"福建、两广、海北、海南、左右两江、云南、四川、甘肃等处荫叙之人,如父祖始仕本处,止以本地方叙用。据腹里、江南历仕升等迁往者,其子孙弟侄承荫,又注远方,诚可怜悯。今将承荫人等量拟叙用,福建、两广、八番官员拟江南荫叙,海北、海南、左右两江官员拟接连荫叙,云南官员拟四川荫叙,四川、甘肃官员拟陕西荫叙。"

匠官、医官、站官、各级投下官和屯田官一般也是 3 年一考,但是有特定的迁转范围。匠官、医官、站官只在本类官职中迁转,各投下总管府及其所属州县长官只能在本投下所属的城邑内迁转,屯田官只能在"各屯内调用"。[42]

在定例之外,蒙古统治者可以根据需要随时调遣官员,或将随朝官外放,或将地方官调入朝廷,或委派官员到地方办理执行一些临时的差事和任务,或采取特殊的迁转措施,如至元二十年,亡宋的归附官员都被迁往内地任职。一些官员便在迁转任职地定居下来。如唐兀氏余阙,世家河西武威,因父亲沙剌臧卜任官庐州,遂定居庐州;云内人孟攀鳞为陕西帅府详议官,遂定居长安;临潢全州人张楫降元后任北京都转运使,定居北京;渤海人张范在真定任劝农官,定居真定。[43]灭南宋后,北方人口大量流向江南,一些到江南地区任职的官员考满后也选择在当地定居,成为江南的寓居人户。

在元代的官僚系统中,与职官并行的还有名目繁多的吏职和遍布各衙门的吏员。至元十三年,元廷在北方开始实行吏员"避籍迁转"政策,遭到一些官员的反对,遂在至元二十三年罢停。此后,一些地方官纷纷陈告吏弊的严重情况,恳请实行吏员"避籍迁转"。于是,中书省决定"除大都、上都、隆兴三路"外,其他各基层官府司吏一律"避籍迁转"。大德七年具体规定:各地方官府"验额议员。请俸已及二周岁者,挨次先迁一半。未迁者与迁到人吏相兼勾当。候期年依上循迁。已转到役人数,皆须历四十五月为限,别无赦罪,在行役转他处"⑭。这一政策一直实行到元末。

三、人质迁移

我国自古就有因政治需要遣送或交换人质的事例。蒙元时期这种事例也很多。太宗四年攻金时,金哀宗遣送宗室子弟曹王讹可充当人质;汉人张柔归附后助元攻金,蒙古主帅对他存有戒心,将其父母迁到燕京做人质;南宋初平后,元廷将亡宋宗室成员和外戚赵沂、赵太一、谢仪孙、全允坚发遣至京师作为人质。⑮

元代有专门的人质迁移制度——质子制度。

世祖以前,有蒙古诸王和高级军官的子弟组成的质子军,"皆多事之际,一时之制"。中统四年,诏令统军司及管军官万户、千户等都要以子弟入朝充秃鲁花(蒙古语,汉文之意为质子)。具体规定为:"万户,秃鲁花一名,马一十匹,牛二具,种田人四名。千户见管军五百或五百已上者,秃鲁花一名,马六匹,牛一具,种田人二名。虽所管军不及五百,其家富强子弟健壮者,亦出秃鲁花一名,马匹、牛具、种田人同。万户、千户子弟充秃鲁花者,挈其妻子同至,从人不拘定数,马匹、牛具,除定去数目已上,复增余者听。若有贫乏不能自备者,于本万户内不该出秃鲁花之人,通行津济起发,不得因而科及众军。万户、千户或无亲子、或亲子幼弱未及成人者,以弟侄充,候亲子年及十五,却行交换。若委有亲子,不得隐匿代替,委有气力,不得妄称贫乏,及虽到来,气力却有不完者,并罪之。"⑯

蒙古统治者还要求降附和被征服国家部族的首领、贵族、高官要派子弟到元廷充当人质,这就是质子制度。质子要么被编为质子军,在皇帝身边担任宿卫或应战时之需出征;要么在朝廷担任文臣,参与国政,主要是为了约束对方和进行政治防范。康里国内附时,"质贵族子十人",不忽木的父亲燕真就是其中之一⑰。畏兀人月朵失野讷、西夏国族子李桢、金朝贵族粘合重山、辽国贵族王珣的长子王荣祖、汉人世侯张柔的儿子张弘庆和史秉直的儿子史天安等都曾充当过质子。

至元十三年南宋举国内附后,亡宋君臣即在伯颜的押送下迁赴京师。次年元廷就要求亡宋三品以上的归附官员都要"遣质子一人入侍"⑱。至元十六年,又命嘉定以西新郑州郡各高官的子弟"俱充质子入侍"⑭。至元二十年，正式定立质子令，"凡大官子弟，遣赴京师"⑮。至元二十二年，云南合剌章酋长之子得令入质京师，千户和百户的质子则集中在云南王也先帖木儿的驻所⑯。

太宗三年出征高丽时，蒙古曾提出质子休兵的条件。宪宗九年（1241年），高丽国王王皞遣族子王缜"率衣冠子弟十人入蒙古为秃鲁花"⑰，这是高丽王族子弟第一次入元做人质。1259年，第一位高丽太子王倎入蒙古为质，此后共有7位高丽太子携贵族高官子弟入质。充当人质的高丽太子经许可可以在两国间往来，到继承王位时可以回国居住执政。不少高丽质子后来在元廷做官甚至长期留居。高丽忠宣王王源由于过惯了大都的贵族生活，不愿回国。作为太子和国王，他在大都30多年。

第三节 屯田迁移

元代的屯田在世祖朝得到很大发展。《元史·兵志》载："国初，用兵征讨，遇坚城大敌，则必屯田以守之。海内既一，于是内而各卫，外而行省，皆立屯田，以资军饷。或因古之制，或以地之宜，其为虑盖甚详密矣。大抵芍陂、洪泽、甘、肃、瓜、沙，因昔人之制，其地利盖不减于旧；和林、陕西、四川等地，则因地之宜而肇为之，亦未尝遗其利焉。至于云南八番，海南、海北，虽非屯田之所，而以为蛮夷腹心之地，则又因制兵屯旅以控扼之。由是而天下无不可屯之兵，无不可耕之地矣。"足以说明元代屯田的规模庞大，盛况空前。

一、屯田迁移举例和迁移政策

元代屯田迁移的资料集中见于《元史》卷100《兵志·屯田》，还有一些散见于帝王本纪、列传和其他史料中。

（一）军户屯田迁移

上文已述，元代的正规军主要有蒙古军、探马赤军、汉军和新附军四种。屯田军户中，大部分是新附军，其次为汉军，也有蒙古军和探马赤。从军士的职责上看，参加屯田的主要是镇戍军，也有少量的宿卫军。因此，屯田军户一般是随镇戍地点的变化而迁移的。

新附军被迁移屯田的最多。例如：

至元十一年，徙生券军八十一人屯田和林。至元十二年，以三卫新附生券军赴八达山屯田。

至元十五年,鸭池等处招讨使钦察所领南征新军,不能自赡者千人,命屯田于京兆。至元十六年,发嘉定新附军千人屯田脱里北之地。以新附军二万分隶六卫屯田。

至元十七年,以熟券军还襄阳屯田。至元十八年,以太原新附军五千屯田甘州。

至元二十年,敕大名、真定、北京、卫辉四路屯驻新附军,于东京屯田。

至元二十三年,以新附军千人屯田合思罕关东旷地,官给农具牛种。遣侍卫新附兵千人屯田别十八里,置元帅府即其地总之。徙戍甘州新附军千人屯田中兴,千人屯田亦里黑。遣蒙古千户曲出等总新附军四百人,屯田别十八里。至元二十四年,以别十八里汉军及新附军五百人屯田合迷玉速曲之地。

至元二十五年,命甘肃行省发新附军三百人屯田亦集乃。

至元三十年,给新附军三百人,人钞十锭,屯田真定。⑤

汉军被迁移屯田的例子有:

至元十七年,以汉军屯田沙、甘。命万户綦公直分宣慰使刘恩所将屯肃州汉兵千人,入别十八里。

至元三十年,和林汉军四百,留百人,余令耕屯杭海。

英宗至治二年,发五卫汉军二千人,于大宁等处创立屯田,分置两翼屯田千户所,为田二千顷。⑤

蒙古军屯田迁移的例子有:

至元二十一年,给西川蒙古军钞,使备铠仗,耕遂宁沿江旷土以食,四顷以下者免输地税。遣蒙古军三千人屯田清、沧、靖海。⑤

探马赤军屯田迁移的例子有:

延祐二年,敕阿速卫户贫乏者,给牛、种、耕具,于连怯烈地屯田。

大德元年,徙襄阳屯田合剌鲁军于南阳,户受田百五十亩,给种、牛、田具。

至大三年,以康里军屯田于永平路。⑤

其他诸如乡兵、侍卫军、炮手军、逃军、流散军人等等也被组织起来屯田。

世祖至元二十七年,立乌撒路军屯,以爨僰军一百一十四户屯田。

至元二十一年,伯颜等议,以高丽军千人屯耽罗,其留戍四百人纵之还家,从之。

至元十六年,徙丁子峪所驻侍卫军万人,屯田昌平。

至元十八年,括回回炮手散居他郡者,悉令赴南京屯田。

至元二十一年,以别速带逃军七百余人付安西王屯田,给以牛具。

至元二十九年,敕畸零拔都儿三百四十七户佃益都闲田,给牛种农具,官为屋居之。

文宗至顺元年十二月,命收聚讫一万斡罗斯,给地一百顷,立宣忠扈卫亲军万户府屯田,依宗仁卫例。⑤⑦

屯田军士的耕地、耕牛、农具和种子等大都由政府划拨和供给,并享受一定的赋税减免。中统初的赋役法规定,军户只纳税粮,税粮只纳地税,并可蠲免四顷,科差和杂泛差役则一概优免。

(二)民户屯田迁移

屯田民户包括漏籍户、协济户、驱户、逃民、贫民、富民、放良人户、阑遗人户(或曰孛兰奚、不兰奚)和还俗僧道等。民户屯田的迁移方式主要有两种:政府招募和签发迁徙。

政府招募的例子有:

至元十六年,募民开耕涟、海州荒地,官给禾种,自备牛具,所得子粒官得十之四,民得十之六,仍免屯户徭役,屡欲中废不果。

至元二十一年,募人开耕以江淮间荒田,命司农司立屯田法,免其六年租税并一切杂役。

至元三十年,召募民户并发新附士卒,于海南、海北等处置立屯田。⑤⑧

签发迁徙的例子有:

至元八年正月,签发乙未年随州、鄂州投降人民一千一百七户,往中兴居住。十一年,编为屯田户,凡二千四百丁。二十三年,续签渐丁,得三百人,为田一千八百顷;至元十九年,以拘收赎身、放良、不兰奚及漏籍户计,于延安路探马赤草地屯田,为户二千二百二十七,为田四百八十六顷;至元十三年,成都路民屯签阴阳人四十户,办纳屯粮。二十二年,续签泸州编民九十七户,充屯田户。三十一年,续签千户高德所管民一十四户。⑤⑨

这中间有将内地民户迁往边疆的,有将边疆民户迁往内地的,还有在邻近区域签发民户屯田的。

内地民户被迁往边疆屯田的有:

至元二年,徙归化民于清州兴济县屯田,官给牛具。

至元八年,徙鄂民万余于西夏……计丁给地,立三屯,使耕以自养。⑥⑩

边疆民户被迁往内地屯田的有:

中统三年,敕河西民徙居立州,其不能自赡者百六十户,给牛具及粟麦种,仍赐布,人二匹。

至元三十年,诏以女直户四百屯田扬州。

元贞元年,徙缙山所居乞里乞思等民于山东,以田与牛、种给之。[61]

在邻近区域签发民户屯田的有:

至元十八年,命安西王府协济户及南山隘口军,于安西、延安、凤翔、六盘等处屯田。

至元二十九年,沙州、瓜州民徙甘州,诏于甘、肃两界,画地使耕,无力者则给以牛具农器。水达达、女直民户由反地驱出者,押回本地,分置万夫、千夫、百夫内屯田。[62]

在云南、湖广和江浙行省的少数民族边远地区,因北来军士水土不服,"多死瘴疠",屯田者多为当地百姓。至元十六年,立建昌民屯,拨编民 104 户;二十三年,又立会川路民屯,发本路所辖州邑编民 40 户。[63]

江南原南宋属地的民户大多是熟悉农耕的汉族,因此常被迁往北方和边疆地区屯种。中统二年,渡江新附民留屯蔡州者被徙居怀孟,贷其种食;至元七年,在怀孟的新民 1800 余户又被迁往河西。[64]

逃民、贫民和富民也都是元代民屯利用和迁移的对象。

至元十七年,收集逃民屯田涟、海。

至元二十三年,以阿里海牙所芘逃民无主者千人屯田。遣蒲昌赤贫民垦甘肃闲田,官给牛、种、农具。二十四年,发河西、甘肃等处富民千人往阇鄘地,与汉军、新附军杂居耕植。[65]

被迁移的屯田民户,可以减免一定年限的租税和杂役,除田地由政府按户或按丁划拨外,耕种所需的农具、耕牛、种子等一般都由自己准备,有时由政府供给。

(三)其他户计屯田迁移

匠户、畏兀儿、回回等诸色户计也被迁移屯田。如:

至元七年六月,徙谦州甲匠于松山,给牛具。

至元十七年,畏兀户居河西界者,令其屯田。立营田提举司,从五品,俾置司柳林,割诸色户千三百五十五隶之,官给牛种农具。

至元二十四年,以北京采取材木百姓三千余户,于滦州立屯,设官署以领其事,为户三千二百九十,为田一万一千六百一十四顷四十九亩。

至元二十七年,给滕竭儿回回屯田三千户牛、种。[66]

元代屯田迁移的范围遍及全国,被迁移的主要是军户和民户,还有少量的匠户、伐木户、畏兀儿、回回人户等。他们主要是按户被组织起来屯田的。其作用开始只是提供军粮,而在实施的过程中,垦荒和实边的作用越来越突出。屯田的成果有时起到

以上是笔者对《元史》卷100《兵志·屯田》中所载1262—1330年的屯田规模及分布的初步整理。

元代屯田的地域范围遍及全国,其中京师所在的大都路和中书省、中原地区的河南和陕西以及辽阳、甘肃、四川、云南、湖广各省的边疆地区是屯田地的主要所在。

第四节　流民和逃人的迁移

蒙元时期,天灾人祸、沉重的封建赋役和地主阶级兼并土地,导致大批农牧民背井离乡流移在外,形成了这一时期人口迁移的一个十分重要而特殊的群体——流民。一部分地主、牧主、儒士和逃亡的军士、站户、奴婢等也加入流民的行列。流民数量多、范围广,流民问题持续时间长,严重影响了蒙古政权的统治和封建赋役的征收。

一、灭金攻宋和治理中原初期人口的逃亡流移

蒙古军队入侵金的北方地区时,慑于蒙古军队的强悍,大量的北方人口随着南迁的金主逃往山东和河南。蒙宋联合大举攻金时,蒙古军队一路屠杀掳掠,逃往山东和河南的北方人口又四处流徙,许多百姓"往往窜伏山谷间,相与采草实,啖野果,以延旦夕之命"[70]。汴京附近州县的百姓纷纷逃入汴京避难。蒙军攻陷汴京后,"时避兵在汴者,户一百四十七万"[71]。张柔在汴京"访求乡曲耆旧、望族十余家,若高户部夔,李都运特立,赵礼部三子赟、克刚、克基,杨翰林子恕、婿贾庭扬,护送北归"[72]。一些当初逃亡到河南的人口又被蒙古统治者强制组织北迁,"徙遗民实北边"[73]。一些人为避兵从河南北迁至河北、山东一些相对比较安定的地区,"汴梁既下,饥民北徙,饿殍盈道"。北方降元的汉人地方武装首领趁机招集北徙而来的河南之民,归附东平行台严实的宋子贞对流民"多方赈救,全活者万余人……四方之士闻风而至,故东平一时人材多于他镇",济南张荣下令民间"分屋与地居之,俾得树畜,且课其殿最,旷野辟为乐土"[74]。还有一些人口继续南下,迁移到南宋境内。总之,金灭亡时,造成了人口的大量逃亡流徙,史料载"时河南初破,被俘虏者不可胜计,及闻大军北还,逃去者十八九"[75]。

为保证封建赋役的征发和诸王的分封,太宗在灭金后的第二年(乙未年,1235年)即下令对原金统治区的户口进行清查,得诸路民户100万余户[76],并订立了北方的税制。此后,蒙古统治者对中原汉地民户的剥削日益繁重,大批人口为逃避赋役不得不离家逃亡。尽管由于蒙古国对南宋的不断用兵,一些在灭金战争期间逃亡到江

南的北方居民又出现北返的流向,但其数量十分有限,根本无法与南逃民户的规模相比。据太宗十三年(1241年)下达给总管万户刘黑马的谕旨反映,乙未年籍得的"诸路民户一百万四千六百五十六户,除逃户外,有七十二万三千九百一十户,随路总签军一十万五千四百七十一名,点数过九万七千五百七十五人,余因近年蝗旱,民力艰难,往往在逃"^⑦。这表明,7年间逃户的数量有30万左右,几乎为乙未籍户的三分之一。造成如此大规模民户逃移的原因除上述明确提到的自然灾害外,更主要的是蒙古统治者的横征暴敛。诚如刘秉忠分析的那样,"天下户过百万,自忽都那演断事之后,差徭甚大,加以军马调发,使臣烦扰,官吏乞取,民不能当,是以逃窜"^⑧。蒙古帝王认识到了事态的严重性,下令今后只在现存民户中签军,逃户复业者免三年军役。但是分封诸王以及进攻南宋所需的兵源、物质和财力都必须以汉地的人口为基础。于是,宪宗时一方面编籍流民,另一方面继续实行暴政,北方人口流亡的现象一直比较严重,"流徙的人户经常占全体户数的三分之一甚至更多"^⑨。

忽必烈即位后,在以往治理汉地推行"汉法"所取得的经验的基础上,积极在所有统治地区推行新政,建规立制,招集逃亡,优待复业逃户。中统四年,敕撒吉思招集益都逃民;诏西凉流民复业者,复其家三年;招谕济南、滨棣流民。至元九年,诏安集答里伯所部流民。至元十二年,诏令大洪山避兵民,还归汉阳,复业农亩。至元十三年,淮安、宝应民流寓邳州者万余口,听还其家。^⑩他还多次下令禁止官员将士扰民和随意杀掠人口,"户口增"被列为考核地方官员优劣的五条标准之首。这样,逃户复业的人数不断增加。刑州在张耕、刘肃等人的治理下,"流亡复归,不期月,户增十倍";哈八儿秃赴温州路瑞安县任达鲁花赤,"始至,招集逃移民十万余户"^⑪。

在灭金攻宋和治理中原的初期,人口逃亡迁移的流向主要表现为南迁和北返。

二、全国统一后到元末的流民浪潮

统一全国后,元代在北方和南方实行两种税制。相比之下,北方人民的封建赋役要沉重得多。统一后仅三四年,"内地百姓流移江南避赋役者,已十五万户"。北方饥民也纷纷涌向江南。针对这种情况,至元二十三年,元政府"以汉民就食江南者多,又从官南方者秩满多不还,遣使尽徙北还。仍设脱脱禾孙于黄河、江、淮诸津渡,凡汉民非赍公文适南者止之,为商者听"^⑫。这种强制性措施很难得以有效贯彻,因此在至元二十六年籍江南户口时,朝廷不得不作出新的规定:"凡北方诸色人寓居者亦就籍之"^⑬。到世祖统治末年,由于灾害和饥荒,北方和南方流民的数量和规模大得惊人,流民问题更加突显。至元二十七年,江南"江阴、宁国等路大水,民流移者四十五万八千四百七十八户";至元二十八年,北方"真定、河间、保定、平滦饥,平阳、太原尤甚,民流移就食者六万七千户,饥而死者三百七十一人"。⑱

成宗以后,各地频发的自然灾害、繁重的封建赋役和地主阶级的土地兼并活动使这一时期的流民问题更加严峻。大德六年,成宗亲自过问江南富户侵占民田"以致贫者流离转徙"之事,并责令尽快清查办理⑯。大德十一年,江南发生特大灾荒,"民流东南者逾甚,死者无算"⑯。武宗即位的至大元年,自岭北流落到中书省北部的贫民多达 868000 户,人口密集的江浙行省有流民"户百三十三万九千九百五十有奇"⑰,仅这两个数字相加就有流民 2198950 户,以户均 4.47 口计,人数达 9829307。当年,河南、山东大饥,巩昌地震,归德暴风雨,泰安、济宁、真定大水,灾民流离载道,甚至卖子鬻妻、父子相食,估计全国流民的总数应有 1000 万人,达到了元代流民的一个高峰。由于流民的数量过于庞大,其影响一直持续到仁宗、英宗和泰定诸朝。元人苏天爵记述道:"初,关、陇、陕、洛之郊号称沃土,国家承平百载,年谷丰衍,民庶乐康。然自致和之秋,军旅数起,饥馑荐臻,民之流亡十室而九"⑱。文宗天历二年以后,全国范围的灾荒给尚未消化解决的流民潮又增加了新的涌动力,"陕西诸路饥民百二十三万四千余口,诸县流民又数十万",南北流民"自嵩、汝至淮南,死亡相藉",到顺帝初年被赈济的"沙漠贫户及南北饥民至千万计"。⑲尽管顺帝在统治初期采取了一些轻徭减赋、恢复生产、安抚流民的措施,但是不待这些措施起效,元末全国范围的特大灾荒将众多长期辗转流徙、挣扎在死亡线上的流民进一步推向绝境,"百姓流移不能自存,因而为盗,滋蔓数多"⑳。

自统一全国到元末的这一时期,北部边地的蒙古牧民自武宗至大元年以后频繁流入中书省北部,北方流民纷纷逃往江南,还有一些北方流民和江南人口一起进一步南迁到珠江流域或四川、湖广少数民族边远地区。

三、流民和逃人的迁移政策

为保证和增加国家财政收入,巩固封建统治,历朝蒙古帝王都针对流民和逃人制定了一些政策和措施,主要有赈济、招诱复业、就地安置、组织屯田、强制遣还和惩治等。

元代针对灾民和流民的赈济物资主要从国库中划拨,同时采取和籴、入粟补官、出卖僧道度牒、积累罚没的赃款赃物等措施作为补充。将流民迁往朝廷指定地区"就食"也是赈济时常用的一种形式。为了便于人口的管理和维护社会安定,元政府还对流民采取强制遣还,如果聚众为盗、危害地方,则要由地方官府治罪。刑法规定赈济后的流民"复聚党持仗,剽劫财物,殴伤平民者,除孤老残疾不能自赡,任便居住,有司依前存养,其余有子弟者,验其家口,计程远近,支与行粮,次第押还元籍,沿路复为民害者,从所在有司断遣"[91]。蒙古流民原则上都要遣还本部,不得擅自流移,"违者斩"[92]。在京师的流民大多要被遣送回本地,以保障皇城的社会治安和政治稳定。如致和元年,"籍在京流民废疾者,给粮遣还";天历二年,"蒙古饥民之聚京师者,遣往居庸关北,人给钞一锭、布一匹,仍令兴和路赈粮两月,还所部";至正五年,"大都流民,官给路粮,遣其还乡"。[93]

不过招诱逃户和流民复业才是蒙元统治者治理流民问题的主要方针,并采取了种种优待措施。忽必烈时复业流民可得到全部原来抛下的事产并蠲免拖欠的差税,大德十年(1306年)进一步规定复业者可免差税三年。[94]可是,蒙古统治者的高压和怀柔政策都收效甚微,被遣返和复业的流民为逃荒、避乱或逃避赋役往往再次成为流民。在这样的情况下,元政府不得不采取变通的办法,允许流民就地安置居住。

元廷对因贫乏避役而逃亡的军户和站户进行赈济并招集还役。至元三年,诏招集逃亡军,"百日内到所属陈首,原其罪,贫者并户应役";至顺三年,赈蒙古军流离至陕西者467户粮三月,遣复其居,户给钞50锭;至元二十七年,开元路宁远等县饥,民、站户逃徙,发钞2000锭赈之。[95]而对逃亡的奴婢则决不宽恕。大德八年,"敕军民逃奴有获者即付其主,主在他所者,赴所在官司给之,仍追逃奴钞充获者赏;逃及诱匿者,论罪有差"[96]。有的逃奴则被朝廷强制征为军户或站户。至元二十二年,"汪惟正言巩昌军民站户并诸人奴婢,因饥岁流入陕西、四川者,彼即括为军站"[97]。

第五节　罪犯流放贬徙

一、流刑条款与迁移实例

蒙古早期习惯法已有流放之刑。《史集》载成吉思汗的一道训令说:"我们的兀鲁黑中若有人违犯已确立的札撒,初次违反者,可口头教训;第二次违犯者,可按必里克处罚;第三次违犯者,即将他流放到巴勒真——古勒术儿的遥远地方去。"[98]成吉思汗还曾就怯薛侍卫的征选和管理降旨:"俾入俺处为怯薛者,如躲避而不为,若难其近俺而行,则可入以他人。当刑其人,而流于眼不见之远方乎","若怯薛者有脱,则将彼脱怯薛之怯薛者杖三而训之。该怯薛者,再次脱怯薛,则杖七以训之,又该人身躯无病,亦未商于怯薛之官,又该怯薛者,三次脱怯薛,则杖三十七以训之。其难于俺处行也乎! 当流之于背乡远方去乎!"[99]不过目前未见到蒙古早期实施流刑的案例。

元代法制完备后,采用笞、杖、徒、流、死五刑之法。流刑即是将罪犯迁徙流放的

一种刑罚,有流、徙(流徙)、迁、移、放、发、窜(流窜)等多种说法。元代流刑的条款主
要有:

诸擅带刀阑入殿庭者,杖八十七,流远。

诸毁匿边关文字者,流。

主意写匿名文书者,杖一百七,流远;

诸无故议论谋逆,为倡者处死,和者流。

诸流囚,强盗持仗不曾伤人,但得财,若得财至二十贯,为从;不持仗,不曾伤
人,得财四十贯,为从;及窃盗,割车剟房,伤事主,为从;不曾伤事主,但曾得财;
不曾得财,内有旧贼;初犯怯烈司盗驼马牛,为从;略卖良人为奴婢一人;诈雕都
省、行省印;套画省官押字,动支钱粮,干碍选法;或妄造妖言犯上:并杖一百七,
流奴儿干。

诸因争移怒,戳伤其兄者,于市曹杖一百七,流远。

诸妻魇魅其夫,子魇魅其父,会大赦者,子流远,妻从其夫嫁卖。

诸强盗持仗但伤人者,虽不得财,皆死。不曾伤人,不得财,徒二年半;但得
财,徒三年;至二十贯,为首者死,余人流远。

诸盗库藏钱物者,比常盗加一等,赃满至五百贯以上者流。

诸剧贼既款附得官,复以捕贼为由,虐取民财者,计赃论罪,流远。

诸略卖良人为奴婢者,略卖一人,杖一百七,流远。

若伪造省府札付者,杖一百七,再犯流远。

诸掾属辄造省官押字,盗用省印,卖放官职者,虽会赦,流远。

诸挑剜裨辏宝钞者,不分首从,杖一百七,徒一年,再犯流远。

初犯盗驼马牛,为首;及盗财三百贯以上;盗财十贯以下,经断再犯;发冢开
棺伤尸,内应流者;挑剜裨凑宝钞,以真作伪,再犯;知情买使伪钞,三犯:并杖一
百七,发肇州屯种。

诸豪横辄诬平人为盗,捕其夫妇男女,于私家拷讯监禁,非理陵虐者,杖一百
七,流远。

诸尊长辄以微罪刺伤弟侄双目者,与常人同罪,杖一百七,追征赡养钞二十
锭给苦主,免流,识过于门;无罪者,仍流。

诸弟虽听其兄之仇,同谋剜其兄之眼,即以弟为首,各杖一百七,流远,而弟
加远。诸卑幼挟仇,辄刺伤尊长双目成废疾者,杖一百七,流远。

诸以刀刺破人两目成笃疾者,杖一百七,流远,仍征中统钞二十锭,充养赡之
赀,主使者亦如之。

诸挟仇伤人之目者,若一目元损,又伤其一目,与伤两目同论,虽会赦,仍流。

诸部民殴死官长,主谋及下手者皆处死,同殴伤非致命者,杖一百七,流远,均征烧埋银。

诸写匿名文书,所言重者处死,轻者流,没其妻子,与捕获人充赏。

诸乱制词曲为讥议者,流。

诸频犯过恶,累断不改者,流远。

诸凶人残害良善,强将男子去势,绝灭人后,幸获生免者,杖一百七,流远。

诸为人子孙,为首同他盗发掘祖宗坟墓,盗取财物者,以恶逆论,虽遇大赦原免,仍刺字徙远方屯种。

诸采生人支解以祭鬼者,凌迟处死,仍没其家产。其同居家口,虽不知情,并徙远方。

诸豪右权移官府,威行乡井,淫暴贪虐,累犯不悛者,徙远恶之地屯种。⑩

为便于了解分析元代流刑的具体执行情况,现将笔者搜集到的一些案例按照时间顺序罗列如下。

至元初,某年冬祀太庙,"有司矢黄幔,索得于神庖灶下,已甚污弊。帝闻,大怒曰:'大不敬。当斩!'[赵]璧曰:'法止杖断流远。'其人得不死。"《元史》卷159《赵璧传》

至元三年正月,济南路民刘全因细故,用棍棒拳脚将女婿孙重二殴伤致死。法司拟,即系斗杀婿事理。旧例,"若尊长殴卑幼折伤者,缌麻减凡人一等,死者绞"。其刘全合行处死,而"部准拟呈省断,将刘全流去迤北鹰房子田地,仍于家属征烧埋银给主"。《元典章》卷42《刑部四·杀亲属》

至元五年三月,"田禹妖言,敕减死流之远方"。《元史》卷6《世祖三》

至元七年二月八日,德州民司都喜纠合苏瘦儿等共七人,印造伪钞九百五十贯。官府将苏瘦儿等断讫,拟定司都喜合行处死。"都省议得:司都喜所招印造伪钞,未曾使用红印、墨条印,事发到官,罪犯即系伪造未成……拟将司都喜比其余为首印造伪钞已成中使的人,减死一等,流入直北鹰房子种田处住坐。"《元典章》卷20《户部六·钞法·伪钞》"伪钞不堪行使流远"条。

至元八年正月,管如仁、费正寅以国机事为书,谋遣崔继春、贾靠山、路坤入宋,事觉穷治,正寅、如仁、继春皆正典刑,靠山、坤并流远方。《元史》卷7《世祖四》

至元十二年二月,洺磁路总管姜毅捕获农民郝进等四人,造妖言惑众,敕诛进,余减死流远方。《元史》卷8《世祖五》

至元十二年四月，"元流盗贼百余人于耽罗"。《高丽史》卷28《忠烈王一》

至元十二月，西川沧溪知县赵龙遣间使入宋，敕流远方，籍其家。《元史》卷8《世祖五》

至元十四年三月，"元流盗贼四十人于德州"。五月，"元流罪人三十三人于耽罗"。八月，"元流罪人四十于耽罗"。《高丽史》卷28《忠烈王一》

至元十七年八月，皇子爱牙赤（世祖第六子）被流大青岛，次年十一月诏还。《高丽史·忠烈王世家》

至元二十年九月，"元流室剌（诸王昔里吉）于大青岛"。《高丽史》卷29《忠烈王二》

至元二十二年正月，流征占城擅还将帅二十三人于远方。《元史》卷13《世祖十》

至元二十五年，"元流大王阔阔歹于大青岛"，十年后死于大青岛。《高丽史·忠烈王世家》

至元二十六年九月，"元流大王石列纥于人物岛，野里不于高鸾岛，撒里只于与音岛"。《高丽史·忠烈王世家》

至元二十八年七月，给还行台监察御史周祚妻子。作尝劾行尚书省官，桑哥诬以他罪，流祚于憨答孙，妻子家赀入官，及是还之。《元史》卷16《世祖十三》

至元二十九年三月，"元流哈丹下阿里秃大王于荔盆岛"。夏四月，"元流贼党塔也速于白翎岛，阇吉出于大青岛，帖亦速于乌也岛。庚午，元流哈丹下大王子灵光、祖月二岛"。《高丽史·忠烈王世家》

元贞元年五月，流别阇于江西，从月的迷失讨贼自效。《新元史》卷13《成宗上》

陈韶孙，广州番禺人。父浏以罪流肇州。韶孙年十岁，不忍父远谪，朝夕号泣愿从。父不能夺，遂与俱往……大德六年，浏死，韶孙哀恸，见者皆为之泣下。《元史》卷197《孝友一》

大德八年十月，杖流吴祈、石天补等于安西。《新元史》卷14《成宗下》

武宗至大二年十月，杖流洪重喜于潮州。《新元史》卷15《武宗》

至大二十一月，诸王字兰奚以私怨杀人，当死，大宗正也可扎鲁忽赤议，字兰奚贵为国族，乞杖之，流北鄙从军，从之。《元史》卷23《武宗二》

至大三年九月，宁王阔阔歹（世祖第七子）因谋叛事觉被流大青岛，偕来者并家属五十余人。皇庆元年八月诏还，次年春正月死。《高丽史·忠宣王世家》、《新元史》卷15《武宗》、《元史》卷125《铁哥传》。

至大四年正月,杖流忙哥帖木儿于海南,流平章政事速思不花于高丽。《新元史》卷16《仁宗上》

仁宗皇庆二年三月,杖流高丽陪臣事思温、金深于临洮。《新元史》卷16《仁宗上》

延祐四年春,魏王阿木哥(仁宗兄,受封魏王)流耽罗,寻迁大青岛,至治三年诏还。《高丽史·忠肃王世家》、《新元史》卷17《仁宗下》

延祐五年七月,诸王不里牙敦之叛,诸王也舍、失列吉及卫士朵带、伯都坐持两端,不助官军进讨,敕流也舍江西,失列吉湖广,朵带衡州,伯都潭州。《元史》卷26《仁宗三》

延祐七年六月,流徽政院使米薛迷于金刚山。八月,脱思马部宣慰使亦怜真坐违制不发兵,杖流奴儿干之地。十月,流诸王阿剌铁木儿于云南。《元史》卷27《英宗一》

延祐七年十一月,流前高丽王源于吐蕃撒思结之地。《新元史》卷18《英宗》

至治元年二月,监察御史观音保、锁咬儿哈的迷失、成珪、李谦亨谏造寿安山佛寺,杀观音保、锁咬儿哈的迷失,杖珪、谦亨,窜于奴儿干地。三月,宦者孛罗铁木儿坐罪,流奴儿干地。《元史》卷27《英宗一》

至治二年正月,流徽政院使罗源于耽罗。五月,泰符、临邑二县民谋逆,其首王驴儿伏诛,余杖流之。闰五月,诸王阿马、承童坐擅徙脱列捏王卫士,并杖流海南。《元史》卷28《英宗二》

至治二年十二月,流月鲁帖木儿于云南,按梯不花于海南,曲吕不花于奴儿干,孛罗及兀鲁思不花于高丽大青岛。《新元史》卷19《泰定帝》

至治三年六月,将作院使哈撒儿不花坐罔上营利,杖流东裔,籍其家。《元史》卷28《英宗二》

泰定二年十一月,息州民赵丑厮、郭菩萨妖言弥勒佛当有天下。郭菩萨伏诛,杖流其党。《新元史》卷103《刑法志下》、《元史》卷29《泰定帝一》

文宗天历元年,也先捏将兵擅杀官吏,俘掠子女货财。诏刑部鞫之,籍其家,杖一百七,流南宁府。九月,流朵朵、王士熙等于远州。《新元史》卷103《刑法志下》、卷21《文宗上》

天历三年八月,流诸王忽剌出于海南。监察御史劾:"前丞相别不花昔以赃罪,天历初因人成功,遂居相位。既矫制以买驴家赀赐平章速速,又与速速等潜呼日者推测圣算。今奉诏已释其罪,宜窜诸海岛,以杜奸萌。"帝曰:"流窜海岛,朕所不忍,其并妻子置之集庆。"九月,铁木迭儿诸子锁住等,明宗尝敕流于南方。十月,籍四川囊加台家产,其党杨静等皆夺爵,杖一百七,籍其家,流辽东。《元史》卷33《文宗二》

文宗至顺元年二月,流王禅之子于吉阳军。《元史》卷34《文宗三》

至顺元年闰七月,行枢密院言:"征戍云南军士二人逃归,捕获,法当死。"诏曰:"如临战阵而逃,死宜也。非接战而逃,辄当以死,何视人命之易耶!其杖而流之。"《元史》卷34《文宗三》

至顺元年九月,御史台臣劾奏:"前中书平章速速,叨居台鼎,专肆贪淫,两经杖断一百七,方议流窜,幸蒙恩宥,量徙湖广。不复畏法自守,而乃携妻娶妾,滥污百端。况湖广乃屯兵重镇,岂宜居此?乞屏之远裔,以示至公。"诏永窜雷州,湖广行省遣人械送其所。《元史》卷34《文宗三》

至顺二年二月,湖广行省参知政事彻里帖木儿及速速、班丹俱坐出言怨望,流彻里帖木儿于广东,班丹于广西,速速于海南并籍其家。《新元史》卷22《文宗下》

至顺二年三月,御史台臣劾奏:"燕南廉访使卜咱儿,前为闽海廉访使,受赃计钞二万二千余锭、金五百余两、银三千余两、男女生口二十二人及它宝货无算,难遇赦原,乞追夺制命,籍没流窜。"诏如所言,仍暴其罪示天下。七月,监察御史张益等言四川平章钦察台"其人反覆,不可信任,宜削官远窜,仍没入其家产",台臣以闻,诏夺其制命、金符,同妻孥禁锢于广东,毋籍其家。八月,诏刑部鞫内侍撒里不花巫蛊事,凡当死者杖一百七,流广东、西。《元史》卷35《文宗四》

至顺三年七月,燕铁木儿言:"诸王彻彻秃、沙哥,曩坐罪流南荒,乞赐矜闵,俾还本部。"从之。八月,放燕帖古思于高丽,未至,月阔察儿害之于中道。《元史》卷36《文宗五》

顺帝后至元元年十月,流晃火帖木儿、答里、唐其势子孙于边地。癸亥,流御史大夫完者帖木儿于广海安置。闰十二月,流彻里帖木儿于南安。《元史》卷38《顺帝一》

至正九年,加韩嘉纳以赃罪,杖流奴儿干以死。《元史》卷205《奸臣哈麻传》

至正十五年三月,台臣犹以谪轻,列疏其兄弟之罪,于是诏流脱脱于云南大理宣慰司镇西路,流也先帖木儿于四川碉门。九月,遣官移置(脱脱)阿轻乞之地。《元史》卷138《脱脱传》、卷44《顺帝七》

二、谪、谪戍制度和迁移实例

谪和谪戍一般专指将高级官员降职或免职,调往或迁徙到边远地区做官、居住或从军。"谪"之贬徙比"流"的处罚要轻。上文举脱脱被流放的事例中说道"台臣犹以谪轻",才对脱脱兄弟二人改为流刑。此前,脱脱兄弟已分别被安置在淮安路和宁夏路。这样看来史料中一些因罪"安置"的记载应当是"谪"之贬徙。元代还有针对盗窃罪犯的谪戍之制,大德八年规定:"内郡、江南人凡为盗黥三次者,谪戍辽阳;诸色人及高丽三次免黥,谪戍湖广;盗禁骟马者,初犯谪戍,再犯者死"[60]。所见案例有:

至顺二年二月,诸王彻彻秃、沙哥坐妄言不道,诏安置彻彻秃广州,沙哥雷州。《元史》卷35《文宗四》

至正七年,太师马札儿台被免官,安置西宁州,其子脱脱请与父俱行。《元史》卷41《顺帝四》

至正十四年十二月,诏以脱脱劳师费财,已逾三月,坐视寇盗,恬不为意,削脱脱官爵,安置淮安路,弟御史大夫也先帖木儿安置宁夏路。《元史》卷43《顺帝六》

至正十五年正月,诏安置脱脱亦集乃路。三月,脱脱长子哈剌章,肃州安置;次子三宝奴,兰州安置。《元史》卷44《顺帝七》、卷138《脱脱传》

至正十六年二月,定住及平章政事桑哥失里等复奏哈麻兄弟罪恶,遂命贬哈麻惠州安置,雪雪肇州安置,寻杖杀之。《元史》卷44《顺帝七》

国师胆巴,西番突甘斯旦麻人……至元末,以不容于时相桑哥,力请西归。既复召还,谪之潮州。《元史》卷202《释老》

(高丽人洪俊奇)长子万,至大二年,谪漳州,行至杭,遇赦而止。《元史》卷154《洪福源传》

至治二年十月,江南行台大夫脱脱坐请告未得旨辄去职,杖谪云南。《元史》卷28《英宗二》

致和元年,因得罪权臣伯颜、明里董阿和丞相别不花,乃谪月鲁帖木儿乾宁安抚司安置。至顺四年,移置雷州。至元六年,顺帝召之还。《元史》卷144《月鲁帖木儿传》

元统、至元之间,伯颜为丞相,专权擅政,嫉其(西夏人亦怜真班)论事不阿,出为江南行台御史大夫。寻杀其子答里麻,而谪置海南。及伯颜败,乃得召还朝。《元史》卷145《亦怜真班传》

至正九年,脱脱复为丞相,也先帖木儿复为御史大夫,而谪太平居陕西……

别儿怯不花既罢,犹出居般阳……《元史》卷205《奸臣哈麻传》

至正十八年,佛家奴乃谋再劾朴不花,后知之,反嗾御史劾佛家奴,谪居潮河。《元史》卷114《后妃一》

至元十一年五月,敕杖合丹,斥无入宿卫,谪往西川效死军中,余定罪有差。《元史》卷8《世祖五》

至元十七年八月,萧简等十人历河南五路,擅招阑遗户。事觉,谪其为首者从军自效,余皆杖之。《元史》卷11《世祖八》

至元十九年八月,谪捏兀迭纳成占城(今越南境内)以赎罪。《元史》卷12《世祖九》

至元十九年十一月,中书省臣言:"天下重囚,除谋反大逆,杀祖父母、父母,妻杀夫,奴杀主,因奸杀夫,并正典刑外,余犯死罪者,令充日本、占城、缅国军。"从之。至元二十年三月,命兀奴忽鲁带往扬州录囚,遣江北重囚谪征日本。《元史》卷12《世祖九》

至元二十四年,谪从叛诸王赴江南诸省从军自效。《元史》卷14《世祖十一》

大德六年,以诸王真童诬告济南王,谪置刘国杰军中自效。谪诸王孛罗于四川八剌军中自效。《元史》卷20《成宗三》。

大德七年三月,以脱欢诬告诸王脱脱,谪置湖广省军前自效。《元史》卷21《成宗四》

三、流放贬徙人群、地点和相关制度的考察

在上述案例中,被流放的诸王22人、官员贵族69人、民221人、士兵4人,另外还有高丽国王1人、官员2人。贬谪的诸王有5人以上,官员贵族有17人以上。

元代流刑的迁徙地点多为边远和荒芜之地,并根据籍贯、民族、身份和犯罪的类别、轻重做了具体划分和规定:凡称"流"者,"则南人迁于辽阳迤北之地,北人迁于南方湖广之乡";凡称"流远"者,"惟女真、高丽二族流湖广,余并流奴儿干及取海青之地"。[⑩]至元十二年,禁止民间赌博,"犯者流之北地"[⑩]。泰定四年,下令将职官赃污者流放到广海之地。[⑩]延祐六年八月《盐法通例》规定"私盐事发,到官取讫招状,合以赦后为坐。其二犯者与再犯一体断罪,蒙古、色目人发付两广、海南,汉人南人发付辽阳屯田"[⑩]。延祐七年三月正式规定,流放到辽阳行省的罪因,"分拣重者,发付奴儿干地,轻者于肇州从宜安置,屯种自赡"[⑩]。

法律中提到的具体流放之地主要分布在元代辽阳和湖广行省的边远地区。但从

案例中明确记载的流放地来看,元代的流放之地并不限于这两个行省。

被流放到辽阳迤北之地、辽东地区的主要是在辽阳行省的奴儿干(今俄罗斯黑龙江口一带)、肇州(今黑龙江省肇源县)和高丽(元朝设征东行省)朝鲜半岛西海岸的大青岛(西海道白翎镇)、耽罗(今济州岛)等岛屿。大青岛则是元朝流放亲王的固定场所⑩。

被流放到湖广行省(辖今湖南、贵州、广西大部、湖北南部)的也比较多。见有:岭南,元设岭南广西道肃政廉访司,指今广东、广西、越南北部;海南(辖地含今海南省)、雷州路(辖今雷州半岛)、吉阳军(在今海南岛),都属海北海南道宣慰司;广海,元设有广海盐课提举司,可能在广西北部湾;还有广西(广西两江道宣慰司)、南宁府(今南宁市)、衡州路(今衡阳市)、潭州(即潭州路总管府,治今长沙市)。

江西行省的流放地有:广东(指广东道宣慰司)、潮州路(今潮安)、南安路(今江西大余)。

江浙行省的流放地有:集庆路(今南京)。

甘肃行省的流放地有:肃州路(今甘肃酒泉)。

陕西行省的流放地有:临洮府(今甘肃岷县)、兰州(今甘肃兰州)、安西路(今西安)。

宣政院的流放地有:直辖吐蕃地区(即吐蕃等处宣慰司都元帅府,治河州,今甘肃临夏)。

四川行省碉门(即雅州碉门安抚使司,治今雅安)。

云南行省的流放地有:云南大理宣慰司镇西路(治今云南盈江)。

谪和谪戍的具体地点自北向南有:辽阳行省肇州;中书省般阳路(属山东东西道宣慰司)、潮河(永平路大都城外);河南江北行省淮安路(今淮安);甘肃行省西宁州(今西宁市)、亦集乃路、宁夏路、肃州路;陕西行省;湖广行省海南、雷州路、乾宁安抚司(今海口市);江西行省广州路(今广州市)、潮州路、惠州路(今惠州);江浙行省集庆路、漳州路(今漳州);四川行省西川(可能是四川南道宣慰司地区);云南行省;还有境外的日本、占城、缅国。官员贬徙的地点大多和流放地点一样都在边远地区,有的是在内地。谪戍的地点则和被贬时的军事情况有关,往往是战事前线。

总之,因民族、身份、居住地及犯罪的类别轻重不同,罪犯被流放贬徙的地点或服役种类也有所差别。贬徙的地点并不限于法律条文中规定的地区,而是遍及东西南北中,但主要是辽阳、湖广,流放高丽的事例也较多。按民族区分贬徙地的法律执行也不严格。比如北方不少蒙古亲王和贵族官员被流放奴儿干、高丽、西北、四川等地,高丽王和高丽高官被流放西南吐蕃和西北临洮,而非南方之湖广。被贬徙者有的充军役,有的服劳役,有的从事屯垦等。

文宗天历二年,调整后的迁徙法规定:"凡应徙者,验所居远近,移之千里,在道遇赦,皆得放还;如不悛再犯,徙之本省不毛之地,十年无过,则量移之;所迁人死,妻子听归土著。著为令。"[⑩]元统元年,顺帝接受中书左丞王结的建议,进一步放宽了迁徙政策,"移乡者止千里外,改过听还其乡,因著为令"[⑩]。可见,元代对罪犯的迁徙还有迁徙距离的规定,并可以根据情况再次迁徙,也可得到赦免、召回和释放。刑法规定,流远罪犯"若中路遭乱而逃,不再犯,及已老病并会赦者,释之","诸应徒流,未行,会赦者释之;已行未至,会赦者亦释之",奉旨流远的罪犯必须奏请皇帝后才可以放还。[⑩]不过,笔者还未见到关于贬徙服役期限的规定和制度,案例中也缺乏迁徙距离和期限的具体记载,而对变更迁徙地点、赦免、释放、召回或放还为民的记载比较常见。

一些罪犯在流放过程中被再次迁移:大德九年,因立皇太子诏令"流窜远方之人,量移内地";延祐六年,在奴儿干的罪行稍轻的流囚,被转迁到辽阳近处的肇州万户府屯田;至正八年,"量移窜徙官于近地安置,死者听归葬"。[⑪]

被召回和释放的有:至治三年,召诸王及其官属被流徙远地及还原籍者24人回京师;泰定元年,流人被召还京师,罪行较轻者被释放。[⑫]文宗时将明宗朝被流放到南方的锁住放还乡里,征朵朵、王士熙等12人于贬所并放还乡里,又将流放到南荒之地的诸王彻彻秃、沙哥孛放还本部。[⑬]上文提到的被流放到高丽的蒙古诸王也大多被诏还。

一些高级官员在皇帝的庇护下徙而不行,或被贬徙到条件较好的地方。如致和元年,速速因受赂被判杖107,徙襄阳,以母亲年老的理由,被文宗留在京师;天历二年,监察御史建议将前丞相别不花流窜海岛,文宗不忍,将其本人和妻子儿子安置在了集庆。[⑭]

第六节　其他类型的迁移

一、降附、亡国、离叛类迁移

蒙元时期,一些西域部族和高丽等国先后款附,西夏、金、南宋、大理、吐蕃等原本独立的政权都被收归大元统一的版图。在此过程中,元朝境内收纳了不少因降附、亡国迁移而来的各族人口。

了赈灾的作用。大德元年,五条河屯田汉军的税粮被指定用于救助药木忽而等部的贫乏之人;延祐五年,红城屯田的粮食被用于赈济净州、平地等处的流民。[67]

二、屯田的规模及分布

至大元年(1308 年),中书省臣曰:"天下屯田百二十余所,由所用者多非其人,以致废弛"[68]。可见,元初建立的 120 多处屯田到了武宗时已出现废弛的景象。此后直至元末,屯田废弛的现象日趋严重。根据《元史》卷 100《兵志·屯田》中的记载,梁方仲、王颋、李干先生等分别对元代屯田的规模和分布作了统计和研究[69]。

梁方仲先生详细全面地考述了自中统三年到至顺元年各屯田机构的屯军数、屯民数、田数、建制年月和屯田地点,总计屯军 28946 户、85166 人,屯民 103999 户、12339 人,田数 17485573 亩,其中屯民人丁没有单列,个别的屯民人数没有统计在内。王颋先生比较了《元史》卷 100《兵志·屯田》和《元文类》卷 41《经世大典序录·屯田》中的记载,认为两处记载的都是元至顺间的屯田材料,并以《元史·兵志》为准,列举了中书省和 11 个行省的 72 个司、路、府、州的屯田分布情况,统计得出至顺间全国共有屯田 85 所,屯户 227201,其中军户 118753 户,占 52.27%(屯军原载单位为人、名的均按户计入),屯田面积 16454720 亩。李干先生主要统计了各屯田管辖机构屯军和屯民的人户数、田数及其总数,个别数据有遗漏和计算错误。

元代屯田规模与分布表(1262—1330 年)

屯田所辖机构或省区	建置时间	屯田地点	屯军数量		屯民数量		田数(亩)
			户	人	户	人(丁)	
枢密院	1262—1330 年	东安州永清等处	—	27533	—		1614673
大农司	1285—1287 年	滦州等处	253		6467	264	2771780
宣徽院	1279—1286 年	涟海州等处	—		13336	—	2571211
腹里	1284—1300 年	西京黄华岭等处	8668	3000	6024		1560279
辽阳行省	1284—1295 年	瑞州等处	3993		612		315350
河南行省	1265—1286 年	唐、邓、申等处	—	36767	6041	9375	6485424
陕西行省	1274—1282 年	凤翔、镇原等处	2684		9381	—	714776
甘肃行省	1271—1285 年	宁夏等处	4630	200	904	2700	500297
江西行省	1298 年	信丰、会昌等处	3265				52468
江浙行省	1281 年	汀州、漳州				3038	47500
四川行省	1274—1320 年	重庆路等处	—	12666	29772		226232
云南行省	1275—1315 年	曲靖等处	3944	5000	15305		462835
湖广行省	1288—1298 年	琼州、雷州等处	1509		13119		162748
合　计			28946	85166	100961	15377	17485573

平西夏后,原西宁的居民曾被徙往云京⑮。金的不少官员将领也纷纷降元,迁居中原并在元任官,如耶律留哥、耶律阿海、石抹明安、张楫。东迁的钦察、阿速、康里、哈剌鲁和斡罗斯人中,大多是蒙古军队西征中降附的西域诸部族首领及军士。康里人也速照儿的父亲爱伯"太祖时率众来归,初,以五十户从军南征,力战而死",康里国王族曲律、牙牙随祖母"越数国至京师",尽献其所有,留事太宗;钦察部主忽鲁速蛮遣其子班都察"举族迎降",后班都察"率钦察百人从世祖征大理,伐宋,以强勇称";阿速国主杭忽思"举众来降,赐名拔都儿,赐以金符,命领其土民",不久"奉旨选阿速军千人,及其长子阿塔赤扈驾亲征。既还,阿塔赤入直宿卫";也罕的斤的祖父匣答儿密立"以斡思坚国哈剌鲁军三千来归太祖",斡罗斯人捏古剌在宪宗朝"与也里牙阿速三十人来归。后从征钓鱼山,讨李璮,皆有功"。⑯他们大多被编入元朝的探马赤军,随蒙古军一起转战征伐。这些西域军士作战勇猛,屡建奇功,为统一全国和平定叛乱立下汗马功劳。

太宗三年征高丽,高丽国将领洪福源"引众来归,授高丽军民万户,徙降民散居辽阳沈州,初创城郭,置司存,侨治辽阳故城"⑰,中统二年改为安抚高丽军民总管府。至元初,任命高丽质子王绰为安抚高丽军民总管,治理本国降民2000余户。进兵安南后,国王陈益稷"率其本宗与其妻子官吏来降"⑱,世祖任命他为湖广等处行中书省平章政事,佩虎符,定居鄂州,成宗和武宗都对其加官进阶、大加赏赐,死后上谥号为忠懿王。

元末明初,一度以征服者姿态叱咤风云的蒙古统治集团已面临亡国的绝境。随着明军的大举北伐,分布在各地的蒙古贵族纷纷向山西、陕西、甘肃等蒙元残余势力比较集中的地方逃窜。1368年,明军进攻大都时,顺帝妥欢贴睦尔携后妃、皇太子、皇太子妃及一些蒙古大臣部众北逃上都,再徙应昌。顺帝病死后,皇太子爱猷识理达腊继位,在明军的进逼下退居和林,建立了北元政权。明初,蒙古势力基本又聚集到塞外蒙古旧地,一些留在内地的蒙古人不得不隐名埋姓、四处迁移。

蒙元时期,一些叛逆势力就近往高丽国流窜。太祖十一年(1216年),金源、契丹9万余众窜入高丽。至元二十七年,叛王哈丹等窜入高丽,"侵挠其国西京,距辽阳二千里皆骚动",三年后被剿灭。⑲

二、政治防范、实郡县京师类迁移

在蒙古宗室争夺皇位的激烈斗争中,取得主动权的一方往往将妨碍、阻止其夺权,或对其即位构成威胁的皇室成员迁出京师或迁徙到边远地区。仁宗即位前母子曾被迁往怀州,文宗即位前先后出居海南和建康,顺帝即位前先后被徙居高丽大青岛和广西静江；成宗皇后卜鲁罕、泰定帝皇后雍吉剌氏、文宗皇后不答失里等都曾被迁出京师，安置在大都路的东安州；顺帝时太子燕帖古思被流放到高丽；等等。[120]他们在专人的严加看管下，不许与外界有任何接触和联络。不过，随着政局的变化，这些皇室成员又会被恢复名誉，乃至以皇位继承人的身份重返京师。

忽必烈对俯首称臣的亡宋宗室、外戚和官员采取了十分宽大的招降政策，不仅封宋帝赵显为瀛国公、福王赵与芮为平原郡公，还授予其他宗室成员和文武官员一定的官职。同时采取了必要的防范和监视措施，先后将他们迁往内地、两京和边疆地区。至元十三年初南宋举国内附后，亡宋君臣即在伯颜的押送下迁赴京师。至元十九年，中书省大臣建议"平原郡公赵与芮、瀛国公赵显、翰林直学士赵与票，宜并居上都"，忽必烈下旨，给瀛国公（英宗时被毒死）和平原郡公衣粮发遣，令赵与票仍留在京师大都。至元二十年，又命迁徙新附官到内地任职，并正式订立了质子令，"凡大官子弟，遣赴京师"。至元二十一年，重申将亡宋宗室及大臣迁徙到内地居住。至元二十五年，又在绍兴路总管府判官白絮矩的建议下，将散居在江南的亡宋赵氏族人都迁徙到京师，以消除其在当地的政治影响。[121]世祖末年，江南地区的豪强因庇护藏匿盗贼被强制迁徙到内地居住。[122]元末各地反元斗争不止，河南等地打着南宋的旗号反元，为此亡宋宗室瀛国公子和尚赵完普及亲属被"徙沙州安置，禁勿与人交通"[123]。一些叛乱分子及其支持者也是蒙古帝王的重要防范对象。至元十一年，千户陈炎谋叛，为首者被诛，"其随司军并其妻子皆令内徙"[124]。

蒙古大军攻占金朝中都和北部地区后，金都南迁，河北人家死的死，逃的逃，人口锐减。蒙古军继续南下攻克汴梁后，"诏徙河南之民实河北郡县"[125]。元新都建成后，迁徙旧城居民实京师，并规定"以赀高及居职者为先，仍定制以地八亩为一分；其或地过八亩及力不能作室者，皆不得冒据，听民作室"[126]。

三、政治联姻、经济文化交流类迁移

元代蒙古皇室先后与高丽王室、畏兀儿亦都护家族、云南大理僰人段氏家族和藏族萨迦款氏家族等外族世联姻娅，先后有20多位蒙古公主出嫁远方，以达到维护和巩固其政治统治的目的。这种政治联姻和一般民族间的通婚不同。各民族通婚是人口迁移带来的影响和结果，而蒙古皇室和外族的政治联姻是元代人口迁移的一种形式。

元代对内对外开放，国内外的经济贸易和文化交流比较活跃，人员迁徙频繁。在国内，官方曾派遣"弓工往教鄯阐人为弓"，又"遣回回炮手万户赴汝宁、新蔡，遵世祖旧制，教习炮法"。[127]藏传佛教一直在元代处于国教地位，自八思巴始，萨迦派款氏家

族先后有 13 人被封为帝师。帝师既负责掌管天下释教，又是吐蕃地区的政教首领，一般长期在大都居住，在任期间要往返于内地和吐蕃之间。佛教机构和僧官的设置、皇室各种频繁的佛事活动，也吸引大批藏传佛教各教派的僧侣来到内地。《元史·释老传》记载，"自大德九年至十年正月，西番节续差来西僧八百五十余人，计乘铺马一千五百四十七匹，至甚频数"。仅在奉元一路，西僧"自正月至七月，往返者百八十五次，用马至八百四十余匹，较之诸王、行省之使，十多六七"⑱。

元丽之间特殊的政治关系，使得两国间人员来往的次数和规模都超过了前代。每次高丽太子入元，总有官员、学者、医生等大批随行人员。忠烈王在位 34 年，两国间往来 14 次，随行人员众多。忠烈王十年（1284 年）四月，"王与公主、世子入元，扈从臣僚一千二百余人"⑫。许多人为能随太子入元而竞争。忠烈王十五年（1289 年）十一月，太子公主入元，关于此次随行人员的组成就发生了争执，"是行，欲以扈从邀功者众，增减未定"，最后以"史官无关于事"为由把史官减了下来⑬。随行的官员、学者中以官位和学问而著名的有郑可臣、安珦、赵仁规、印侯、廉承益、薛公俭、白文节、白颐正、尹谐、闵渍、崔诚之、崔文度、朴全之等。太子及其侍从官员、学者与元代帝王、士大夫关系密切。其中安珦、白颐正、李济贤促使程朱理学传入高丽；至正二十三年，高丽人文益渐从元代带回棉籽十余枚，木棉由此传入高丽；高丽僧人来元的也比较多，在元代做官的高丽人李毅有诗题于大都西山灵岩寺曰"寺僧皆乡人"⑬。公主嫁入高丽时也有元代的大姓贵族、官员、怯怜口（私属人）、名儒学者和各种人才随行。据考证：

> 至元十一年忠烈王即位，迎齐国大长公主入高丽，一起到高丽定居的官员和大姓贵族就有杨起（清川杨氏始祖），以元都佥议侍中的身份东来；任澍（丰川任氏始祖），木绍兴兹溪人；延寿菖（谷山延氏始祖），关西弘农（今河南宝灵）人；怯怜口有印侯（延安印氏始祖）、张舜龙（德水张氏始祖）。他们都做到了高丽的大官。杨起在高丽忠宣王时拜大匡辅国崇禄大夫、上党伯、忠献公，任澍官至大将军，延寿菖官至门下大将军，印侯和张舜龙皆为将军。元至正十一年（1352），恭愍王即位，元鲁国大长公主东来，随从的有孔子五十四世孙孔昭。他以元朝翰林学士的身份入高丽，遂拜平章事，在高丽汉城的水原定居下来，并仿照曲阜孔子故里建造阙里庙。他在水原系统讲述儒家学说，影响很大。⑫

日本虽没有和元代建立通使关系，但两国之间商船往来频繁，僧侣交流较多。据考，仅史册留名的入元日僧多达 220 余人。他们不仅游历名山大刹从高僧习禅，还与文人结交，切磋文学、书画；不少元代高僧被邀往日本传教，如清拙正澄、明极楚俊，他们带去大量释藏、经史、诗文等典籍。元末，东南沿海的大批雕刻工匠到日本从事刻板事业。元朝与安南、真腊、爪哇、印度、非洲、阿拉伯半岛和欧洲国家都有往来,来华的回回人在商贸领域十分活跃,基督教传教士的足迹也遍及西北、大都和江南沿海地区。

除上述形式外,元代还有因赏赐、隐居、求学、投亲等等而迁移的情况。功臣和近侍受赏赐后迁居的有:德兴府人忽鲁虎,从太祖平定中原有功,太宗赐以东昌、广平40余户,遂徙居广平之洺水;绛州曲沃人许国祯以医术知名,被忽必烈征至潜邸掌医药,他的母亲韩氏在庄圣太后身边备医疗兼掌调配饮食。太后特赐宅真定,国祯母子即定居于此。[13]

总之,元代的人口迁移规模大、范围广、次数频繁,主要是由官方组织的人口迁移,也有人口的自发性迁移。迁移造成了人口的损耗、生产秩序的破坏和人民生活的深重灾难。至元十八年,阿剌罕、范文虎及忻都、洪茶丘等率10多万人征日本,元军溃败,蒙古人、高丽人和汉人皆被杀,江南新附军被掳为奴,"十万之众,得还者三人耳"[14]。大量民户逃亡流徙,田地摞荒,无人耕种。流民背井离乡,居无定所,缺衣少食,生活极度贫困。不过元代大规模的人口迁移对于民族融合、边疆开发和国内外的学习交流也有十分积极的影响。在元代统一的大家庭中,各民族交错杂居,交往频繁,通婚的情况越来越多。在长期的生产和生活中,他们建立了深厚的感情,都成为中华民族的组成部分。从西域迁入的伊斯兰教徒还逐渐形成了一个新的民族——回回族。迁往边疆的内地人带去了汉族先进的耕作和手工业技术,为开发边疆作出了贡献。国内外人口的迁移促进了世界文化的交流与融合。

注　释:

① 徐黎丽:《蒙元时期中亚诸民族在中国的民族过程》,《兰州大学学报》2002 年第 1 期。
② 《高丽史节要》卷 17,第 395—400 页,韩国东国文化社 1961 年版。转引自喜蕾:《元代高丽贡女制度的形成与发展》,《中国社会科学院研究生院学报》2001 年第 2 期。
③ 《元史》卷 1《太祖》。
④ 《元朝名臣事略》卷 5《中书耶律文正王传》。
⑤ 《元史》卷 3《宪宗》,卷 4《世祖一》,卷 128《阿术传》,卷 160《刘整传》。
⑥ 《元朝名臣事略》卷 5《中书耶律文正王传》。
⑦ 《元史》卷 135《塔出传》。
⑧ 《元史》卷 8《世祖五》。
⑨ 《元史》卷 13《世祖十》。
⑩ 《元史》卷 35《文宗四》,卷 36《文宗五》。
⑪ 《元史》卷 13《世祖十》。

⑫ 《元史》卷 12《世祖九》。

⑬ 《元史》卷 102《刑法一·职制上》。

⑭ 《元史》卷 1《太祖》。

⑮ 《元史》卷 13《世祖十》,卷 14《世祖十一》。

⑯ 参见喜蕾:《论元代高丽贡女制度的实质》,《内蒙古社会科学》2000 年第 6 期;《元代高丽贡女制度的形成与发展》,《中国社会科学院研究生院学报》2001 年第 2 期;《元代高丽贡宦制度与高丽贡宦势力》,《内蒙古社会科学》2002 年第 3 期。

⑰ 《元史》卷 38《顺帝一》。

⑱ 叶子奇:《草木子》卷 3 下《杂制篇》,第 63 页,中华书局 1983 年版。

⑲ 权衡:《庚申外史》,第 21—22 页,丛书集成初编本,商务印书馆 1937 年版。

⑳ 郑所南:《心史》下卷《大义略叙》。

㉑ 《元典章》卷 57《典雇妻妾》。

㉒ 《元典章》卷 56《人口不得寄养》。

㉓ 《元典章》卷 57《过房人口》。

㉔ 《元史》卷 104《刑法三·食货》,卷 105《刑法四·禁令》。

㉕ 《元史》卷 9《世祖六》,卷 10《世祖七》,卷 136《拜住传》。

㉖ 杨士奇等:《历代名臣奏议》卷 67"引郑介夫奏"上海古籍出版社 1989 年版。

㉗ 《元史》卷 103《刑法二·户婚》,卷 104《刑法三·盗贼》。

㉘ 《元史》卷 8《世祖五》,卷 11《世祖八》,卷 26《仁宗三》。

㉙ 《元史》卷 104《刑法三》,卷 105《刑法四》。

㉚ 《元史》卷 7《世祖四》。

㉛ 《元史》卷 13《世祖十》。

㉜ 《元史》卷 209《外夷二》。

㉝ 《元史》卷 134《和尚传》。

㉞ 《元史》卷 6《世祖三》,卷 16《世祖十三》。

㉟ 《元史》卷 5《世祖二》。

㊱ 《元史》卷 6《世祖三》。

㊲ 《元史》卷 10《世祖七》。

㊳ 《元史》卷 18《成宗一》。

㊴ 《元史》卷 8《世祖五》,卷 9《世祖六》,卷 13《世祖十》。

㊵ 《事林广记》别集卷 1"职官新制"条。

㊶ 《元史》卷 7《世祖四》。

㊷ 以上参见《元史》卷 83《选举志三·铨法中》,卷 16《世祖十三》。

㊸ 《元史》卷 143《余阙传》,卷 164《孟攀鳞传》,卷 167《张庭珍传》,卷 167《张础传》。

㊹ 《元典章》卷 12《迁转人吏》。

㊺ 《元史》卷 2《太宗》,《元朝名臣事略》卷 6《万户张忠武王传》,《元史》卷 14《世祖十一》。

㊻ 《元史》卷 98《兵志一》。

㊼ 《元朝名臣事略》卷4《平章鲁国文贞公传》。

㊽ 《元史》卷9《世祖六》。

㊾ 《元史》卷10《世祖七》。

㊿ 《元史》卷12《世祖九》。

51 《元史》卷13《世祖十》

52 《高丽史》卷23。

53 《元史》卷8《世祖五》,卷10《世祖七》,卷11《世祖八》,卷12《世祖九》,卷14《世祖十一》,卷15《世祖十二》,卷17《世祖十四》。

54 《元史》卷11《世祖八》,卷17《世祖十四》,卷100《兵志·屯田》。

55 《元史》卷13《世祖十》。

56 《元史》卷25《仁宗二》、卷19《成宗二》,《金华集》卷31《王都中墓志铭》。

57 《元史》卷100《兵志·屯田》,卷13《世祖十》,卷10《世祖七》,卷11《世祖八》,卷13《世祖十》,卷17《世祖十四》,卷100《兵志·屯田》。

58 《元史》卷100《兵志·屯田》,卷13《世祖十》,卷100《兵志·屯田》。

59 《元史》卷100《兵志·屯田》。

60 《元史》卷6《世祖三》,卷170《袁裕传》。

61 《元史》卷5《世祖二》,卷17《世祖十四》,卷18《成宗一》。

62 《元史》卷11《世祖八》,卷17《世祖十四》。

63 《元史》卷100《兵志·屯田》。

64 《元史》卷4《世祖一》,卷7《世祖四》。

65 《元史》卷11《世祖八》,卷14《世祖十一》。

66 《元史》卷7《世祖四》,卷11《世祖八》,卷100《兵志·屯田》,卷16《世祖十三》。

67 《元史》卷19《成宗二》,卷26《仁宗三》。

68 《元史》卷22《武宗一》。

69 详见梁方仲:《中国历代户口、田地、田赋统计》之《元代屯军屯民人户数及屯田亩数》,第322—328页,上海人民出版社1980年版;王颋:《元代屯田考》,《中华文史论丛》1983年第4辑;李干:《元代屯田的发展和演变》,《中南民族学院学报》1984年第1期。

70 李庭:《寓庵集》卷6《故宣差京兆路都总管田公墓志铭》。

71 《元朝名臣事略》卷5《中书耶律文正王传》。《元史》卷146《耶律楚材传》中为"一百一十万"。

72 《元朝名臣事略》卷6《万户张忠武王传》。

73 吴澄:《吴文正公文集》卷35《同知深州事崔君墓表》。

74 《元史》卷159《宋子贞传》,卷150《张荣传》。

75 《元朝名臣事略》卷5《中书耶律文正王传》。

76 见《元史》卷98《兵志一》:"元籍诸路民户一百万四千六百五十六户"。关于此次人口清查的数字,史料中有不同的记载。《元史》卷2《太宗》载"括中州户,得户七十三万余",次年"复括中州户口,得续户一百一十余万";卷58《地理志》载"七年乙未,下诏籍民,自燕京、顺天等三十六路,户八十七万三千七百八十一,口四百七十五万四千九百七十五";卷157《刘秉忠传》载"天下户过百万"。宋子贞《中书令耶律公神道碑》载

"初籍天下户,得一百四万"。

⑦⑦ 《元史》卷98《兵志一》。

⑦⑧ 《元史》卷157《刘秉忠传》。

⑦⑨ 陈高华：《元代的流民问题》,《元史论丛》第4期,第135页,中华书局1992年版。

⑧⓪ 《元史》卷5《世祖二》,卷7《世祖四》,卷8《世祖五》,卷9《世祖六》。

⑧① 《元史》卷157《张文谦传》,卷123《哈八儿秃传》。

⑧② 《元史》卷14《世祖十一》。

⑧③ 《元史》卷15《世祖十二》。

⑧④ 《元史》卷16《世祖十三》。

⑧⑤ 《元史》卷20《成宗三》。

⑧⑥ 程矩夫：《雪楼集》卷21《王君墓志铭》。

⑧⑦ 《元史》卷22《武宗一》。

⑧⑧ 苏天爵：《滋溪文稿》卷17,第280页,中华书局2007年版。

⑧⑨ 《元史》卷33《文宗二》,卷138《伯颜传》。

⑨⓪ 《元典章》卷49《刑部十一·警迹人》。

⑨① 《元史》卷103《刑法二·户婚》。

⑨② 《元史》卷29《泰定帝一》。

⑨③ 《元史》卷30《泰定帝二》,卷33《文宗二》,卷41《顺帝四》。

⑨④ 《元典章》卷3《圣政二·恤流民》。

⑨⑤ 《元史》卷6《世祖三》,卷36《文宗五》,卷16《世祖十三》。

⑨⑥ 《元史》卷21《成宗四》。

⑨⑦ 《元史》卷13《世祖十》。

⑨⑧ 拉施特：《史集》第1卷第2分册,第359—360页,余大钧、周建奇译,商务印书馆1983年版。

⑨⑨ 道润梯步：《新译简注蒙古秘史》卷9,第249、253—254页,内蒙古人民出版社1979年版。

⑩⓪ 见《元史》卷102《刑法一》、卷103《刑法二》、卷104《刑法三》、卷105《刑法四》。

⑩① 《元史》卷21《成宗四》。

⑩② 《元史》卷102《刑法一》,卷103《刑法二》。

⑩③ 《元史》卷8《世祖五》。

⑩④ 《元史》卷30《泰定帝二》。

⑩⑤ 《元典章》卷22《户部八·课程·盐课》。

⑩⑥ 《元典章新集·刑部·刑制·刑法》"发付流囚轻重地面"条。

⑩⑦ 冯修青：《蒙元帝国在高丽的流放地》,《内蒙古社会科学》1992年第3期。

⑩⑧ 《元史》卷33《文宗二》。

⑩⑨ 《元史》卷178《王结传》。

⑩⑩ 《元史》卷103《刑法二·职制下》。

⑪① 《元史》卷21《成宗四》,卷26《仁宗三》,卷41《顺帝四》。

⑪② 《元史》卷29《泰定帝一》。

⑬　《元史》卷33《文宗二》,卷36《文宗五》。

⑭　《元史》卷32《文宗一》,卷33《文宗二》。

⑮　《元史》卷134《刘容传》。

⑯　《元史》卷133《也速焟儿传》,卷135《阿沙不花传》,卷123《阿儿思兰传》,卷132《杭忽思传》,卷133《也罕的斤传》,卷123《捏古剌传》。

⑰　《元史》卷59《地理二》。

⑱　《元史》卷209《外夷二·安南》

⑲　《元史》卷154《洪福源传》。

⑳　《元史》卷24《仁宗一》、卷32《文宗一》、卷38《顺帝一》、卷22《武宗一》、卷40《顺帝三》。

㉑　《元史》卷12《世祖九》,卷13《世祖十》,卷15《世祖十二》。

㉒　《元史》卷17《世祖十四》。

㉓　《元史》卷42《顺帝五》。

㉔　《元史》卷124《孟速思传》,卷8《世祖五》。

㉕　苏天爵:《滋溪文稿》卷20,第341页,中华书局2007年版。

㉖　《元史》卷13《世祖十》。

㉗　《元史》卷4《世祖一》,卷28《英宗二》。

㉘　解缙:《永乐大典》卷19420,中华书局1986年版。转引自王献军:《元代入居内地德藏族人》,《海南师范学院学报》2003年第1期。

㉙　《高丽史》卷30。

㉚　《高丽史》卷30。

㉛　李毅:《稼亭集》卷16《题西山灵岩寺》。转引自桂栖鹏:《入元僧人考略》,《西北师大学报》2001年第2期。

㉜　常大群《高丽入元太子与丽元文化交流》,《山东师大学报》2001年第4期。

㉝　《元史》卷166《石高山传》,卷168《许国祯传》。

㉞　《元史》卷208《外夷一》。

第五章　元代的人口素质

第一节　元代人口的身体素质

一、元代人口寿命

在中国古代社会,生产力水平较低,生存条件尤其是食物的获取没有保障,人口平均寿命很低。根据学者对周口店北京猿人化石的分析,69.2%的猿人化石年龄在14岁以下①。在夏商时期,人口的平均寿命只有18岁左右,秦和西汉时期约为20岁,东汉时约为22岁,唐代27岁,宋代30岁,清代约33岁,1928年至1933年间约为35岁。②可见,人类的平均寿命整体上呈上升趋势,人口平均寿命的高低反映了所处时代的生产力发展水平,也就是说,人口平均寿命的高低受社会发展阶段的限制,亦即受生产方式的制约。

（一）平均寿命的测算

袁祖亮先生在《中国古代人口史专题研究》一书中对中国古代人口的平均死亡年龄做了专题研究,认为中国封建社会的平均寿命是22岁。受此启发,笔者收集了一些元代个人寿命的相关资料,得到有效数据③873个,共收录元代个人寿命资料873条(见附录一《元代个人寿命资料》)。其中:

363个寿命数据收录自《元史》的《本纪》和《列传》;

309个寿命数据收录自[清]钱保塘编《历代名人生卒录》(北京图书馆出版社2002年版),主要来自《元诗选》、《元文类》、《清容集》、《剡源集》及一些元代文集、墓志;

127个寿命数据收录自苏天爵《滋溪文稿》(中华书局2007年版);

74 个寿命数据收录自元代的文集、墓志、碑刻或现代的历史人物、人名检索工具书、元代研究著述中的资料④。

出自《元史》、《滋溪文稿》、《国初群雄事略》的都是笔者摘录的一手资料,部分二手资料已对照历史文献记载加以核对。

根据这些元代个人寿命数据,笔者考察了资料中不同群体的平均寿命(虚岁)。

1. 总平均寿命

873 人的寿命总数为 56823 岁,总平均寿命 65.1 岁。其中百岁以上 4 人,2 男(官吏)2 女(平民)。

2. 男女平均寿命

男性 803 人,寿命总数 51976 岁,平均寿命 64.7 岁;女性 70 人,寿命总数 4847 岁,平均寿命 69.2 岁。

3. 帝王、官吏的平均寿命

帝王 15 人,寿命总数 675 岁,平均寿命 45 岁;官吏 704 人,寿命总数 45697 岁,平均寿命 64.9 岁。由此看来,坐拥天下的帝王并不长寿,低于总平均寿命 20 岁。官吏的平均寿命与总平均寿命基本一样,死亡年龄集中在 40 岁至 90 岁之间。

元代官吏死亡年龄结构

官吏寿命(岁)	≤19	20—29	30—39	40—49	50—59	60—69	70—79	80—89	90—99	≥100
人数	1	5	19	68	136	199	172	91	11	2
所占比例(%)	0.14	0.71	2.70	9.66	19.32	28.27	24.43	12.93	1.56	0.28

4. 文人、艺术家、隐士、僧人的平均寿命

文人、艺术家包括哲学家、史学家、诗文家、词曲家、书画家、剧作家、藏书家、学者等 95 人,寿命总数 6341 岁,平均寿命 66.7 岁;隐士 15 人,1049 岁,平均寿命 70 岁;佛教僧人 19 人,寿命总数 1297 岁,平均寿命 68.3 岁。文人艺术家的平均寿命比总平均寿命略高,隐士、僧人比较长寿。

5. 民族人口的平均寿命

蒙古族 72 人,寿命总数 3745 岁,平均寿命 52.0 岁。

汉族 714 人,寿命总数 47787,平均寿命 66.9 岁。

其他民族共 87 人,寿命总数 5291 岁,平均寿命 60.8 岁。主要民族的平均寿命分别为:畏兀儿 19 人,寿命总数 1274 岁,平均寿命 67.1 岁;契丹 20 人,寿命总数 1210 岁,平均寿命 60.5 岁;旺古 8 人,寿命总数 389 岁,平均寿命 48.6 岁;康里 8 人,寿命总数 419 岁,平均寿命 52.4 岁;唐兀 6 人,寿命总数 387 岁,平均寿命 64.5 岁;

女真 5 人,寿命总数 333 岁,平均寿命 66 6 岁;藏族 5 人,寿命总数 321 岁,平均寿命 64.2 岁;钦察 4 人,寿命总数 246 岁,平均寿命 61.5 岁;回回 4 人,寿命总数 252 岁,平均寿命 63 岁。其他民族由于人数太少,无法计算平均寿命。

可见畏兀儿、汉族的平均寿命比总平均寿命略高,契丹的平均寿命也较长,蒙古族则大大低于总平均寿命。其他民族由于收录人数较少,都不及 10 人,不能作为民族平均寿命的参考数据。

6. 家族人口的平均寿命

元代家族人口寿命偏低的例子有:蒙古族木华黎家族,木华黎 54 岁因病去世,他的儿子孛鲁只活到 32 岁,孙子塔思更是短命死时只有 28 岁。他的四世孙安童 49 岁,五世孙兀都带 31 岁,六世孙朵儿只 52 岁,七世孙朵尔直班 40 岁,七代 7 人平均寿命 40 岁。旺古族汪世显 49 岁,儿子德臣 36 岁、良臣 51 岁,孙子惟正 44 岁,三代 4 人平均寿命 45 岁。契丹人耶律留哥 56 岁,长子薛阇 46 岁、次子善哥 52 岁,孙子收国奴 45 岁,重孙古乃 36 岁,四代 5 人平均寿命 47 岁。汉族杨邦宪 43 岁,儿子赛因不花 40 岁;李守贤 46 岁,儿子李毅 49 岁;赵天锡 50 岁,儿子贾亨 57 岁。

元代家族人口寿命偏高的例子有:蒙古族镇海 84 岁,儿子勃古思 81;速不台 73 岁,儿子兀良合台 72 岁等。汉族邸顺 74 岁,儿子邸浃 77 岁;杜丰 67 岁,儿子思敬 86 岁;张荣 73 岁,儿子奴婢 75 岁等。

7. 实际平均寿命的推算

由于搜集到的数据大部分是元代中上层官吏的寿命,因此平均寿命比元代总人口的实际平均寿命偏高。现据此来推算一下元代人口的实际平均寿命。在中国封建社会,出生率一般在 35‰—40‰,死亡率在 25‰—30‰,人口自然增长率为 10‰左右。也就是说,每有一个成活以至成年的,同时将有 2.5—3 个人夭折死去。假若资料中的这些人是同一时期成活的人,则有 874 人成年,意味着将有 2185—2622 人夭亡。他们的累计寿命是 56902,则其平均寿命为 22 岁—26 岁。由于本书所收集数据大多是官吏的寿命,平民的平均寿命比官吏的偏低;同时这些数据大多是男性的寿命,而女性的平均寿命往往比男性和总人口的偏高;加之夭折者的死亡年龄并非都为 0 岁,估计元代人口平均寿命为 25 岁左右。⑤ 从其他学者的研究来看,宋代人口的平均寿命为 30 岁,元代与宋代处于同一历史发展阶段,但是长时间大范围的战乱会使元代人口的平均寿命比宋代有所降低,但不会低于中国封建社会的平均寿命 22 岁。

(二)影响元代人口寿命的主要因素

20 世纪的科学研究指出,人类的自然寿命为 100 岁—120 岁。2005 年年初,德国媒体报道:据研究人员称,生物芯片技术的应用推广,让人类的很多疑难杂症得以救治,人类活到 150 岁不是梦。WAGNER 芯片体现出的远离疾病、延长寿命的卓越功能已经得到世界各国科学家的公认,目前已在欧美、日本和中国等地尝试推广。而俄罗斯人正在研究 800 岁的长寿药,能否成功还不得而知。⑥在我国古代,各个历史时期都有百岁老人的记载,可见,长命百岁早就是人类可以突破的极限。在笔者搜集的资料中,元代的百岁老人有 4 位,分别是 100 岁的汉族平民蒋氏(女)、102 岁的回鹘官吏阿剌瓦丁、103 岁的汉族平民林氏(女)和 118 岁的赛夷官吏扎八儿火者。然而人类在生存和发展的过程中,不可避免地要受到各种因素的影响和制约,从而对人口寿命增长产生积极或消极的作用。在此,笔者仅对影响元代人口寿命的几个主要因素做简要分析。

1. 疾疫导致人口寿命降低

人类平均寿命的每一次飞跃都与医学的发展和进步密切相关。与前代相比,元代的医学理论和医疗技术均取得了一定的进步和发展,被誉为医学"金元四大家"中的李杲和朱震亨都是元代的名医。为改善人们的就医条件,元统治者采取了一些积极措施。一是设置了一些面向下层的官方的医疗机构,如广惠司、广济提举司和各路惠民药局,专门为宿卫军士、京师孤儿和全国贫民等提供医疗服务;二是兴办医学,培养专业人才;三是组织医学教授整理修缮《本草》等医学书籍;四是注重医学的学习和交流,对内吸收各族尤其是汉族先进的医学成果,对外引进回回医药和医学人才,形成汉回并用的独特的医事制度;五是加强对医学、医药和行医人员的管理。禁止卖伪药,"违者重罪之",对那些不经过学习和考试、不懂医术而以针药杀人的庸医要处以"杖一百七,征烧埋银"的刑罚⑦。

医学技术水平的提高和统治阶级的以上措施在一定程度上改善了当时平民百姓的医疗条件,但所起的作用是十分有限的。在元代,各种各样的疾病和瘟疫仍然是导致人口死亡的最主要的因素。即使是一般的疾病,很多人也难以逃脱它对生命的威胁,就连物质条件优越、医疗保障优先的统治阶级上层也常在青壮年时就被疾病夺去生命,定宗死时 43 岁,成宗死时 42 岁,睿宗和显宗 40 岁,仁宗和泰定帝 36 岁,武宗 31 岁,文宗和顺宗都只有 29 岁。

各种传染病的滋生和蔓延,往往造成同一时期大范围的人口死亡。尤其是在战争和灾害期间,天灾人祸伴随着疫情的扩展,人口的死亡比例更高。如至大元年,江浙地区"饥荒之余,疫疠大作,死者相枕藉";至正十三年,"大同路疫,死者太半";至顺二年,衡州路属县先后遭遇旱灾、蝗灾和水灾,草木都被百姓吃光,"又疫疠,死者十九"⑧。

从导致人口死亡的疾病来看:有的是胃肠道疾病,如顺帝就死于痢疾,旺古族官员汪惟正死于腹疾。有的是寒疾,如揭傒斯任修辽、金、宋三史总裁官,"留宿史馆,朝夕不敢休,因得寒疾,七日卒"⑨。不少军将都死于金疮,应该是战争中受兵器所伤而导致的伤口感染。百家奴"至大四年,金疮发,卒于家"⑩。有的是水土不服引发的疾病,如蒙古将领纽璘率领蒙古军队与宋将吕文焕在成都作战时,军士"不耐其水土,多病死"⑪。到湖广、西南等地的人由于水土不服易患"瘴疠",往往不治而亡。至元二十四年,行尚书右丞爱鲁领兵征交趾,次年"感瘴疠卒"⑫。武宗时,也速答儿南征叛蛮,"感瘴毒,还至成都卒"⑬。刘国杰长期在湖广、福建、云南地区领军作战,"久行边,患瘴,至是病笃",不久病故。⑭由于惧怕这种病,朝廷调遣的官吏都不敢到这些地方来赴任。

2. 食物缺乏导致人口寿命降低

食物缺乏主要由以下两种情况引起:一是人口过剩,物质生产与人口生产失衡,无法提供足够的食物来满足人口生存的基本需要;二是各种自然灾害和长期大范围的战乱,破坏了正常的生产和生活秩序。在元代,食物的缺乏主要是第二种情况引起的。

自成宗大德后,水旱火蝗、雨雹雪霜、地震等各种灾害的记载不绝于书,各地饥民动辄数十万乃至数百万户,由于食物缺乏,"人相食"的惨状时有发生。成宗大德年间,"数有星变及风水之灾,民间乏食"。大德四年,建康、常州、江陵的饥民就多达849000余人⑮。武宗和泰定朝,这种状况仍未得到改观。文宗天历二年,"河南府路以兵、旱民饥,食人肉事觉者五十一人,饿死者千九百五十人,饥者一万七千四百余人",陕西、河东、燕南、河北、河南诸路流氓有十数万,"自嵩、汝至淮南,死亡相藉";至顺元年,广德、太平、集庆等路饥民有数百万户⑯。到了元末顺帝时期,"灾异屡起,河决地震,盗贼滋蔓",各地饥民的数量高达千万⑰。可见,天灾人祸使人们连基本的生存都难以得到保障。

3. 不良的生活习惯导致人口寿命降低

饮酒过度。饮酒适量对人的身体健康和长寿是有益的,而饮酒过度特别是长期的酗酒往往损害身体健康,引发各种疾病。元代名医罗天益就发现:"故近年中风、虚劳、消狂、疮疡、癖积、衄蔑、芒毒、下血者多有之,大概由朝醉夕醒、耽乐为常而得之也",为此他提醒人们"凡饮酒之际,切宜慎之、戒之也"⑱。蒙古族酗酒之风十分普遍。13世纪30年代前往燕京的南宋使臣说:"鞑人之俗,主人执盘盏以劝客,客饮若少留涓滴,则主人更不接盏,见人饮尽乃喜……终日必大醉而罢。"⑲蒙古人常患足疾和其他一些疾病,就与过度饮用马奶酒有关。《元史》记载世祖"过饮马湩",得足疾且反复发作⑳。蒙古帝王就有嗜酒的典型。如太宗窝阔台"素嗜酒,晚年尤甚,日与诸大臣酣饮",仁宗"饮酒常过度"[21]。长期过度饮酒还会直接导致生命的终结,如蒙古人忙哥撒儿就是"病酒而卒"[22]。

纵欲过度。关于房室卫生,元代李鹏飞将前人关于性卫生的论述加以收集、整理,撰成《三元延寿参赞书》,提出一系列有见地的主张。他认为男女相需合乎自然之道,提出"欲不可绝",同时又辩证地提出性生活的适度、节制对人体有着重要的养生意义。在我国封建社会,帝王后宫嫔妃众多,更有贪恋女色的昏君不理朝政,热衷于广纳美女,来满足个人无边的欲望。元代的亡国之君顺帝就是这样一个典型人物。当时的一位大臣哈麻投其所好,特意找来西天僧和西蕃僧,向顺帝传授"演揲儿法"(华言大喜乐)和"秘密法",并大尽蛊惑之言曰:"陛下虽尊居万乘,富有四海,不过保有见世而已。人生能几何,当受此秘密大喜乐禅定"。于是顺帝"日从事于其法,广取女妇,惟淫戏是乐",兄弟臣子"皆在帝前相与亵狎,甚至男女裸处,号所处室曰皆即兀该,华言事事无碍也。君臣宣淫,而群僧出入禁中,无所禁止,丑声秽行,著闻于外,虽市井之人,亦恶闻之"[23]。所谓演揲儿法、秘密法,其实都是房中术。一些达官贵人和恶霸豪强也是妻妾众多,色欲无边,强取民女,为害一方。至治年间,铅山州的地方豪强吴友文,夺人妻女 11 人为妾。河南的刘万户贪淫暴戾,强取有姿色的民女 30 余人。文宗时期的权臣燕铁木儿倚仗文宗的纵容,更是肆无忌惮,不仅娶了泰定帝的皇后为夫人,还前后娶宗室之女 40 人,"后房充斥不能尽识",最终"荒淫日甚,体羸而薨"[24]。

4. 精神因素对人口寿命的影响

俗话说:"身病好治,心病难医"。在影响人口寿命的诸多因素中,性格和情绪等内在精神因素对身体健康和寿命的影响也不可忽视。喜、怒、忧、思、悲、恐、惊,在我国医学中被称为"七情"。情绪变化本为正常的精神活动,但如果波动剧烈或持续过久,就会影响人体的生理机能,所谓大怒伤肝、暴喜伤心、悲忧伤肺、惊恐伤肾、思虑伤脾,可引发各种疾病、加重病情,甚至造成猝死。

世祖朝皇太子真金的英年早逝就和过度恐惧有直接关系,可以说他就是被吓死的。真金是一位天性大雅不群、中外归心的十分理想的皇位继承人,可是世祖是元代少见的最长寿的一位皇帝,70 多岁还健在,"江南行台监察御史言事者请禅位于太子,太子闻之,惧。台臣寝其奏,不敢遽闻,而小人以台臣隐匿,乘间发之。世祖怒甚,太子愈益惧,未几,遂薨,寿四十有三"[25]。

过度的忧愤和思虑不利于身体健康和长寿。顺宗的皇后答己将英宗扶上皇位,即位后她来祝贺,不料英宗对她十分冷漠,遂饮恨成疾,不久驾崩;王槃奉命出使南宋议和,往来五次也没有达成协议,"隐忧致疾,卒于南";刘整在灭南宋的战争中因被首将制止渡江,结果由丞相伯颜取得战功,消息传来,刘整当晚"愤惋而卒";蒙古将领答失八都鲁元末与起义军作战,不慎中计,"一夕忧愤死";陕西行台中丞张养浩见关中大旱,饥民相食,"到官四月,未尝家居,止宿公署,夜则祷于天,昼则出赈饥民,终日无少息。每一念至,即抚膺痛哭,遂得疾不起,卒年六十"。㉖

亲近的人辞世是大悲,从感情上来说这种情绪一般不容易控制,再加上古代丧礼和道德的要求和束缚,对年轻人和老年人都会造成致命的打击和伤害。大臣孛鲁听到太祖驾崩的消息,"哀毁遘疾",死时只有 32 岁;李大用、乌古孙泽、王恂、王守诚等都因居父母丧,"以哀毁卒";建宁浦城人李智贞的丈夫病故,她"悲泣不食,数日而死";曹伯启的长子英年早逝,年近八旬的他前去奔丧,没等丧礼到期就去世了。㉗中年丧子的刘因更为典型。至元末年,世祖下诏遣使请刘因出任集贤学士、嘉议大夫,他以有病为由坚决推辞,在上书中详细说明了自己的情况:"因素有羸疾,自去年丧子,忧患之余,继以沾疟,历夏及秋,后虽平复,然精神气血,已非旧矣。不意今岁五月二十八日,疟疾复作,至七月初二日,蒸发旧积,腹痛如刺,下血不已。至八月初,偶起一念,自叹旁无期功之亲,家无纪纲之仆,恐一旦身先朝露,必至累人,遂遣人于容城先人墓侧,修营一舍,傥病势不退,当居处其中以待尽。遣人之际,未免感伤,由是病势益增,饮食极减。"事隔不到两年,刘因就去世了,年仅 45 岁,没有留下子嗣。㉘可见刘因的早逝除了疾病外,更重要的原因是中年丧子的强烈精神打击和无子的过度悲伤。

相反,如果能够较好地控制个人情绪,养成宽宏大量、开朗乐观的性格,就会延年益寿。熊朋来"动止有常,喜怒不形于色",活了 78 岁;董朴为人"清而通,和而介",无疾而终,85 岁;姚枢"天质含弘而仁恕,恭敏而俭勤,未尝疑人欺己。有负其德,亦不留怨。忧患之来,不见言色",78 岁;刘肃"性舒缓",76 岁;欧阳玄"性度雍容",85岁;尚野"性开敏,志趣正大",76 岁;杨昊"善谐谑,闻者绝倒",75 岁;张翥也没有子嗣,但他与刘因不同,"平日善谐谑,出谈吐语,辄令人失笑,一座尽倾",83 岁。㉙

孔子说"仁者寿",又解释说"仁者爱人",可见高尚的品格和良好的道德修养也是健康长寿的秘诀之一。杨奂"不治生产,家无十金之业,而喜周人之急,虽力不赡,犹勉强为之。人有片善,则委曲称奖,唯恐其名不闻;或小过失,必尽言劝止,不计其怨也",70 岁;徐世隆"襟度宏博,慈祥乐易,人忤之无愠色。喜宾客,乐施与",80 岁;王约"平居襟度和粹,谦抑自持,后进谒见,必加礼貌;俸禄所入,布散姻族,外及贫士",82 岁;窦默"为人乐易,平居未尝评品人物,与人居,温然儒者也",85 岁。㉚(以上各人寿命不注明出处的均见附录一《元代个人寿命资料》)

此外,家族遗传、自然环境、气候、人口政策、风俗习惯等等都会影响人口寿命。

实际上,以上诸多因素往往相互影响、相互作用,共同对人口寿命产生作用。比如灾害和战乱容易导致流行病和瘟疫的发生和蔓延,导致人口寿命降低;不良的生活习惯和消极的精神状态会直接影响身体健康甚至加重病情、加速死亡。

二、元代人口身高

(一)蒙古人的一般身高

多桑对十三世纪初鞑靼民族的体貌特征描述道:"此种鞑靼民族之容貌,与中国人尚相近,然与大地其他民族不难判别。眼褐色,斜向鼻,颊大颧高,鼻平唇厚,头面圆,带橄榄色,颐下少须","今日其后裔,若蒙古人,喀耳木人,不里牙惕人,尚复如是。其身长大致不逾中人,肩阔腰细"。③由此推断,蒙古人的身高大多为当时的中等身材偏下。宋人孟珙在《蒙鞑备录》中记载鞑靼(即蒙古)有白鞑靼、生鞑靼和黑鞑靼三种。成吉思汗和他身边的臣属都是黑鞑靼。"大抵鞑人身不甚长,最长者不过五尺二三,亦无肥厚者。其面横阔而上下有颧骨,眼无上纹,发须绝少,形状颇丑。惟今鞑主忒没真者,其身魁伟而广颡长髯,人物雄壮,所以异也"。按照宋代的官尺(1 官尺 =31 厘米)计算,蒙古人较高者在 161 厘米—165 厘米左右。铁木真的具体身高没有记载,不过从身材"魁伟"的描述判断,其身高应当在 5.5 宋尺即 170 厘米以上。

(二)元代成年男子的身高

笔者从元代史料中收集到一些元代成年男性的身高数据,可分为六尺以下、七尺、八尺、九尺四个等级。

六尺以下为矮。《元史·邓文原传》载:张福儿"身不满六尺,未见其长也"②。可见,在元代男子身高在六尺以下是比较矮的了。

身高六尺。《滋溪文稿》载:萧𣂏"身长六尺,修髯如画,望之可敬"。③

七尺以上为魁伟。《元史·隐逸传》载:杜瑛"长七尺,美须髯,气貌魁伟"④。《国初群雄事略》载:方谷(国)真"长七尺,状貌魁梧"⑤。其他记载身高七尺的还有汉族人张柔、蒙古人木华黎及其五世孙乃蛮台、北庭人察罕帖木儿。⑥蒙古人别的因"身长七尺余,肩丰多力,善刀舞,尤精骑射",又有河南强盗"为首者十辈来,身长各七尺余"⑦,都是当时身材比较高大者。

身高八尺。元代的将领中有身高达八尺者,皆身强力壮,如蒙古人纽儿杰"身长八尺,有勇力,善骑射,能造弓矢",畏兀人阙里别斡赤"身长八尺",隋世昌"善骑射,身长八尺,锻浑铁为枪,重四十余斤,能左右击刺",史天泽"身长八尺,音如洪钟,善骑射,勇力绝人"。⑧元末人明玉珍自称皇帝,国号大夏,"有异相,身长八尺,目有重瞳"。⑨

身高九尺。西夏人余阙迁居内地合肥后记述道:"肥之戍一军皆夏人。人面多黎墨,善骑射,有身长至八九尺者"[⑩]。

为了更直观地反映这些身高数据,我们需要将元代的尺度换算为现在常用的身高尺度厘米。很多学者在考证中国古代的尺度时,由于元代的资料缺失而无法就元尺和现代厘米之间的换算关系得出结论。目前笔者见到的明确结论有三种:吴承洛先生认为元代 1 官尺 = 30.72 厘米,郭正中认为 1 官尺 = 39.5 厘米—41.2 厘米,杨平认为 1 官尺 = 34 厘米—35.6 厘米。[⑪]其中吴先生的结论是直接从他对宋代官尺与现代厘米之间的换算关系推论而来的,也就是说元代沿袭了宋代的尺度。按照三者中的这个最低标准换算,元代不满六尺的矮个子张福儿将近 180 厘米,身高九尺的西夏军士则成了高达 276.48 厘米的巨人,这显然是不切实际的。因此以上三种元代官尺的结论都不可用于元代人口身高尺度的换算。笔者根据我国古尺的演变和元代历史背景,就元代人口身高尺度与现代厘米之间换算关系做了推算。

自秦汉以来,历代王朝都实行不同的度量衡制度,尺的标准也常常发生变化。即使在同一个朝代,官方和民间、中央和地方的用尺也不相同,不同行业也有不同的用尺。对于推算人口身高来说,最有参考价值的应当是裁缝工匠所用的尺子——衣工尺,也称裁尺或布尺。从历代尺度的演变过程来看,尺度在变化的同时一直保持着鲜明的历史继承性,其中以王莽时期的度量衡制度影响最为深远。忽必烈统一全国后,积极推行汉法,仿效前朝建立起一整套封建统治制度,在尺度方面很可能也借鉴了宋代的标准。据学者考证,宋代的尺共有 21 等,从出土实物看长度在 23.78 厘米—32.9 厘米之间。其中官尺(又称太府尺、三司布帛尺、省尺、京尺、大尺)为第一等尺,是宋代的常用尺度,约为 31 厘米,主要用于朝廷征收租税和度田;但是从上文中笔者用吴承洛先生宋元官尺所作的身高换算来看,已经排除了用宋代官尺来换算元代人口身高的可能性。宋代地方性的尺子比较知名的有淮尺、浙尺和闽尺,分别相当于 37.44 厘米、27.5 厘米、28.3(27)厘米,它们主要用于本地区的生产交换活动。宋代天文测量的影表尺和调钟律的乐尺(也称律用尺)大都用小尺,其中影表尺合 24.51 厘米,丁度律尺合 23.78 厘米,胡瑗律尺合 24.51 厘米。如果以小尺 24.51 厘米作为换算元代人口身高的尺度标准,则 6 尺 = 147.26 厘米、7 尺 = 171.57 厘米、8 尺 = 196.08 厘米、9 尺 = 220.59 厘米,这样的结果看起来还比较可信。可是宋代的小尺和衣工尺有没有关系,能不能作为换算人口身高的标准呢?据梁方仲先生考证,宋代的大尺和小尺是自唐代度量衡制度的大制和小制承袭而来的,唐代朝廷制官服的裁尺和律用尺、影表尺一样都用古制小尺,而民间裁衣和课征绢布都用大尺(万国鼎推算唐小尺 = 24.5784 厘米,唐大尺 = 29.49408 厘米;杨宽推算唐小尺 = 25 厘米,唐大尺＝30 厘米）。㊷宋承唐制,那么宋代官用的衣工尺也很可能与调律、测影一样都采用的是宋代的小尺。这样以宋代的小尺为标准来推算元代的人口身高就有了一定的历史依据。不过从历代尺度发展变化由小到大的规律来看,宋代小尺的单位应当略高于唐代小尺,因此笔者认为以 24.51 厘米作为宋代小尺的长度有些偏小,但最大也不过 25 厘米左右。如果按照 25 厘米为标准再作换算的话,则 6 尺＝150 厘米、7 尺＝175 厘米、8 尺＝200 厘米、9 尺＝225 厘米。

在此基础上,笔者对元代成年男子的身高状况初步得出以下结论:六尺以下不足 150 厘米者为矮,七尺以上 175 厘米左右者比较高大和常见,八尺 2 米左右者十分高大且少见,九尺 2.2 米左右者异常高大和稀有;元代成年男子的一般身高应当在 165 厘米—175 厘米。

三、元代人口异常现象

(一)人口生育的异常现象

1. 妊娠期异常和生育畸形

我国民间有"十月怀胎"的俗语,这是按照中国的传统历法来计算的,妊娠期过长或过短都是异常现象。相关记载有:

> 至元二十年四月,固安州王得林妻张氏怀孕五月生一男,四手四足,圆头三耳,一耳附脑后,生而即死,具状有司上之。

> 黄溍,字晋卿,婺州义乌人。母童氏,梦大星坠于怀,乃有娠,历二十四月始生溍。溍生而俊异,比成童,授以书诗,不一月成诵。迨长,以文名于四方。

> 真定民刘驴儿有三乳,自以为异,谋不轨。㊸

第一条史料是典型的早产,根据现代医学的解释,人体(孕期妇女)自身具有对胚胎的选择功能,如果胚胎先天发育异常,往往引起自然流产。第二条史料记载的妊娠期居然长达 24 个月。历史上也有超出正常妊娠期的记载,而像这里记载的 24 个月极为罕见。

2. 多胞胎

史料中有不少元代多胞胎生育的记载,按时间先后摘录如下:

> [中统二年九月]河南民王四妻靳氏一产三男,命有司量给赡养。

> [至元二年正月]武城县王氏妻崔一产三男。

> [至元八年]邓州军户张二妻,一产三男。都省拟免三年杂役。

> [至元十年八月]甲寅,凤翔宝鸡县刘铁妻一产三男,复其家三年。

> [至元]二十年二月,高州张五妻李氏一产四子,三男一女。

[至元二十二年四月]壬子,江陵夌张二妻邓氏一产三男。

[至元]二十八年九月,襄阳南漳县民李氏妻王一产三子。

大德元年五月,遂宁州军户任福妻一产三男。十一月,辽阳打雁孛兰奚户那怀妻和里迷一产四男。

[大德四年四月]壬子,高邮府宝应县民孙奕妻朱氏一产三男,蠲复三年。

[大德]十年正月,江州湖口县方丙妻甘氏一产四男。

泰定元年十月乙卯,秦州成纪县赵思直妻张氏一产三子。

[泰定四年十二月]绛州太平县赵氏妇一产三子。

[致和元年三月]壬辰,太平路当涂县杨氏妇一产三子。

[后至元元年春正月]丙午,云南妇人一产三男。

[至正]二十三年五月,霸州民王马驹妻赵氏,一产三男。六月,亳家务李闰妻张氏,一产三男。[44]

以上共记载 17 例元代一胎多育的现象,其中三胞胎 14 例、四胞胎 3 例,多胞胎中只有 1 名女性,分布地域比较广泛:北到辽阳,南到云南,东到河南高邮府,西到山西绛州。对此,《唐志》中的解释为:"物反常为妖,阴气盛则母道壮也"[45]。尽管如此,元代统治者对这一人口生育的异常现象采取了重视和敬畏的态度,不仅对多胞胎家庭给予减免赋役和官府帮助赡养的优待政策,而且收录在帝王本纪和《五行志》中。

(二)人口发育的异常现象

[至元元年正月]汴梁祥符县市中一乞丐妇人,忽生髭须。

至正九年四月,枣阳民张氏妇生男,甫及周岁,长四尺许,容貌异常,皤腹拥肿,见人辄嬉笑,如世俗所画布袋和尚云。[46]

第一条史料应当是雄性激素分泌过量导致的外貌特征变异;第二条史料是体貌与智力均发育异常,很可能是先天性因素造成的。

第二节　元代人口的文化科学素质

文化科学素质是指人口的文化知识、科学技术水平、生产经验和劳动技能等。由于社会发展阶段的差异和史料限制,元代人口文化科学素质的研究无法象现代人口研究那样以大量精确而全面的数据统计为评价指标,只能以探寻和分析一些有关的历史现象为主。

一、元代教育的恢复发展与全国人口文化素质总体提升

蒙古统治者进入中原后，已经认识到了本民族文化的落后与薄弱。本着开放宽容、兼收并蓄的原则，蒙古统治者不断完善和加强官办教育，同时恢复和发展民间教育，动员利用中外各民族的智慧和力量，在全国范围大力发展教育事业，提升人口的文化科学素质。正如恩格斯所说："显而易见，社会成员中受过教育的人会比愚昧无知的没有文化的人给社会带来更多的好处。"[47]

元代的教育主要有各级学校教育、书院教育、家学、游学和军队教育等。其性质有官办、民办和官民合办等类型，教学对象、教学内容和培养目标也有所不同。

（一）开办各级学校教育

元代的学校教育始于太宗时期，世祖时接受大臣刘秉忠"以马上取天下，不可以马上治"的建议，在全国范围先后设立并完善了国子学、路府州县学、蒙古字学、医学和阴阳学等各级各类学校，订立了学制学规和人才选拔等各项制度，为元代的学校教育奠定了基础。元代学校归大司农司掌管。至元二十三年（1286年），大司农司上报全国诸路学校共20166所，两年后增加到24400余所。[48]到世祖末至元二十八年，全国共设学校21300余所，如果以三十年全国路、府、州、县共1775个的总数平均计算，则每处约有学校12所。[49]此后历朝蒙古帝王多次下诏"勉励学校"、"兴举学校"。

1. 京学

京学设在京师，有儒家国子学、蒙古国子学和回回国子学。儒家国子学最初设于太宗六年，学生都是蒙古民族中特别显赫的贵臣子弟，只有18人。世祖至元二十四年正式设立儒家国子学，并订立了相关制度：以博士、助教、学正和学录等为教师和管理人员；生员数目为200人（以后各有增减），其中蒙古生员占一半，色目和汉人占一半；学习内容为儒家经典著作，先学《孝经》、《小学》、《论语》、《孟子》、《大学》、《中庸》，然后是《诗》、《书》、《礼记》、《周礼》、《春秋》、《易》。在考试和录用中，汉人生员考试最严格，所授官职最低；蒙古生员考试最宽容，所授官职最高；色目生员居中。

至元八年，在京师设立蒙古国子学，生员为随朝的蒙、汉百官及怯薛歹（禁卫军）的官员子弟，没有人数限制，以蒙古语译写的《通鉴节要》为教材，经学习考试，成绩突出者被授予高低不等的官职。

至元二十六年，又在大都设置回回国子学，向公卿大夫和富民子弟教授亦思替非文字[50]。据考证，所谓亦思替非文字是元代回回人使用的专门用于财产税务核算与管理的一种特殊文字。回回人善理财，并受到蒙古帝王的重用，因此元代在中央设立回回国子学，除教授亦思替非文字外，还开设有回回语言文字学等课程，学成后分派到各个官府担任书写、翻译人才,培养对象主要是回回人。[51]

2. 地方学校

元代的地方学校除教授传播理学的路府州县学和进行基础教育的社学外,还有蒙古字学、医学、阴阳学等专门学校。

路府州县学设置于世祖中统二年,教学内容主要是儒学尤其是宋元理学的经典著作,学生来源比较广泛,毕业后经地方官举荐、朝官考核,可以担任学校教官或官府的吏属。在基层的村社还设有社学。按照规定"每社设立学校一所,择通晓经书者为学师,于农隙时月,各令子弟入学"[52]。社学的主要教材有《三字经》、《百家姓》、《千字文》、《孝经》、《小学》、四书五经、《增广性理字训》、《历代蒙求》、《名物蒙求》等,还有一些专为女子学习诵读的课本。每天的功课包括背书、授新书、作对、写字和读诗等项目,其内容以封建伦理纲常为主,让受教者掌握识字、读书、初步作文和自然、生活、历史等基本知识。

中统二年,在各路设立医学,定立医学之制,培养医学人才。生员学习的教材每年由太医院审核后下发各路,年终进行考核。"凡随朝太医,及医官子弟,及路府州县学官,并须试验。其各处名医所述医经文字,悉从考校。其诸药所产性味真伪,悉从辨验"。至元六年,在各路设置蒙古字学,由中书省定立学制,以蒙古语译写的《通鉴节要》为教材,命令各路、府官员的子弟必须入学,名额为上路2人、下路2人、府1人、州1人;民间子弟也可以入学,上路30人,下路25人。至元二十八年,又在各路设置阴阳学,由阴阳学教授负责训诲和管理,每年将精通术数者登记下来,呈报给各省、府,再到京师进行试验,确有才能者可留在司天台成为皇帝的近侍。[53]

总的来说,这些学校都是由官方兴办的,等级性强,制度严密,对学生的身份和名额有严格的限制和区别,规模却很小,采用的是朝廷指定的教材,教学形式比较呆板、单调,主要是为统治阶级培养和输送各类人才。

(二)恢复和新建书院

书院是我国封建社会独具特色的一种教育组织。它萌芽于唐末,鼎盛于宋元,普及于明清,改制于清末,是集教育、学术、藏书、出版等为一体的文化教育机构,与官学、私学形成鼎立之势,促进了我国古代文化教育的发展和繁荣。

元朝书院有官办、民办和官民合办三种不同的性质,由庐舍和学田两部分构成。课程一般以朱熹"小学"为主,也有兼及宋代其他学派著述的。有的学院还设有其他学科,如濮州鄄城县历山书院设有医学,南阳府内乡县博山书院设有数学和书学,饶州路鄱阳县鄱江书院设有蒙古字学等。早在窝阔台十二年(1240年),杨惟中、姚枢在燕京(后为大都)建立了元代有记载的第一个书院——太极书院,请江汉大儒赵复和北方儒者王粹主持讲学,使理学在北方得以传播。此后,在统一战争中遭到破坏的南方书院大都得以重建㉟。元代又新建了一些书院,到了元末已是"书院遍天下"㉟。据王颋先生研究㊱,元代书院在全国可查考的有 400 所以上(精舍、书堂、书塾除外),其中新建再建的有 193 所。在全国 12 个一级行政区中,7 个建有书院,分布地区比宋、金有很大扩展,其中江浙行省有 167 所,居首位,以下依次为江西行省 80 所、中书省 55 所、湖广行省 42 所、河南行省 37 所、四川行省 9 所、陕西行省 9 所。

与学校相比,书院的学生没有等级尊卑之别,入学无须考试且来去自由,教学内容取决于该书院的特点及山长、主讲教师的特长,教学形式比较灵活多样。和官办性质的书院相比,民办书院的自主性和灵活性更强,教学目的主要就是传播文化科学知识。

(三)听任家学

赵翼《廿二史札记》卷 5"累世经学"条云:"古人习一业,则累世相传,数十百年不坠。盖良冶之子必学为裘,良弓之子必学为箕,所谓世业也。工艺且然,况于学士大夫之术乎!"可见,家学教育就其性质而言属于私学,主要表现为子承父业,代代相传。元代统治者对愿意接受家学教育者采取"亦从其便"的政策。根据教育内容的层次和教学对象的涵盖面的不同,家学可分为一般型教育和专长型教育、个体家庭教育和家族教育等类型。

一般型教育是家学中的一种基础性教育,重在一般知识的传授,也包括行事做人道理的灌输乃至于垂范式教育。从执教者的身份来看,子弟幼童时期多由父母长辈亲自训导,少年时则多延师授教。所谓"男子六岁,教之数与方名……八岁,习之以小学。十岁,从以师焉"。如元人欧阳玄年幼时,母亲李氏"亲授《孝经》、《论语》、小学诸书,八岁能成诵,始从乡先生张贯之学";陈栎三岁时"祖母吴氏口授《孝经》、《论语》,辄成诵。五岁入小学,即涉猎经史";畏兀儿人唐仁祖父亲早逝,"母教之读书,通诸方语言,尤邃音律"㊲。但对有家学渊源的经学、礼义之家,幼童至少年时期的教育均由家中长辈亲自执教的现象在元代也是很普遍的。比如大学问家虞集的外祖父杨文仲世代为研读《春秋》的名家,"故集与弟盘,皆受业家庭"㊳。高门显贵或一般缺少家学渊源的家庭,更多的还是聘请名师在家塾或私塾教育子弟。

在一般教育的基础上,有条件的家庭还十分注重专长教育。如元代科学家郭守敬,他的祖父郭荣精通五经、算数和水利。郭守敬幼承家学,在数学、水利学和天文学等方面受到良好教育,世祖时官至工部郎中、昭文馆大学士,对元、明时期天文研究的影响极为深远。他还编制了中国历史上一部精良的历法《授时历》,领导通惠河的修建工程,并解决了不少相关的水利问题。多才多艺的王蒙自幼受到家族成员赵孟頫、管道升及赵雍、赵奕等人的熏陶,诗文书画皆有所成。

个体家庭教育指仅对家庭内子弟的教育,称为家塾,如申屠致远弃官后,聚书万卷,名曰墨庄,"教诸子如师友"[59];家族教育则对本宗族子弟开放,名为义塾、义学。

家学相对于学校和书院教育来说,具有较强的封闭性和知识垄断性。接受家学教育的要么是达观显贵的子弟,要么是书香世家的后代,更是女性学习文化科学知识的重要途径。陈垣先生在《元西域人华化考》卷7《女学篇》考述了西域妇女的华学状况:畏兀儿人贯云石的女儿"有学识,能文章";雍古人赵世延的女儿赵鸾多才多艺,"幼时古文歌诗入耳辄能记,七岁诵《周易》书,属对,九岁使颛女事,则《论语》、《孟子》、小学书皆成诵矣","能琴书,善笔札,善卜,又通阴阳家言"。她们所受的教育都是来自家学。

（四）盛行游学

游学也是中国古代比较常见的一种求学方式,从先秦到清代的历代史料中都有记载,它的盛衰和历代采取的游学政策密切相关。在政策比较宽松的春秋战国时期,游学就十分盛行,而在北宋被明令禁止的时期则比较衰落。

元代儒士游学之风盛行。一方面是因为科举取士的途径长期被阻断,儒士们纷纷游学以获得改变自己处境的机遇或为改变自己的处境创造条件;另一方面是由于元代对游学的政策比较优厚。官学、有经济实力的民办书院和义塾不仅为游学者提供较好的食宿和学习条件,而且不限制来去;私学也热情接纳各方游学之士,但是游学者的生活费用要自理,还要交纳一定的学费。元代游学的方式主要有四种,即到各级儒学（官学）游学、到国子学游学、到地方书院义塾游学和民间拜师游学。[60]元代的很多名士都有游学的经历。虞集曾从吴澄游学,西域儒者廉希宪、不忽木都曾从许衡游学,唐兀氏余阙"与吴澄弟子张恒游,文学日进",王守诚"性好学,从邓文原、虞集游,文辞日进",盖苗"幼聪敏好学,善记诵,及弱冠,游学四方,艺业大进。延祐五年,登进士第,授济宁路单州判官"。[61]在全国范围内,江南一些儒学由于规模大、教学水平高、教学设施完备、经济来源充足,吸引了许多游学之士。

客观上看,元代的游学是一种自由开放的教育方式,其宽松和优待的政策利于全国范围内文化、教育的交流和发展,在一定程度上弥补了元代不同地区教育发展不平衡造成的弊端,为元代人口接受全面和较高层次的文化科学教育提供了更多的机会和条件,对推动元代教育、文化发展和社会进步有重要贡献。

（五）开展军队教育

元代军士的民族成分十分复杂,包括蒙古族、内迁西域各族和女真、汉族等等。值得一提的是,元代还比较注重提高普通军士的文化素质,在军队的卫、司中专门设置了教官一职,教授军士文化知识和基本的书写技能。比如在右卫率府、左右阿速卫亲军都指挥使司、西域亲军都指挥使司、左钦察卫设有儒学教授一员;在负责宿卫扈从的右左中前后五卫、负责修造城隍和京师内外工役的武卫亲军都指挥使司、以备征讨的唐兀卫、大宁海阳等处屯田打捕所、宗仁蒙古侍卫亲军都指挥使司、左右翊蒙古侍卫亲军都指挥使司、右钦察卫、龙翊侍卫亲军都指挥使司设有蒙古字学教授和儒学教授各一员;在由江南汉军组成的东宫卫军——左卫率府设有蒙古字学教授、儒学教授和阴阳学教授各一员。[62]

(六)儒学教育在全国的传播推广对人口文化素质的影响

元代开创了以理学为官学的新局面,"专以周、程、朱子之说为主,定为国是,而曲学异说,悉罢黜之"[63]。仁宗延祐年间实行科举考试后,考试内容主要采用朱熹理学,宋儒理学在全国文教领域居于绝对的中心和统治地位。在这种情况下,全国上下尊孔、祭孔、崇儒之风大盛。"海内家蓄朱子之书,人习圣贤之学","虽戴惠文身,为刀笔筐箧之行,与非华人,亦手披口诵是书,求厕士列者,往往多然"。[64]不过由于教育发展的不平衡性和历史文化背景的差异,人口的文化素质在地域上存在着比较明显的差异。

江南儒学教育的恢复、发展和兴盛。灭南宋后,世祖即下令将江南地区战乱期间被侵占的学田还给学校,又"令江南诸路学及各县学内,设立小学,选老成之士教之,或自愿招师,或自受家学于父兄者,亦从其便。其他先儒过化之地,名贤经行之所,与好事之家出钱粟赡学者,并立为书院"。这样,江南的各级官学和私学都得到了尊重和发展。据统计,元代全国400多所书院中,江浙行省就有167所,为全国之最;而在朱熹闽学的发源地福建,学校、书院有五六十所,为江浙之最。

北方儒学的推广与进步。在蒙元初期,北方虽然有耶律楚材、杨惟中、姚枢、窦默、郝经、许衡等很多儒士受到重用,但与南宋统治下的江南地区相比,北方广大地区的文化教育还比较落后。随着对儒学的了解、接受和利用,蒙古统治者支持名儒赵复在燕京设立了太极书院,并把理学定为"国是",使原来只盛行于南宋的理学得以在北方大力推行。在蒙古帝王中,真金太子、仁宗爱育黎拔力八达、英宗硕德八剌、文宗图帖睦尔和顺帝妥懽贴睦尔等都有较深的儒学修养,他们提倡并要求蒙古、色目贵族官吏及其子孙研习汉文化,到国子学就读。一些地方官吏贯彻蒙古统治者的思想,致力于兴办学校,如宋子贞在东平、李德辉在太原、许衡在京兆、蒙古官吏谙都剌在益都,使得北方的儒学教育得到迅速推广和发展。

边疆和少数民族聚居地区儒学教育的初创。在蒙元统一全国的进程中,边疆和少数民族聚居地区的一些蛮夷不化之地相继纳入版图。为巩固在这些地区的统治,统治阶级大行教化之道,创办学校,教民读书知礼,使那里文化教育落后的局面逐渐得到改观。在甘肃中兴等路"羌俗素鄙野,事无统纪",张文谦"得蜀士陷于俘虏者五六人,理而出之,使习吏事,旬月间簿书有品式,子弟亦知读书,俗为一变"。⑥在江西,赣州路会昌州判官杨景行不仅教给当地百姓打井引水、建筑瓦房,又"创学舍,礼师儒,劝民斥朘田以膳士,弦诵之声遂盛"。⑥在湖广,桂阳路临武县尹刘耕孙"建学校,求民间俊秀教之,设俎豆,习礼让,三年文化大兴";郴州路总管王都中在那里"大治学舍,作笾豆簠簋、笙磬琴瑟之属,使其民识先王礼乐之器,延宿儒教学其中,以义理开晓之,俗为之变"。⑥在云南,自回回官员赛典赤赡思丁"创建孔子庙明伦堂,购经史,授学田"始,朝廷十分重视发展那里的教育事业,命令在各路设立学校。然而由于地方风俗顽固难化,云南的学校教育并不理想,到了赡思丁的儿子忽辛任云南行省右丞时,"复下诸郡邑遍立庙学,选文学之士为之教官,文风大兴"。⑥

笔者根据《元统元年进士录》⑥中的记载,考察了对当年上榜的100名进士的籍贯和居住地(见下表)⑦。从表中可以看出,该年科举考试的上榜进士绝大多数来自元代江南和腹里地区,中书省和江浙、河南、江西、湖广行省共有91人;来自陕西、四川、云南行省者寥寥无几,辽阳、甘肃和岭北行省则无一人上榜。这就从一个角度表明,元代江南和腹里地区人口的文化素质要高于边疆地区。

省区	中书	江浙	河南	江西	湖广	陕西	四川	云南	辽阳	甘肃	岭北
人数	38	18	14	12	9	3	3	1			

元代江南福建人口的文化素质较高。福建是朱熹理学的发源地,文化教育比较发达。据《八闽通志》学校志载,福建有学校、书院五六十所,为江浙各地之最。福建教育机构林立,子弟就学的人数很多,人口的文化素质也比较高,有袁桷《赠黄教授归闽中》诗为证:"壶山束银笔,秀色倚车盖。其人清且明,十室九冠带。林郑陈方刘,祥云布卿霭。"

在少数民族聚居的边疆地区,元廷的教化之举使那里的落后局面逐渐有所改观,但边疆地区人口的文化素质依然很低。不过史料中多次提到四川一带的"蜀士"。如至元元年,张文谦曾从俘虏中挑选蜀士在西夏中兴等路教习吏事,传播文化;至元十五年,中庆路总管张立道在云南兴学,"择蜀士之贤者,迎以为弟子师";至元二十九年,朝廷在云南诸路设立学校,规定教官都由蜀士担任。⑦看来四川地区儒学教育的发展要强于甘肃、云南等边疆地区,人口的文化素质也略高。

二、元人的文化科技成就与生产劳动技能

蒙古统治者对文化实行开放宽容和兼容并蓄政策,促进了国内外和各民族间文化的交流和发展。在官方的支持、推动和各族人民生产劳动的实践中,元代在哲学、

文学、艺术、农业、手工业、医学等诸多领域都取得了突出的文化科技成就,劳动工具和生产技术得以改进和革新,体现出元代人口文化科学素质的较高水平。

(一)文化的发展与成就

蒙古统治者占领北方地区后,在耶律楚材、杨惟中、姚枢等儒士的影响下,逐渐懂得了利用儒学思想的重要性,程朱理学在南方和北方得以继承和发展,耶律楚材、赵复、许衡、刘因、吴澄、窦默、郑玉、许谦、郝经等都是当时比较有影响的理学家。许衡和刘因被称为"元之所以藉以立国者也"[72]。许衡的治生论,刘因的"返求六经"和"古无经史之分"的经学思想,对明清时期的思想界产生较大影响。蒙古贵族朵尔直班,西夏人高智耀、余阙,畏兀儿人廉希宪、阿鲁浑萨理,康里人不忽木及其子回回、巎巎,回回人伯颜师圣、瞻思,汪古人马祖常、阔里吉思等等都是少数民族著名的理学名儒。著名的"异端"思想家邓牧和无神论者谢应芳也是当时哲学领域的代表人物。

元曲是元代具有创造性的文艺品种之一,包括散曲和戏曲(杂剧和南戏)。元代散曲作家人才辈出,有姓名可考者达200多人,比较著名的有关汉卿、王和卿、白朴、马致远、卢挚、姚燧、张可久等。杂剧在元代得到了创造性发展,具有广泛的平民基础和旺盛的生命活力,是文学平民化的一次大进步。元杂剧将歌曲、宾白、舞蹈动作融合在一起,成为一种综合性的戏剧艺术。元代杂剧作家可考的有200人左右,剧目600多种,现存150多种。关汉卿、马致远、郑光祖、白朴被后世誉为"元曲四大家",他们的代表作《窦娥冤》、《汉宫秋》、《倩女离魂》、《墙头马上》等一直广为流传,是人们十分熟悉和喜爱的作品。元代还涌现出不少成就卓著的少数民族散曲家和杂剧家,如蒙古人杨讷、阿鲁威,畏兀儿人小云石海牙、马九皋,女真人李直夫(蒲察李五)、奥敦周卿,回回人萨都剌、丁野夫、金元素、赛景初。

汉族传统的诗词文学也受到长期在内地任职或定居的少数民族华学之士的喜爱和追捧。清人顾嗣立编《元诗选》及席世臣、顾果庭续编《元诗选·癸集》中,共收录元代诗人2600多人,诗作30000多首,数量相当可观,而这还不是元代诗歌创作的全部。其中少数民族作家有200余人,作品达4000多首,约占元诗的八分之一。元代词人有200多位,王叔磐先生在《元代北方民族词选》中收录了40位北方少数民族词人的280首词作。[73]诚如马冀先生所说:"元代的少数民族作家不仅人数多,作品多,而且几乎包括了元代辽阔疆域中的各个少数民族,呈现出各民族作家共同用汉文创作的繁荣景象。这种情况也是历代文学史上所没有的。"[74]元代诗词的风格既具有民族文化的特质,又体现出多元文化融为一体的特色。这正是元代诗词创作的整体特色和突出成就。后人对元代的诗词名家也给予了很高的评价。清初学者黄宗羲所选《明文案》序云:"唐之韩、柳,宋之欧、曾,金之元好问,元之虞集、姚燧,其文皆非有明一代作者所能及"。顾嗣立在《元诗选》中评契丹人耶律楚材曰"雄篇秀句,散落人间,为一代词臣倡"。

元代的绘画成就十分突出,在山水画、文人画、界画上尤为出色,其中山水画代表了元代绘画最高成就。绘画讲究诗书画印四位一体,影响深远。元代没有画院,画家大多为士人,逐渐形成了"不求形似"的写意派画风。《图绘宝鉴》中记录了178位元代画家,其中赵孟頫、高克恭和被称为"元四家"的黄公望、吴镇、倪瓒、王蒙等最为著名。明人张丑说:"品画以元人为最,而元人中尤以子昂(赵孟頫)、子久(黄公望)、叔明(王蒙)为得其神,如彦敬(高克恭)、仲珪(吴镇)、元镇辈……其画落笔精致,布景超妙,设色古雅,洪锁活泼,殆未有过。"⑤少数民族大画家有畏兀儿人边鲁、的颜不花,回回人丁野夫、萨都剌等。元代的壁画艺术也有很高的成就,在中国壁画史上占有重要地位,著名的壁画家有李士行、王振鹏、王渊、商琦、康棣等。在敦煌莫高窟和北方的寺院道观中保存了不少元代壁画的遗迹。山西永济县永乐宫三清殿中的《朝元图》是一套朝谒道教最高尊神元始天尊的壁画。画中全部构图有人物286个,每个人像高达2米以上,形象创造、构图设计、色彩线条等技法极为精湛成熟,是中国和世界绘画史上罕见的巨制。

元代书法在仁宗、英宗时才出现复兴景象,总的特点是书风复古,再现了晋唐书法艺术之美。元代书画巨匠赵孟頫不仅"画入神品",而且"以书法称雄一世"。⑥他的书法用笔圆转流美,骨力秀劲,世称"赵体","篆、籀、分、隶、真、行、草书,无不冠绝古今,遂以书名天下"⑦。康里人崾崾是元代大书法家,也是中国书法史上杰出的少数民族书法家。他的书法,劲健清新,纯净洒脱,风姿舒展,流畅自然,论书者均谓"元代以书名世,子昂而后即公也"。其他知名的少数民族书法家还有畏兀儿人贯云石、边鲁、沙剌班、盛熙明、回回人瞻思、赛景初等。

(二)科技成就和生产劳动技能的提高

元代在数学、天文学、地理学、工程技术、医药学等科学技术方面进一步发展,取得了许多卓著的成就。

宋元时期,"在许多数学的重要领域之内,中国数学家处于遥遥领先的地位"⑧。元代的杰出数学家有朱世杰、李冶、王恂、郭守敬等,重要成就是天元术、四元术、垛积术、招差术、弧矢割圆术和球面三角法、筹算、歌诀的完备、珠算的发明等。

元代是中国天文学发展的鼎盛时期,在许多方面都超过了前代。元代在大都和上都建立了两所国家级的天文台,设计制造了一些创新性的天文仪器,创制了我国古代最精密的历法《授时历》,并在全国范围开展大规模的天文测量,恒星观测也取得了新成就。科学家郭守敬为元代天文学发展作出了突出贡献。他测定一回归年为365.2425日,数值与现在世界上通行的公历(格雷戈里历)相同,但时间上要早300

多年。他设计制造的简仪、仰仪、圭表、景符、正方案、立运仪、定时仪、日月食仪、悬正仪、座正仪等天文仪器,"皆臻于精妙,卓见绝识,盖有古人所未及者"[70]。

元代广阔的版图和畅达的交通都是空前的,国内外各类人员交往频繁,地理知识得到发展。元代官方首次派人实地考察黄河之源,取得了很大成绩,翰林学士潘昂霄根据这次考察写成了我国关于河源的第一部专著《河源志》。地图学家朱思本编绘的《舆地图》2卷影响很大,是元、明、清三代舆图的重要范本。李好文的《长安图志》中的水利灌溉渠道图是我国水利灌溉渠道系统中最早的一幅地图。元代还出现了我国第一个地球仪,是至元四年(1267年)扎马鲁丁制造的一个木质地球仪。

元代在纺织、陶瓷、制盐、机械、印刷、建筑、水利、造船、航海、兵器等手工业工程的诸多行业都有许多值得称道的发明创造。松江乌泥泾人黄道婆将黎族先进的棉纺织技术和内地原有的纺织工艺结合起来,设计创制了轧棉籽的搅机、弹花的绳弦大弓和当时世界上最先进的纺纱工具三锭脚踏纺车,改进了织造机具和提花技术,使棉纺织的技术和效率得到全面提高。元代发展了青花瓷,后来居上的江西景德镇不仅成为当时全国最重要的瓷器生产地,还创造性地烧制了釉里红瓷器和枢府器。元代盐业劳动者发明了更加科学简便的卤水浓度测试手段——莲管试法,福建的海盐生产者还创造了晒盐法。在机械制造方面,发明了水转连机磨、水力大纺车、水转龙骨水车等一系列先进设备。在印刷技术方面,王祯发明了木活字印刷术和转轮拣字法,提高了印刷的质量和工效。造船业和航海业高速发展,达到我国造船史和航海史上的鼎盛时期。元代造船数量大、性能好,海船载重高达四五百吨。航海技术水平很高,当时水手已掌握了牵星术、海上季风规律和丰富的航海知识,指南针在海船上的运用更加普遍。各民族工匠共同研制出了世界上第一个金属管火炮——火铳。

在蒙古统治阶级的重视和中外各族医学交流实践中,元代的医学理论和医疗技术都取得进步和发展。金元的医学流派整体上可分为河间学派和易水学派。《四库全书总目·子部·医学类》评价说:"儒之门户分于宋,医之门户分于金元"。号称医学"金元四大家"中的李杲和朱震亨都生活在元代。李杲主补土,朱震亨主滋阴,他们的医学理论对金元医学的繁荣和后世中医学的发展产生重要影响。元代医学分科在宋9科、金10科的基础上发展得更为细致,分为13科:大方脉科、杂医科、小方脉科、风科、产科、眼科、口齿科、咽喉科、正骨科、金疮肿科、针灸科、祝由科、禁科。元代的临床外科和骨伤科取得了明显进步,专家有齐德之、李仲南和危亦林。其他著名的医生还有滑寿、窦默、罗天益、王好古、杜本、许国祯、刘哈剌八都鲁等。阿拉伯医药学和医术得以推广。西域弗林人爱薛、回回人聂只儿、高昌人答里麻都曾在元代设立的回回医药机构广惠司和回回药物院工作,民间还活跃着不少回回医生。此外,元代在卫生保健和营养学等方面,也取得了很大成就。人们不仅懂得温浴的卫生价值,而且懂得冷浴对健康的意义。《马可·波罗游记》第 76 章载杭州"一些街道有冷浴澡堂,由男女服务员为您服务,这些澡堂的男女顾客从小时候起就习惯于一年四季洗冷水浴,认为这对身体健康大有裨益"。元代使用痰盂的范围较汉代专供皇帝有所扩大,这对于防止病菌传播很有意义。《马可·波罗游记》记载:"在皇帝陛下左右伺候和办理饮食的许多人,都必须用美丽的面纱或绸巾,遮住鼻子和嘴,防止他们呼出的气息,触及食物",这种用来遮住口鼻以防传染的面纱或绸巾,实际上起到现代口罩的作用。我国现存的第一部营养学专著是元人忽思慧撰写的《饮膳正要》,记载了蒙、汉、回、藏各族人民的常用食物及其营养价值。该书以正常人的膳食为标准,制定了具有营养学价值的食谱,强调饮食在保健延寿中的价值,认为"饮食为养生之首务",并列出饮膳的制作方法和滋补药的形态、性味、功效以及饮食禁忌等等。

元代自忽必烈统治前期在全国大力推行重农、劝农政策。中央设专门的劝农机构和官员,以"户口增,田野辟"列入考课地方官员的首要标准,在农村基层立社并由社长"专一劝课农桑,照管社内之人,务勤本业"。朝廷对黄河、太湖流域等进行大规模的治理,在全国开展农田水利建设。官方编写的《农桑辑要》、王祯著《农书》和畏兀儿人鲁明善编写的《农桑衣食撮要》是元代三部重要的农学著作,全面反映了元代及其以前的农业成果。《农桑辑要》成书于至元十年以前,是我国现存最早的官农书。全书共七卷,分别为典训、耕垦、播种、载桑、养蚕、瓜菜、果实、竹木、药草、孳畜、岁用杂事等。书中对影响农作物种植推广的"唯风土说"进行了批判。《农书》成稿于大德年间,是我国第一部全国范围内对整个农业作系统介绍的农学巨著,内容分为农桑通诀、百谷谱和农器图谱三个部分。王祯注意总结推广劳动人民的生产经验,绘制了 103 种古今新旧农具的构造图并加以解说,还创制了"授时指掌活法之图"来方便农民科学地掌握农时。这些农书经刊刻传布,对推广农业生产经验和先进技术起到了很大作用。

第三节　元代人口的思想道德素质

一、蒙古族的传统思想观念、道德规范与行为

（一）蒙古族的传统思想观念与行为

在相当长的一个历史阶段,萨满教一直是蒙古社会占统治地位的宗教信仰,在蒙古贵族和广大牧民中有忠实的信徒,长期影响着蒙古民族的经济、政治、思想、哲学和

风俗习惯等。萨满教是蒙古族古老的原始宗教,相信"万物有灵",敬奉日、月、山、河、五行和各种动物神。"他们用每天最早的第一份饭菜和饮料来供奉它们,而且最喜欢在清晨吃饭甚至饮用东西之前举行"[⑧]。萨满教的主导思想是"天命论",并把"蒙哥腾格里"(长生天)尊为最高神灵。蒙古人认为长生天是主宰万物的神灵,是一切可见和不可见事物的缔造者,是人世间福祸的主宰者。蒙古人把神灵用毛毡制作成偶像加以供奉。偶像一般放在帐幕门口的两侧,被蒙古人视为家畜的保护者,也是奶汁和畜群繁殖的赐予者。"他们从不洗衣,因为他们说天神会因此发怒,并说如果他们挂起衣服来晒干,那会打雷的。他们甚至要打那些他们发现洗衣裳的人。他们特别害怕打雷。每当打雷时,他们把一切外人从他们的住所赶出去,用黑毯把自己包起来,这样一直躲到雷声过去"[⑧]。他们还特别崇拜火,"认为火可以涤除一切罪孽。所以,当异邦之使臣、国王或某些其他什么显赫人物到达他们之中时,外来者及其所携礼品则必须从两堆火中穿过,其目的是以此得以火净,以防他们可能会从事魔法、带来毒素或某种妖孽。同样,如果天火降临到了畜群或人类头上(这一现象在那里出现得很频繁),或者是他们之中出现了某种类似事故,那就会使他们认为自己受到了道德败坏或厄运的打击,那就需要举行涤罪礼"[⑧]。他们相信"人有灵魂,灵魂不死","相信在死后将生活在另一世界中,并且还在那里饲养自己的畜群、吃吃喝喝,可以从事在本世间人们所作的一切"[⑧]。

　　蒙古人认为萨满(巫师)能够和鬼神交往,男巫称"孛额",女巫称"亦都罕"。史料记载表明,巫师在蒙古人中有着重要的地位和崇高的威望,负责占卜星象和吉凶、主持火净和祭祀、预言出生男婴的前程、施咒于疾病和天气等等,就连蒙古人的军事行动也要听从巫师的占卜。尽管萨满的种种预言常常被证明是错误的,但丝毫没有动摇蒙古人上下对萨满的信仰。欧洲传教士说"如(蒙哥汗)向我所表明,他们的占卜家就是他们的教士,而占卜家说的任何话,都必须马上去做"[⑧]。忽必烈建立大元后,由于受到儒学、佛教、道教、伊斯兰教、基督教等多种意识形态的冲击,巫师在政治上的影响明显减弱,但萨满教和萨满在蒙古本土的影响依然很大,并在内迁蒙古各阶层的思想观念中保留着印记。

　　(二)蒙古族的道德规范与行为

　　在成吉思汗建立蒙古汗国之前,蒙古各部没有成文的法规,人们遵行的是传统的习惯法——"约孙"(yūsūn)和"额延"。"约孙"有"道理"、"规矩"、"缘故"等意义,元代通常译为"体例"。蒙古汗国建立后,成吉思汗制定颁布了蒙古第一部成文法《大札撒》。《大札撒》原文以畏兀儿蒙古文记录,今已失传。成吉思汗的训言也被记录下来,称为"必里克"(箴言),14 世纪成书,名为《成吉思汗箴言》,又名《成吉思汗遗言录》,是一部包括民事法典在内的成吉思汗箴言集。箴言总计 100 余条,内容丰富,包括修身、齐家、治国、人才培养、战略战术及法律等方面。成吉思汗从他的游牧生活、政治生活和军事生涯出发,道出了许多像珍珠一样璀璨夺目的至理名言。这些朴素而伟大的真理,见于当时各种著作和人们的口头传诵中,具有十分浓郁的民族特色。法令和箴言的主要内容散见于《蒙古秘史》、《世界征服者史》和《史集》等书中。其中的一些内容反映了蒙古国早期和蒙古民族的思想道德规范。

凡一个民族,子不尊父教、弟不尊兄言,夫不信妻贞,妻不顺夫意,公公不赞许儿媳,儿媳不尊敬公公,长者不保护幼者,幼者不接受长者的教训,大人物信用奴仆而疏远周围亲信以外的人,富有者不救济国内人民,轻视习惯和法令、不通情达理,以致成为当国者之敌:这样的民族,窃贼、撒谎者、敌人和各种骗子将遮住他们营地上的太阳,这也就是说,他们将遭到抢劫,他们的马和马群得不到安宁,他们出征打先锋所骑的马精疲力竭,以致倒闭、腐朽、化为乌有。拉施特《史集》第 1 卷第 2 分册,第 354 页

如果隶属于国君的许多后裔们的权贵、勇士和异密们不严遵法令,国事就将动摇和停顿,他们再想找成吉思汗时,就再也找不到了。拉施特《史集》第 1 卷第 2 分册,第 355 页

不要以金银珠宝装饰自身,而要以道德和才能充实自己。内蒙古乌兰浩特成吉思汗庙《箴言录》

言而有信的人,心地坚贞,寡欲以协众。《蒙古黄金史纲》第 31 页,朱风、贾敬颜汉译本,内蒙古人民出版社 1985 年版

经过三个贤人评定的话可以在任何场所一再重复地说,否则就不可靠。要将自己的话、别人的话同贤人们的话进行比较,如果合适的话,就可以说,否则就不应当说。

到长者处时,长者未发问,不应发言。长者发问以后,才应作适当回答。因为如果他抢先说了话,长者听他的话那倒还好,否则他就要碰钉子。拉施特《史集》第 1 卷第 2 分册,第 355 页

一支脆弱的箭,当它成倍地增加,得到别的箭的支援,哪怕大力士也折不断它,对它束手无策。因此,只要你们弟兄相互帮助,彼此坚决支援,你们的敌人再强大,也战不胜你们。志费尼《世界征服者史》上册,第 45 页

妻子贤惠,安家之宝。内蒙古乌兰浩特成吉思汗庙《箴言录》

居民在平时应象牛犊般地驯顺,战时投入战斗应象扑向野禽的饿鹰。

男人不能像太阳般地到处普照着人们。妇女在其丈夫出去打猎或作战时,

应当把家里安排得井井有条,若有使者或客人来家时,就能看到一切有条有理,她做了好的饭菜,并准备了客人所需要的一切东西。这样的妇女自然为丈夫造成了好名声,提高了他的声望,而她的丈夫在社会集会上就会像高山般地耸立起来。人们根据妻子的美德来认识丈夫的美德。如果妻子愚蠢无知、放荡不羁,人们也还是根据她来看丈夫的。拉施特《史集》第 1 卷第 2 分册,第 356 页

左邻右舍,守望相助,爱护邻人如爱护自己,不得伤害及侮辱邻人,共同守护国家、城镇之秩序。成吉思汗《札撒法典》

可见,成吉思汗十分强调道德对一个国家、民族和个人修养的重要性。在统一蒙古各部的过程中,成吉思汗利用萨满教和天命观作为思想和精神武器。成吉思汗登上汗位,就成了受命于天意的"天子",他的一言一行都是长生天的意志。成吉思汗极力宣扬忠君思想,因此"在蒙古的社会中,忠实于成吉思汗即成为人们共同遵守的道德规范"⑧。他还以蒙古传统习俗和君主意志作为所有蒙古人思想道德规范的来源和依据,建立和保障大蒙古国的阶级、社会、家庭秩序。

意大利教士柏朗嘉宾在 1245 年 4 月奉罗马教皇和法国国王之命出使蒙古,1247 年 11 月返回,《柏朗嘉宾蒙古行纪》就是依据他的见闻而写成的游记。柏朗嘉宾的出使比中世纪鲁布鲁克、马可·波罗、鄂多立克等欧洲旅行家到达蒙古的时间都要早,是研究 13 世纪上半叶蒙古社会的宝贵史料。他称当时的蒙古为鞑靼,称蒙古人为鞑靼人。柏朗嘉宾对当时鞑靼人的风俗和处事之道有这样的记述:

本文所涉及到的居民,即鞑靼人,他们比世界上的任何民族都更为服从自己的统治者,无论其主子是教士还是俗人。他们非常崇仰长上,从来不会背叛之。他们很少进行口角争吵,从来不会诉诸于粗暴行为。他们之间从来不会爆发斗殴、对骂、打架或凶杀。人们甚至在那里也发现不了偷盗农作物的小偷小摸和江洋大盗。所以他们盛放自己财宝的幕帐和马车从不上锁或门拴。当偶尔有牲畜走失,如果有人发现也会让它们自由地走去,或者是将之驱赶到专门指派负责收容工作的人那里;失主便可以前往后者家中寻找,便会毫不费力地将之领回,使物归原主。他们之间互相尊重,彼此之间非常好客。至于食物,无论家中贮藏得多么微薄,也乐于与他人分享。另外,他们也非常刻苦耐劳。所以当他们有一两天断炊而水米不沾时,也完全不会显得愁苦不乐,而依然是唱歌和游戏,如同已经吃饱喝足一般。骑在马背上,他们可以倔强地忍受风寒;同样,他们也能够经受最为严酷的暑热。他们都不是一些弱不经风的人,彼此之间从来不会互相嫉妒,甚至可以说他们之间从来不会有任何诉讼。任何人都不会蔑视他人,而是竭力互相帮助和支持。

他们中的妇女都很贞洁,从来听不到她们因被男子引诱而有越轨行为,而男子有时为了取乐也讲一些比较粗野和诲淫的话。我们在他们之中很少发现,或者根本不会发现骚动暴动。即使他们有时饮酒而酩酊大醉,但决不会借醉酒撒疯,进行争吵或斗殴。

对于他们来说,浪费饮料、食物是一大罪孽。

他们的法律和习惯之一是杀死被当场捉奸的通奸男女。对于一位未婚少女的情况也如此,如果她于某一位男子私通,那就要把她与奸夫一起杀死。如果当场抓获了那些偷盗农作物或在他人领土上行窃者,也要毫不留情地把他杀死。同样,如果有人泄露了他们的机密,特别是泄露了他们准备出发作战的机密时,就要在臀部打一百杖,让一个身强力壮的大汉用粗棒尽可能用力地去打。同样,当某一位地位较低的人犯有某种过失时,其上司不会饶恕他,而是对他诉诸于严刑峻法。在由妃妾和正妻所生的儿子之间没有任何区别,父亲送给他们各自所希望的东西……因为同一位鞑靼人可能有多房妻室……虽然她们数目众多,但在她们之间却不会有任何争风吃醋的现象。[30]

根据多种史料中关于蒙古社会和蒙古民族的记载,蒙古人内部的思想道德规范可以总结为忠君敬长、崇仰天地神灵、守法诚信、团结和睦、友善互助、勤俭节约、吃苦耐劳、禁止淫盗等主要内容。

在对外交往和扩张中,蒙古人的所作所为显然不受上述内部道德规范的约束。出使蒙古的柏朗嘉宾描述道:

行凶杀人、入侵他人的领地、以各种不正当的手段巧夺豪取他人的财产,私通、破口漫(谩)骂他人、逆神的戒律和意志而行事,所有这一切对他们来说根本不算犯罪造孽。

他们是人类中最为盛气凌人和不可一世者,鄙视所有人,丝毫不尊重他人,无论是贵人与否。

他们对于其他人非常暴躁易怒,性情暴烈;他们同样还爱向他人说谎行骗,在他们之中几乎发现不了任何真挚直率的性格。在开始时,他们对你阿谀奉承,到后来则又像蝎子一般地螫人。他们为人狡黠和善于欺生,在有机可乘的时候,便施诡计欺骗所有人。这些人无论在吃喝和其他处事为人方面,都十分肮脏卑鄙。当他们欲加害某人时,便用巧妙的手段自我掩饰,以至于使别人无法自卫或找到逃避其诡计的良策。在他们之中,酗酒则很时兴和受崇,当他们其中之一人暴饮酗酒之后,当场就呕吐,但并不因此而弃杯止饮。他们格外贪婪和吝啬,这是一些最为贪婪地向别人索求东西的无耻之徒,而同时又最为珍爱守护自己的东西,在馈赠他人时则非常小器。对于他们来说,杀死一个人无关紧要。总而言之,列举他们的陋俗恶习则太费笔墨,我们确实无法将之一一记录下来![87]

二、元人的思想道德观念与行为

(一)汉族传统思想道德体系在全国主导地位的确立

思想道德观念与评价标准受历史传统、民族心理、宗教、社会舆论等多方面因素的影响,往往是统治阶级建立和维护统治秩序的重要工具。面对元代民族多元文化的差异和冲突,蒙古统治者制定了"因俗而治"、"各从本俗"的政策,对不从本俗者还要给予一定的处罚。如致和元年四月,"塔失帖木儿、倒剌沙请凡蒙古、色目人效汉法丁忧者除其名,从之"[88];至顺元年九月规定"诸人非其本俗,敢有弟收其嫂、子收庶母者,坐罪"[89]。然而事实上,在多民族长期杂处、交流和融合的过程中,无论是蒙古统治阶级上层还是普通的平民百姓都不能完全做到"各从本俗"。蒙汉两种文化自蒙古经略汉地起就产生了激烈的碰撞和斗争。蒙古统治阶级最初对汉族文化难以理解和接受,甚至将其视为亡国之俗加以抵制,认为"万世国俗,累朝勋旧,一旦驱之下从臣仆之谋,改就亡国之俗,其势有甚难者"[90]。蒙古帝王身边的儒士和汉族官员则极力劝谏元帝接受汉文化,谓之"北方之有中夏者,必行汉法,乃可长久"。

汉族的主流文化到元代已发展为理学。理学始于北宋周敦颐,经程颢、程颐,集大成于南宋朱熹,是在儒家经学、道教与佛教相结合的基础上孕育发展起来的,是我国封建社会中后期儒学的正宗。理学家们把反映封建地主阶级利益的"三纲五常"加以理论化和系统化,使其上升到世界本体的高度,成为全社会的共同秩序和宇宙的规律、神圣不可侵犯的天理,形成了一套成熟的唯心主义体系。朱熹哲学思想体系中的基本范畴是"理",认为"理"是万物生成的本源。他强调事物的对立和差别,认为这种对立和差别是不能改变的,并以此来论证封建社会等级制度的永恒不变。他说:"三纲五常终变不得,君臣依旧是君臣,父子依旧是父子"[91]。他还宣扬封建的伦理纲常是"理"的表现,是先验的,把人欲说成是一切罪恶的根源,主张"去人欲,存天理"[92]。尽管元代理学家有不同的派别和学说,但他们认同和诠释的道德观念主要还是以儒家传统的"仁、义、礼、智、信"为中心。

面对蒙汉两种文化在思想道德体系方面的差异,汉族和其他各族的官员、儒士极力劝谏改正与儒家伦理道德背道而驰的蒙古风俗,在全国建立以儒家为尊的思想道德体系。唐兀人高智耀向蒙哥和忽必烈进言"儒以纲常治天下","又力言儒术有补治道,反复辩论,辞累千百"[93]女真族大臣乌古孙良桢曰:"纲常皆出于天而不可变,议法之吏,乃言国人不拘此例,诸国人各从本俗。是汉、南人当守纲常,国人、诸国人不必守纲常也。名曰优之,实则陷之,外若尊之,内实侮之。推其本心,所以待国人者,不若汉、南人之厚也。请下礼官有司及右科进士在朝者会议,自天子至于庶人,皆从礼制,以成列圣未遑之典,明万世不易之道"[④]。大斡耳朵儒学教授郑咺针对蒙古丧礼和收继婚俗建言:"蒙古乃国家本族,宜教之以礼,而犹循本俗,不行三年之丧,又收继庶母、叔婶、兄嫂,恐贻笑后世,必宜改革,绳以礼法。"[⑤]陕西行台御史孔思迪批判蒙古帝王将罪臣妻女赏赐配人的做法有悖于妇人守节的传统道德规范,他说:"人伦之中,夫妇为重。比见内外大臣得罪就刑者,其妻妾即断付他人,似与国朝旌表贞节之旨不侔、夫亡终制之令相反。况以失节之妇配有功之人,又与前贤所谓'娶失节者以配身是己失节'之意不同。今后凡负国之臣籍没奴婢财产,不必罪其妻子。当典刑者,则孥戮之,不必断付他人,庶使妇人均得守节。请著为令。"[⑥]士大夫们的这些努力虽然并未完全得到蒙古统治者的首肯,但随着蒙古统治者对理学的接受利用、地方官吏的兴学教化和少数民族华化的加深,儒家思想道德体系还是逐渐扩大了影响,赢得了广泛的认同,在元中后期取得了主导地位。"孝事父母、友于兄弟、勤谨、廉洁、谦让、循良、笃实、慎默、不犯赃滥"[⑦]成为全国统一的道德规范,孝子顺孙、节妇、义夫、廉吏等是统治阶级旌表的主要对象和树立的道德楷模。

（二）元人的孝道观和行孝行为

《孝经》曰:"夫孝,天之经也,地之义也,民之行也",并把孝列为德之本、仁之本。在如何行孝上,《孝经》分出事亲、事君和立身三个境界,所谓"夫孝,始于事亲,中于事君,终于立身"。这样,儒家就以一个"孝"字,把事亲敬长与忠君爱民结合起来,把修身齐家与治国平天下结合起来。《孝经》中明确为天子、诸侯、卿大夫、士人和庶人五种不同等级的人制定了各自的行孝准则,就是所谓的"五孝"。在理学居于社会统治地位的宋代,统治者从维护封建统治秩序出发,大肆宣扬倡导"冠冕百行莫大于孝"[⑧]。由于统治阶级的大力褒奖,孝道在宋代发展到登峰造极的地步,卧冰、割股、刲肝等在宋代被视为最高孝行。

蒙古统治者在接受儒学的同时,也接受了儒学的孝道观。武宗下诏曰:"此(指《孝经》)乃孔子之微言,自王公达于庶民,皆当由是而行"[⑨]。裕宗真金少年时就跟随著名的理学家姚枢、窦默学习《孝经》。蒙古帝王不仅身体力行,还命令蒙古贵族官吏都要熟读《孝经》。武宗和仁宗都曾刊行《图象孝经》,赏赐给诸王和臣下。在儒家传统孝道观的影响下,蒙古统治者一改草原游牧民族贵壮贱老的风俗,制定了多种尊老敬老、救助优待老人的政策和措施。

蒙古帝王以"赐高年帛"的方式向世人昭示实行仁政和孝道。《元史》中记载的"赐高年帛"有 9 次,分别为:成宗大德九年,因立皇太子,诏告天下,赐高年帛,80 者一匹,90者二匹。仁宗即位之初,赐大都路民年90者2331人,人帛二匹;80者8331人,人帛一匹。泰定帝时因下诏改元,赐高年帛。顺帝至正元年,下诏民年80以上的蒙古人赐缯帛二表里;至正三年,因郊祀礼成,下诏赐高年帛;以后在至正八年、九年、十四年和十六年又多次下诏赐高年帛。为了保证这一政策的有效落实,元代在刑法中明确规定,地方官府应当将符合赐帛条件的老人如实上报,否则,"正官笞四十七,解职别叙"[⑨]。在元代前期和中期,赐高年帛比较少见,都是在皇帝即位、立皇太子和改元等重大事件时,以示庆贺和恩典。而到了元代后期顺帝朝,赐帛次数骤然增多,在9次记载中占了6次,平均每6年就有一次。此外,政府规定80岁以上的老人"许存侍丁一名",90岁以上的"存二名,并免本身杂役"[⑩]。朝廷还对70岁以上的老人给予刑律优免,老无所养者可以由官方设立的养老机构养济院收养。80岁以上的老人还可受到旌表,如文宗至顺元年十月,对80岁以上的老人"表号高年耆德,并免其家徭役"[⑫];顺帝至正元年十二月,诏令地方州县80岁以上的老人"旌以高年耆德之名"[⑬]。

　　蒙古统治者以法律的强制力要求子孙和晚辈履行养老责任和对长辈的孝道。刑法规定:父母年龄在70岁以上的官员,"许元籍有司保勘,量注近阙便养"[⑭],以使官员的老父老母能够得到照顾和赡养。元代还采取强制手段,限制有养老责任的青壮年男子和妇女出家,以保障家中老人得到有效的赡养。家中是否留有能够侍养双亲的儿子是官方批准出家的前提条件:"诸愿弃俗出家为僧道,若本户丁多,差役不阙,及有兄弟足以侍养父母者,于本籍有司陈请,保勘申路,给据簪剃,违者断罪归俗。"也就是说,如果一个男子是家中唯一的儿子是不能出家的;即使有其他兄弟,如果他们没有赡养父母的能力,这个男子也不能出家;违犯者责令还俗,还要治罪。背着丈夫抛下公婆出家为尼的妇女,"杖六十七,还其夫"[⑮]。

　　社会上存在的辱没尊长、虐待老人、亲在别籍异财、居父母丧嫁娶、居丧匿不举哀、不守丧丁忧、诈称祖父母和父母死、服内宿娼等现象,都被视为伤风败俗的不孝之举,都要受到法律的惩处。元代对杀伤尊长者的处罚更加严厉,凡殴打、谋杀祖父母、父母、伯叔父母、姑、兄、姊、外祖父母、夫、夫之祖父母和父母者,量刑从严从重,一般都要被处死或凌迟处死,即使犯罪人精神不正常或杀人未遂也不能宽恕:"诸子孙弑其祖父母、父母者,凌迟处死,因风狂者处死。诸醉后殴其父母,父母无他子,告乞免死养老者,杖一百七,居役百日。诸子弑其继母者,与嫡母同","诸子弑其父母,虽瘐死狱中,仍肢解其尸以徇。诸殴伤祖父母、父母者,处死。诸谋杀已改嫁祖母者,仍以恶逆论。诸挟仇殴死义父,及杀伤幸获生免者,皆处死。诸图财杀伤义母者,处死","诸妇殴舅姑者,处死。诸因奸殴死其夫及其舅姑者,凌迟处死","诸挟仇殴死其伯叔母者,处死。诸因争兄弟同谋殴死诸父者,皆处死。诸挟仇故杀其从父,偶获生免者,罪与已死同","诸婿因醉杀其妇翁,偶获生免者,罪与已死同"。[106]可见,元代对殴打、杀伤父母、祖父母者处罚最重,要凌迟处死,即使有精神疾病也要处死;杀死父母的,即使在监狱中病死了,还要肢解他的尸体示众;杀死继母的,要承担与杀死嫡母相同的法律责任;杀伤义父、义母的,也要被处死。已婚者要孝养双方父母,媳妇殴打或打死公婆的、女婿杀死岳父母的,从严治罪,决不姑息。

除了严刑峻法外,蒙古统治者还采取了一些正面的引导和鼓励措施,对孝子顺孙大加旌表,"别加恩赐"。事迹特别突出的行孝之人可以得到赐碑和加封等优待和奖励,有才能的孝子通过"举孝廉"的途径可以"量材任用"[107],被朝廷授予大小不等的官职。

蒙古帝王在接受和利用汉族传统的孝道观为其统治服务的同时,还对其进行了部分改造,宋代健全的省亲制度到了元代被取消了。河南河北道廉访副使僧家奴言:"自古求忠臣必于孝子之门。今官于朝考,十年不省觐者有之,非无思亲之心,实由朝廷无给假省亲之制,而有擅离官次之禁"[108]。汉族军官和有要职在身、不可旷缺的朝廷命官不依本俗服丧,可以得到宽容和许可。[109]被汉人视为最高孝行的卧冰、割股、刲肝等,也被元代法律明令禁止。[110]

值得注意的是,由于长期受到儒学的影响,元代内迁的少数民族逐渐接受了汉族传统的孝道观和孝行。蒙古勋臣木华黎的孙子塔思"及长,每语必先忠孝",畏兀儿人布鲁海牙、岳柱都以"性孝友"而受称道。[111]女真人乌古孙泽居父母丧,"以哀毁卒"。[112]蒙古人、色目人仿效汉人居丧守孝日益普遍,《元史·孝友传》前言中记载的居丧庐墓的蒙古人和色目人有纳鲁丁、赤思马、改住、阿合马、拜住、木八剌、玉龙帖木儿、锁住、唐兀歹、晏只哥、李朵罗歹、塔塔思歹等。蒙古、色目官员丁忧守服的情况也不少。蒙古人自当丁母忧,雍古人马祖常丁祖母忧。[113]素有"廉孟子"之称的畏兀儿人廉希宪更是个大孝子和行孝的典范。"丁母忧,率亲族行古丧礼,勺饮不入口者三日,恸则呕血,不能起,寝卧草土,庐于墓傍。宰执以忧制未定,欲极力起之,相与诣庐,闻号痛声,竟不忍言。未几,有诏夺情起复,希宪虽不敢违旨,然出则素服从事,入必缞绖。及丧父,亦如之"[114]。在事实面前,文宗时下诏允许蒙古人和色目人按照汉族传统行父母丧或丁忧。[115]

(三)元人的节烈观和女性守节行为[116]

节烈是专门要求妇女信守的一种汉族传统道德规范。所谓守节,是指女性不改嫁或不失身,从一而终;殉烈,指女性为了守节而付出生命代价。节烈思想是中国封建社会的产物,南宋的程朱理学更是把守节思想推向顶峰。程颐要求妇女在任何情况下必"当终守于从一",提出"饿死事极小,失节事极大"的极端观点。随着理学官学地位的确立和在全国的推广,蒙古统治者和理学家们从维护封建伦理纲常的需要出发,继续倡导节烈观。朝廷还对节妇之家加以旌表、减免赋役。为了治理地方上富强门户为规避门役滥充节妇之家的恶劣行径,大德八年八月朝廷严申保举节妇的标准和程序,"今后举节妇者,若三十已前,夫亡守志,至五十以后,执节不易,贞正著名者,听各处邻佑、社长明具实迹,重甘保结,申覆本县,牒委文资正官,体覆得实,移文附近不碍官司,再行体覆,结罪回报,凭准体覆牒文,重甘保结,申覆本管上司,更为覆实保结,申呈省部,以凭旌表。仍从监察御史、廉访司体察;如是富强之家,别无实迹,慕向虚名,营求保举,规避门役,及所保谬滥不实,即将邻佑、社长并元保体覆官吏取招治罪"[117]。

　　元代确实涌现出不少守节的女性典范,她们的言行事迹在《元史》和元人的文集、笔记、方志中多有记载,在《元史·列女传》中更为集中。"烈女不更二夫"、"一马不被二鞍"、"妇义无再醮"、"夫有不讳,妾义当死"、"女以贞节为守,宁死义,不可辱"等等表达了这些女性坚定的贞烈观。据统计,在《元史·列女传》中有157位有明确姓氏的贞节烈女,其中殉烈女性131人、守节女性26人。[118]她们殉烈守节的原因和行为表现方式有多种。就殉烈女性来说,16人是在兵荒马乱中遭盗贼、乱兵或掳掠官兵残忍杀害,其余115人则是以各种惨烈的方式自杀,其中因反抗、惧怕乱兵盗贼的奸污或掳掠惨烈自杀的有62人,因反抗权贵恶霸的逼婚抢婚或父母、舅姑的逼嫁而自杀的有7人,自愿自杀殉夫者8人,因丧失生活希望、难以生存等而自杀殉夫者38人。就守节女性来说,分为婚后和未婚两种情况。婚后守节妇女有23人,主要表现为:为支撑家庭、奉养舅姑、抚育孩子而守寡,誓不收继、宁愿守寡,官宦妻被强制性要求守节,受家庭道德传统影响而守节,虽遭夫弃仍然为夫守节。未婚守节女性有江文铸妻范氏、柳氏和赵氏女玉儿三人,主要表现为未婚夫死而守寡终身,俗称"望门寡"。

　　内迁少数民族妇女受汉族传统节烈观的影响,守节并受到朝廷旌表的现象比较常见。入居汉地的蒙古妇女重视守节,甚至有为守节而自杀的烈女。八郎的母亲乞咬契氏20岁丧夫,守节教子不再嫁;拜住的母亲怯烈氏22岁丧夫,寡居守节;蒙古氏只鲁花真26岁丈夫病故,孝养公婆20多年,公婆死后庐墓终身;蒙古氏贵哥,因丈夫获罪被朝廷赐给近侍卯罕,迎娶之日保节自杀。[119]有的蒙古妇女开始反对本族的收继婚俗,誓死守节。雍吉剌氏脱脱尼,颇有姿色,26岁时丈夫亡故,前妻的两个儿子想按照蒙古风俗收继,脱脱尼以死自誓并骂道:"汝禽兽行,欲妻母耶,若死何面目见汝父地下?"最终守节30年。[120]身为蒙古皇族的皇姑鲁国大长公主也"蚤寡守节,不从诸叔继尚,鞠育遗孤"[112],天历年间受到朝廷旌表。其他被授予封号和受到旌表的少数民族妇女有辰州万户图格里不花母石抹氏、中兴路伯颜妻阿迭的、康里国王族阿沙不花的继室别哥伦氏、同知湖州路事耶律忽都不花妻子移剌氏、买哥妻耶律氏、蒙古氏太术妻阿不察、相兀孙妻脱脱真等等。[113]

与上述这些女性舍生取义、坚守贞洁的典型相对应的是,元代女性再嫁和改嫁的情况也十分普遍。在上层社会中,不仅蒙古妇女按照收继婚俗改嫁再婚,"顾世之名门巨族"的妇女也"往往有夫骨未寒而求匹之念已萌于中者"[114]。出身儒士之家的女性再嫁和改嫁的情况也很常见,甚至一女嫁三夫、四夫。例如真定路儒学教授张延之女"适侯某、王某、刘某,皆士族也",世业儒术的姬文龙之女"适张通、陈书、傅表滋,皆儒家子",儒士林起宗之长女"适张郁、李秉直、张喜安",处士贾壤之女"适焦仲平、张世傑、赵大本、刘某"。[115]普通妇女改嫁更是普遍现象。至元年间,人称夫亡再嫁是"世之妇皆然","人未尝以为非"[116];至大四年,大都留守王朝感叹说:"近年以来,妇人夫亡守节者甚少,改嫁者历历有之,乃至齐衰之泪未干,花烛之筵复盛"[117];特别是江南一带,"妇人有夫,犹受雇于人,夫亡不嫁者,绝无有也"[118]。据《元典章》载:有的妇女丈夫刚死,便接受财钱,由小叔当主婚人自行成亲;有的在亡夫孝服期间,便在媒人家中与男人见面,自行主婚成亲;有的夫死未葬便拜堂成亲;还有的服内将故夫焚化扬灰于江中凭媒改嫁;甚至有的因丈夫出外经商,音信隔绝久不回还,便自行改嫁;新寡军妻更外逃改嫁他人不愿再做苦妇。[119]甚至还有妇女弃夫再嫁的,如《元典章》中记载了纪秀哥不满丈夫酗酒,向其夫索要休书要求离婚。宗族、舅姑、父母等尊长往往支持、劝说寡妇改嫁。《列女传》载:袁天祐妻焦氏,宗族欲改嫁之;张兴祖妻周氏、张买奴妻王氏,舅姑欲使再适;郑伯文妻丁氏、俞新之妻闻氏,父母欲更嫁之。

据马可·波罗所见,在西北、西南少数民族地区有一些特别的风俗,不仅没有形成贞节观念,"反视与外人奸宿后之妇女为可贵"。如建都州:

　　此州有一种风俗而涉及其妻女者,兹为君等述之。设有一外人或任何人奸其妻女者,其姊妹,或其家之其他妇女者,居民不以为耻,反视与外人奸宿后之妇女为可贵。以为如是其神道偶像将必降福,所以居民情愿听其妇女与外人交。

　　设其见一外人觅求顿止之所,皆愿延之来家。外人至止以后,家主人命其家人善为款待,完全随客意所欲;嘱毕即离家而去,远避至其田野,待客去始归。客居其家有时亘三四日,与其妻女姊妹或其他所爱之妇女交,客未去时,悬其帽或其他可见之标识于门,俾家主人知客在室未去。家主人见此标识,即不敢入家。此种风俗全州流行。[120]

哈密州也有类似的风俗[121],对已婚女性和未婚女性都没有限制。土番州的风俗有所不同,有了重视已婚女子贞节的观念。

　　此地之人无有取室女为妻者,据称女子未经破身而习与男子共寝者,毫无足重。凡行人经过者,老妇携其室女献之外来行人,行人取之惟意所欲,事后还女于老妇,盖其俗不许女子共行人他适也。所以行人经过一堡一村或一其他居宅者,可见献女二三十人,脱行人顿止于土人之家,尚有女来献。凡与某女共寝之人,必须以一环或一小物赠之,俾其婚时可以示人,证明其已与数男子共寝。凡室女在婚前皆应为此,必须获有此种赠物二十余事。其得赠物最多者,证其尤为人所喜爱,将被视为最优良之女子,尤易嫁人。然一旦结婚以后,伉俪之情甚笃,遂视污及他人妻之事为大侮辱。[③]

　　综合分析来看,节烈观在元代统治者和理学家倡导下,正处于全国范围的宣扬和推广阶段,对女性和其他社会成员影响的广度应超过前代,但深度不可高估。尤其是在下层社会和少数民族地区,由于生活所迫和地方风俗、社会发展阶段的影响,贞节观念比较淡薄。

(四)蒙汉“忠”的结合和蒙古统治者对“义”的滥用

　　义利问题是中国古代道德理论中的一个重要问题。《中庸》有言“义者,宜也”,义是“适宜”的意思,后来则代指人类社会活动和人际关系中应当遵循的最高原则和应当追求的最高道德;利,是指能满足人类生活需要的利益和功利。儒家义利观主张义利统一、重义轻利,在义的指导和制约下去追求合理的利。孔子提出“君子义以为上”(《论语·阳货》),在义利关系上主张见利思义、以义制利和先义后利。面对利义生死,孔子表现出“不义而富且贵,于我如浮云”(《论语·述而》)的高尚情操和“志士仁人,无求生以害仁,有杀身以成仁”(《论语·卫灵公》)的道德取向。孟子继承孔子的思想和精神,宣传和践行着崇义尚道的人生价值取向或人生精神,主张人应该有“舍生而取义”(《孟子·告子上》)的崇高精神理念和“富贵不能淫,贫贱不能移,威武不能屈”(《孟子·滕文公下》)的大丈夫人格。朱熹义利观沿袭孔孟的思想,主张重义轻利,但更强调利要合乎义,以义求利,用天理消除人欲,用公心克服私心。在个人的道德修养上,他要求人们将义放在第一位,批评那种自私自利的思想。在朱熹看来,天理是公,义既为天理之所宜,故义便为公;人欲为私,利既为人情之所欲,故利为私。他说:“今须要天理人欲,义利公私分别得明白”,“将天下正大底道理去处置事,便公;以自家私意去处之,便私”,强调“正其义不谋其利,明其道不计其功”。[㉒]

　　受儒家传统道德准则的影响,元代历史上不仅涌现出孝友、节妇,还有不少杀身成仁、舍生取义的英烈和仗义疏财、助人为乐的义士。

　　在元代,忠君不仅是儒家传统孝道的重要内涵,还与女性的贞节相通,所谓“女之于夫,犹士于君"、"夫妇伦与君臣等",那么与"烈女不更二夫"相对应就有了"忠臣不二君"的男性操守观。一些蒙古贵族和官员将蒙古民族传统的忠于君主、长生天的思想与儒家的忠义观结合,成为元代忠国忠君的典型。木华黎的孙子塔思说:"大丈夫受天子厚恩,当效死行阵间,以图报称"[133]。《元史·忠义传》中记载,元末蒙古政权败亡时,任知枢密院事、山东行省平章的蒙古大臣普颜不花"捍城力战",战败后不屈而死,其妻妾子女都投井而死。大明兵军临城下,福建行省左右司郎中柏帖穆尔知城不可守,就对他的妻妾说:"丈夫死国,妇人死夫,义也。今城且陷,吾必死于是,若等能吾从乎?"他的妻妾都哭着说:"有死而已,无他志也",于是都自缢而死。大明兵入城后,柏帖穆尔举灯自焚而死。

元代倡导宗族、乡里和社会成员之间友爱互助,乐善好施、扶危济困、舍利取义受到世人的称道和朝廷的旌表。许多汉儒和少数民族华学之士都是这些德行的践履者,杨奂"不治生产,家无十金之业,而喜周人之急,虽力不赡,犹勉强为之",王约"俸禄所入,布散姻族,外及贫士",盖苗"性孝友,喜施与,置义田以赡宗族"[134];钦察人完者都"乐善好施",渤海人任速哥"自幼事父母以孝称。性倜傥,尤峭直,疏财而尚气,不尚势利。义之所在,必亟为之,有古侠士风",马祖常"尤笃友义,昆季子孙及宗族孤寒者,悉收而教养之"[135]。身为统治阶级的官员也率先垂范,如至元元年五月,平阴县尹马钦"发私粟六百石赡饥民,又给民粟种四百余石,诏奖谕,特赐西锦五端以旌其义"[136]。富有之家积德行善,如德州齐河县富人訾仲元,收养抚育宗族子弟,"待中外姻族尽恩义",又将自家的良田分给贫困的乡亲耕种,灾荒之年把乡人积攒的债券烧掉,疾疫发生时冒着被传染的危险把粮食和药送到病人家中[137]。一些义行卓著的平民受到朝廷的旌表。大宁人孙秀实"喜周人急。里人王仲和尝托秀实贷富人钞二千锭,贫不能偿,弃其亲逃去。数年,其亲思之,疾,秀实日馈薪米存问,终不乐。秀实哀之,悉为代偿,取券还其亲,复命奴控马赍金,访仲和使归,父子欢聚,闻者莫不嗟美。又李怀玉等贷秀实钞一千五百锭,度无以偿,尽还其券不征";大同人贾进在大德九年地震后,分发给灾民酒药炭米,"每岁冬,制木绵裘数百袭衣寒者。买地为义阡,使无墓者葬之";陕西三原人李子敬"嫁不能嫁者五十余人,葬不能葬者五十余丧,焚逋券四万余贯";魏敬益"素好施与,有男女失时者,出赀财为之嫁娶;岁凶,老弱之饥者,为糜以食之";和林民阎海"瘗殍死者三千余人";曹州禹城县人邢著、程进出粟以赈饥民。[138]

大德八年,朝廷为"敦民俗"、"厚风化"曾严申地方保举义夫的标准和审核。可是自文宗天历年间始,蒙古统治者出于救灾和弥补国库空虚的需要,对出粮赈灾者授官封号,为元代的荒政创造了一项新的制度——入粟补官制度。富实民户或僧人道士按照朝廷和官府的规定将粮食运送到指定地点或折纳钞银用于救灾,就可以被授予一定的官职,提供的粮食或钞银越多,授予的官职就越高,僧人和道士也按入粟的多少分别被礼部赐予六字师号、四字师号或二字师号。这种制度一直为后世的蒙古帝王所用。顺帝至正五年四月,"募富户出米五十石以上者,旌以义士之号"[25]。蒙古统治者的这些制度和措施,是借儒家的义利观之名,而行义利交易之实,是对儒家道德思想的曲解和滥用。

注　释:

① 黄象洪:《原始人类寿命有多长》,《化石》1975 年第 2 期。

② 刘克发编著:《人口学新论》,西南师范大学出版社 1990 年版。

③ 有效数据是指正常死亡者的死亡年龄,自杀、他杀、战亡、意外死亡等非正常死亡者不收。死亡原因未做说明的按正常死亡收录其寿命数据。

④ 主要是(清)钱谦益:《国初群雄事略》,中华书局 1982 年版;刘德重、张撝之、沈起炜主编:《中国历代人名大辞典》(上、下),上海古籍出版社 1999 年版;吴海林、李延沛编:《中国历史人物辞典》,黑龙江人民出版社 1983 年版;田建平著:《元代出版史》,河北人民出版社 2003 年版;胡文楷编著:《历代妇女著作考》(增订本),上海古籍出版社 1995 年版;佟锦华:《藏族传统文化简述》,中国藏学出版社 1990 年版;等等。

⑤ 上述推算原理见于袁祖亮:《中国古代人口史专题研究》,第 101—102 页,中州古籍出版社 1994 年版。

⑥ 《人类能否活到 150 岁?》,《大河报》2006 年 12 月 7 日 04A 版。

⑦ 《元史》卷 105《刑法四》。

⑧ 《元史》卷 22《武宗一》,卷 43《顺帝六》,卷 35《文宗四》。

⑨ 《元史》卷 181《揭傒斯传》。

⑩ 《元史》卷 129《唆都传》。

⑪ 《元史》卷 129《纽璘传》。

⑫ 《元史》卷 122《昔里钤部传》。

⑬ 《元史》卷 129《纽璘传》。

⑭ 《元史》卷 162《刘国杰传》。

⑮ 《元史》卷 20《成宗三》。

⑯ 《元史》卷 33《文宗二》,卷 34《文宗三》。

⑰ 《元史》卷 138《伯颜传》。

⑱ 罗天益:《卫生宝鉴》卷 4《饮伤脾胃论》。

⑲ 孟珙:《蒙鞑备录》。

⑳ 《元史》卷 168《许国祯传》。

㉑ 《元文类》卷 57 宋子贞《中书令耶律公神道碑》,《元史》卷 143《马祖常传》。

㉒ 《元史》卷 124《忙哥撒儿传》。

㉓ 《元史》卷 205《奸臣》。

㉔ 《元史》卷 192《良吏二·林兴祖传》,卷 159《赵璧传》,卷 138《燕铁木儿传》。

㉕《元史》卷115《裕宗》。

㉖《元史》卷116《后妃二》，卷153《王檝传》，卷161《刘整传》，卷142《答失八都鲁传》，卷175《张养浩传》。

㉗《元史》卷119《木华黎传》，卷162《李庭传》，卷153《乌古孙泽传》，卷164《王恂传》，卷183《王守诚传》，卷200《列女一》，卷176《曹伯启传》。

㉘《元史》卷171《刘因传》。

㉙《元史》卷190《儒学二》，卷190《儒学二》，卷158《姚枢传》，卷160《刘肃传》，卷182《欧阳玄传》，卷164《尚野传》，卷164《杨果传》，卷186《张蒉传》。

㉚《元史》卷153《杨奂传》，卷160《徐世隆传》，卷178《王约传》，卷158《窦默传》。

㉛多桑：《多桑蒙古史》（上册）第一卷第一章，笫28页，冯承钧译，中华书局1963年版。

㉜《元史》卷172《邓文原传》。

㉝苏天爵：《滋溪文稿》卷8《碑志二·元故集贤学士国子祭酒太子右谕德萧贞敏公墓志铭》，第119页，中华书局2007年版。

㉞《元史》卷199《隐逸》。

㉟钱谦益：《国初群雄事略》卷9《台州方谷真》，第211页，中华书局1982年版。

㊱《元朝名臣事略》卷6《元帅张献武王传》、卷1《太师鲁国忠武王传》，《元史》卷139《乃蛮台传》、卷141《察罕帖木儿传》。

㊲《元史》卷121《抄思传》，卷125《赛典赤·赡思丁传》。

㊳《元史》卷123《布智儿传》，卷134《昔班传》，卷166《隋世昌传》，卷155《史天泽传》。

㊴钱谦益：《国初群雄事略》卷5，第112页，中华书局1982年版。

㊵余阙：《青阳先生文集》卷4《送归彦温复河西廉使序》。

㊶吴承洛：《中国度量衡史》，商务印书馆1957年版；郭正中：《三至十四世纪中国的度量衡》，中国社会科学出版社1993年版；杨平：《从元代官印看元代尺度》，《考古》1997年第8期。

㊷上述研究成果见梁方仲：《中国历代户口、田地、田赋统计》，第529—544页，上海人民出版社1980年版；吴慧：《宋元的度量衡》，《中国社会经济史研究》1994年第1期。

㊸《元史》卷50《五行一》，卷181《黄溍传》，卷13《世祖十》。

㊹见《元史·帝王本纪》，《元史》卷50《五行一》；《通制条格校注》卷17《赋役·一产三男》，第508页。

㊺《元史》卷50《五行一》。

㊻《元史》卷51《五行二》。

㊼《马克思恩格斯全集》第2卷，第614页，人民出版社1972年版。

㊽《元史》卷14《世祖十一》，卷15《世祖十二》。

㊾《元史》卷16《世祖十三》，卷17《世祖十四》。

㊿据伊朗学者穆扎法尔·巴赫提亚尔考证，"亦斯荅非"的本意是"获取应有之权利"或"向某人取得应得之物"。作为一个专有名词其意为"财产税务的核算与管理"。他指出，"亦思替非"文字是一种特殊的文字符号，用于国家文书之中，有特定的写法与规则。国王及政府有关财务税收的诏书、清算单据、税务文书等都用这种文字书写。这种文字类似缩写符号，或象形文字，只表意而不标音。见穆扎法尔·巴赫提亚尔：《"亦思替非"考》，叶奕良编《伊朗学在考试吧集》，第44—50页，北京大学出版社1993年版。

51参见马建春：《元代回回教育特征述论》，《民族研究》2002年第1期。

(52) 方龄贵:《通制条格校注》卷16《田令·农桑》,第461页,中华书局2001年版。

(53) 以上内容参见《元史》卷81《选举一·学校》。

(54) 《元史》卷81《选举一·学校》:"至元二十八年,令江南诸路学及各县学内,设立小学,选老成之士教之……其他先儒过化之地,名贤经行之所,与好事之家出钱粟赡学者,并立为书院。"

(55) 贡师泰:《贡礼部玩斋集》卷7《勉斋书院记》,北京图书馆藏明刻嘉靖十四年徐万壁重修本。

(56) 王颋:《元代书院考略》,《中国史研究》1984年第1期。

(57) 《元史》卷182《欧阳玄传》,卷189《儒学一》,卷134《唐仁祖传》。

(58) 《元史》卷181《虞集传》。

(59) 《元史》卷170《申屠致远传》。

(60) 申万里:《元代游学初探》,《中国史研究》2006年第2期。

(61) 《元史》卷143《余阙传》,卷183《王守诚传》,卷185《盖苗传》。

(62) 《元史》卷86《百官二》。

(63) 苏天爵:《滋溪文稿》卷5《伊洛渊源录序》,中华书局2007年版。

(64) 苏天爵:《滋溪文稿》卷30《题晦庵先生行状后》,中华书局2007年版;姚燧:《牧庵集》卷15《姚枢神道碑》,四库全书本。

(65) 《元史》卷157《张文谦传》。

(66) 《元史》卷192《良吏二》。

(67) 《元史》卷195《忠义三》,卷184《王都中传》。

(68) 《元史》卷125《赛典赤·赡思丁传》。

(69) 《元统元年进士录》,《元代史料丛刊》(外二种),王颋点校,浙江古籍出版社1992年版。

(70) 其中一人的资料缺载,一人为征东行省的高丽人,表中共统计了98人的地域来源。每人的地域来源以居住地为准,有三人籍贯和居住地都缺载则以其参加乡试的地点作为其地域来源。

(71) 《元史》卷157《张文谦传》,卷167《张立道传》,卷17《世祖十四》。

(72) 《宋元学案》卷90《静修学案》。

(73) 王叔磐:《元代北方民族词选·自序》,内蒙古教育出版社1999年版。

(74) 马冀:《浅论元代少数民族汉语作家》,见《北方民族文学与中华文化》,《内蒙古社会科学》杂志社1988年版。

(75) 张丑:《清河书画舫》,绿字号第十一,元二,清初(1644—1722)抄本。

(76) 陶宗仪:《南村辍耕录》卷7《赵魏公书画》,四部丛刊本。

(77) 《元史》卷172《赵孟頫传》。

(78) 李俨、杜石然:《中国古代数学简史》下册,第148页,中华书局1964年版。

(79) 《元史》卷48《天文志一》。

(80) 《柏朗嘉宾蒙古行纪》,耿升译,第33页,中华书局1985年版。

(81) 《鲁布鲁克东行纪》,何高济译,第218页,中华书局1985年版。

(82) 《柏朗嘉宾蒙古行纪》,耿升译,第35页,中华书局1985年版。

(83) 《柏朗嘉宾蒙古行纪》,耿升译,第34—35页,中华书局1985年版。

(84) 《鲁布鲁克东行纪》,何高济译,第304—308页,中华书局1985年版。

㊄ 《蒙古族通史》(上册),第140页,民族出版社1989年版。

㊅ 《柏朗嘉宾蒙古行纪》,耿升译,第39—43页,中华书局1985年版。

㊆ 《柏朗嘉宾蒙古行纪》,耿升译,第34、40、41页,中华书局1985年版。

㊇ 《元史》卷30《泰定帝二》。

㊈ 《元史》卷34《文宗三》。

㊐ 《元史》卷158《许衡传》。

㊑ 朱熹:《朱子语类》卷24《论语六》,中华书局1986年版。

㊒ 朱熹:《朱文公文集》卷37《与刘共父书》,四部丛刊本。

㊓ 《元史》卷125《高智耀传》。

㊔ 《元史》卷187《乌古孙良桢传》。

㊕ 《元史》卷44《顺帝七》。

㊖ 《元史》卷33《文宗二》。

㊗ 徐元瑞:《吏学指南·行止》。

㊘ 《宋史》卷456《孝义传》。

㊙ 《元史》卷22《武宗一》。

⑩⓪ 《元史》卷102《刑法一·职制上》。

⑩① 方龄贵:《通制条格校注》卷3《户令》,第122页,中华书局2001年版。

⑩② 苏天爵:《滋溪文稿》卷9《元故资德大夫御史中丞赠摅忠宣宪协正功臣魏郡马文贞公墓志铭》,中华书局2007年版。

⑩③ 《元史》卷40《顺帝三》。

⑩④ 《元史》卷102《刑法一·职制上》。

⑩⑤ 《元史》卷103《刑法二·户婚》。

⑩⑥ 《元史》卷104《刑法三·大恶》。

⑩⑦ 《元典章》卷1《圣政》。

⑩⑧ 《元史》卷35《文宗四》。

⑩⑨ 《元史》卷83《选举三》。

⑩⑩ 《元史》卷105《刑法四》:"诸为人子行孝,辄以割肝、刲股、埋儿之属为孝者,并禁止之。"

⑩⑪ 《元史》卷119《木华黎传》,卷130《阿鲁浑萨理传》,卷125《布鲁海牙传》。

⑩⑫ 《元史》卷163《乌古孙泽传》。

⑩⑬ 《元史》卷143《自当传》、《马祖常传》。

⑩⑭ 《元史》卷126《廉希宪传》。

⑩⑮ 《元史》卷83《选举三》:天历二年曾下诏:"官吏丁忧,各依本俗。蒙古、色目仿效汉人者,不用部议,蒙古、色目人愿丁父母忧者听。"卷32《文宗一》:致和元年十一月,下诏"蒙古、色目人愿丁父母忧者,听如旧制"。卷38《顺帝一》:元统二年六月,下诏规定"蒙古、色目人行父母丧"。

⑩⑯ 参考了位雪燕、徐适端:《从〈元史·列女传〉析元代妇女的贞节观》,《内蒙古师范大学学报》2007年第3期;位雪燕:《元代妇女贞节问题再探》,《河北师范大学学报》2007年第3期;谭晓玲:《元代女性贞节观念刍议》,《中央民族大学学报》2007年第5期;杜芳琴:《元代理学初渐对妇女的影响》,《山西师范大学学报》

1996 年第 4 期。

⑪⑦ 方龄贵:《通制条格校注》卷 17《赋役·孝子义夫节妇》,第 517 页,中华书局 2001 年版;《元史》卷 102《刑法一》。

⑪⑧ 《元史·列女传》中葛妙真和畏兀氏 3 个女儿为孝养母亲终生未婚,不计入守节女性。

⑪⑨ 《元史》卷 124《忙哥撒儿传》,卷 136《拜住传》,卷 200《列女一》。

⑫⓪ 《元史》卷 200《列女一》。

⑫① 《元史》卷 33《文宗二》。

⑫② 《元史》卷 34《文宗三》,卷 136《阿沙不花传》,卷 200《列女一》。

⑫③ 陶宗仪:《南村辍耕录》卷 20,四部丛刊本。

⑫④ 苏天爵:《滋溪文稿》卷 14《张先生墓碣铭》、《姬先生墓碣铭》、《内丘林先生墓碣铭》,卷 19《处士贾君墓表》,中华书局 2007 年版。

⑫⑤ 《元史·列女传》。

⑫⑥ 《元典章》卷 18《户部四》。

⑫⑦ 《元典章》卷 42《刑部四》。

⑫⑧ 《元典章》卷 18《户部四》、卷 41《刑部三》。

⑫⑨ 《马可·波罗行纪》,冯承钧译,第 282 页,中华书局 2001 年版。

⑬⓪ 《马可·波罗行纪》冯承钧译,第 119 页,中华书局 2001 年版。

⑬① 《马可·波罗行纪》冯承钧译,第 276—277 页,中华书局 2001 年版。

⑬② 朱熹:《朱子语类》卷 13、卷 83,中华书局 1986 年版。

⑬③ 《元史》卷 119《木华黎传》。

⑬④ 《元史》卷 153《杨奂传》,卷 178《王约传》,卷 185《盖苗传》。

⑬⑤ 《元史》卷 131《完者都传》、184《任速哥传》,苏天爵:《滋溪文稿》卷 9《元故资德大夫御史中丞赠摅忠宣宪协正功臣魏郡马文贞公墓志铭》,中华书局 2007 年版。

⑬⑥ 《元史》卷 5《世祖二》。

⑬⑦ 苏天爵:《滋溪文稿》卷 6《訾君孝义诗序》,中华书局 2007 年版。

⑬⑧ 《元史》卷 197《孝友一》,卷 198《孝友二》,卷 27《英宗一》,卷 28《英宗二》。

⑬⑨ 《元史》卷 43《顺帝六》。

第六章　元代的人口构成

第一节　官员构成

一、元代的官制

元代官制的形成确立有三个重要阶段。第一个重要阶段是成吉思汗建立统治蒙古国时期,创立实行的是适应蒙古游牧经济特点的蒙古官制。当时"官制简古","国俗淳厚,非有庶事之繁,惟以万户统军旅,以断事官治政刑",因此官员的数量十分精简,"任用者不过一二亲贵重臣耳"。①第二个重要阶段是太宗时期,形成漠北和中原两种官制并存且相互参用的格局。在沿用健全蒙古官制的同时,调整建立中原官制,以适应对中原地区的统治,然而"草创之初,固未暇为经久之规矣"。第三个重要阶段是忽必烈即位后对中原官制的健全完善。他任用汉族儒士刘秉忠、许衡,"酌古今之宜,定内外之官。其总政务者曰中书省,秉兵柄者曰枢密院,司黜陟者曰御史台。体统既立,其次在内者,则有寺,有监,有卫,有府;在外者,则有行省,有行台,有宣慰司,有廉访。其牧民者,则曰路,曰府,曰州,曰县……于是一代之制始备,百年之间,子孙有所凭藉矣"。确立后的元代官制依然是蒙制与汉制并存。

(一)中央机构与官职

元朝中央机构主要由中书省(总政务)、枢密院(秉兵柄)和御史台(司黜陟)组成。

中书省最高长官为中书令,据元朝定制由皇太子担任;又设右丞相、左丞相各一员,正一品;平章政事四员,从一品;右丞、左丞各一员,正二品;参政二员,从二品。蒙古之俗尚右,故以右丞相、右丞居上。此外还有参议中书省事四员,正四品;左右司郎中二员,正五品;员外郎二员,正六品;都事二员,正七品。中书省下分左三部(吏部、户部、礼部)和右三部(兵部、刑部、工部),六部各设尚书三员,正三品;侍郎二员,正四品;郎中二员,从五品;员外郎二员,从六品。

枢密院设枢密使(皇太子兼任),知院六员,从一品;同知四员,正二品;副枢二员,从二品;佥院二员,正三品;同佥二员,正四品;院判二员,正五品;参议二员,正五品;经历二员,从五品;都事四员,正七品;承发兼照磨二员,正八品;架阁库管勾一员,正九品;同管勾一员,从九品。

御史台定置御史大夫二员,从一品;中丞二员,正二品;侍御史二员,从二品;治书侍御史二员,正三品;经历一员,从五品;都事二员,正七品;照磨一员,正八品;承发管勾兼狱丞一员,正八品;架阁库管勾兼承发一员,正九品。

此外朝内还有各院、寺、府、监、卫、司等常设机构。

(二)地方机构与官职

地方机构有行省、路、府、州、县数级。

忽必烈即位之初,元朝的地方最高行政机构为十路宣抚司,同时以都省官"行某处省事"系衔,派到各地署事,行使中书省的权力。行省逐渐由临时性的中央派出机构定型为常设的地方最高行政机构。除"腹里"(河北、山东、山西)直隶于中书省和吐蕃由宣政院管辖外,元朝置有岭北、辽阳、河南、陕西、四川、云南、甘肃、江浙、江西、湖广等行省。在距离省治较偏远的地区,分道设宣慰司,处理当地军民事务。负责民政的官员属中书省管辖,负责军务的官员属枢密院管辖。边陲民族地区的宣抚、安抚、招讨等司,多参用当地土官任职。

行省之职守,"凡钱粮、兵甲、屯种、漕运、军国重事,无不领之"[②]。每省置丞相一员(例不常设),从一品,品秩比中书省低一等;平章二员,右丞、左丞各一员,参知政事二员,品秩与都省官相同。另设郎中二员,从五品;员外郎二员,从六品;都事二员,从七品,品秩都比中书省低一等。各省的政务需要通过中书省进行协调统一或向皇帝报告。行省与都省之间具有某种程度的从属关系。

路设总管府,达鲁花赤、总管是长官,同知、治中、判官、推官为正官,还有经历、知事、照磨兼承发架阁等首领官。

府设有达鲁花赤、知府或府尹、同知、判官、推官、知事、提控案牍等官职。有的府隶属于诸路,有的直隶于行省;有的统领州县,有的则不统州县。

州有达鲁花赤、州尹或知州、同知、判官、知事、提控案牍等官。有些州直隶于路或行省,有的州不统县。

县有达鲁花赤、县尹、县丞、县簿、县尉、典史等官。有些县直隶于路或府。

边远地区还有"军"的建制,品秩及设官同下州。

路治所在的都市,设一个或几个录事司(大都、上都设警巡院),管理市镇居民。司内置达鲁花赤、录事、录判、典史等官员。

御史台在地方上有相应的分设机构,即监临东南诸省的江南道行御史台(简称南台)和陕、甘、滇、蜀地区的陕西诸道行御史台(简称西台)。南台和西台品秩与中央御史台(内台)相同。内台、南台和西台以下各设若干道肃政廉访司。

为了征伐或镇抚的需要,枢密院有时也在一些地区设置行枢密院(简称行院)。

二、元代官员数量构成

元代的官员设置混杂了蒙、汉两种官制,再加上蒙古统治者对官爵的大肆赏赐和封授,导致官府名目繁多、设置重复、多员制泛滥、冗官成弊。据统计,至元三十年全国有大小官府2733处,其中随朝官府221处;全国有官员16425人,其中随朝官1684人③。当时全国有人口14002760户,按照户均4.47口计算,约有62592337口,官员数量占全国总人口的万分之二点六二,随朝官占全国官员总数的近十分之一。《元典章》中一组世祖朝以后的官员统计数据显示:全国官员总数增长到26690人,其中有品级的随朝官2089人、京官506人、外任官19895人,无品级官4208人,色目官6782人。④

笔者对《元史·百官志》中朝廷内外主要官府所设官员的数量做了一番统计(见下表)。统计范围包括所有正官和首领官⑤。由于不同时期各官府的员额多有变化,统计依据各官署的"定置"数额,没有记载定置数额的按照最后变动的设置记载或常设记载统计。

官府名称	正官数	首领官数	总官数	官府名称	正官数	首领官数	总官数
中书省	23	4	27	尚乘寺	10	4	14
六部	9	5—11	14—20	长信寺	8	2	10
吏部	9	6	15	长秋寺	9	2	11
户部	9	11	20	承徽寺	9	2	11
礼部	9	5	14	长宁寺	10	2	12
兵部	9	5	14	长庆寺	10	2	12
刑部	9	6	15	宁徽寺	12	2	14
工部	9	8	17	太府监	22	3	25
枢密院	10	10	20	度支监	10	5	15
御史台	8	6	14	利用监	22	4	26
行御史台	7	6	13	中尚监	14	3	17
肃政廉访司	6或8	3	9或11	章佩监	13	3	16

官府名称	正官数	首领官数	总官数	官府名称	正官数	首领官数	总官数
大宗正府	46	3	49	经正监	7	2	9
大司农司	10	5	15	都水监	5	2	7
翰林国史院	14	2	16	秘书监	11		11
蒙古翰林院	26	3	29	司天监	13	1	14
集贤院	15	4	19	回回司天监	8	1	9
宣政院	24	7	31	上都留守司	12	7	19
宣徽院	16	7	23	行中书省	10 或 11	2	12 或 13
太禧宗礼院	16	6	24	宣慰司	5	3	8
太常礼仪院	10	3	13	路总管府	5 或 7	3 或 4	8—11
典瑞院	12	5	17	上路	7	3 或 4	10 或 11
太史院	13	3	16	下路	5	3 或 4	8 或 9
太医院	20	5	25	散府	5	2	7
奎章阁学使馆	10	5	15	州	4	1 或 2	5 或 6
艺文监	6	2	8	上州	4	2	6
侍正府	20	3	23	中州	4	2	6
将作院	13	3	16	下州	4	1 或 2	5 或 6
通政院	5 或 11	2 或 3	7 或 14	县	4 或 5	1 或 2	5—7
大都通政院	11	3	14	上县	5	2	7
上都通政院	5	2	7	中县	4	2	6
中政院	15	5	20	下县	4	1	5
储政院	14	8	22	警巡院	6 或 8	2 或 3	6—11
崇福司	10	3	13	大都警巡院	6	2	8
大都留守司	11	6	17	大都左右警巡院	8	3	11
武备寺	18	8	26	上都警巡院	6		6
太仆寺	6	4	10	录事司	2 或 3	1	3 或 4

从上表 50 个（类）官署官员的设置情况可以看出，城市录事司的正官最少仅有 2 员，正官最多的大宗正府达 46 员。元代绝大多数官府实行多员制，正官超过 10 员的官署有 36 个，超过 20 员的有 8 个。协助长官处理政务的首领官广泛设置在中央地方的各官府中，形成了一代之制。

三、元代官员品级构成

元代沿袭宋金官制，职官共九品、分正从，此外还将体现官阶高低的勋、爵、散官也划分出对应的品级。勋有上柱国、柱国、上护军、护军、上轻车都尉、轻车都尉、上骑都尉、骑都尉、骁骑尉、飞骑尉 10 阶，爵有王、郡王、国公、郡公、郡侯、郡伯、县子、县男

8 等,散官中有文散官 42 阶、武散官 34 阶、内侍散官 14 阶、司天散官 14 阶、太医散官 15 阶、教坊司散官 15 阶。根据《百官志》记载,将元代官员的品级构成整理如下。

正一品

职官:太师、太傅、太保、中书令、中书省右左丞相

文散官:开府仪同三司、仪同三司、特进、崇进、金紫/银青荣禄大夫

爵:王

勋官:上柱国

从一品

职官:中书省平章政事、行省丞相/平章政事、枢密院/大抚军院知院、御史大夫、宣政院/宣徽院/太禧宗礼院院使、大宗正府札鲁忽赤、大司农司大司农、翰林国史院承旨、集贤院大学士、詹事院詹事

文散官:光禄大夫、荣禄大夫

爵:郡王

勋官:柱国

正二品

职官:中书省/行省右左丞、枢密/宣政院/宣徽院/詹事院同知、御史中丞、大都督府大都督、大司农/群牧监卿、太常礼仪院/典瑞院/太史院/太医院/将作院/中政院/储政院/资正院院使、翰林国史/集贤院学士、奎章阁学士院大学士、侍正府侍正、内史府内史、大都/上都留守司留守

文散官:资德大夫、资政大夫、资善大夫

武散官:龙虎卫上将军、金吾卫上将军、骠骑卫上将军

内散官:中散大夫

爵:国公

勋官:上护军

从二品

职官:中书省/行省参知政事、枢密院/宣政院/宣徽院副使、通政院院使、侍御史、大司农少卿、太仆寺卿、翰林国史/集贤院侍读/侍讲学士、奎章阁学士院侍书学士、隆祥使司/崇福司司使、詹事院副詹事、宣慰司(都元帅府)宣慰使、大都督府大都督、都护府大都护、都总制庸田使司都总制庸田使

文散官:正奉大夫、通奉大夫、中奉大夫

武散官:奉国上将军、辅国上将军、镇国上将军

内散官:中引大夫

爵:郡公

勋官:护军

正三品

职官:中书省/枢密院断事官、各部尚书、治书侍御史、奎章阁学士院承制学士、各寺卿、内史府中尉/断事官、都漕运使司运使、各卫/各亲军都指挥使司达鲁花赤/都指挥使、左右卫率府率使、都万户府都万户、上路/上万户府/上总管府达鲁花赤/万户/总管、左右都威卫使司使、元帅府达鲁花赤/元帅、宣抚司达鲁花赤/宣抚使、安抚司达鲁花赤/安抚使、招讨司达鲁花赤/招讨使、都转运盐使司都转运使、总管府达鲁花赤/总管、都水庸田使司庸田使

文散官:正议大夫、通议大夫、嘉议大夫

武散官:昭武大将军、昭勇大将军、昭毅大将军

内散官:中御大夫

爵:郡侯

勋官:上轻车都尉

从三品

职官:太常礼仪院/典瑞院/太史院/太医院/中政院/储政院佥院、通政院副使、大司农丞、翰林国史/集贤院直学士、国子监祭酒、宣政院断事官、侍正府参府、武备寺同判、各监太监、都水监都水监、各卫/各亲军都指挥使司副指挥使、宣慰司/大都督府同知、左右卫率府副使、都万户府副都万户、大都督府副都督、上万户府副万户、中/下万户府达鲁花赤/万户、下路/下总管府达鲁花赤/总管、都总制庸田使司副使

文散官:大中大夫、中大夫、亚中大夫

武散官:安远大将军、定远大将军、怀远大将军

内散官:侍中大夫

司天散官:钦象大夫

太医散官:保宜大夫、保康大夫

教坊散官:云韶大夫、仙韶大夫

爵:郡侯

勋官:轻车都尉

正四品

职官:参议中书事、各部侍郎、殿中侍御史、奎章阁学士院供奉学士、(回回)司天监提点/司天监、都漕运使司同知、各卫/各亲军都指挥使司佥事、左右卫率府/大都督府佥事、宣慰司副使、给事中、卫候直都指挥使司达鲁花赤/都指挥使、内史府司马、都

转运盐使司同知、大都/上都留守司副留守、兵马司指挥使、大都路兵马都指挥使司都指挥使、中万户府副万户、各府达鲁花赤/知府/府尹

文散官:中议大夫、中宪大夫、中顺大夫

武散官:广威将军、宣威将军、明威将军

内散官:中卫大夫

司天散官:明时大夫、颁朔大夫

太医散官:保安大夫、保和大夫

教坊散官:长宁大夫、德和大夫

爵:郡伯

勋官:上骑都尉

从四品

职官:通政院同佥、各寺少卿、大都督府副使、下万户府副万户、上千户所达鲁花赤/千户、上州达鲁花赤/州尹、都总制庸日使司佥司

文散官:朝请大夫、朝散大夫、朝列大夫

武散官:信武将军、显武将军、宣武将军

内散官:中涓大夫

司天散官:保章大夫

太医散官:保顺大夫

教坊散官:协律大夫

爵:郡伯

勋官:骑都尉

正五品

职官:中书省左右司郎中/客省使、翰林国史/集贤院待制、国子监司业、都水监/(回回)司天监少监、太史院五官正、农政司农政、行军司马、监书博士、掌医监领监官、都漕运使司副使、各处长官司达鲁花赤/长官、江浙江淮等处财赋都总管府同知、大都留守司判官、上万户府镇抚司镇抚、上千户所副千户、中千户所达鲁花赤/千户、各都转运盐使司副使、中州达鲁花赤/州尹

文散官:奉政大夫、奉议大夫

武散官:武节将军、武德将军

内散官:通侍郎

司天散官:司玄大夫

太医散官:保冲大夫

教坊散官：嘉成大夫

爵：县子

勋官：骁骑尉

从五品

职官：各部/行省/大宗正府郎中、枢密院/宣政院客省使、回回药物院/御药院达鲁花赤/大使、医学提举司/官医提举司提举、奎章阁学士院参书、中政院/储政院司议、江浙江淮等处财赋都总管府副总管、江西财赋提举司达鲁花赤/提举、内史府谘议、各寺丞、大都河道提举司提举、中万户府镇抚司镇抚、中千户所副千户、下千户所达鲁花赤/千户、儒学提举司提举、蒙古提举学校官提举、各市舶提举司提举、下州达鲁花赤/州尹、詹事院中议、仪卫司副指挥、河防提举司提举

文散官：奉直大夫、奉训大夫

武散官：武义将军、武略将军

内散官：通御郎

司天散官：授时郎

太医散官：保全郎

教坊散官：纯和郎

爵：县男

勋官：飞骑尉

正六品

职官：中书省左右司员外郎/客省副使、都漕运使司判官、提举左右八作司提举、国子监丞、大仓提举、备章总院大使、中政院/储政院长史、大都城门尉、都水监/(回回)司天监监丞、警巡院达鲁花赤/警巡使、开平县/宛平县/大兴县达鲁花赤/县尹、都路提举学校所举、下万户府镇抚司镇抚、下千户所副千户、各都转运盐使司判官、上州同知、军民屯田总管府同知、农政司农丞

文散官：承德郎、承直郎

武散官：承信校尉、昭信校尉

内散官：侍直郎

司天散官：灵台郎

太医散官：成安郎

教坊散官：调音郎

从六品

职官：各部/行省/大宗正府员外郎、枢密院客省副使、宣慰司/大都督府经历、翰

林国史/集贤院修撰、内史府记室、大都留守司经历、光禄寺寺丞授司膳郎、著作郎、上百户所百户、官医提举司提举、广海盐课提举司副提举、各市舶提举司同提举、中州同知、上县达鲁花赤/县尹、詹事院长史、都总制庸田使司经历

　　文散官：儒林郎、承务郎

　　武散官：忠武校尉、忠显校尉

　　内散官：内直郎

　　司天散官：侯仪郎

　　太医散官：成和郎

　　教坊散官：司乐郎

正七品

　　职官：中书省左右司/枢密院都事、客省使检校官、都漕运使司经历、御史台都事、察院监察御史、国子学/太常礼仪院博士、太史院保章正/灵台郎、御药院/御药局/行御药局副使、管民提领所提领、著作佐郎、秘书郎、批验所提领、上州判官、下州同知、中县达鲁花赤/县尹

　　文散官：文林郎、承事郎

　　武散官：忠勇校尉、忠翊校尉

　　内散官：司谒郎

　　司天散官：司正郎

　　太医散官：成全郎

　　教坊散官：协乐郎

从七品

　　职官：行省/宣慰司/大都督府/大宗正府/大司农司都事/检校、枢密院承发兼照磨、各卫/各亲军都指挥使司经历、左右卫率府经历、都万户府经历、翰林国史院应奉翰林文字、光禄寺主事、江浙等处财赋都总管府经历、百户所百户、典军司典军、大都留守司都事、大都河道提举司副提举、万户府经历、下百户所百户、儒学提举司副提举、蒙古提举学校官同提举、各都转运盐使司经历、盐场司令、各市舶提举司副提举、中州判官、下县达鲁花赤/县尹、都总制庸田使司都事、军民屯田总管府判官

　　文散官：征事郎、从事郎

　　武散官：修武校尉、敦武校尉

　　内散官：司阍郎

　　司天散官：平秩郎

　　太医散官：医正郎

教坊散官:和乐郎

正八品

职官:中书省/行省照磨/管勾、工部架阁库管勾、礼部照磨、御史台/大都督府/大司农司/宣政院/宣徽院/集贤院/太常礼仪院/典瑞院/太医院/将作院/通政院/中政院/储政院管勾/照磨、翰林国史院编修官/检阅/典籍、国子学助教/教授、太史院保章副/掌历/校书郎、大都留守司管勾、校书郎、辨验书画直长、司狱司司狱、录事司达鲁花赤/录事、下州判官、詹事院管勾/照磨

文散官:将仕郎、登仕郎

武散官:保义校尉、进义校尉

内散官:司奉郎

司天散官:正纪郎、挈壶郎

太医散官:医效郎、医侯郎

教坊散官:司音郎、司律郎

从八品

职官:各卫/各亲军都指挥使司知事/照磨、左右卫率府知事/照磨、都万户府知事/提控案牍、大宗正府承发架阁库管勾、太常礼仪院奉礼郎/检讨/协律郎/太祝、太史院监候/挈壶正/教授、内史府照磨/管勾、江浙等处财赋都总管府知事、万户府知事、上千户所弹压、各都漕运使司/各都转运盐使司知事、盐场司丞、都总制庸田使司照磨、军民屯田总管府经历

文散官:将仕佐郎、登仕佐郎

武散官:保义副尉、进义副尉

内散官:司引郎

司天散官:司历郎、司辰郎

太医散官:医痊郎、医愈郎

教坊散官:和声郎、和节郎

正九品

职官:枢密院/解盐场管勾、刑部司狱司丞、御史台架阁库管勾兼承发、太史院各省司历/副监候/司辰郎、内正司照磨兼管勾、儒学教授、蒙古教授、家令司/府正司/典宝监照磨

从九品

职官:四库照磨兼架阁库管勾、各都转运盐使司照磨、枢密院/解盐场同管勾、提举都城所左右厢官、翰林院/太常礼仪院/太史院/盐场管勾、太史院学正、江浙等处财

赋都总管府照磨/提控案牍、司天监提学/教授/学正/管勾、各厢巡检司巡检、下千户所弹压、军民屯田总管府知事

四、官员数量构成、品级构成与人口数量的关系

（一）地方官员数量、品级构成与人口数量的关系

元代地方行政机构官员品级、数量的设置和当地人口数量有着密切的关系。据《元史·百官志》的有关内容，元代路、州、县司设置管民官的人口标准如下表所示。

机构	人数	官员最高品级	官员数
上路	10万户以上	正三品	7
下路	10万户以下	从三品	5
上州	（北）1.5万户以上（南）5万户以上	从四品	4
中州	（北）0.6万户以上（南）3万户以上	正五品	4
下州	（北）0.6万户以下（南）3万户以下	从五品	4
上县	（北）0.6万户以上（南）3万户以上	从六品	5
中县	（北）0.2万户以上（南）1万户以上	正七品	4
下县	（北）0.2万户以下（南）1万户以下	从七品	3—4
录事司	0.2万户以上	正八品	3
录事司	0.2万户以下	正八品	2

说明：因个别地方政区的级别设置和人口标准发生变化，官员的人数也相应有所变化。如：《元史》卷10《世祖七》记载，至元十五年六月，各路总管府依验户数多寡，以上中下三等设官；卷18《成宗一》载，元贞元年五月，以户为差，户至四万五万者为下州，五万至十万者为中州，下州官五员，中州六员。

各地设置军官的人口标准如下表所示。

机构	人数	官员品级		官员数
上万户府	军7000以上	达鲁花赤、万户正三品	副万户从三品	3
中万户府	军5000以上	达鲁花赤、万户从三品	副万户正四品	3
下万户府	军3000以上	达鲁花赤、万户从三品	副万户从四品	3
上千户所	军700以上	达鲁花赤、千户从四品	副万户正五品	3
中千户所	军500以上	达鲁花赤、千户正五品	副万户从五口	3
下千户所	军300以上	达鲁花赤、千户从五品	副万户正六品	3
上百户所	军70以上	百户从六品		2
下百户所	军50以上	百户从七品		1

此外诸路万户府下设镇抚司镇抚二员，上万户府正五品、中万户府从五品，俱金牌；下万户府正六品，银牌。千户所各设弹压二员，上千户所从八品，中千户所正九

品,下千户所从九品。

实际上,各地官员数量设置存在着与上述人口标准严重不符的现象。《百官志》中说,"大德以后,承平日久,弥文之习胜,而质简之意微,侥幸之门多,而方正之路塞。官冗于上,吏肆于下,言事者屡疏论列,而朝廷讫莫正之,势固然也"。在军队官署中,"南方无事,管军官员数太多,名为万户,军不满千;降至镇抚、百户,有止管二三人者"⑥。一些地方为了多设官员,还向朝廷虚报人口。为了裁汰冗官,世祖和成宗朝曾对一些地方进行核查和减裁。至元十九年,"以四川民仅十二万户,所设官府二百五十余所,令四川行省议减之";至元二十二年,批准削减云南合剌章冗官,每年节省俸金946两;至元三十一年,成宗即位,云南行省"八番称新附九十万户,设官四百二十四员,及遣官核实,止十六万五千余户",故减去八番等处所设官216员。⑦

（二）匠官数量、品级构成与人口数量的关系

匠官在元代属于有品级的流外杂职官,负责管理属于官府的各种手工业机构中的系官工匠。匠官一般从工匠中选任,任职和迁转的范围仅限于匠官的范围。与仓官、税务官等其他流外杂职官不同的是,匠官的员数、品级和任职机构的设置是根据所管工匠的户数来设置的⑧。

至元九年,令工部查明北方各路官匠的户数,划定随路管匠官的数量和品级标准,具体为:

提举司,2000户之上,提举正五品,同提举从六品,副提举从七品。

提举司,1000户之上,提举从五品,同提举正七品,副提举正八品。

提举司,500户之上至一千户之下,提举正六品,同提举从七品,副提举从八品。

局,300户之上,局使正七品,副使正八品。

局,100户之上,局使从七品,副使从八品。

院,100户之下,院长一员,同院务,例不入流品,量给食钱。

至元二十二年确定的匠官的选取升转资格中,品级和员数的设置标准与至元九年一致,只是少了2000户以上的提举司。元贞元年,湖广行省又拟定了南方一些官匠机构员数和品级的设置标准:

提举司,3000户之上,提举从五品,同提举正七品,副提举正八品。

提举司,2000户之上,提举正六品,同提举从七品,副提举从八品。

局,1000户之上,局使正七品,副使正八品。

局,500户之上,局使从七品,副使正九品。

院,500户之下,院长一员。

元代官匠的管理机构分为院、局、提举司三级,分别设官1员、2员或3员,工匠

户数南北有所差异,在局和提举司内部又根据工匠户数划分了几个品级。相比之下,北方最初设置的官匠户数标准较低:100 户以下设院,500 户以下设局,500 户以上设提举司,最高标准为 2000 户以上;南方后来设置的官匠户数标准较高:500 户以下设院,2000 户以下设局,2000 户以上设提举司,最高标准为 3000 户以上。

五、官员的铨选、任职制度与民族构成

在职官制度中,铨选和任职制度十分重要,关系到官员的选拔和任用。蒙古统治者在这两个方面贯彻了民族等级制度。在蒙古、色目、汉人、南人四个等级中,极力维护蒙古贵族的特权,优待蒙古人和色目人,最受限制和歧视的是南人。

元代入仕的主要途径有三个,"一由宿卫,一由儒,一由吏"[⑨],而高级官员"首以宿卫近侍"[⑩]。元代对担任宿卫近侍有严格的限制和资格审查,大多出身于蒙古世袭的勋臣贵族之家,后来也选用了一些色目人和少数的汉人。元代自仁宗朝实行科举制度,在考试和录用中公开申明民族等级制度,对蒙古人和色目人给予不同程度的优待。蒙古、色目、汉人、南人人数相差很大,但录用人数都是 25 人而且分卷考试。武宗至大四年的国子学试贡法规定,"试蒙古生之法宜从宽,色目生宜稍加密,汉人生则全科场之制",蒙古授官六品,色目正七品,汉人从七品。也就是说,汉人生员考试最严格,所授官职最低;蒙古生员考试最宽容,所授官职最高;色目人居中。

在官员任职方面,蒙古统治者也设置了重重严格的民族等级界限,"国家官制,率以国人居班簿首"[⑪],"其长则蒙古人为之,而汉人、南人二焉"[⑫]。在中央,中书省、枢密院和御史台的正官只授予蒙古人。一般中书令和枢密使都由皇太子兼任,御史大夫一职也"非国姓不以授"。此外,中书省的副职右、左丞也"必用蒙古勋臣";枢密院的知枢密院事、同知枢密院事因涉及兵籍等军机重务,元代无一汉人担任。在地方,至元二年"以蒙古人充各路达鲁花赤,汉人充总管,回回人充同知,永为定制","诸王、驸马所分郡邑,达鲁花赤惟用蒙古人","各道廉访司必择蒙古人为使","凡投下官,必须有蒙古人员","省、院、台、部、宣慰司、廉访司及部府幕官之长,并用蒙古、色目人"。[⑬]这种按照民族等级任职的制度是比较严格的,中央官署要比地方执行得好。

在地方的各路和各投下,由于达鲁花赤由色目人和汉人担任的情况比较多见,因此自世祖始,蒙古统治者多次下令进行分拣,对违制任官者加以罢黜。至元五年三月,"罢诸路女直、契丹、汉人为达鲁花赤者,回回、畏兀、乃蛮、唐兀人仍旧";至元六年,"以随路见任并各投下创差达鲁花赤内,多女直、契丹、汉人,除回回、畏兀儿、乃蛮、唐兀同蒙古例许叙用,其余拟合革罢,曾历仕者,于管民官内叙用";至元二十一

年八月,"定拟军官格例,以河西、回回、畏兀儿等依各官品充万户府达鲁花赤,同蒙古人,女直、契丹同汉人。若女直、契丹生西北不通汉语者,同蒙古人;女直生长汉地,同汉人";大德八年三月,"诏令诸王、驸马所分郡邑,达鲁花赤惟用蒙古人,三年依例迁代,其汉人、女直、契丹名为蒙古者皆罢之"。[14]不过,被罢黜的仅限于女真、契丹、汉人为达鲁花赤者,而色目人中的回回人、畏兀儿人、唐兀人则可以和蒙古人一样继续任职。只有在十分特殊的情况下,蒙古统治者才会迫不得已地将蒙古人垄断的官职授予色目人和汉人。例如,至元二十五年十月,湖广行省上奏:"'左、右江口溪洞蛮獠,置四总管府,统州、县,洞百六十,而所调官畏惮瘴疠,多不敢赴,请以汉人为达鲁花赤,军官为民职,杂土人用之。'就拟夹谷三合等七十四人以闻,从之。"[15]这是由于朝廷迁调的蒙古或色目官员怕染上当地可怕的"瘴疠"不敢赴任,才准许选调汉人担任湖广行省四路总管府的达鲁花赤。又如,大德元年四月,曾批准中书省、御史台大臣各道廉访司廉访使"或阙,则以色目世臣子孙为之,其次参以色目、汉人"[16]的建议。

从上述元代官员的任职制度不难看出,处于第四等级的南人长期以来是最受限制和排斥的,尤其是在中央权力机构中。虽然世祖末年也有"自今省部台院,必参用南人"和"求贤于江南"[17]的举措,但也只是一时之举,"自世祖以后,省台之职,南人斥不用"[18]的制度在元代实行得最久。元代最后一位皇帝顺帝在统治末年,又逐渐改变排斥南人和蒙古人、色目人垄断中央机构正官的任职制度。至正十二年三月下诏:"南人有才学者,依世祖旧制,中书省、枢密院、御史台皆用之",从此"南方之进士,始有为御史,为宪司官,为尚书者矣"。[19]宁国宣城人贡师泰就是在这时被迁调到吏部又任监察御史的,史称"南士复得居省台,自师泰始,时论以为得人"[20]。至正十六年二月,顺帝进一步放宽官员的任职限制,"命六部、大司农司、集贤翰林国史两院、太常礼仪院、秘书、崇文、国子、都水监、侍仪司等正官,各举才堪守令者一人,不拘蒙古、色目、汉、南人,从中书省斟酌用之"[21]。为什么会出现这样的变化呢?从当时的政治背景来看,在顺帝下诏恢复世祖旧制、在中枢三个部门中选用南人任职的前一年,也就是至正十一年,农民起义军已经举起了反元的大旗。农民起义爆发后,迅速在江南地区蔓延,进而向北方进发,全国掀起反元的浪潮。顺帝此时放宽官员任职制度的限制,广泛吸纳其他民族尤其是南人、汉人进入中央机构,不过是笼络江南地区和全国各族地主阶级上层的一种怀柔手段而已。由于阶级矛盾和民族矛盾的长期积压,元末顺帝对任职制度的调整已不可能改变元王朝灭亡的历史命运。

前文所述的官员迁转制度也大多只适用于汉人和南人。大德四年颁行的民官的职官荫叙条例明确规定,"正一品子为正五,从五品子为从九,中间正从以是为差,蒙古、色目人特优一级"[22]。

综观上文所述,元代蒙古人、色目人出职易且位居显要,而一般汉人,尤其是南人很少能进入高级官僚的行列。

第二节　吏员构成

《说文》曰:"吏,治人者也。从一从乀。"在中国封建社会,广义的吏指皇帝以外的统治集团中的全体成员;狭义的吏则专指封建社会官府中有定额、有俸禄,在官的指令下具体承办官府公务的最低级成员。[㉓]此处探讨的吏指的是狭义的吏。

吏制,又称吏胥制度、胥吏制度或吏役制度。[㉔]在中国古代官僚制度的大背景下,吏制的演变亦自成系统。秦汉是中国古代官僚政治的成形时期和吏制的萌芽时期。这一时期的吏制,官、吏、役在称谓上没有严格区分,吏与职役区分较易而官与吏辨别很难,东汉时期吏开始脱离职官集团[㉕]。魏晋南北朝时期,吏、役关系紧密,"吏"的"役"化倾向严重,被认为是"吏役"制度的形成时期。在吏制发展的过程中,科举制的创立导致隋唐吏制伴随官制而发生转折。程念祺指出:"隋唐而后中国胥吏政治的发展,证明科举本身并不能为国家培养和选拔治国人才。"[㉖]宋代吏的职系趋于规范化,是中国古代官吏管理制度中的重大突破。金代吏制的发展影响极大。"在某种意义上也可以说,金代的令史选拔制度与出职制度,促进了儒与吏的结合"[㉗],这种趋势被有着相似统治经历的元代所继承。

元代吏的地位极高。许凡在《元代吏制研究》一书的"绪言"中指出:元代吏制的最大特色在于,元代的吏"以一种引人注目的'形象'出现在当时的政治及社会舞台上。其地位升高,权力增大,构成奇特,升迁制度繁缛,尤其突出的是,吏员出职任官几乎成为元代入仕的唯一可行之途。"元人吴澄评价说:"曰官曰吏,靡有轻贱贵重之殊。今之官即昔之吏,今之吏即后之官。官之与吏情若兄弟,每以字呼,不以势分相临也。"[㉘]

据许凡研究,元代的吏基本上由职官、儒和见习吏员三种成分构成。职官补廉访司以上官府的主要吏职。见习吏员补以录事司、县司吏为主的基层衙门司吏。儒包括终场下第举人、郡府学生、教官等多种人,故补吏的面较宽,六部以下官府吏职都有以儒士补充的。[㉙]

元代的吏名目繁多,遍布朝廷内外各级大小官府,"曰掾史、令史,曰书写、铨写,曰书吏、典吏,所设之名,未易枚举,曰省、台、院、部,曰路、府、州、县,所入之途,难以指计"[㉚]。《元史·百官志》中提到的吏有30多种:必阇赤、令史、通事(怯里马赤)、译史、知印、宣使、奏差、司吏、书吏、典吏、铨写、书写、掌书、典书、书史、(省、部、台、院)医、掌药、库子、攒典、司库、狱典、知班、监印、部役、委差、司膳、司狱、玉典赤、壕寨(官)、本把典给(官)、司计(官)、司程(官)等。从笔者统计的56个(类)官府21种吏职的设置情况(见《元代中央地方官府吏职构成简表》)来看,其中设置比较广泛、职责比较重要的有必阇赤、令史、通事(怯里马赤)、译史、知印、宣使、奏差、司吏、书吏、典吏10种。我们先来分类了解一下这10种主要吏员的职责、设置范围、地位和特点。

第一类案牍吏员。案牍吏员是处理公文、表册等衙门事务的吏员,是衙门中居于首席地位的吏职。有令史、司吏、书吏、必阇赤。

令史设置在中书省、枢密院、御史台、行中书省、行枢密院、行御史台、六部、宣慰司、大都路总管府和上都留守司等官府中。一般二品以上衙门的案牍吏员称令史,任职于中书省、枢密院、御史台、行中书省、行枢密院、行御史台的令史专称掾史,其中中书省、枢密院、御史台的令史又分别专称省掾、院掾、台掾。

司吏设置在路总管府、府、州、县和录事司等地方基层衙门。由于司吏在地方多处理各种民事且名额有限,因此其职责面比令史要宽得多、事务也更加繁杂。

书吏设在中书省和行中书省的检校所、御史台的察院和肃政廉访司等衙门中。

作为案牍吏员,令史、司吏设在行政衙门,书吏设在监察部门。

必阇赤有蒙古必阇赤和回回必阇赤两种,他们是掌握蒙古族语言或亦思替非文字而进行文字工作的吏职,其职责与令史近似。蒙古必阇赤比任何吏职的政治地位和待遇都高。回回必阇赤有时也称回回令史、回回掾。必阇赤是蒙古语的称呼,意思是书写的人或笔者,而令史、掾则符合汉族职官称呼的习惯。

第二类翻译吏员。翻译吏员是将公文、表章、报告、表册等翻译成蒙古或波斯文字,供皇帝审阅和蒙古、色目官员审阅执行的吏职。翻译吏员的数量多、作用大、地位重要,是元代内政中的主要吏职之一。有译史、通事(怯里马赤)。

译史是书面文字翻译吏员,有蒙古译史和回回译史两种。除中书省外,中央地方各衙门广泛设置。蒙古译史为皇帝和蒙古官员服务,回回译史(也称西域译史)为色目官员服务。回回译史比蒙古译史的数目少。

元代中央地方官府吏职构成简表

官府名称	蒙古必阇赤	回回必阇赤	令史	通事	译史	知印	典吏	宣使	奏差	书吏	司吏	库子	医	蒙古书写	接手书写	书写	铨写	司计	监印司	玉典赤	典书壕寨	合计
中书省	22	14	60	4		4		50					3						2	41		200
六部																						
吏部	3	2	25	1		2	19		6					2			5					65
户部	7	6	61	1		2	22		32					1				4				136
礼部	2	1	19	1		2	3		12													40
兵部	2	1	14	1		2	3		8													31
刑部	4	2	30	1		1	7		10					1		3						59
工部	6	4	42	1		1	7		30					1								92
枢密院			24	3	14	2	17	19				2	2	2								85
御史台			15	1	4	2	6	10				2	2	2								45
江南行御史台			15	2	4	2	6	10				2	?	2								36
陕西行御史台	2	1	12	2	1	1	5	10				2	?									35
肃政廉访司					1	2		5		16												25
大宗正府	13	2	10	3		3	3	10				1	1	1								47
大司农司	2	1	12	1	2	2	5	8				?	?									31
翰林国史院	14		3	2	2	2	3	7						5	10							41
蒙古翰林院	6	2	3	1		2	3									10					3	25
集贤院	2	2		1	2	2	3	7														21
宣政院	6	2	15	4	2	2	?	15														40
宣徽院			20	2	2	2	6	?						2								40
太禧宗禋院			22	2	4	2	3	15						2								45
太常礼仪院			4	2	2	2	3	4														17
典瑞院			4	1	4	1	3	4														17
太史院			3	1	1	2	2	2														11

续表

官府名称	蒙古必阇赤	回回必阇赤	令史	通事	译史	知印	典吏	宣使	奏差	书吏	司吏	库子	医	蒙古书写	接手书写	书写	绘写	司计	监印	司狱	玉典赤	蒙古书写蒙书	合计
太医院			8	2	2	2		7															21
奎章阁学士馆			4	2	2	2		4														5	19
艺文监			4	1	1		3		2														11
侍正府			8	2	4	2	5	8															29
将作院			6	2	2	2		4															14
通政院																							
大都通政院			13	1	1	2		10															26
上都通政院			4	1	3	1		10															19
中政院	4		12	2	2	2		10															32
储政院	2		12	2	4	2	6	10															38
崇福司			2	1	1	1		2															7
大都留守司	3		18	1	1	2	5	17															47
武备寺	1		13																				13
太仆寺			7	2	2	2			4														20
尚乘寺			6	2	2	2	2		5														19
长信寺			6	1	2	2			4														15
长秋寺			6	1	2	2			4														15
承徽寺			6	1	2	2			4														15
长宁寺			6	1	2	2			4														15
长庆寺			6	1	2	2			4														15
大府监			8	1	3	1			4														17
度支监			14	3	4	3	5		4														33
利用监			8	1	2	1	3		6														21
中尚监			7	2	3	2			5														19

续表

官府名称	蒙古必闍赤	回回必闍赤	令史	通事	译史	知印	典吏	宣使	奏差	书吏	司吏	库子	医	蒙古书写	接手书写	书写	铨写	司计	监印	司狱	玉典赤	典书坝寨	合计
章佩监			7	2	2			4															15
经正监			8		4																		12
都水监	1	1	10	1	2	1		10														16	42
秘书监			3	1	1	2			2													2	12
司天监			2	1	1	兼																	4
回回司天监			2	1		兼			1														4
上都留守司	3		44		6	2		12															67
行中书省			40	2	8	2	14	40															106
宣慰司			30	1	2	1			20														
路总管府																							
上路						1					30					1							32
中路											20												20
下路				1	1						15												17
县																							
上县											6												6
中县											5												5
下县											4												4
警巡院																							
大都警巡院											20												20
大都左右警巡院											25												25
上都警巡院											8												8
录事司											4												4

说明：《元史》卷91《百官七》说"掾史"诸史、蒙古必闍赤、回回令史、通事、知印、宣使，各省设员以为多寡之额"，没有明确记载行中书省员吏的具体数目，宣慰司吏员和地方州、县、录事司吏的设置情况《元史》也不见记载。表中行省和宣慰司吏员数据采自《事林广记》列集卷2《官制表》，路、县、录事司司吏的数据采自《元典章》卷12《额设司吏》条中至元二十一年的官方规定。"?"为《元史》中无数额记载且暂不可考者。司天监和回回司天监中知印和司印由通事兼任。

通事是口头翻译吏员,设置在中书省、六部和其他各级衙门,在蒙古和色目官员身边服务。元代史料中常见的"怯里马赤"是蒙古语的音译,也就是汉语的通事。与译史相比,通事与官员的关系更密切,设置范围更广泛,数量也更多。

第三类传达吏员。传达吏员是官府中担任上传下达职责的吏职,是元代官府的重要吏职,但地位低于本衙门的案牍吏员和翻译吏员。有宣使、奏差。

宣使一般设在中书省、御史台、枢密院及行省、行台、行院等一、二品衙门。具体职责为宣读诏书或官府命令、传达本衙门长官意见和催促各项政务、押运货物等。

奏差设在宣慰司、六部、廉访司等三品衙门中。其基本职责为传达本衙门长官的意见和各项政务。

其他重要吏员有知印、典吏。

知印是掌管衙门印章、印信的吏员,设在部以上中央各官府及行省、行台、行院等衙门。中书省设置的知印吏员数量最多,有 4 人。知印的地位与案牍吏员相同,属高级吏员。

典吏是负责衙门文书、档案、表册等收取、发送、启缄、保管等工作的吏员,从中书省到司县,大小衙门都设置。与上述九种吏员相比,典吏设置面最广、地位最低。

第三节　区域人口构成

考察分析元代区域人口构成的史料依据是留存下来的元代区域户口数据。笔者主要利用的是五种重要的元代方志《至顺镇江志》、《至元嘉禾志》、《至正金陵新志》、《大德昌国州图志》和《大德南海志》,它们分别记载了元代镇江路(今江苏镇江)、嘉兴路(今浙江嘉兴)、集庆路(今江苏南京)、庆元路昌国州(今浙江定海)和广州路(今广东省广州市)详细的人口数据资料。此外还有明清后世史料中散见的元代地方户口数据。根据这些资料考察分析元代区域人口的行政区划构成、职业构成、民族构成、城乡构成、南北构成等。

上述五种元代方志后经影印、整理、点校,有不同版本存世。在已出版的元代方志中,笔者主要查看对比了文渊阁《四库全书》、中华书局影印《宋元方志丛刊》(共 8 册)和台湾成文出版社有限公司《中国地方志集成》。

五种方志都被《宋元方志丛刊》收录,户口数据分别在第 3 册第 2646—2651 页《至顺镇江志》卷 3《户口》、第 5 册第 4452—4453 页《至元嘉禾志》卷 6《户口》、第 6 册第 5640—5646 页《至正金陵新志》卷 8《民俗志·户口》、第 6 册第 6078 页《大德昌国州图志》卷 3《户口》和第 8 册第 8413—8415 页《大德南海志》卷 6《户口》。其版本分别是：

《至正金陵新志》十五卷,(元)张铉纂修,元至正四年(1344 年)修,清《四库全书本》。

《至顺镇江志》二十一卷,首一卷,(元)脱因修,俞希鲁纂,元至顺三年(1332 年)修,清道光二十二年(1842 年)丹徒包氏刻本。

《至元嘉禾志》三十二卷,(元)单庆修,徐硕纂,元至元二十五年(1288 年)修,清道光十九(1839 年)刻本。

《大德昌国州图志》七卷,首一卷,末一卷,(元)冯福京修,郭荐纂,元大德二年(1298 年)修,清咸丰四年(1854 年)《宋元四明六志》本。

《大德南海志》二十卷,(元)陈大震纂修,元大德八年(1304 年)修,元大德刊本。(此本今存六至十卷)

《中国地方志集成》中笔者见有《嘉禾志》(清道光十九年补校)、《至顺镇江志》(民国十二年丹徒冒广生重刊本)和《至正金陵新志》(元至正四年修),所载户口数据与《宋元方志丛刊》收录相同。文渊阁《四库全书·史部·地理类》中有清修《至元嘉禾志》、《至大金陵新志》和《昌国州图志》三种方志,但与《宋元方志丛刊》中《至元嘉禾志》有个别户口数据不同,文渊阁《四库全书》版《至大金陵新志》中集庆路户口数据有多处缺失,缺失数据在《宋元方志丛刊》版中都为"7"。除了版本记载的差异外,笔者还发现,在方志史料中存在不少数据记载或计算错误,有的人口数据还没有明确的年代。因此在利用这些人口数据进行区域人口构成研究之前,笔者认真对比了《宋元方志丛刊》和《四库全书》两个版本的元代方志资料,对方志中记载的人口数据全部进行核算,纠正了史料中核算记载错误的户口数据,推算出一些缺载的户口数据。

下文摘录的元代方志户口数据均为《宋元方志丛刊》版,括号内为核算后或推算的户口数据。人口构成表中是经笔者确认和核算、推算后的人口数据,户数比、口数比都是指百分比,一般保留到小数点后两位(个别为小数点后三位),因此百分比的合计数有的不是 100%。

一、《至顺镇江志》中镇江路的户口与人口构成

(一)《至顺镇江志》所载镇江路人口数据

1. **土著**

户 100065(99470):录事司 9469　丹徒县 28462　丹阳县 29024　金坛县 32516

（32515）

民 84083（83489）：录事司 6630　丹徒县 22383　丹阳县 25628　金坛县 28848

儒 737：录事司 254　丹徒县 32　丹阳县 72　金坛县 379

医 300：录事司 69　丹徒县 66　丹阳县 77　金坛县 88

马站 2955：录事司 85　丹徒县 1104　丹阳县 837　金坛县 929

水站 761：录事司 40　丹徒县 227　丹阳县 462　金坛县 32

递运站 31：录事司 18　丹徒县 13

急递铺 204：录事司 8　丹徒县 126　丹阳县 70

弓手 292：录事司 25　丹徒县 106　丹阳县 77　金坛县 84

财赋 4485：丹徒县 2217　丹阳县 831　金坛县 1437

海道梢水 374：录事司 7　丹徒县 276　丹阳县 91

匠 3586：录事司 518　丹徒县 1533　丹阳县 841　金坛县 694

军 2165（2164）：录事司 1771　丹徒县 367　丹阳县 18　金坛县 8

乐人 90：录事司 43　丹徒县 11　丹阳县 20　金坛县 16

龙华会善友 2：录事司 1　丹徒县 1

口 613578（608143）：录事司 48537（48567）　丹徒县 190257（190455）　丹阳县 188949（183949）　金坛县 185835（185172）

民 469109（469119）：录事司 32770　丹徒县 134808　丹阳县 148744　金坛县 152797

儒 3123：录事司 1559　丹徒县 175　丹阳县 496　金坛县 893

医 2388：录事司 425　丹徒县 576　丹阳县 666　金坛县 721

马站 41819（41839）：录事司 735　丹徒县 13180　丹阳县 13932　金坛县 13992

水站 10384：录事司 477　丹徒县 2755　丹阳县 6546　金坛县 606

递运站 305：录事司 181　丹徒县 124

急递铺 2240：录事司 64　丹徒县 1196　丹阳县 980

弓手 3663：录事司 228　丹徒县 1107　丹阳县 1143　金坛县 1185

财赋 31902（26202）：丹徒县 16813　丹阳县 1200　金坛县 8189

梢水 3299：录事司 30　丹徒县 2430　丹阳县 839

匠 34337（34374）：录事司 3400　丹徒县 15272　丹阳县 9061　金坛县 6641

军 10106（10306）：录事司 8192　丹徒县 1923　丹阳县 146　金坛县 45

乐人 599（597）：录事司 232　丹徒县 66　丹阳县 196　金坛县 103

善友 304：录事司 274　丹徒县 30

驱 222：录事司 170　　丹徒县 17　　丹阳县 11　　金坛县 24

民 67：录事司 58　　丹阳县 4　　金坛县 5

儒 38：录事司 31　　丹阳县 1　　金坛县 6

医 2：并录事司

马站 59：录事司 37　　丹徒县 4　　丹阳县 5　　金坛县 13

水站 2：并录事司

递运站 1：录事司

财赋 4：并丹徒县

军 47：录事司 37　　丹徒县 9　　丹阳县 1

□□缺（？2：并录事司）

2. 侨寓

户 3845：录事司 3399　　丹徒县 299　　丹阳县 120（110）　　金坛县 37

蒙古 29：录事司 23　　丹徒县 1　　丹阳县 3　　金坛县 2

畏兀儿 14：录事司 12　　丹阳县 2

回回 59：录事司 49　　丹徒县 5　　丹阳县 3　　金坛县 2

也里可温 23：录事司 19　　丹徒县 3　　金坛县 1

河西 3：录事司 1　　丹徒县 2

契丹 21：录事司 19　　丹徒县 2

女真 25：并录事司

汉人 3671：录事司 3251　　丹徒县 286　　丹阳县 102　　金坛县 32

　民缺（民 194：录事司 160　　丹徒县 1　　丹阳县 23　　金坛县 10）

　儒 8：录事司 6　　丹徒县 1　　金坛县 1

　医 5：录事司 4　　丹阳县 1

　阴阳 1：录事司

　站 26：录事司 23　　丹阳县 3

　急递铺 2：录事司 1　　丹阳县 1

　打捕 14：录事司 12　　金坛县 2

　匠 18：丹徒县 7　　丹阳县 8　　金坛县 3

　军 3367：录事司 3011　　丹徒县 277　　丹阳县 63　　金坛县 16

　怯怜口 23：录事司 21　　丹阳县 2

　□9：并录事司

　乐人 4：录事司 3 丹阳县 1

口 10555：录事司 8978（8977）　丹徒县 781　丹阳县 604（605）　金坛县 192

　蒙古 163：录事司 125　丹徒县 9　丹阳县 14　金坛县 15

　畏兀儿 93：录事司 81　丹阳县 12

　回回 374：录事司 296　丹徒县 31　丹阳县 40　金坛县 7

　也里可温 106：录事司 92　丹徒县 7　金坛县 7

　河西 35：录事司 19　丹徒县 16

　契丹 116：录事司 104　丹徒县 12

　女真 261：并录事司

　汉人 9407：录事司 7999　丹徒县 706　丹阳县 539　金坛县 163

驱 2948（2949）：录事司 2720　丹徒县 80　丹阳县 88　金坛县 60（61）

　蒙古 429：录事司 397　丹徒县 6　丹阳县 17　金坛县 9

　畏兀儿 107：并录事司

　回回 310：录事司 279　丹徒县 11　丹阳县 18　金坛县 2

　也里可温 109：录事司 102　金坛县 7

　河西 19：录事司 10　丹徒县 9

　契丹 75：录事司 68　丹徒县 7

　女真 224：并录事司

　汉人 1675（1676）：录事司 1533　丹徒县 47　丹阳县 53　金坛县 43

　3. 客

户 5753：录事司 1394　丹徒县 879　丹阳县 776　金坛县 2704

　民 5169：录事司 913　丹徒县 847　丹阳县 765　金坛县 2644

　儒 92：录事司 85　丹徒县 4　丹阳县 1　金坛县 2

　医 2：并丹阳县

　马站 7：丹徒县 4　丹阳县 2　金坛县 1

　□□：缺 ⎱
　□□：缺 ⎰　（？ 251：录事司 204　金坛县 47）

　财赋 9：丹徒县 3　丹阳县 3　金坛县 3

　梢水 1：丹徒县

　匠 19：录事司 7　丹徒县 2　丹阳县 3　金坛县 7

　军 201：录事司 183　丹徒县 18

　乐人 2：并录事司

口缺

驱 1241：录事司 443　　丹徒县 316　　丹阳县 157　　金坛县 325

民 1210：录事司 424　　丹徒县 305　　丹阳县 156　　金坛县 325

儒 3：并丹徒县

财赋 1：丹阳县

军 27：录事司 19　　丹徒县 8

4. 单贫

户 4104（4092）：录事司 1392（1380）　　丹徒县 707（706）　　丹阳县 1121（1122）　　金坛县 884

民 3676：录事司 1041　　丹徒县 638　　丹阳县 1113　　金坛县 884

儒 2：丹徒县 1　　丹阳县 1

医 5：并录事司

弓手 1：录事司

财赋 36：丹徒县 31　　丹阳县 5

梢水 1：丹阳县

匠 7：录事司 1　　丹徒县 5　　丹阳县 1

军 360：录事司 329　　丹徒县 31

乐人 4：录事司 3　　丹阳县 1

口 11479（11477）：录事司 3867　　丹徒县 2053（2050）　　丹阳县 3128（3131）　　金坛县 2429

民 10419：录事司 3020　　丹徒县 1871　　丹阳县 3099　　金坛县 2429

儒 7：丹徒县 5　　丹阳县 2

医 15：并录事司

弓手 2：并录事司

财赋 110：丹徒县 91　　丹阳县 19

梢水 3：并丹阳县

匠 47：录事司 34　　丹徒县 10　　丹阳县 3

军 861：录事司 788　　丹徒县 73

乐人 13：录事司 8　　丹阳县 5

驱 16：录事司 14　　丹阳县 2

□□：缺

□□：缺

5. 僧

户 310（330）：录事司 69 内有妻 8　　丹徒县 125 内有妻 1　　丹阳县 74 内有妻 1　　金坛县 62 内有妻 1

口 2403（2407）：录事司 521　　丹徒县 1178（1177）　　丹阳县 396　　金坛县 380（313）

　僧行 2027（2026）：录事司 310　　丹徒县 1121　　丹阳县 371　　金坛县 224

　尼行 316（321）：录事司 190　　丹徒县 46　　丹阳县 19　　金坛县 66

　俗人 60：录事司 21　　丹徒县 10　　丹阳县 6　　金坛县 23

6. 道

户 141：录事司 35　　丹徒县 20　　丹阳县 15　　金坛县 71

口 570：录事司 175　　丹徒县 74　　丹阳县 89　　金坛县 232

　道 465：录事司 112　　丹徒县 66　　丹阳县 81　　金坛县 206

　女冠 64：录事司 57　　丹徒县 1　　丹阳县 3　　金坛县 3

　俗人 41：录事司 6　　丹徒县 7　　丹阳县 5　　金坛县 23

（二）镇江路人口构成

《至顺镇江志》记载的是至顺元年（1330 年）镇江路的人口数据。该路辖录事司 1 和丹徒、丹阳、金坛 3 县，人口分为土著、侨寓、客、单贫、僧、道六大类。其中，土著、客和单贫按照职业划分为民、儒、医、站、军、匠、急递铺、弓手、财赋、梢水、乐人、善友 12 种诸色户计[③]；侨寓分为蒙古、畏兀（吾）儿、回回、也里可温、河西、契丹、女直、汉人 8 种民族，汉人又按职业划分为民、儒、医、阴阳、站、急递铺、打捕、匠、军、怯怜口、乐人等 12 种诸色户计（土著驱和侨寓驱共有两种职业名称缺载）。土著、侨寓、客、单贫四类人口后都附有单列的驱，驱的数量没有明确是户数还是口数，也不计入这四类人口的总户口数。驱的分类和所属人口类别的分类方法相同。也就是说，土著、客和单贫中的驱按职业划分，侨寓的驱按民族划分。方志中没有记载全路和各司、县的户口总数，记载的是 1 司 3 县六类人口的户口数据，比较完整详细，其中客的口数缺载、个别户计的名称和户口数据缺载。

笔者一一核算《至顺镇江志》记载的人口数据后，以六类人口的户数为依据，分别计算出录事司、丹徒县、丹阳县、金坛县和全路的总户数。在此基础上，笔者从人口类别、地域、职业等多种角度考察分析了镇江路的人口构成情况，缺载内容和推算的户口数据表中以"？"注明。

1. 六类人口的内部构成（不含驱）

（1）土著的职业构成

	户数	户比	口数	口比	户均口数
民	83489	83.93	469119	77.14	5.62
儒	737	0.74	3123	0.51	4.24
医	300	0.30	2388	0.39	7.96
马站	2955	2.97	41839	6.88	14.16
水站	761	0.77	10384	1.71	13.65
递运站	31	0.03	305	0.05	9.84
急递铺	204	0.21	2240	0.37	10.98
弓手	292	0.29	3663	0.60	12.54
财赋	4485	4.51	26202	4.31	5.84
海道梢水	374	0.38	3299	0.54	8.82
匠	3586	3.61	34374	5.65	9.59
军	2164	2.18	10306	1.69	4.76
乐人	90	0.09	597	0.10	6.63
善友	2	0.002	304	0.05	152.00
合计	99470		608143		6.11

土著人口共有 99470 户、608143 口、12 种职业。其中民户是最主要的职业,户口比分别高达 84% 和 77%;站、匠、财赋、军四种职业的比例也比较高,在 1.5%—9% 之间;其他职业的比例都非常低,比例最低的两种职业是乐人和善友。土著人口的总户均口数为 6.11,除善友外[㊲],站、弓手、急递铺的户均口数较多,都在 11 口以上,匠、梢水、医、乐人的户均口数也都高于土著的平均值,军、儒两种职业的户均口数最少,还不足 5 口。

（2）侨寓的民族构成

	户数	户比	口数	口比	户均口数
蒙古	29	0.75	163	1.54	5.62
畏兀儿	14	0.36	93	0.88	6.64
回回	59	1.53	374	3.54	6.34
也里可温	23	0.60	106	1.00	4.61
河西	3	0.08	35	0.33	11.67
契丹	21	0.55	116	1.10	5.52
女直	25	0.65	261	2.47	10.44
汉人	3671	95.47	9407	89.12	2.56
合计	3845		10555		2.75

　　侨寓包括 8 种民族,汉人占绝大多数,户比大小依次是汉人、回回、蒙古、女真、也里可温、契丹、畏兀儿、河西,口比大小依次是汉人、回回、女真、蒙古、契丹、也里可温、畏兀儿、河西。侨寓人口的总户均口数只有 2.75,家庭人口规模最大的民族是河西和女真,都在 10 口以上;畏兀儿、回回、蒙古和契丹的家庭人口规模也比较大,在 5 口—7 口之间;也里可温户均不足 5 口,汉人的家庭人口规模最小。汉人从事的职业有 12 种,军户占汉人户数的近 92%,是最主要的职业,其次是民户占 5%强。

　　(3)客的职业构成

	户数	户比
民	5169	89.85
儒	92	1.60
医	2	0.03
马站	7	0.12
??	?251	4.36
财赋	9	0.16
梢水	1	0.02
匠	19	0.33
军	201	3.49
乐人	2	0.03
合计	5753	

　　客有 11 种职业,民户近九成,军户和儒户的比例也较高,比例最低的三种职业是医、乐人和梢水。

　　(4)单贫的职业构成

	户数	户比	口数	口比	户均口数
民	3676	89.83	10419	90.78	2.83
儒	2	0.05	7	0.06	3.50
医	5	0.12	15	0.13	3.00
弓手	1	0.02	2	0.02	2.00
财赋	36	0.88	110	0.96	3.06
梢水	1	0.02	3	0.03	3.00
匠	7	0.17	47	0.41	6.71
军	360	8.80	861	7.50	2.39
乐人	4	0.10	13	0.11	3.25
合计	4092		11477		2.80

　　单贫有 9 种职业,最重要的职业民户也在九成左右,其次是军户,比例最低的三种职业是儒、梢水和弓手。家庭人口规模最大的是匠户,在 6 口以上,其他都在 2 口—4 口之间。

（5）僧、道的职业构成

僧	户数	口数	口比	户均口数	道	户数	口数	口比	户均口数
僧行		2026	84.17		道		465	81.58	
尼行		321	13.34		女冠		64	11.23	
俗人		60	2.49		俗人		41	7.19	
合计	330	2407		6.14	合计	141	570		4.04

　　僧道都以男性为主,占八成以上。僧多道少,僧道户数、口数比率分别约为 2∶1 和 4∶1,其他四类人口(不含驱)和僧道的户数比率约为 125∶1。僧户的家庭人口规模较大,和土著人口相当;僧、道的家庭人口规模都大于侨寓和单贫两类人口。

（6）驱的人口构成

		录事司	丹徒县	丹阳县	金坛县	镇江路
土著驱	数量	168	17	11	24	220
	本地驱比	5.02	4.12	4.26	5.85	4.97
	本路土著驱比	76.36	7.73	5	10.91	
侨寓驱	数量	2720	80	88	61	2949
	本地驱比	81.32	19.37	34.11	14.88	66.63
	本路侨寓驱比	92.23	2.71	2.98	2.07	
客驱	数量	443	316	157	325	1241
	本地驱比	13.24	76.51	60.85	79.27	28.04
	本路客驱比	35.70	25.46	12.65	26.19	
单贫驱	数量	14		2		16
	本地驱比	0.42		0.78		0.36
	本路单贫驱比	87.50		12.50		
驱	总数	3345	413	258	410	4426
	本路驱比	75.58	9.33	5.83	9.26	

　　驱在镇江路四地都有分布,四分之三以上都在城市录事司。在四类人口中,侨寓人口的驱最多,占全路驱的一大半。各地四类人口驱的分布和比例:录事司和丹阳县的四类人口都有驱,丹徒县和金坛县的单贫人口没有驱。录事司中侨寓人口驱的比例最大,占本地驱总数的八成以上;三县都是客驱的比例最大,在 60%—80% 之间。

2. 司县的人口构成（不含驱）

		录事司	丹徒县	丹阳县	金坛县	镇江路
土著驱	户数	9469	28462	29024	32515	99470
	本地总比	60.14	93.35	93.26	89.64	
	土著户比	9.52	28.61	29.18	32.69	
侨寓	户数	3399	299	110	37	3845
	本地总比	21.59	0.98	0.35	0.10	
	侨寓户比	88.40	7.78	2.86	0.96	
客	户数	1394	879	776	2704	5753
	本地总比	8.85	2.88	2.49	7.45	
	客户比	24.23	15.28	13.49	47.00	
单贫	户数	1380	706	1122	884	4092
	本地总比	8.76	2.32	3.61	2.44	
	单贫户比	33.72	17.25	27.42	21.60	
僧	户数	69	125	74	62	330
	本地总比	0.44	0.41	0.24	0.17	
	僧户比	20.91	37.88	22.42	18.79	
道	户数	35	20	15	71	141
	本地总比	0.22	0.07	0.05	0.20	
	道户比	24.82	14.18	10.64	50.35	
	总户数	15746	30491	31121	36273	113631

各司县六类人口按照户数多少的排序分别是：

录事司：土著、侨寓、客、单贫、僧、道

丹徒县：土著、单贫、客、侨寓、僧、道

丹阳县：土著、侨寓、客、单贫、僧、道

金坛县：土著、客、单贫、道、僧、侨寓

六类人口在各司县的分布按照户数多少排序分别是：

土著：金坛县、丹阳县、丹徒县、录事司

侨寓：录事司、丹徒县、丹阳县、金坛县

客：金坛县、录事司、丹徒县、丹阳县

单贫：录事司、丹阳县、金坛县、丹徒县

僧：丹徒县、丹阳县、录事司、金坛县

道：金坛县、录事司、丹徒县、丹阳县

土著户在各司县都是户数最多的，占当地的绝大多数，录事司中土著的比例最低占六成以上,其他三县则高达九成。全路近九成的侨寓户都在录事司,说明迁入人口主要集中在城市。客户、道户在金坛县最多,占全路客户、道户的一半左右。单贫和僧户在四地的分布比例差别不大,录事司的单贫户数最多,丹徒县的僧户最多。在镇江全路、录事司、丹徒县和丹阳县,僧道的户数都是最少的,只有金坛县的情况十分特殊,道、僧的户数都高于侨寓。

根据方志中的资料,司县的职业和民族分布状况也有差别。将驱考虑在内,录事司没有财赋,有16种职业8种民族;丹徒县没有阴阳、打捕、怯怜口和畏兀儿、女真,有其他14种职业6种民族;丹阳县没有善友、阴阳、打捕和也里可温、河西、契丹、女真,有其他14种职业4种民族;金坛县没有急递铺、善友、阴阳、怯怜口和畏兀儿、河西、契丹、女真,有其他13种职业4种民族。总的来说,该路四地的职业类型都比较多样,分布比较均衡;蒙古、回回和汉人四地都有,分布最广泛,畏兀儿、也里可温、河西、契丹分布在两地,女真仅在录事司。

3. 镇江路人口构成

由于该路六类人口中客的口数缺载,无法得到全路的总口数,所以只能根据户数计算人口构成。据笔者统计,镇江路不含驱的总户数为113631、含驱的总户数为118057。镇江路政区人口构成见下表。各政区的户数比例由高到低是金坛县、丹阳县、丹徒县、录事司。户数最多的金坛县占全路户数的近三分之一,丹阳县和丹徒县的比例相当,城市户占近14%。

镇江路至顺元年政区人口构成表

	录事司	丹徒县	丹阳县	金坛县
户数(不含驱)	15746	30491	31121	36273
户比(不含驱)	13.86	26.83	27.39	31.92
户数(含驱)	19091	30904	31379	36683
户比(含驱)	16.17	26.18	26.58	31.07

镇江路各类人口的构成情况见下表。六类人口的户数比例由高到低是土著、客、单贫、侨寓、僧、道。当地的土著人口占绝大多数,客、侨寓和单贫三类人口的比例相当,僧道所占比例极小,全路非宗教人口和宗教人口的户比约为240:1。在户口都有记载的五类人口中,僧的户均口数最大,其次是土著人口,再次是道,侨寓和单贫的户均口数小且相当。全路包括驱在内有民、儒、医、站、军、匠、急递铺、弓手、财赋、梢水、乐人、善友、阴阳、打捕、怯怜口、僧、道17种明确的职业和蒙古、畏兀儿、回回、也里可温、河西、契丹、女真、汉人8种民族。

镇江路至顺元年各类人口构成表

	土著	客	单贫	侨寓	僧	道
户数（不含驱）	99470	5753	4092	3845	330	141
户比（不含驱）	87.54	5.06	3.6	3.38	0.29	0.12
口数（不含驱）	608143	?	11477	10555	2407	570
户均口数（不含驱）	6.11		2.8	2.75	7.29	4.04
户数（含驱）	99690	6994	4108	6794	330	141
户比（含驱）	84.44	5.92	3.48	5.75	0.28	0.12

二、《至元嘉禾志》中嘉兴路的户数与人口构成

1. 嘉兴路总计459377**户**

  儒1088户

  僧4228户

  尼337户

  道152户

  民453429户

  急递铺143户

  注：《四库全书》中记载尼334户、道151户，将该路所属司、府、县中尼、道的户数相加，分别为337、152户；再将各个户类户数相加得总户数为459373，但所载总户数和各个户类户数与《宋元方志丛书》相同，因此判断《四库全书》中尼、道的户数记载错误，应以《宋元方志丛书》中的数据为准。

  2. 录事司总计6580(6581)**户**

  儒483户

  僧434户

  尼52户

  道108户

  民5504户

  注：《四库全书》和《宋元方志丛书》中总户数和各个户类户数记载都一样，但核算后总户数为6581，疑为两处计算错误，总户数应为6581。

  3. 松江府总计234470(234469)**户**

  儒192户

  僧1372户

  尼70户

道 12 户

民 232823 户

注:《四库全书》和《宋元方志丛书》中总户数和各个户类户数记载都一样,但核算后总户数为 234469,疑为两处计算错误,总户数应为 234469。

4. **嘉兴县总计 120742(120722)户**

儒 150 户

僧 991 户

道 16 户

急递铺 85 户

民 119480 户

注:《四库全书》和《宋元方志丛书》中各个户类户数记载相同,但总户数记载不同,《四库全书》中总户数为 120723。两处各个户类户数相加都为 120722,与两处所载总户数不符。再将嘉兴路的总户数减去其他两县、一府、一司的户数,嘉兴县的户数也应为 120722。因此疑为两处计算错误,该县总户数应为 120722。

5. **海盐县总计 42205 户**

儒 153 户

僧 530 户

尼 49 户

道 10 户

民 41463 户

注:两处记载相同,核算无误。

6. **崇德县总计 55400 户**

儒 110 户

僧 901 户

尼 166 户

道 6 户

急递铺 58 户

民 54159 户

注:两处记载相同,核算无误。

该地方志中没有记载嘉兴路户数的年限,只是在松江府户数的注释中说"此至元十三年报省民数也,中更兵难,户口减半,今实管仅一十二万余户而已",因此可以确定松江府的户数年代是至元十三年。地方志中在计算嘉兴路总户数时,是将所属的松江府与 1 司 3 县的户数相加,可以推测该路的户数年代是至元十三年。嘉兴路辖 1 司 1 府 3 县,人口按照职业分为 6 类,其人口职业构成和政区构成如下表所示。

嘉兴路至元十三年人口构成表

		录事司	松江府	嘉兴县	海盐县	崇德县	嘉兴路
儒	户数	483	192	150	153	110	1088
	本地总比	7.34	0.08	0.12	0.36	0.20	
	本路儒户比	44.39	17.65	13.79	14.06	10.11	
	本路总比	0.11	0.04	0.03	0.03	0.02	0.24
僧	户数	434	1372	991	530	901	4228
	本地总比	6.59	0.59	0.82	1.26	1.63	
	本路僧户比	10.26	32.45	23.44	12.54	21.31	
	本路总比	0.09	0.30	0.22	0.12	0.20	0.92
尼	户数	52	70		49	166	337
	本地总比	0.79	0.03		0.12	0.30	
	本路尼户比	15.43	20.77		14.54	49.26	
	本路总比	0.01	0.02		0.01	0.04	0.07
道	户数	108	12	16	10	6	152
	本地总比	1.64	0.01	0.01	0.02	0.01	
	本路道户比	71.05	7.89	10.53	6.58	3.95	
	本路总比	0.02	0.003	0.004	0.002	0.001	0.03
民	户数	5504	232823	119480	41463	54159	453429
	本地总比	83.63	99.30	98.97	98.24	97.76	
	本路民户比	1.21	51.35	26.35	9.14	11.94	
	本路总比	1.20	50.68	26.01	9.03	11.79	98.71
急递铺	户数			85		58	143
	本地总比			0.07		0.10	
	本路急递铺户比			59.44		40.56	
	本路总比			0.02		0.01	0.03
	总户数	6581	234469	120722	42205	55400	459377
	本路总比	1.43	51.04	26.28	9.19	12.06	

由嘉兴路的人口构成情况可见,该路 1 司 1 府 3 县中,松江府户数最多,超过了全路的一半,其他依次为嘉兴县、崇德县、海盐县、录事司;城市录事司户数仅占全路的 1.43%,全路和城市人口的户数比率约为 70:1。值得注意的是,和全国其他地方人口统计不同的是,该路将僧、尼、道宗教人口计入了地方人口总数。

从该路的职业构成来看,农业生产者占全路总户数的 98.71%,僧、儒、尼、道、急递铺共占 1.29%。从全路和下辖司、府、县的地域职业构成来看,农业生产者都占到绝大多数,是当时的主要职业。全路僧户数超过儒户数,僧尼的户数大大高于道户数,宗教人口(僧尼道 4717 户)和俗人(454660 户)的户数比率约为 1:96。儒、僧、道、民 4 种职业在该路 1 司 1 府 3 县都有,尼分布于 1 司 1 府 2 县,急递铺仅分布于 2 县。笔者对这 6 种职业在该路各地的分布比例从大到小作了排序(见下表),发现全路四成以上的儒户和七成以上的道户在录事司,各地僧户的比例差别不大,一半左右的尼户在崇德县,一半以上的民户在松江府,急递铺户在两县的分布比较平均。

	儒	僧	尼	道	民	急递铺
1	录事司	松江府	崇德县	录事司	松江府	嘉兴县
2	松江府	嘉兴县	松江府	嘉兴县	嘉兴县	崇德县
3	海盐县	崇德县	录事司	松江府	崇德县	
4	嘉兴县	海盐县	海盐县	海盐县	海盐县	
5	崇德县	录事司	崇德县	录事司		

三、《至正金陵新志》中集庆路的户口与人口构成

笔者考察集庆路人口构成的依据是《宋元方志丛刊·至正金陵新志》中至元二十七年的"本路抄籍户口",下文加下划线的数字"7"在《四库全书·至大金陵新志》中均缺载。该路下辖 1 司 3 县 2 州,即录事司、江宁县、上元县、句容县、溧水州和溧阳州,但没有明确记载全路的人口数据。因此笔者先要一一考察下辖司县州的人口构成,然后才能对全路的人口构成情况加以综合分析。

(一)录事司的户口与人口构成

在城录事司户 18205、口 94992

　南人户 15104、口 79191

　　军站人匠户 5875、口 26027

　　无名色户 9229、口 53164

　北人户 3101、口 15801

　　色目户 149、口 2919

　　汉人户 2952、口 12882

集庆录事司至元二十七年人口构成表

户类	户类	户数	南(北)户数比	总户数比	口数	南(北)口数比	总口数比	户均口数
南人		15104		82.97	79191		83.37	5.24
	军站人匠	5875	38.90	32.27	26027	32.87	27.40	4.43
	无名色	9229	61.10	50.69	53164	67.13	55.97	5.76
北人		3101		17.03	15801		16.63	5.10
	色目	149	4.80	0.82	2919	18.47	3.07	19.59
	汉人	2952	95.20	16.22	12882	81.53	13.56	4.36
合计		18205			94992			5.22

　　集庆录事司的城市人口分为南人和北人两大类,户口数据比较完整,南人的户数和口数都占八成以上。南人户口按照职业类型做了合并统计,军站匠三种职业共占南人人数的三成多,比例是比较高的,无名色户占近七成。北人按照民族类型分为色目和汉人两类,汉人占北人的绝大多数。无名色户占录事司人数的一半以上,色目各族在录事司所占比例很小。汉人和南人的户均人口都在 5 口左右,与元代全国户均人口比较接近,而色目各族的户均人口特别多,汉人和南人的三四倍。

　　(二)江宁县的户口与人口构成

江宁县户 22705(22383)、户名 304、名男妇 132787(131886)

　　民户 19907 户、计 14357(114357)口

　　　　医户 75、口 571

　　　　淘金户 823、口 7792

　　　　财赋佃户 573、口 3251

　　　　儒户 75、口 425

　　　　弓手户 86、口 846

　　　　乐人户 16、口 112

　　　　无名色户 18259、口 101360

　　　军户 1013、口 3930

　　　站户 491、口 5202

　　　匠户 373、口 3116

　　　哈喇齐户 483、口 4137

　　　铺夫户 116、口 1144

江宁县至元二十七年人口构成表

户类	户类	户数	民户数比	总户比	口数	民户口比	总口比	户均口数
民户		19907		88.94	114357		86.71	5.74
	医户	75	0.38	0.34	571	0.50	0.43	7.61
	淘金户	823	4.13	3.68	7792	6.81	5.91	9.47
	财赋佃户	573	2.88	2.56	3251	2.84	2.47	5.67
	儒户	75	0.38	0.34	425	0.37	0.32	5.67
	弓手户	86	0.43	0.38	846	0.74	0.64	9.84
	乐人户	16	0.08	0.07	112	0.10	0.08	7.00
	无名色户	18259	91.72	81.58	101360	88.63	76.85	5.55
军户		1013		4.53	3930		2.98	3.88
站户		491		2.19	5202		3.94	10.59
匠户		373		1.67	3116		2.36	8.35
哈喇齐户		483		2.16	4137		3.14	8.57
铺夫户		116		0.52	1144		0.87	9.86
合计		22383			131886			5.89

　　江宁县的户口统计都是以职业为基础的,方志中将该县人口分为民、军、站、匠、哈喇齐和铺夫6类;其中民户又分为7种职业,人数占全县的近87%。该县实际共有12种职业,按照人数从多到少依次为:无名色户、淘金户、站户、哈喇齐户、军户、财赋佃户、匠户、铺夫户、弓手户、医户、儒户、乐人户。从该县的职业构成分析:占该县人数近77%的无名色户是该县的主要职业;淘金户从业者数量居该县的第二位,反映了当地的矿产资源特色;站户、哈喇齐户、军户、财赋佃户和匠户五种职业的从业者数量相当;医户、儒户和乐人户三种职业的人数最少,说明当地的医疗条件、文化教育和歌舞娱乐的发展十分有限。从户均口数来看,站户、铺夫户、弓手户和淘金户都在10口左右,家庭人口规模最大;哈喇齐户、匠户、医户和乐人户在7口以上9口以下,家庭人口规模比较大;财赋佃户、儒户和无名色户为5口多,略高于全国平均水平;军户还不到4口,家庭人口规模最小;该县的户均口数略高于全国平均值。

　　(三)上元县的户口与人口构成

上元县户29277

　南人户28266

　　儒户74

　　医户94

　　弓手户78

财赋佃户 1957

贵户 11

哈喇齐户 788

民户 24227

军户 106

急递铺夫户 46

匠户 437

水马站户 448

北人户 1011

色目户 17

蒙古人户 14

辉和尔户 1

回回人户 1

契丹人户 1

汉人户 994

军户 976

匠户 2

民户 15

马户 1

上元县至元二十七年人口构成表

户类	户类	户类	户数	上级户类户比	南(北)人户比	总户比
南人			28266			96.55
	儒户		74		0.26	0.25
	医户		94		0.33	0.32
	弓手户		78		0.28	0.27
	财赋佃户		1957		6.92	6.68
	贵户		11		0.04	0.04
	哈喇齐户		788		2.79	2.69
	民户		24227		85.71	82.75
	军户		106		0.38	0.36
	急递铺户		46		0.16	0.16
	匠户		437		1.55	1.49
	水马站户		448		1.58	1.53

续表

户类	户类	户类	户数	上级户类户比	南（北）人户比	总户比
北人			1011			3.45
	色目人		17		1.68	0.06
		蒙古人	14	82.35	1.38	0.05
		辉和尔	1	5.88	0.10	0.003
		回回人	1	5.88	0.10	0.003
		契丹人	1	5.88	0.10	0.003
	汉人		994		98.32	3.40
		军户	976	98.19	96.54	3.33
		匠户	2	0.20	0.20	0.01
		民户	15	1.51	1.48	0.05
		马户	1	0.10	0.10	0.003
合计			29277			

　　上元县的户口统计只有户数，分为南人和北人两大类。南人占该县户数的96%以上，有11种职业，按照从业人数多少排序依次为民户、财赋佃户、哈喇齐户、站户、匠户、军户、医户、弓手户、儒户、急递铺户、贵户。民户户数在南人和全县都占八成以上，是最主要的职业；佃户的比例也比较大，哈喇齐户、站户和匠户三种职业的比例差别不大，其余6种职业的从业者都很少；人数最少的贵户在该县的其他地方以及笔者目前所见的其他史料中还未曾见过，究竟是什么职业还留待以后考证。北人分为色目人和汉人两类5种民族，仅占该县户数的4%弱。色目人总户数还不足北人的2%，指的是蒙古、辉和尔（畏兀儿）、回回和契丹4种民族，其中以蒙古人居多；汉人占北人的绝大多数，有军户、民户、匠户和马户4种职业，军户是该县汉人的主要职业。

　　（四）句容县的户口数和人口构成

句容县户34814、口214790

　南人户34765

　　儒户116

　　民户30520

　　医户137

　　财赋佃户2

　　弓手户110

　　哈喇齐户737

各投下元拨户内析居户 300
　哈喇齐户 73
　图图尔哈户 223
　平章养老户 4
军户 21
　新附军户 19
　通事军户 2
水马站户 552
匠户 1060
急递铺夫户 40
平章养老户 300
图图尔哈另项伊苏岱尔元掳驱口户 870
北人户 49
　色目户 11
　　蒙古人户 7
　　辉和尔户 1
　　回回人户 2
　　河西人户 1
　汉人户 38
　　军户 13
　　民户 19
　　马站户 1
　　儒户 2
　　运粮户 1
　　急递铺夫户 1
　　齐哩克昆户 1

句容县至元二十七年人口构成表

户类	户类	户类	户数	上级户类户比	南(北)人户比	总户比
南人			34755			99.86
	儒户		115		0.33	0.33
	民户		30520		87.79	87.67
	医户		137		0.39	0.39
	财赋佃户		2		0.01	0.006
	弓手户		110		0.32	0.32
	哈喇齐户		737		2.12	2.12
	各投下元拨户内析居户		300		0.86	0.86
		哈喇齐户	73	24.33	0.002	0.21
		图图尔哈户	223	74.33	0.64	0.64
		平章养老户	4	1.33	0.01	0.01
	军户		21		0.06	0.06
		新附军户	19	90.48	0.05	0.05
		通事军户	2	9.52	0.01	0.006
	水马站户		552		1.59	1.59
	匠户		1050		3.05	3.04
	急递铺户		40		0.12	0.11
	平章养老户		300		0.86	0.86
	图图尔哈驱口户		870		2.50	2.50
北人			49			0.14
	色目人		11		22.45	0.03
		蒙古人	7	63.64	14.29	0.02
		辉和尔	1	9.09	2.04	0.003
		回回人	2	18.18	4.08	0.006
		河西人	1	9.09	2.04	0.003
	汉人		38		77.55	0.11
		军户	13	34.21	26.53	0.04
		民户	19	50.00	38.78	0.05
		马站户	1	2.63	2.04	0.003
		儒户	2	5.26	4.08	0.006
		运粮户	1	2.63	2.04	0.003
		急递铺夫户	1	2.63	2.04	0.003
		齐哩克昆户	1	2.63	2.04	0.003
合计			34814			

　　句容县有全县的户口数据,分为南人和北人两大类,分类的户口统计只有户数。南人占该县户数的99%以上,有13种职业,按照从业人数多少排序依次为民户、匠户、驱口户、哈喇齐户、站户、平章养老户、图图尔哈户、医户、儒户、弓手户、急递铺户、军户、财赋佃户。民户户数在南人和全县都占八成以上,是最主要的职业;匠户、驱口、哈喇齐户和站户四种职业的人数比较多,人数最少的是佃户。北人分为色目人和汉人两类5种民族,人数极少。色目人总户数占北人的22%强,指的是蒙古、辉和尔(畏兀儿)、回回和河西4种民族,其中以蒙古人居多;汉人占北人的绝大多数,有民户、军户、儒户、站户、运粮户、急递铺户和齐哩克昆户7种职业,民户和军户是汉人的主要职业。该县户均口数6.17,高于全国平均值。

　　(五)溧水州的户口数与人口构成

溧水州南北诸色人户57896(57901)、口316425

　　南人户57855(57860)

　　　民户56804(56809)

　　　　儒户337

　　　　医户121

　　　　弓手户77

　　　　财赋佃户4490

　　　　哈喇齐户1050

　　　　图图尔哈户239

　　　　各投下户123

　　　　　哈喇齐89

　　　　　图图尔哈34

　　　　无名色户50372

　　　站户408

　　　　水站184

　　　　马站224

　　　匠户524

　　　军户7

　　　急递铺户111

　　　阴阳户1

　　北人户41

　　　色目人户6

汉人户 35

溧水州至元二十七年人口构成

户类	户类	户类	户类	户数	上级户类户比	南（北）人户比	总户比
南人				57860			99.93
	民户			56809		98.18	98.11
		儒户		337	0.59	0.58	0.58
		医户		121	0.21	0.21	0.21
		弓手户		77	0.14	0.13	0.13
		财赋佃户		4490	7.90	7.76	7.75
		哈喇齐户		1050	1.85	1.81	1.81
		图图尔哈户		239	0.42	0.41	0.41
		各投下户		123	0.22	0.21	0.21
			哈喇齐户	89	72.36	0.15	0.15
			图图尔哈户	34	27.64	0.06	0.06
		无名色户		50372	88.67	87.06	87.00
	站户			408		0.71	0.70
		水站		184	45.10	0.32	0.32
		马站		224	54.90	0.39	0.39
	匠户			524		0.91	0.91
	军户			7		0.01	0.01
	急递铺户			111		0.19	0.19
	阴阳户			1		0.002	0.002
北人				41			0.07
	色目人			6		14.63	0.01
	汉人			35		85.37	0.06
合计				57901			

　　溧水州有全州的户口数据,分为南人和北人两大类,分类的户口统计只有户数。南人户数占全县的99%以上,有民、匠、站、急递铺、军和阴阳6类职业,其中民户有7种职业。该州实际共有12种职业,按照人数从多到少依次为:无名色户、财赋佃户、哈喇齐户、匠户、站户、儒户、图图尔哈户、医户、急递铺户、弓手户、军户、阴阳户。占该州人口87%的无名色户是当地的主要职业,佃户的比例也比较大,军户和阴阳户两种职业的从业者极少。北人分为色目人和汉人两类,在该州所占比例极小,以汉人居多。该州户均口数5.46,略高于全国平均值。

　　(六)溧阳州的户数与人口构成

溧阳州户 63482

南人户 63365

　　儒户 137

　　弓手户 90

　　马站户 5

　　财赋佃户 1873

　　军户 53

　　急递铺夫户 24

　　医户 108

　　匠户 963

　　打捕户 117

　　齐哩克昆户 742

　　民户 58610

　　图图尔哈户 643

北人户 117

　　色目人户 19

　　汉人户 98

溧阳州至元二十七年人口构成表

户类	户类	户数	南（北）人户比	总户比
南人		63365		99.82
	儒户	137	0.22	0.22
	弓手户	90	0.14	0.14
	马站户	5	0.01	0.01
	财赋佃户	1873	2.96	2.95
	军户	53	0.08	0.08
	急递铺夫户	24	0.04	0.04
	医户	108	0.17	0.17
	匠户	963	1.52	1.52
	打捕户	117	0.18	0.18
	齐哩克昆户	742	1.17	1.17
	民户	58610	92.50	92.33
	图图尔哈户	643	1.01	1.01
北人		117		0.18
	色目人	19	16.24	0.03
	汉人	98	83.76	0.15
合计		63482		

溧阳州的户口统计只有户数,分为南人和北人两大类。南人占该州户数的99%以上,有12种职业,按照从业人数多少排序依次为民户、财赋佃户、匠户、齐哩克昆户、图图而哈户、儒户、打捕户、医户、弓手户、军户、急递铺户、站户。民户户数在南人和全县都占九成以上,是最主要的职业;佃户、匠户、齐哩克昆户、图图尔哈户四种职业的比例也比较大,军户、急递铺户和站户三种职业的户数很少。北人分为色目人和汉人两类,在该州所占比例极小,以汉人居多。

(七)集庆路的总户数和人口构成

1. 集庆路政区人口构成

方志中集庆路辖1司2州3县,只记载了下辖各地的户口数,没有全路的总户口数。上元县和溧阳州只有总户数没有总口数,因此该路按照行政区划的人口构成只能以户数为依据。据笔者统计,该路共有226062户,各政区户口比例如下表所示。两州的户数最多,共占该路的一半以上,城市户占8%强。

集庆路至元二十七年政区人口构成表

	溧阳州	溧水州	句容县	上元县	江宁县	录事司
户数	63482	57901	34814	29277	22383	18205
户比	28.08	25.61	15.40	12.95	9.90	8.05

2. 集庆路南北人口构成

从该路地方人口统计分类来看,除江宁县外,其他五地都明确分为南人和北人两大类。江宁县的人口统计没有划分南人和北人,直接是按照职业来统计的,这和该路其他五地南人的划分方法一致。因此笔者判断,江宁县很可能只有南人没有北人,江宁县的户口数据就是南人的户口数据。在此基础上,笔者考察了该路南北人口构成。

集庆路至元二十七年南北人口构成表

	南人			北人			南北户数比率
	户数	本地户比	本路南人户比	户数	本地户比	本路北人户比	
录事司	15104	82.97	6.81	3101	17.03	71.80	5:1
江宁县	22383	100.00	10.09				
上元县	28266	96.55	12.75	1011	3.45	23.41	28:1
溧阳州	63365	99.82	28.58	117	0.18	2.71	542:1
句容县	34765	99.86	15.68	49	0.14	1.13	709:1
溧水州	57860	99.93	26.09	41	0.07	0.95	1411:1
集庆路	221743	98.09		4319	1.91		51:1

由上表数据可见,南人在该路各地都是主要居民,两州所占的比例最大,城市录事司所占比例最小,不足7%;北人户数占该路人口的近2%,分布在录事司和2州2县,七成以上的北人都在城市居住,上元县的北人也比较多,江宁县没有北方迁移人户。

3. 集庆路南人职业构成

该路南人是以职业为划分标准的。2州3县的南人都有具体的职业户口数据,只有录事司的南人缺少军户、站户、匠户的单独户口数,给全路职业户口数据的统计造成了障碍,因此全路南人的职业构成无法像所属州县那样做具体的数据计算和分析,只能从其他角度反映。各地的职业数量、职业类型和职业人口比例的大小排序情况是:

句容县13种职业:民户、匠户、驱口户、哈喇齐户、站户、平章养老户、图图尔哈户、医户、儒户、弓手户、急递铺户、军户、财赋佃户

江宁县12种职业:无名色户、淘金户、站户、哈喇齐户、军户、财赋佃户、匠户、铺夫户、弓手户、医户、儒户、乐人户

溧水州12种职业:无名色户、财赋佃户、哈喇齐户、匠户、站户、儒户、图图尔哈户、医户、急递铺户、弓手户、军户、阴阳户

溧阳州12种职业:民户、财赋佃户、匠户、齐哩克昆户、图图尔哈户、儒户、打捕户、医户、弓手户、军户、急递铺户、站户

上元县11种职业:民户、财赋佃户、哈喇齐户、站户、匠户、军户、医户、弓手户、儒户、急递铺户、贵户

录事司4种职业:无名色户、军户、站户、匠户

笔者统计,该路南人共有19种职业,录事司的职业种类最少,其他五地有11—13种职业,差别不大。方志中江宁县和溧水州南人的职业划分方法相同,都把民户作为一个大户类,民户中又分儒、医、佃、弓手、无名色等若干户计,笔者把这种民户定义为广义的民户。而在上元县、句容县和溧阳州,民户和其他户计一样都是单独的一种职业,笔者把这种民户定义为狭义的民户即农业生产者。这里笔者将录事司、江宁县和溧水州中的无名色户视为其他地方职业分类中狭义的民户,依据有二:一是从职业构成来看,元代全国和各地方人户最多、比例最高的职业都是狭义的民户,江宁县和溧水州的无名色户分别占当地户数的77%和87%、占两地广义民户的88%左右,录事司的无名色户没有这么高的比例,但也占当地和南人户数的一半以上,都是从业人数最多的;二是在下文摘录的汀州路至元二十七年抄籍户口中,该路诸色南户包括军户、站户、医户、儒户、铺兵、匠户和无名色民户,这里有了"无名色民户"的明确说

法。汀州路和集庆路同属江浙行省,两处文献记载的又是两路同一年的户口情况,因此笔者判断集庆路录事司、江宁县和溧水州的无名色户作为一种职业,应当和汀州路"无名色民户"的意义一样都是狭义的民户。在该路南人的 19 种职业中,分布最广的是民(无名色)户、军户、站户、匠户 4 种职业,六地都有;佃户、医户、儒户、弓手户、铺夫(急递铺)户 5 种职业分布在五地;哈喇齐户分布在四地;图图尔哈户分布在三地;淘金户、乐人户、阴阳户、打捕户、驱口户、养老户、贵户、齐哩克昆户 8 种职业仅出现在一地。

4. 集庆路北人民族构成

该路北人按民族分为色目人和汉人两大类。从上元县和句容县列出的民族成分来看,该路色目人至少包括蒙古、辉和尔(畏兀儿)、回回、契丹和河西 5 种民族且以蒙古人居多;汉人都占各地北人的绝大多数,上元县和句容县北人的职业有民户、军户、儒户、站户、运粮户、急递铺户和齐哩克昆户 7 种,以军户和民户为主。七成以上的色目人户和汉人户都在城市录事司,溧水州色目人和汉人的户数都是最少的。

集庆路至元二十七年北人民族构成表

	汉人		色目人	
	户比	户数	户比	户数
录事司	149	73.76	2952	71.70
上元县	17	8.42	994	24.14
溧阳州	19	9.41	98	2.38
句容县	11	5.45	38	0.92
溧水州	6	2.97	35	0.85
集庆路	202		4117	

四、《大德昌国州图志》中昌国州的户口与人口构成

《大德昌国州图志》记载昌国州归附后至元二十七年通行抄数:概管户 22640,民户 21606(内僧人户 43)、儒户 58、竈户 702、医户 43、匠户 54、军户 171、打捕户 6;口 126005。僧道 43 处,计口 1358(僧道往来不常,未可指为定数)。

昌国州至元二十七年人口职业构成表

户类	民户	儒户	竈户	医户	匠户	军户	打捕户	僧道	合计
户数	21606	58	702	43	54	171	6		22640
户比	95.43	0.26	3.10	0.19	0.24	0.76	0.03		
口数	126005							1358	127363
口比	98.93							1.07	

　　昌国州共有 127363 口,其中非宗教人口 22640 户、126005 口,户均 5.57 口。该州的人口统计以职业为标准,有 9 种职业。非宗教职业按照户数多少依次为民、竈、军、儒、匠、医、打捕。当地绝大部分都是农业生产者,少数从事制盐业,其他职业的从业人数都非常少。僧道作为两种特殊职业人口单列,僧道与俗人人数比约为 1:93。

五、《大德南海志》中广州路的户口与人口构成

《大德南海志》记载广州路大德八年(1304 年)报数:

广州路

　　户 180873:南人户 180323,北人户 550

　　僧道 1805 名:僧尼行童 1643(1538)名,道士女冠 162(267)名

录事司

　　户 10013:南人户 9641,北人户 372

　　僧道 417 名:僧尼行童 387 名,道士 30 名

南海县

　　户 67166:南人户 67166,北人户无

　　僧道 295 名:僧尼行童 190 名,道士女冠 105 名

番禺县

　　户 27641:南人户 27490,北人户 151

　　僧道 311 名:僧尼行童 286 名,道士女冠 25 名

东莞县

　　户 24398:南人户 24394,北人户 4

　　僧道 374 名:僧尼 354 名,道士 20 名

增城县

　　户 7628:南人户 7626,北人户 2

　　僧道 162 名:僧尼 142 名,道士 20 名

香山县

　　户 11369:南人户 11348,北人户 21

　　僧道 68 名:僧尼 43 名,道士 25 名

新会县

　　户 30913:南人户 30913,北人户无

　　僧道 138 名:僧尼行童 108 名,道士 30 名

清远县

户 1745：南人户 1745，北人户无

僧道 40 名：僧尼 28 名，道士 12 名

广州路下辖 1 司 7 县，路、司、县的人口统计标准统一，都是分为南人、北人和僧道三大类，其中地方总户数为南人和北人户数的总和，僧道人数单列。根据这种情况，笔者分别考察分析了该路政区人口、南北人口和僧道构成。

广州路大德八年政区人口构成表

	南海县	新会县	番禺县	东莞县	香山县	录事司	增城县	清远县
户数	67166	30913	27641	24398	11369	10013	7628	1745
户比	37.13	17.09	15.28	13.49	6.29	5.54	4.22	0.96

广州路大德八年南北人口构成表

	本路南北户比	南 人					北 人		
		户数	本地户比	本路南人户比	本路总户比	户数	本地户比	本路北人户比	本路总户比
南海县		67166	100.00	37.25	37.13	0	0.00	0.00	0.00
新会县		30913	100.00	17.14	17.09	0	0.00	0.00	0.00
番禺县	182:1	27490	99.45	15.24	15.20	151	0.55	27.45	0.08
东莞县	6099:1	24394	99.98	13.53	13.49	4	0.02	0.73	0.002
香山县	540:1	11348	99.82	6.29	6.27	21	0.18	3.82	0.01
录事司	26:1	9641	96.28	5.35	5.33	372	3.72	67.64	0.21
增城县	3813:1	7626	99.97	4.23	4.22	2	0.03	0.36	0.001
清远县		1745	100.00	0.97	0.96	0	0.00	0.00	0.00
广州路	328:1	180323			99.70	550			0.30

广州路 1 司 7 县的人口比重从高到低依次为：南海县、新会县、番禺县、东莞县、香山县、录事司、增城县、清远县，其中南海县占该路总户数的三分之一强，户数最少的清远县还不足该路的 1%，录事司城市户数占全路的 5% 以上。南人在全路和司县中都占绝大多数，其中南海、新会和清远三县全部是南人；北人户数在全路仅占 3‰，比例很小，且大部分在城市录事司，番禺县也较多。

广州路大德八年僧道构成表

	僧道		僧尼行童			道士女冠		
	总人数	本路比例	人数	本地僧道比	本路僧比	人数	本地僧道比	本路道比
录事司	417	23.10	387	92.81	25.16	30	7.19	11.24
南海县	295	16.34	190	64.41	12.35	105	35.59	39.33
番禺县	311	17.23	286	91.96	18.60	25	8.04	9.36
东莞县	374	20.72	354	94.65	23.02	20	5.35	7.49
增城县	162	8.98	142	87.65	9.23	20	12.35	7.49
香山县	68	3.77	43	63.24	2.80	25	36.76	9.36
新会县	138	7.65	108	78.26	7.02	30	21.74	11.24
清远县	40	2.22	28	70.00	1.82	12	30.00	4.49
广州路	1805		1538	85.21		267	14.79	

广州路共有僧道 1805 名,录事司人数最多,其次是东莞县占五分之一强,加上番禺县和南海县,这四个地方的僧道人数占全路僧道总数的近 80%,清远县的僧道人数最少。该路僧尼行童共 1538 名,在地域构成上与僧道的总体地域构成状况十分接近。该路道士女冠 267 名,南海县人数最多,占近四成,其次是录事司和新会县,新远县最少。全路佛教的影响力远远大于道教,僧道人数比率约为 6:1。从各地僧道的比例数据来看,东莞、录事司和番禺三地佛教的影响较大,僧尼行童的人数占到当地僧道总人数的九成以上;香山、南海和清远三县道教的影响比较大,道士女冠的人数占到当地僧道总人数的三分之一以上。

六、其他史料中的区域户口与人口构成

第一,《永乐大典》卷 5343"潮"字引《三阳图志》:江西行省潮州路"至元二十七年,朝廷籍江南户口方见其数,比年以来,民稍生聚,户口日蕃矣。本路三县一司民户总七万七十户。南人六万八千七百七十三户,北人一百五十四户,录事司总三千三百五十八户。"

潮州路至元二十七年南北、司县人口构成表

	南人	北人	其他	录事司	三县
户数	68773	154	1143	3358	66712
户比	98.15	0.22	1.63	4.80	95.21
总户数		70070			70070

笔者分析,上述史料中所载三县一司民户总数 70070 很可能就是潮州路的总户数,录事司明确记载有 3358 户,可推算出其余三县的总户数为 66712,城市人口还不足该路的二十分之一。潮州路的人口统计除按照行政区划外,还将人口分为南人和北人两大类,南北人口相加共 68927 户,比该路总户数 70070 少 1143 户,这 1143 户究竟是什么人口,目前笔者还无从考证,暂以其他人口来表示。从该路的人口构成来看,南人是当地的主要人口,迁移而来的北人所占比例非常小,南北人口的户数比率约为 447∶1。

第二,《永乐大典》卷 7890 "汀"字引《江浙须知》:江浙行省汀州路"系至元二十七年元抄籍,定本路总有户口诸色南户四万一千六百六十四户、计二十三万四千一百九口。军户二千四百二户,站户三百三十二户,医户一千六户,儒户五十户,铺兵二百四十二户,匠户一户,无名色民户三万八千六百二十一户。僧寺道观八十七处,计一百五十二名:僧寺六十七处,僧行等七十五名;道观二十处,道士道童等七十七名。"

汀州路至元二十七年人口职业构成(南户)表

户类	军户	站户	医户	儒户	铺兵	匠户	无名色民户	僧	道	合计
户数	2402	332	1006	50	242	1	38621			41654
户比	5.77	0.80	2.42	0.12	0.58	0.002	92.72			
口数	234109							75	77	234261
口比	99.94							0.03	0.03	

至元二十七年汀州路的人口除僧道外都是南人,总计 41654 户(非所载 41664户)、234109 口,户均口数为 5.62。该路南户主要有 7 种职业,按照户数多少分别为民户、军户、医户、站户、铺兵、儒户和匠户,其中民户占 92% 以上,匠户 1 户,可见当地是以农业生产为主,手工业很不发达。在该路地方人口统计中,152 名僧道单列,不计入人口总数,但实际上它们也是两种特殊的社会职业,也是当地的人口,因此汀州路的职业共有 9 种、人口总数加上僧道共有 234261 口,僧道与其他职业人口比约为 1∶1540。

第三,《嘉靖浦江县志》卷 2:至正十七年,浦江县 27343 户、120848 口,北人 13户、62 口,北人户、口比例均为 0.05%。

第四,《万历黄岩县志》卷 2:至六四年,黄岩县 49291 户,北人 63 户占 0.13%。

七、小结

上文考察的都是蒙古灭南宋后南方几个地方的人口构成,年代大多为元中后期。通过综合对比分析,可从多个角度对元代区域人口构成得出以下结论。

（一）元代南方地区人口统计和人口分类主要是以户籍制度为基础的，具体到从事职业或所属民族。但各地户口统计方法有所不同，如嘉兴路的僧、尼、道等宗教人口计入本地总人口，而昌国州和广州路的僧道人口单列，不计入地方总人口。

（二）元代南方地区普遍存在南北人口的划分，当地土著南人占绝大多数，南迁北方各族人口所占比例很小。北人的民族成分包括蒙古、畏兀儿、回回、河西、契丹、女真和汉人等，占上述南方各路总户数的 0.05%—3.38%，有的地方将北人称为侨寓；北人和侨寓人户的主体是汉人，包括蒙古在内的其他各族都被南人视为色目人，数量远远少于汉人。

（三）元代南方地区录事司城市人口的规模和比重大小不一。按照户数由多到少分别为集庆路录事司 18205 户、镇江路录事司 15746 户（不含驱）、广州路录事司 10013 户、嘉兴路录事司 6581 户、潮州路录事司 3358 户。按照城市人口在各路所占比重由大到小分别为镇江路录事司 13.86%、集庆路录事司 8.05%、广州路录事司 5.54%、潮州路录事司 4.8%、嘉兴路录事司 1.43%。

（四）元代南方各地的职业种类数量、职业分布和各职业人口比例存在较大差异。嘉兴路的职业分类比较简单，实际只有儒、僧尼、道、民、急递铺 5 种职业，集庆路的职业种类见有 19 种。职业种类和职业分布不仅反映了某一地域的社会功能和发展状况，还与地方的自然资源有关。民户在各地都占绝大多数，是地方和全国从业人数最多的职业。

（五）元代南方各路、州、县的家庭平均人口普遍高于全国家庭平均人口，并在人口类别、民族、职业方面呈现出这样的规律：侨寓的家庭平均人口低于土著，汉人低于色目人，军户、儒户等职业人户低于站户、弓手户和急递铺户。

注　释：

① 陶宗仪：《南村辍耕录》卷 1《氏族》，四部丛刊本，上海书店 1985 年版；《元史》卷 85《百官一》。

② 《元史》卷 91《百官七》。

③ 《元史》卷 17《世祖十四》。

④ 《元典章》卷 7《吏部一·内外诸官员数》，将朝官、京官、外任官称为有品级官员，将儒、医、蒙古学、阴阳学教授及不系常调官称为无品级官员。李治安推测这组数据的年代为延祐年间，且不包括蒙古官员和胥吏，实际上全国官员总数应有 3 万余人（见李治安：《元代冗官论述》注释4，《学术月刊》2006 年第 5 期）。

⑤ 首领官不是一种具体的官职，而是一类官的通称，元代负责执掌案牍和约辖吏员，由吏部任命，常被称为参佐官、幕职、幕官、幕府官、幕宾等。元代统治者发展了金代产生的首领官制度，将其广泛配套设置于各级官府，以减少具体事务对蒙古、色目贵族的压力。元朝的首领官名目繁多，有经历、都事、主事、知事、管勾、照磨、提控案牍、都目、吏目、典史等，根据衙门品级的高低和事务的繁简设置数职数员。其中提控案牍、都

目、吏目、典史都属流外职;经历、都事、主事、知事、管勾、照磨,依其所在衙门不同,品级各有所别:除御史台、枢密院的经历为从五品外,其余都在从六品至正九品之内。首领官是每个衙门内最低的一批官,元代吏员出职基本都是先任首领官。见许凡:《元代的首领官》,《西北师范大学学报》(社会科学版)1983 年第2 期。

⑥　胡祗遹:《紫山先生大全集》卷 21《论沙汰》,四库全书本。

⑦　《元史》卷 12《世祖九》,卷 13《世祖十》,卷 18《成宗一》。

⑧　《元史》卷 82《选举二》。

⑨　姚燧:《牧庵集》卷 4《送李茂卿序》,四库全书本。

⑩　朱德润:《存复斋集》卷 4《送强仲贤之京师序》,四库全书本。

⑪　马祖常:《石田集》卷 13《霸州长忽速剌沙遗爱碑》,四库全书本。

⑫　《元史》卷 85《百官一》。

⑬　《元史》卷 6《世祖三》卷 21《成宗四》,卷 19《成宗二》,卷 82《选举二·铨法上》,卷 39《顺帝二》。

⑭　《元史》卷 6《世祖三》,卷 82《选举二·铨法上》,卷 13《世祖十》,卷 21《成宗四》。

⑮　《元史》卷 15《世祖十二》。

⑯　《元史》卷 19《成宗二》。

⑰　《元史》卷 172《程钜夫传》。

⑱　《元史》卷 187《贡师泰传》。

⑲　《元史》卷 42《顺帝五》,卷 92《百官八》。

⑳　《元史》卷 187《贡师泰传》。

㉑　《元史》卷 44《顺帝七》。

㉒　《元史》卷 20《成宗三》。

㉓　许凡:《元代吏制研究》之“绪言”,劳动人事出版社 1987 年版。

㉔　关于中国古代吏制研究参见周保明:《二十多年来中国古代吏制研究述略》,《中国史研究动态》2006 年第11 期。

㉕　赵世瑜:《吏与中国传统社会》,第 26—27 页,浙江人民出版社 1994 年版。

㉖　程念祺:《科举选官与胥吏政治的发展》,《学术月刊》2005 年第 11 期。

㉗　孟繁清:《金代的令史制度》,《宋辽金史论集》第二辑,中华书局 1991 年版。

㉘　吴澄:《吴文正公集》卷 14《赠何仲德序》,四库全书本。

㉙　许凡:《元代吏制研究》,第 121 页,劳动人事出版社 1987 年版。

㉚　《元史》卷 81《选举一》。

㉛　客中两种职业名称缺载,但从土著、客和单贫三类人口职业划分和记载顺序分析,缺载的这两种二字职业应当在这 12 种职业内,很可能是水站和弓手。

㉜　从方志中土著人口的注释分析,善友属于某一佛教组织的成员,不是一般的家庭。

第七章　元代的婚姻家庭与人口

第一节　元代的婚姻家庭形式和制度

元代各民族频繁迁移,交错杂居,各族间通婚的情况很多。但是各民族的风俗习惯不同,容易产生争执和矛盾,以至于打官司,影响正常的婚嫁。为此,元代规定,"诸色人同类自相婚姻者,各从本族法,递相婚姻者,以男为主,蒙古人不在此例"。也就是说:元代的婚姻遵循尊重各族婚俗、以男子为中心和以蒙古人为上的基本原则,本族人内部成婚则遵照本民族的婚俗,民族间通婚以男方婚俗为主,他族男子与蒙古女子成婚要遵照蒙古婚俗。

一、蒙古族的婚姻家庭形式和制度

恩格斯指出:"氏族在禁止血缘亲属结婚方面所起的推动作用,使事情更加向前发展了……这种越来越排除血缘亲属结婚的事情上,自然选择的效果也继续表现出来。用摩尔根的话来说就是:'没有血缘亲属关系的氏族之间的婚姻,创造出在体质上和智力上都更强健的人种;两个正在进步的部落混合在一起了,新一代的颅骨和脑髓便自然地扩大到综合了两个部落的才能的程度'。"[①]也就是说,血缘远近不同的婚配在人口再生产过程中,对于人口质量会发生重要作用。蒙古族在 12 世纪以前就已经明白了人类自身遗传因素对人口素质和人口数量的影响,并通过婚姻关系加以控制,实行严格的族外婚制。遵照这一原则,同一祖先的家庭之间不能互为姻娅,即"自家骨肉,休成亲"。因此在蒙古社会形成了甲乙两部维持固定婚约的习惯。如成吉思汗家族乞颜·孛儿只斤作为黄金氏族,与弘吉剌、亦乞列思、斡亦剌、汪古等部族之间就长期保持着通婚关系。在与成吉思汗家族通婚的各部族中,弘吉剌部凭借祖先特薛禅的赫赫战功,取得"生女为后,生男尚公主,世世不绝"的特殊地位。后来,蒙古皇室还与高丽王室、畏兀儿亦都护家族、云南大理僰人段氏家族和藏族萨迦款氏家族等外族世联姻娅。随着蒙古人内迁和对汉族、色目各族的掳掠、迁移,蒙古族与汉族、色目各族通婚的情况也多了起来。

　　蒙古族的婚姻实行严格的等级婚制。蒙古社会自古崇尚血统,在蒙古人看来,蒙古民族是当时世界上最高贵的民族,成吉思汗及其所属的乞颜·孛儿只斤氏族又是蒙古民族中血统最高贵的家族。因此蒙古统治者十分重视保护本民族和黄金家族的高贵血统。蒙古王室的后妃只能娶自蒙古贵族家庭的女子,世祖时的家法规定"贱高丽女子,不以入宫",顺帝时也曾"申取高丽女子及阉人之禁"②。因此蒙古国和元代的皇后大多出自弘吉剌、亦乞列思蒙古部族,在与汪古、高丽王室、畏兀儿亦都护、云南段氏和藏族萨迦款氏家族等外族的联姻中也只嫁出蒙古公主,很少娶外族女子为后妃。不过在蒙古皇室中确实有几个违背家法祖训的特例:武宗的妃子唐兀氏(文宗的生母)、顺帝的两位皇后钦察氏和高丽奇氏都是外族。蒙古公主的婚姻也严格遵循等级婚的原则,《元史·诸公主表序》说:"元室之制非勋臣世族及封国之君,则莫得尚主,是以世联戚畹者,亲视诸王。"但是元代所称公主与前代不同,皇帝和诸王(宗室驸马)之女都可以称为公主。蒙古贵族的婚姻也十分注重血统和门第,以内部通婚为主。从蒙古贵族中最显贵的木华黎、博尔术、博尔忽和赤老温四大家族的通婚情况来看,77 例通婚对象中,有皇族 21 例占 27.27%,成吉思汗所封的 95 个千户的后裔 16 例(其中四大家族之间 6 例)占 20.78%,其他蒙古 13 例占 16.88%,不详部落 17 例(估计大多为蒙古人)占 22.08%,色目人 2 例、汉人(包括女真、渤海、契丹、高丽等)8 例共占 12.99%。能够嫁给蒙古上层的色目人和汉人大都出自官宦和显贵之家,她们只是蒙古权贵众多夫人中的一位或一部分,而且"汉人成为正夫人几乎是不可能的事"。③

　　元代蒙古族的婚姻实行多妻制,"其俗一夫有数十妻或百余妻"④。多桑和西方教士在描述蒙古人婚姻状况时都说,蒙古男子娶妻的数量由个人的经济实力和赡养能力来决定,"其人妻妾之数,任其娶取。能赡养若干人,即娶若干人"⑤,"每个人可以拥有他们可以维持其生活的妻妾数目,某人娶纳一百人,某人五十名,某人十人,多少各有所异"⑥。整个元代,在蒙古本部和入迁中原的蒙古人中都实行多妻制。蒙古帝王、高级官吏和上等贵族的妻子可达数十人乃至数百人,一般官吏和贵族的妻子有五至十人,蒙古百姓和平民一般只有二、三个妻子,还有不少是一夫一妻。按照蒙古风俗,"他们可以与自己所有的女亲戚婚配,唯有生身母亲、亲生女儿或一母同胞的姊妹例外"⑦。蒙古人的"每一位妻子都有自己的幕帐和自己的一家人。丈夫每天轮流与一位妻子喝、吃和就寝,第二天再轮到另一位。然而,他却有一位正妻,丈夫与她同居的时间要比她人更为经常一些"⑧。正妻(长妻)一般是第一个妻子,在妻室中地位最高,其他诸妻按照结婚时间先后排序。在皇帝的后妃中立有长后,分守各大斡耳朵(宫帐),守第一斡耳朵的即是正妻或正后。蒙古大汗嫔妃的挑选标准、方法和入侍制度十分严格。马可·波罗记载,"鞑靼有一部落名称弘吉刺,其人甚美。每年由此部贡献室女百人于大汗。命宫中老妇与之共处,共寝一床,试其气息之良恶,肢体是否健全。体貌美善健全者,命之轮番侍主。六人一班,三日三夜一易。君主内寝之事,悉由此种侍女司之,君主惟意所欲。三日三夜期满,另由其他侍女六人更番入侍。全年如是。概用三日三夜轮番入侍之法。"⑨汪古部美女的挑选标准、方法和入侍制度是这样记载的:

> 更须为君等言者,鞑靼部落名曰汪古(Ungut 亦是城名)者居住一州,其人色白而丽。每二年大汗遣使至此州选择美女四五百人,其审查美色之法如下:使臣抵此州后,召此州一切室女来前,检查其肤发面眼口唇等部是否与全身相称。用迦刺(carat)定其等次。有定作十六迦刺者,有定作十七、十八、二十迦刺者,视其美丑,定其高下。须有二十迦刺或二十一迦刺者,始准进入后官。

> 及献至大汗前,复命人拣选之,以定率最高者三四十人为帝室侍女。每人各以大臣之妻一人审查之。于夜间审查该女有无隐疾,肢体有无缺点,卧后有无鼾声,气息是否不恶,身上是否毫无秽气。

> 检查以后,分五人为一班,每班侍奉大汗三日三夜,期满改由他班轮值,如是周而复始。

> 一班在室内服务,一班在邻室服务,若大汗欲从外间取物,如取饮食之类,则由房内侍女命邻室侍女预备。侍者除此辈侍女外别无他人。⑩

从长期居留在汉地的蒙古下层官吏、士兵和平民的婚姻情况来看,他们与非蒙古族通婚的现象很多。在蒙汉通婚的实例中大多为一夫一妻,即一位蒙古男子只娶一位汉族女子为妻。据统计,在《元统元年进士录》中可确定的 19 位蒙古进士中,母亲为汉人的占 66.76%,妻子为汉人的占 72.73%。⑪在《昌乐县续志》卷 17《金石志》中的《右都威卫管军百户太纳先茔之碑》和《脱脱木儿先茔之记》中,管军百户太纳一族五代 20 个通婚事例中有 16 个是与汉人通婚,而且仅娶一个汉族女子为妻者居多;脱脱木儿家族则五代所娶都是汉人。⑫通过与上文对比可以说明,元代蒙古下层与汉人通婚的频率和程度都胜过蒙古上层,也反映出蒙古下层对民族等级和血统的重视程度要弱于蒙古上层。

收继婚是蒙古游牧民族的传统婚俗,有异辈收继和平辈收继两种形式,"父死可娶其父之妻,惟不娶生母耳。娶者为长子,他子则否,兄弟亦娶兄弟之妻"[13]。前四汗时期蒙古收继婚的例子有:泰亦赤兀惕的察剌孩在其兄伯升豁儿死后"收嫂为妻";弘吉剌部的弘里兀惕曾娶其父秃速不一答兀戒之妻;别克邻部木哥哈敦是成吉思汗宠妻,成吉思汗去世后,木哥哈敦为其子窝阔台所娶;成吉思汗子拖雷娶克烈部王汗孙女脱忽思哈敦,拖雷死,脱忽思哈敦为其子旭烈兀所收。[14]事实证明,蒙古收继婚俗在有元一代一直存在。元世祖的女儿囊家真公主先后嫁纳陈二子[15];1331年,浙东廉访使脱脱赤颜"其生母何氏本父之妾,而兄妻之";[16]顺帝时,中书平章阔阔歹死,其侧室高丽氏"誓弗贰适",阔阔歹正室之子拜马朵儿赤"欲妻之而不可得",拜马朵儿赤结纳权相伯颜,伯颜奉旨"命拜马朵儿赤收继小母高丽氏"[17]。这些是蒙古叔收嫂、子继庶母婚制的具体事例。

在蒙古族的婚姻方式中还有抢婚。《蒙古秘史》第54—56节详细记载了成吉思汗的母亲诃额仑被从原夫蔑儿乞惕人也客赤列都那里抢来的过程。十几年后蔑儿乞惕人实施报复,抢去了铁木真的年轻妻子孛儿帖。后来铁木真在王罕和札木合的帮助下将孛儿帖又夺了回来。成吉思汗曾对他的部下说:"男子最大之乐事,在于压服乱众和战胜敌人,将其根绝,夺取其所有的一切,迫使其结发之妻痛哭,骑其骏马,纳其美貌之妻妾以侍寝席。"[18]因此,抢婚不仅在蒙古人内部进行,随着对内对外的扩张,还给其他民族和地区的人们带去了灾难。

早期的蒙古社会中还有入赘婚。成吉思汗的祖先咩撚笃敦有七个儿子,"第七子纳真,于八剌忽民家为赘婿"[19]。成吉思汗在9岁的时候,他的父亲也速该·把阿秃儿与德薛禅订为儿女亲家,"留赘铁木真而去"[20]。

冥婚制也在蒙古人中实行。"彼等尚有一风习,设有女未嫁而死,而他人亦有子未娶而死者,两家父母大行婚仪,举行冥婚。婚约立后焚之,谓其子女在彼世获知其已婚配。已而两家父母互称姻戚,与子女在生时婚姻者无别。彼此互赠礼物,写于纸上焚之。谓死者在彼世获有诸物。"[21]不过这种婚姻形式对人口没有实质影响。

按照蒙古婚礼,首先男女双方通过说媒等方式议婚,这多由男方先提出。如果女方同意,双方就吃"布浑察儿"即定亲筵席。定婚时,男方家庭要向女方家庭下聘礼,聘礼通常是马匹。男方来娶亲时,会有一个类似于抢亲的仪式,女方"做父亲的就举行宴会,女孩则逃到她的亲戚那里,藏了起来。这时父亲说:'好,我的女儿是你的了,只要你找得到她,就把她带走。'于是他和朋友们去找她,找到为止。他必须用武力得到她,并且采取暴力的形式把她带回家"[22]。

在蒙古家庭中,男人只从事造箭、照料马匹等劳动,有时进行狩猎和骑射。妻子们负责大部分的家庭劳动,要缝制衣物、准备食物、赶车、装运帐篷等。子女成婚后分出去立帐另过,只留下正妻的幼子与父母生活在一起,称为"幼子守产"。其他的儿子在分帐时也会得到一份财产,不过有正次和长幼之分。寡妇一般不得再嫁,除非被丈夫其他妻子的儿子收继。

二、其他民族的婚姻家庭形式和制度

(一)婚姻家庭形式

元代汉族的婚姻沿袭前代,以一夫一妻制为主,为了传宗接代可以纳妾。配偶的选择大多在本地或邻近地区,也有因做官、经商等缔结地域跨越较大的婚姻的。受传统的门当户对思想的影响,汉族缔结婚姻比较重视双方的社会地位和出身。蒙古统治者曾出台法律限制多娶妻妾,"诸有妻妾复娶妻妾者,笞四十七,离之。在官者,解职记过,不追聘财"。事实上民间无子或富实、贪恋美色之家纳妾的现象十分普遍。陕西四川道提刑按察使覃澄建议,"令民年四十无子听取妾,以为宗祀计"[23]。鉴于以上实际,元政府后来放宽了政策,"有妻更娶,委自愿者,听改为妾。今后若有求娶妾者,许令明立婚书",有品级的官员如果丧妻或没有子嗣也可以娶妻妾,但是要"许令官媒往来通说,明立婚书,听娶无违碍(无不妥、不违法)妇女"[24]。

受蒙古人的影响,收继婚在非蒙古人中也十分普遍。至元八年(1271年)十二月,朝廷曾以法律的形式在北方推行收继婚,"小娘根底、阿嫂根底,收者"[25]。汉族的收继婚主要流行在北方,而且绝大多数是平辈收继的形式,异辈收继的情况很少。色目人作为仅次于蒙古人的第二等民族,也实行收继婚。后来蒙古统治者又对非蒙古人的收继婚严加限制,规定:"诸汉人、南人,父没子收其庶母,兄没弟收其嫂者,禁之。诸姑表兄弟嫂叔不相收,收者以奸论。诸奴收主妻者,以奸论;强收主女者,处死","诸兄收弟妇者,杖一百七,妇九十七,离之"[26],又"禁色目人勿妻其叔母"[27]。

受地方风俗和家庭经济状况的影响,典雇婚在汉族南方地区比较盛行。典雇婚指父母或丈夫受财,将女儿或妻子租借,双方在契约上写明典价、典期、子女归属和媒证,典期一般为三至五年,或以生子为限,到期照原价赎回。南方的典雇婚在唐宋时期就已成风,至元代典雇妻女的现象可谓司空见惯。当时"江淮薄俗,公然受价,将妻典与他人","浙西风俗之薄者,莫甚于以女质人,年满归,又质而之他,或至再三然后嫁"。[28]元廷曾多次下令禁止典雇,并由官府出面收赎被典者。

元代还存在入赘婚。贫穷的成年男子没有经济能力娶妻而到女方家落户,为赘婿。元代的赘婚有四等:"一曰养老,谓终于妻家聚活者;二曰年限,谓约以年限,与妇归宗者;三曰出舍,谓与妻家析居者;四曰归宗,谓年限已满或妻亡,并离异归宗者。"[29]凡是民间招召养老、出舍女婿(又称年限女婿、出舍年限女婿)的,都要明立媒妁婚书,招召养老女婿的要写明养老字样,依照平民聘财等级减半;招召出舍女婿的要写明出舍的年限,聘财最多不过平民的三分之二。然而,并非所有的男子都可以入赘,"民间富实可以娶妻之家,止有一子,不许作赘;若贫穷止有一子,立年限出舍者听","贴户正军承继本户军名为户头者,不得与人家作养老、出舍女婿"。③

此外,官方的婚姻法还根据身份和职业做了其他一些特殊规定。朝廷官员禁止娶娼女为妻,违犯者要受到解职记过、除名等处罚③;地位卑贱的驱户、奴婢的婚姻要听命于主人的安排,以歌舞为生的乐人只能在乐人内婚嫁②;军户之女不得嫁配民户,正军身死,其妻一定要嫁给"无妇军人"③。

边疆和少数民族地区保留和实行本地本民族的婚俗。甘州地区实行多妻制和收继婚,当地人根据资产和能力,"娶妻之数惟意所欲",有娶妻多达30人者,其中第一个妻子的地位最尊贵,"诸妻中有不善者得出之,别娶一人。男子得娶从姊妹,或其父已纳之妇女为妻,然从不娶其生母"。③额里湫国(据考订为凉州府)也实行多妻制,"居民淫佚,娶妻甚多"③。在云南地区,有的少数民族还处于原始的群婚形态或带有浓厚的群婚习俗。如末些蛮"妇女批毡皂衣跣足,风鬟高髻,女子剪发齐眉,以毛绳为裙,裸露不以为耻。既嫁易之,淫乱无禁忌";乌蛮"夫妇之礼,昼不相见,夜同寝,子生十岁不得见其父,妻妾不妒忌","凡娶妇必先与大奚婆通,次则诸房昆弟,皆舞之,谓之和睦,后方与其夫成婚,昆弟有一人不如此者,则为不义,反相为恶。正妻曰耐德,非耐德所生不得继父之位,若耐德无子或有子未及娶而死者,则为娶妻,诸人皆得乱,有所生则为已死之男女"。③

（二）离婚制度

在元代,定婚后解除婚约和成婚后离婚都被称为离婚。元代离婚主要有两种形式:一种是男方主动提出、女方被动接受的离婚,即民间所说的休妻;另一种是夫妻双方及各自亲属作为诉讼双方对簿公堂,由司法部门实施的判决离婚,即法律中所说的"断离"、"听离"、"断令离异"或"令归宗"。

元代继承了唐宋法律中"七出"的休妻原则,禁止无故休妻。所谓"七出",即"一曰无子,谓绝世也;二曰淫泆,谓乱族也;三曰不事舅姑,谓逆德也;四曰口舌,谓乱亲也;五曰盗窃,谓反义也;六曰妒忌,谓乱家也;七曰恶疾,谓不可供奉粢盛以祭先也"。同时又规定了"三不去",即"一、曾经持舅姑之丧;二、娶时贱后贵;三、有所受无所归。有此三者,难以离之"。③也就是说,妇女只要具有没有生育男孩、不孝养公婆、品行不端祸乱家族、有恶疾不能供奉祭祀祖先等情况之一的,都可以被丈夫休弃。但是女方为公婆服过丧的、男方求娶时贫贱后来显贵的、男方接受了女方的钱财物品而不能归还的,即使女方有"七出"的情况,也不得被休弃。凡休弃妻妾,必须明立休书,禁止以按指纹作为凭证,被休的女子可以改嫁。"诸出妻妾,须约以书契,听其改嫁。以手模为征者,禁之"⑧。休妻一般不需要法律过多的介入,但由于当时社会以男性为主导、夫权至上,因此男方掌握着离婚的主动权,离婚的法理依据也主要倾向于男方。

元代判决离婚的诉讼主要有两大类:犯义绝和违律成婚。《唐律疏议》明确指出"殴妻之祖父母、父母及杀妻外祖父母、伯叔父母、兄弟、姑、姊妹;若夫妻祖父母、外祖父母、伯叔父母、姑、姊妹自相殴,及妻殴骂夫之祖父母、父母,杀伤夫外祖父母、伯叔父母、兄弟、姑、姊妹,及与夫之缌麻以上亲若妻母奸,及欲害夫者,虽会赦,皆为义绝。"《宋刑统》扩充了义绝的范围,规定凡"妻与夫之缌麻以上亲奸者"也判为义绝。元代在此基础上,进一步扩大义绝的范围,只要元政府认为有违夫妇之道都判为义绝,断令女方归宗。法律规定:

> 诸受财以妻转嫁者,杖六十七,追还聘财;娶者不知情,不坐,妇人归宗。
>
> 诸以书币娶人女为妾,复受财转嫁他人者,笞五十七,聘财没官,妾归宗,有官者罢之。
>
> 诸夫妇不相睦,卖休买休者禁之,违者罪之,和离者不坐。
>
> 诸先通奸被断,复娶以为妻妾者,虽有所生男女,犹离之。
>
> 诸受财纵妻妾为倡者,本夫与奸妇奸夫各杖八十七,离之。
>
> 诸夫受财,纵妻为倡者,夫及奸妇、奸夫各杖八十七,离之。
>
> 居父母丧欺奸父妾者,各杖九十七,妇人归宗。
>
> 诸强奸妻前夫男妇未成,及强奸妻前夫女已成,并杖一百七,妻离之。
>
> 诸以非理殴伤妻妾者,罪以本殴伤论,并离之。若妻不为父母悦,以致非理殴伤者,罪减三等,仍离之。
>
> 诸职官殴妻堕胎者,笞三十七,解职,期年后降先品一等,注边远一任,妻离之。
>
> 诸以非理苦虐未成婚男妇者,笞四十七,妇归宗,不追聘财。
>
> 诸舅姑非理陵虐无罪男妇者,笞四十七,男妇归宗,不追聘财。⑨

此外,将未成婚的童养媳转配给奴人者,也属于义绝,"妇归宗,不追聘财"。

元代违律成婚无效,实行法定离婚,主要有"服内不婚"、"同姓不婚"、"良贱不婚"和"僧道不婚"。蒙古统治者在接受中原传统礼仪的基础上,要求子女和妇女在为父母和丈夫服丧期间,不得定婚、成婚、收继父妾,规定"居父母丧及夫丧而嫁娶者,徒三年,各离之;知而共为婚姻者,各减三等","诸遭父母丧,忘哀拜灵成婚者,杖八十七,离之,有官者罢之,仍没其聘财,妇人不坐。诸服内定婚,各减服内成亲罪二等,仍离之,聘财没官","诸居父母丧,奸收庶母者,各杖一百七,离之,有官者除名"⑩。元代继承蒙汉传统的优生思想,禁止同姓结为婚姻,规定以至元八年正月二十五日为限,"已前者准已婚为定,已后者依法断罪,听离之"⑪。元代在继承历代法律禁止良贱通婚的基础上有所松动,规定"诸良家女愿与人奴为婚者,即为奴婢","诸逃奴有女,嫁为良人妻,已有男女,而本主觉察者,追其聘财归本主,妇人不离"⑫。元代严厉禁止职官娶娼女为妻,违犯者"笞五十七,解职,离之";僧道等宗教人口悖教成婚者,"杖六十七,离之,僧道还俗为民,聘财没官"。⑬

(三)改嫁制度

元代妇女改嫁主要有三种情况。一是订婚后改嫁。女子定婚后没有成婚的,在一定的条件下可以改嫁:"诸女子已许嫁而未成婚,其夫家犯叛逆,应没入者,若其夫为盗及犯流远者,皆听改嫁。已成婚有子,其夫虽为盗受罪,勿改嫁","诸有女许嫁……五年无故不娶者,有司给据改嫁"⑭。二是离婚后改嫁。妇女离婚后可以改嫁,"诸出妻妾,须约以书契,听其改嫁","诸弃妻,已归宗改嫁者,从其后夫"⑮。三是丧夫后改嫁。妇女丧夫后是否改嫁要遵从本人意愿。如果本人愿意守节,公婆不得强迫其改嫁,依例可收继之人也不得骚扰。但是受到封赠的朝廷命妇不许再嫁,如不遵守,将追夺所受宣敕,"断罪离异"⑯。两广(岭南广西道和海北广东道)官员亡故后,其妻妾也不得擅自改嫁⑰。从总体上看,元代法律对女性改嫁是比较宽松的,女性改嫁的情况十分普遍,而且可以多次改嫁。

(四)婚礼制度

至元八年九月,中书省礼部根据汉族传统婚礼和朱熹《家礼》中的有关内容,颁布了婚礼条例。⑱条例规定婚礼一般有七个基本环节,依次为议婚、纳彩、纳币、亲迎、妇见舅姑、庙见和婿见妇之父母,并详细规定了每个环节的具体程序、标准和礼节等。此外诸如登车、乘马、设次(次,更衣处)等礼制,每个家庭可以根据经济能力来选择。

议婚要以父母之命、媒妁之言为准,禁止指腹为婚、割衿为婚。在一般家庭中,嫁女和休妻都要听命于长辈。"嫁女皆由祖父母、父母,父亡随母婚嫁。又嫁女、弃妻皆由所由,若不由所由,皆不成婚,亦不成弃。若所由后知满三月不理者,不在告论之限"。媒人要经过官方的认可和确定,所以又称官媒。地方官府根据居民人口的多少,广泛征求基层社长、巷长和耆老(年高有德之人)的意见,"推举年高信实妇人"担任媒妁。被确定的媒人由官府登记姓名造册,按照朝廷规定的等级议定聘财,不得在中间索要多余的财礼、钱物和媒钱,违者治罪。

凡是确定婚姻关系的,必须立下书面协议"婚书",写明商议的聘财,主婚人和媒人都要签字画押,作为婚姻的依据。一旦订立婚约,婚姻关系就受到法律保护,不许随意变更或转嫁。"诸有女许嫁,已报书及有私约,或已受聘财而辄悔者,笞三十七;更许他人者,笞四十七;已成婚者,五十七;后娶知情者,减一等,女归前夫。男家悔者,不坐,不追聘财,五年无故不娶者,有司给据改嫁","诸转嫁已归未成婚男妇者,杖六十七,妇归宗,聘财没官"。[49]除蒙古人、色目人各依本俗外,元政府按照官员品级和男方家庭的户等订立了婚礼聘财的最低标准,钱物都折合为元宝钞的话,官员一品二品 500 贯、三品 400 贯、四品五品 300 贯、六品七品 200 贯、八品九品 120 贯;平民上户 100 贯、中户 50 贯、下户 20 贯,愿意减少者自便。婚宴提倡俭省节约,禁止奢侈浪费和互相攀比,"品官不过四味,平民上户中户不过三味,下户不过二味"[50]。

三、元人的初婚年龄[51]

笔者目前还没有见到元代官方对男女初婚年龄的规定,以下是搜集到的一些有关女性初婚年龄的材料。

周氏,平滦石城人。"年十六适李伯通"。《元史》卷 200《列女一》

月伦石护笃,畏兀氏,"年十七归于偰氏"。黄溍《金华文集》卷 39《魏郡夫人伟吾氏墓志铭》

张义妇,济南邹平人,"年十八归里人李伍"。《元史》卷 200《列女一》

盛贞一,黄岩人,"年二十,嫁同里马氏"。《三台名媛诗辑》,转引自胡文楷编著《历代妇女著作考》(增订本),上海古籍出版社 1995 年版。

罗妙安,信州弋阳人,"年二十,归琪"。《元史》卷 201《列女二》

范妙元,奉化人,"年二十一归于江"。《元史》卷 201《列女二》

孙淑,其先汴人,"年二十三归新喻傅汝砺为妻"。《名媛诗归》,转引自胡文楷编著《历代妇女著作考》(增订本),上海古籍出版社 1995 年版。

安氏,"居二岁而弘益以疾卒,安氏时年三十"(推算初婚年龄为 28 岁)。《元史》卷 201《列女二》

曹妙清,浙江钱塘人,"三十嫁而风操可尚"。《杭州府志》,转引自胡文楷编著《历代妇女著作考》(增订本),上海古籍出版社 1995 年版。

在 9 位女性中,8 位是汉族,1 位是畏兀儿族,初婚年龄在 16—20 岁的 5 位、21—25 岁的 2 位,26—30 岁的 2 位。总的来说,她们的初婚年龄都在 16 岁以上,大多在 16—25 岁之间。另外,再从一些未婚女性的年龄来看,16—20 岁没有婚配嫁人也很寻常,如:

李顺儿,许州儒士李让之女,"年十八,未嫁"。

赵氏,平阳人,"年二十,未嫁"。

周如砥女,"年十九,未适人"。

刘氏二女,"长曰贞,年十九;次曰孙,年十七,龙兴人,皆未许嫁"。《元史》卷 201《列女二》

笔者所见资料中,关于男性初婚年龄的资料相对较少。《元史》卷 125《铁哥传》载:迦叶弥儿人(西域筑乾国)铁哥 17 岁时,世祖"诏择贵家女妻之",铁哥没有同意,而是按照汉族母亲的意愿娶了汉族女子为妻。李京记载云南少数民族土獠蛮的风俗是,"男子及十四五则左右击去两齿,然后婚娶"[52]。这些反映的都是个别少数民族男性初婚年龄的情况。

上述材料反映,元代汉族女性的初婚年龄通常在 16 岁—25 岁之间。虽然这些事例不是很充裕,不过笔者认为可以把这看做是元代女性初婚年龄的普遍规律。由于汉族男性的资料缺乏,根据汉族女性的初婚年龄和汉族男女成婚的传统,估计元代汉族男性的初婚年龄通常在 20 岁—30 岁之间。一方面,这符合科学道理和汉族传统习惯。早在先秦时期,人们就明白了男性和女性生理发育与生育年龄的科学规律,所谓"男子十六精通,女子十四而化,是则可以生民矣"[53],并以男子二十而冠、女子十五而笄作为成年的标志。以这一认识为基础,统治阶级和思想家们从不同出发点提出过晚婚或早婚的主张。比如孔子曾提出"男三十而娶,女二十而嫁"的晚婚观念,而墨子则主张推行早婚早育,认为男子二十而娶、女子十五出嫁才是"圣王之法"。在整个封建社会,女子成婚年龄的底线一般都为 15 岁,男子的年龄底线要略高于女性。而且在婚姻关系中,通常情况下男方的年龄也略大于女性。另一方面,这也符合蒙古统治阶级和元人的认知。元代法律中关于减免刑罚的条款中多次指出 15 岁以下者为幼小即未成年人,徐元瑞在《吏学指南》中亦解释男女"十五以下为幼"。因此笔者推断元代继承了汉族的传统,男女的初婚年龄一般都不会在 15 岁以下。只有在异常情况下才会打破这一常规。如顺帝至元三年(1337 年)六月,"民间谣言朝廷将采童男女以授鞑靼为奴婢,且俾父母护送,抵直北交割。故自中原至于江之南,府县村落,凡品官庶人家,但有男女年十二三以上,便为婚嫁,六礼既无,片言即合。至于巨室,有不待车舆亲迎,辄徒步以往者,盖惴惴焉惟恐使命戾止,不可逃也。虽守土官吏与夫鞑靼、色目之人亦如之,竟莫能晓,经十余日才息"[54]。

第二节　元代的家庭人口规模

一、全国及区域户均人口

1980 年,梁方仲先生在《中国历代户口、田地、田赋统计》一书中,根据元代全国和区域户口数据,对元代全国和省、路、府、州地方政区中的家庭平均人口数量(即每户平均口数)分别加以计算[55]。袁祖亮先生在 1991 年发表的《西汉至明清家庭人口数量规模研究》一文和 1994 年出版的《中国古代人口史专题研究》一书中专门探讨了中国古代家庭的人口数量规模。[56]前者摘录了史料中具体的户口数据并计算了户均口数,后者从人口史的宏观角度对古代户均口数加以分析和论证。

袁祖亮先生考察,中国历史上大多数朝代如两汉、隋、唐(中、前期)、元、明、清时期,家庭人口数量规模都保持在五口左右,还有少数朝代家庭人口数量规模偏大或偏小。他认为家庭人口数量规模之大小是由生产方式所决定的,即由生产力和生产关系决定的。在中国封建社会里,封建的生产关系对家庭人口数量规模的大小在很大程度上起着制约作用。确切地说,特别是封建政府的经济政策和剥削政策,对封建社会的家庭人口数量规模的大小影响最大。[57]《元史·董文炳传》载:"朝廷初料民,令敢隐实者诛,籍其家。文炳使民聚口而居,少为户数。众以为不可,文炳曰:'为民获罪,吾所甘心。'民亦有不乐为者,文炳曰:'后当德我。'由是赋敛大减,民皆富完"[58]。董文炳在太宗乙未年袭父职任藁城县县令,正赶上乙未籍户。他冒着被诛杀和籍没家产的巨大风险,故意让本县民众家庭合并,减少总户数,以帮助民众减轻封建剥削。这个典型事例反映了元代封建剥削对家庭人口数量规模的直接影响。蒙元时期不同年代的全国家庭人口平均数量已在上文根据全国户口数据算出:1235 年、1290 年、1291 年和 1294 年的户均口数分别为 5.44、4.46、4.46 和 4.61,总平均为每户4.47 口。

据《元史·地理志》中记载的区域户口数据计算,各省户均口数由高到低分别为:甘肃行省 11.62、辽阳行省 9.28、陕西行省 8.57、四川行省 6.25、江西行省 5.00、江浙行省 4.89、河南江北行省 4.47、湖广行省 3.53、中书省 2.72;平均每省为 4.47口,和全国的总平均数一致,甘肃行省是中书省的 4.27 倍。需要指出的是,中书省和辽阳、陕西、四川、甘肃行省的户口记载缺失较多,计算的户均口数与实际有偏差,偏高的可能性更大;各省及省辖政区的户口年代不完全一致,因此各省的比较和排序仅供参照。在有完整户口记载的 167 个路、府、州中,户均口数在 5 口以上的 74 个(江西行省 20 个、江浙行省 18 个、湖广行省 10 个、河南江北行省 10 个、中书省 5 个、陕西行省 5 个、四川行省 3 个、甘肃行省 2 个、辽阳行省 1 个),户均口数在 3 口以下的 54 个(湖广行省 27 个、中书省 18 个、河南江北行省 4 个、江西行省 3 个、江浙行省 2 个)。各路、府、州的户均口数差异更大:户均口数特别多的有四川行省顺庆路 33.73、甘肃行省甘州路 15.48、陕西行省延安路 14.47、湖广行省澧州路 10.11,都在 10 口以上;户均口数特别少的有中书省东平路 1.12、泰安州 1.13、高唐州 1.21,还都不到 2 口;顺庆路是东平路的 30.11 倍。区域户口的记载和上述统计数据表明,江南地区的户均口数与南宋统治时期户均 2 口—3 口相比明显增大了。

在藏族史料《萨斯迦世系》中,记载了元代世祖初在宣政院管辖的乌思藏纳里速古鲁孙等三路宣慰使司(即前藏、后藏和阿里)的管理制度,其中说道"帐籍者,以六口之家为准,即夫妇、子女二人,奴婢各一人"[59]。这样的家庭规模加上一定的财产和土地称为一小帐,是西藏地区作为一省的最基本的单位。这条记载似乎表明,当时西藏地区的户均口数在 6 口左右。而事实上,不可能每个家庭都是标准的 6 口之家。

二、个体家庭人口规模

元代个体家庭的人口规模有大呢? 至元三十年朝廷将家庭旌表的标准定为至少是五世同居,并称三世同居者"比比皆是"。[60]《元史》记载了一些受到朝廷旌表的累世同居之家,都是五世、八世乃至十世同居的大家庭。

> 其累世同居者,则有休宁朱震霍,池州方时发,河南李福,真定杜良,华州王显政,建宁王贵甫,句容王荣、周成,鄢陵夏全,保定成珪,开平温义,大同王瑞之,平江汤文英,郿州员从政,江州范士奇,泾州李子才,宿州王珍。《元史》卷 197《孝友一》
>
> [郑]琪家世宦族,同居百余口,罗氏执妇道无间言。《元史》卷 201《列女二》
>
> 奉元蒲城县民王显政五世同居……并旌其门。《元史》卷 33《文宗二》
>
> 同恕,其先太原人。五世祖迁秦中,遂为奉元人。家世业儒,同居二百口,无间言。《元史》卷 189《儒学一》
>
> 向存义,峡州,八世同居。
>
> 丁煦,汴梁,八世同居。
>
> 张闰,延安延长县人,隶军籍。八世不异爨,家人百余口,无间言。
>
> 芮世通,芜湖,十世同居。
>
> 郑文嗣,婺州浦江人。其家十世同居,凡二百四十余年,一钱尺帛无敢私。

《元史》卷197《孝友一》

从上述记载来看,元代世代同居的大家庭主要是汉族,地域分布很广,其中家庭人口规模最大的为200口。这反映了以农业生产为主的汉族聚族而居的传统继续在元代产生影响。历史表明,越是古代,家庭人口的规模越大。随着农业生产的发展,以夫妇建立的小家庭式的生产和社会单位逐渐成为主流。历代汉族王朝的统治者往往树立数代同居的典范之家,以稳固封建统治秩序和对广大民众进行德治。蒙古统治者对累世同居的家庭加以旌表,也是借鉴汉法的一种统治手段。

与超大规模的大户人家形成鲜明对比的是,元代还有一些家庭仅有一二口人,如孤老户。《通制条格》中将这些孤老户从承担赋役人户内清除的官方批示记载:

> 至元七年五月,尚书省。户部呈:"大名路录事司张禄,年老孤寒,难以当差。勘当得元籍人口节次死亡外,即目止有妻阿王,年七十一岁,别无营运。察司体覆相同。本部参详,拟合于当差额内除作不任当差老户。"都省准呈。

> 至元二十五年正月,尚书省。户部呈:"广平路肥乡县张阿黄,告夫张聚与男安驴身故,阿黄只身年老,别无丁产,不任当差。察司体覆相同,合于当差额内除豁。"都省准呈。[61]

三、元人的妻妾、子女数量

(一)蒙古帝王的后妃和子女数量

蒙古帝王后妃数量缺乏完善的资料记载。根据《元史》卷106《表一》后妃表和卷114、116《后妃传》统计,蒙古帝王的后妃数量分别为:太祖后妃39人[62]、太宗后妃6人、定宗后妃1人、宪宗后妃5人、世祖后妃10人、成宗后妃3人、武宗后妃5人、仁宗后妃2人、英宗后妃3人、泰定帝后妃10人、明宗后妃7人、文宗后妃1人、烈祖后妃1人、睿宗后妃1人、裕宗后妃2人、显宗后妃3人、顺宗后妃1人、宁宗后妃1人、顺帝后妃3人。

元代蒙古帝王宗室的谱系和蒙古人口的数量、兵籍一样都严格保密,难以做完整准确地考证。《元史》卷107《表二》宗室世系表曰:"自昔帝王之兴,莫不众建子弟,以蕃王室,所以崇本支、隆国势也。观其属籍有图,玉牒有纪,大统小宗,秩乎不紊,盖亦慎矣。然以唐室之盛,自玄宗后,诸王不出阁而史已失其世次,况后世乎。元之宗系,藏之金匮石室者甚秘,外廷莫能知也。"表中记载:烈祖5子、太祖6子(第五子兀鲁赤无嗣)、太宗7子、定宗3子、睿宗11子、宪宗5子(第五子辩都早卒、无嗣)、世祖10子(第四子那木罕无后)、裕宗3子、显宗3子、顺宗3子、成宗1子(德寿早薨、无后)、武宗2子、仁宗2子(次子兀都思不花早陨、无后)、英宗(无子)、泰定帝4子

（俱早陨、无后）、明宗 2 子、文宗 3 子（具早陨、无后）、宁宗（早逝、无子）、顺帝 3 子
（次子、三子早逝）。《元史》卷 109《诸公主表》中列有一些公主的身份、名号和婚姻
状况的资料。笔者根据这些资料作《元代蒙古帝王后妃和子女数量简表》如下。

蒙古帝王	后妃数量	儿子数量	女儿数量	子女总数
烈祖	1	5	1	6
太祖	39	6	3	9
太宗	6	7	1	8
定宗	1	3	2	5
睿宗	1	11	2	13
宪宗	5	5	1	6
世祖	10	10	4	14
裕宗	2	3	2	5
显宗	3	3	2	5
顺宗	1	3	1	4
成宗	3	1	2	3
武宗	5		2	2
仁宗	2	2	1	3
英宗	3	0		0
泰定帝	10	4		4
明宗	7	2	1	3
文宗	1	3		3
宁宗	1	0		0
顺帝	3	3		3

上表中的统计数据仅仅是正史中记载的帝王的后妃和子女人数，因此并不完整，
有的数据与其他史料中的记载有较大出入。如多桑载，窝阔台有妻数人、妾 60 人。[63]
西方传教士记载，拔都有 26 个妻妾。[64]《马可·波罗行纪》有关忽必烈儿子数量的记
载说，忽必烈四斡耳朵皇后生子 12 人，其他妃生子 25 人。[65]在上表所列的 19 位蒙古
帝王中，4 位没有留下后代占 21%，其中泰定帝和文宗由于诸子皆早亡，英宗死得较
早仅 21 岁，宁宗死时只有 7 岁还未成年。19 位帝王的 73 个儿子中，14 人没有子嗣占
19%，其中 12 人由于早亡占 16%。初步估算，蒙古帝王家族中男子的成年率为 84%。

（二）其他人的妻妾和子女数量

受经济状况、社会地位、性别比例和个人道德素质的影响，元代男性迎娶妻妾的
数量有很大差异。一些权贵高官不仅在政治上耀武扬威、肆无忌惮，生活上也是极度
奢侈、荒淫。世祖朝负责理财的权巨阿合马"及其七子娶妻妾无算，强取者尚未计

焉"⑩。文宗朝的权臣燕铁木儿,"前后尚宗室之女四十人","后房充斥不能尽识"㉛。云南地区的少数民族野蛮"男少女多,一夫有十数妻"㉘。而家庭特别贫困的老百姓,到了五六十岁还娶不起亲,只得打一辈子的光棍。如奉元人刘德"年五十未娶,称贷得钱先为弟求妇",邵武人郭回"素贫,年六十无妻,奉母寄宿神祠中,营养甚艰"㉙。

笔者所见元人子女数量较多的有:真定史氏史天安,有男 17 女 19 共 36 个子女㉚;阿合马有 25 个儿子㉛。《元史·列传》中大多记有官员子嗣的数量和名字,女性后代的资料极少。据笔者统计,《元史》记载有子嗣状况的 483 位官员共有 1150 子,人均有子嗣在 2 个人以上。其中,有 5 个儿子以上的官员共 69 人,约占 14.3%;有 10 个以上儿子的官员共 15 人(见下表),约占 3.1%,其中汉族 6 人、畏兀儿 2 人、契丹 2 人、蒙古 1 人、回回 1 人、唐兀 1 人、钦察 1 人、雍古 1 人;没有子嗣的 7 人,约占 1.4%,其中汉族有刘秉忠、王磐、王鹗、欧阳玄 4 人,蒙古族有斡罗陈、脱欢、阿鲁图 3 人。

姓名	民族	子数及身份	出处
完者都	钦察	子 14、官 14	《元史》131/3194
王荣祖	契丹	子 13、官 7	《元史》149/3537
郝和尚拔都	汉	子 12、官 8	《元史》150/3554
刘黑马	汉	子 12、官 2	《元史》149/3518
镇海	蒙古	子 12、官 1	《元史》120/2964
纳速剌丁	回回	子 12、官 7	《元史》125/3067
张柔	汉	子 11、官 2	《元史》147/3476
李毅	汉	子 11	《元史》150/3548
许楫	汉	子 11	《元史》191/4359
耶律铸	契丹	子 11、官 1	《元史》146/3465
石天禄	汉	子 10、官 1	《元史》152/3602
察罕	唐兀	子 10、官 1	《元史》120/2957
布鲁海牙	畏兀儿	子 10	《元史》125/3072
察乃	畏兀儿	子 10、官 2	《元史》134/3263
按竺迩	雍古	子 10、官 3	《元史》121/2985

注　释:

① 《马克思恩格斯全集》第 21 卷,第 58—59 页,人民出版社 1972 年版。

② 《元史》卷 39《顺帝二》。

③ [日]池内功:《元代的蒙汉通婚及其背景》,郑信哲译,《民族译丛》1992 年第 3 期;洪玉范:《元朝时期蒙古上层社会婚姻及家庭》,《黑龙江民族丛刊》2000 年第 1 期。

④　(宋)彭大雅、徐霆注:《黑鞑事略》,四库全书本。

⑤　多桑:《多桑蒙古史》(上册)第一卷第一章,第29页,冯承钧译,中华书局1963年版。

⑥　《柏朗嘉宾蒙古行纪》,耿升译,第29页,中华书局1985年版。

⑦　《柏朗嘉宾蒙古行纪》,耿升译,第29页,中华书局1985年版。

⑧　《柏朗嘉宾蒙古行纪》,耿升译,第43页,中华书局1985年版。

⑨　《马可·波罗行纪》,冯承钧译,第198页,中华书局2001年版。

⑩　《马可·波罗行纪》,冯承钧译,第199—200页,中华书局2001年版。

⑪　洪金富:《元代汉人与非汉人通婚问题初探》,《食货月刊》(复刊)第6卷第12期,第7卷第1、2期合刊。

⑫　[日]池内功:《元代的蒙汉通婚及其背景》,郑信哲译,《民族译丛》1992年第3期。

⑬　《马可·波罗行纪》,冯承钧译,第148页,中华书局2001年版。

⑭　拉施特:《史集》,余大钧、周建奇译,第1卷第1分册第295、269页,第2分册第245、146页,商务印书馆1983年版。

⑮　《元史》卷118《特薛禅传》。

⑯　《元史》卷35《文宗四》。

⑰　陶宗仪:《南村辍耕录》卷15《高丽氏守节》,四部丛刊本,上海书店1985年版。

⑱　拉施特:《史集》,余大钧、周建奇译,第1卷第2册第226页,商务印书馆1983年版。

⑲　《元史》卷1《太祖本纪》。

⑳　道润梯步:《新译简注蒙古秘史》卷1第31页,内蒙古人民出版社1978年版。

㉑　《马可·波罗行纪》,冯承钧译,第155页,中华书局2001年版。

㉒　《鲁布鲁克东行纪》,何高济译,第219页,中华书局1985年版。

㉓　《元史》卷191《良吏·覃澄传》。

㉔　方龄贵:《通制条格校注》卷4《户令·嫁娶》,第163、172页,中华书局2001年版。

㉕　《元典章》卷18《收小娘阿嫂例》。

㉖　《元史》卷103《刑法二》。

㉗　《元史》卷40《顺帝三》。

㉘　方龄贵:《通制条格校注》卷4《户令·典雇妻室》,第193—194页,中华书局2001年版;孔齐:《至正直记》卷2,上海古籍出版社1981年版。

㉙　徐元瑞:《吏学指南》,杨讷点校,第91页,浙江古籍出版社1988年版。

㉚　方龄贵:《通制条格校注》卷4《户令·嫁娶》,第177页,中华书局2001年版。

㉛　《元史》卷104《刑法三·奸非》。

㉜　方龄贵:《通制条格校注》卷3《户令》"驱女由使嫁'、"乐人婚姻",第154—155页,中华书局2001年版。

㉝　《元典章》卷18《户部四·军民婚》"军殁妻女嫁例',卷34《兵部一·军户》"无夫军妻配无妇军"。

㉞　《马可·波罗行纪》,冯承钧译,第129页,中华书局2001年版。

㉟　《马可·波罗行纪》,冯承钧译,第163页,中华书局2001年版。

㊱　李京:《云南志略》附录《诸夷风俗》,见《说郛》卷35。

㊲　徐元瑞:《吏学指南》,杨讷点校,第92页,浙江古籍出版社1988年版。

㊳　《元史》卷103《刑法二》。

㊴ 以上见《元史》卷103《刑法二·户婚》、卷104《刑法三·奸非》、卷105《刑法四·斗殴》。

㊵ 《元史》卷103《刑法二》。

㊶ 陈元靓:《事林广记》卷10,中华书局1999年版。

㊷ 《元史》卷103《刑法二》。

㊸ 《元史》卷103《刑法二》。

㊹ 《元史》卷103《刑法二》。

㊺ 《元史》卷103《刑法二》。

㊻ 《元史》卷84《选举四·考课》"凡封赠之制"。

㊼ 方龄贵:《通制条格校注》卷4《户令·嫁娶》,第169—170页,中华书局2001年版。

㊽ 方龄贵:《通制条格校注》卷3《户令·婚姻礼制》,第138—140页,中华书局2001年版。

㊾ 《元史》卷103《刑法二》。

㊿ 《元典章》卷18《户部·婚姻·婚礼·嫁娶聘财体例》。

51 这里对元代初婚年龄的考察,不包括指腹为婚、童养媳婚等特殊婚姻形式。因为娃娃亲和童养媳婚实质上只是婚姻关系的约定,按照民间传统,娃娃亲和童养媳婚的男女都要在到了生理发育成熟年龄后正式举办婚礼或圆房,开始过真正的夫妻生活,进入到真正的婚姻状态。

52 李京:《云南志略》附录《诸夷风俗》,见《说郛》卷36。

53 《孔子家语》卷6《问礼·本命解》,明嘉靖三十三年(1554)王肃注释本。

54 陶宗仪:《南村辍耕录》卷9《谣言》,四部丛刊本,上海书店1985年版。

55 梁方仲:《中国历代户口、田地、田赋统计》,第176—184页,上海人民出版社1980年版。

56 袁祖亮:《西汉至明清家庭人口数量规模研究》,《中州学刊》1991年第2期;《中国古代人口史专题研究》,第48—71页,中州古籍出版社1994年版。

57 袁祖亮:《中国古代人口史专题研究》,第64—65页,中州古籍出版社1994年版。

58 《元史》卷156《董文炳传》。

59 阿旺·贡噶索南:《萨斯迦世系》,陈庆英等译本,第108页,西藏人民出版社1985年版。

60 方龄贵:《通制条格校注》卷17《赋役·孝子义夫节妇》,第522页,中华书局2001年版。

61 方龄贵:《通制条格校注》卷17《赋役·孤老残疾》,第507页,中华书局2001年版。

62 《元史》卷114《后妃一》载:太祖除光献翼圣皇后弘吉剌氏孛儿台旭真外,"其余后妃,有四斡耳朵四十余人"。

63 多桑:《多桑蒙古史》(上册)第二卷第二章,第208页,冯承钧译,中华书局1963年版。

64 《鲁布鲁克东行纪》,何高济译,第210页,中华书局1985年版。

65 《马可·波罗行纪》,冯承钧译,第201、202页,上海书店出版社2001年版。

66 《马可·波罗行纪》,冯承钧译,第214、215页,上海书店出版社2001年版。

67 《元史》卷138《燕铁木儿传》。

68 李京:《云南志略》附录《诸夷风俗》,见《说郛》卷36。

69 《元史》卷197《孝友一》。

70 《大朝故宣权真定等路万户史公神道碑铭》,见孟繁峰:《谈新发现的史氏残谱及史氏元代墓群(续)》,《文物春秋》1999年第4期。

71 《马可·波罗行纪》,冯承钧译,第214页,上海书店出版社2001年版。

第八章　元代的人口姓氏与分布

第一节　元代姓氏概况

一、元代各族人口的姓氏概况

元代是我国多民族国家形成和发展的一个关键时期,也是我国姓氏发展变化的一个重要时期。在统一的空前广袤的疆域里,民族成分增多,中亚、西亚乃至欧洲等外来民族也加入到中华民族的大家庭,各民族相互交流融合,使元代人口的姓氏显得复杂而又多变。元代姓氏的数量究竟有多少,从当时记录和研究姓氏的资料来看,元人马端临《文献通考》中收录了 3736 个姓氏。前有宋代邵思的《姓解》,收集了 3568 个姓氏;后有明代陈士元的《姓觿》,收录了 3625 个姓氏。看来,一些新的民族人口的加入使元代人口的姓氏数量有一定的增加。元代人口的常见姓氏应当变化不大。宋初问世的《百家姓》的最早版本收有 410 个姓氏(原本已散失),后来元、明、清时期几经增补,常见版本共 507 个姓氏(其中单姓 446 个,双字复姓 61 个)。因此元代的常见姓氏可能就有 500 个左右。

蒙古统治者仿效金代在用人方面先女真、次渤海、次契丹、次汉儿的做法,将全国人口按照民族和归附的先后划分为蒙古、色目、汉人、南人四个等级。蒙古人作为"国族"被列为第一等民族;色目人是"各色各目之人"的统称,主要是指唐兀人、畏兀儿人及广大西域地区出身的各部族人,是第二等民族;汉人指淮河以北原金代统辖地区的汉族、契丹、女真、渤海等人,以及早些时候征服的云南、四川两省各族和高丽人等,《南村辍耕录》中罗列的汉人有契丹、高丽、女直、竹因歹、术里阔歹、竹温、竹赤歹、渤海八种,是第三等民族;南人是指最后被蒙古军征服的南宋境内的各族人,包括元代江浙、江西、湖广三省和河南南部的汉人及其他少数民族,是第四等民族。按照蒙古统治者对全国人口的划分,现分别将蒙古、色目、汉人和南人中一些民族人口的姓氏概述如下。

(一)蒙古族人口姓氏

经过长期的内部兼并战争,成吉思汗统一了蒙古高原的各部落,建立蒙古国,形成了一个新的民族共同体——蒙古族。蒙古族习惯以原来的部落或氏族名称作为出身的标志,为元代的"国姓"。明初陶宗仪《南村辍耕录》卷1《氏族》[①]中列举了蒙古族的72种姓氏,但据后人考证,其中有不少错误和重复。清代钱大昕考释,蒙古族有42种氏族[②]。但据学者研究,在这40多种氏族中,真正属于统治阶级的氏族只有兀鲁兀台氏、忙兀氏、亦乞烈思氏、兀良哈氏、许兀慎氏、瓮吉剌氏、达达儿氏等十几个。成吉思汗及其诸弟诸子出身的乞颜氏为"黄金家族"。

随着元代统一政权的建立和瓦解,蒙古族人口的姓氏出现了新的情况和变化,突出表现为增加了一些汉族姓氏,如王、李、刘、苏、马、万、余。蒙古族采用汉姓的情况主要有两种,一种是政治性避难,另一种是华化。据杨志玖先生考证,在今山东淄博市临淄区齐陵镇刘家营村聚居的蒙古族,是蒙古斡罗那歹氏族的后裔,元世祖时期即定居于此,长期隐瞒民族成分为汉族,有1000人左右。1979年在那里出土的刘五公的碑文记载:"高祖五公,系斡罗纳歹之人也。充蒙古军役","李侯兵革"被俘,英勇不屈,不肯下跪,"将见勇而忠孝,留之,遂得脱。后之苗裔因留曰姓,故曰刘。"此碑立于元顺帝至正六年(1346年),立碑的是第二代僧住和忽都二兄弟,似乎在第二代时已以刘为姓。到了元末明初,一些亡国后留在内地的蒙古贵族为避难主动改为汉族姓名隐居起来,或重新迁移。据学者考证,今山东鄄城县蒙古族苏氏,今甘肃靖远县中堡乡营防村营儿门马氏,今贵州大方县蒙古族余氏,以及今河南南阳镇平、内乡、南召等县的王姓蒙古人和唐河县的李姓蒙古人等都是元代蒙古贵族的后裔。[③]元代中后期,定居中原的部分蒙古族华化而取汉姓的情况逐渐增多。随着蒙古大军迁入内地的蒙古人因做官、镇守等在汉地定居下来,长期与广大汉族人口生活在一起,交往日益频繁。他们有的娶了汉族女子,后代就随母亲冠以汉姓,《铁函心史》曰"鞑靼都无姓,或要汉女为奴,生子愿有姓,竟随母姓"。有的雅好儒学,受汉族文化的影响颇深,取了汉族的姓、名和字。《揭傒斯全集》载:"元溥,蒙古人,名燮理普化,无氏姓,故人取名之首字加其字之上若氏姓云者,以便称谓,今天下之通俗也。"[④]居住在镇江的万家闾也是华学之士,他的儿子分别取名万寿安、永安、定安、宁安。元末曾任侍正府都事的刘正卿(帖木儿不花)、画家张彦辅、剧作家杨景贤等,都是姓名完全汉化的蒙古人。

（二）色目各族人口姓氏

陶宗仪《南村辍耕录》卷1《氏族》列举色目31种。经钱大昕《元史氏族表》卷2考释，元代色目人共23种，分别是畏兀、唐兀、康里、乃蛮、雍古、钦察、阿速、迦叶弥儿、赛夷、族颖、突甘斯、感木鲁、土波思乌思藏掇族、回回、也里可温、木速蛮、哈剌鲁、合鲁、阿鲁浑岛、尼波罗、板勒纥城、谷则龊儿朵、伊吾庐。但钱氏所列也有值得商榷之处，比如乃蛮和雍古为蒙古族早期的组成部落，却被钱氏列为色目。这样元代色目可以确定的就剩下20种左右，其中人数较多、地位较重要的是回回、畏兀和唐兀。实际上这些并不是真正的姓氏。由于民族差异和语言隔阂，元代人搞不清居住在内地的色目各族的姓氏，通常以其所属的国家、地区、部族和宗教名称等统称某某氏，如回回氏、畏兀（吾）氏、唐兀氏、康里氏、钦察氏、阿速氏、也里可温氏、哈剌鲁氏。在此，仅对色目各族一些知名人士和家族的姓氏做简单介绍。

1. 畏兀儿人口姓氏

畏兀儿人是在蒙古军队的对外征服中最早主动归附的，一直受到蒙古统治者的信任和重用。许多畏兀儿人跟随蒙古统治者来到内地，成为辅佐元代的一支重要的政治力量。一些定居内地的畏兀儿人采用汉族姓氏，如官至中书平章政事的阿鲁浑萨理，以全为氏；著名的散曲作家小云石海涯，以贯为氏；文学家薛超吾，以马为氏；还有花鸟画家边鲁，精通音律的唐仁祖[5]。元代两个比较显赫的畏兀儿家族也都采用汉姓。一个是以文学著称的偰氏家族，如偰文质、偰玉立、偰百僚。偰氏一门九个进士，"世科之盛，当时所希有"；另一个是活跃于政坛的廉氏家族，有廉布鲁海牙、廉希宪、廉希贤、廉惠山海牙等。[6]这两个家族的成员一般既有本民族名字，又有汉文姓名。

2. 唐兀人口姓氏

元代称已覆灭的西夏国为河西或唐兀惕，唐兀人通常被称为唐兀氏。其本族姓氏见有乌（吾）密氏（如察罕、卜颜铁木儿）、昔里氏（如昔里钤部）、野蒲氏（如昂吉儿）等[7]。唐兀人中有几个世代用汉姓的家族如高氏（高智耀、高睿、高纳麟）、刘氏（刘完泽、刘沙剌班），其姓氏的由来不太清楚。一些内迁的唐兀人改用了汉姓，有李桢、余阙、张长吉、张翔、吴善卿（迈里古忌）以及改从母姓的何伯翰等[8]。

3. 旺古（雍古）人口姓氏

旺古（雍古）人通常被称为旺古（雍古）氏。该族有两个历史比较悠久的汉姓家族马氏（马月合乃、马润、马祖常）和汪氏（汪世显、汪德臣、汪惟正）。元代又增加了赵氏（赵世延）、金氏（诗人金元素）等。

4. 土波思乌思藏掇族人口姓氏

该族的款氏家族在元朝享有无比尊崇的地位。自忽必烈起,元代诸帝崇尚西藏佛教,历任帝师大都出自八思巴系的萨斯迦款氏家族。不仅如此,该家族还被赋予西藏的行政管理权,在宗教和政治上都得到元代最高统治者的扶植和利用,并相继有四人与蒙古皇室结亲。此外,还有赵氏(赵阿哥潘)。

5. 回回人口姓氏

元代自中亚等地掳掠和迁移而来的波斯人、阿拉伯人等,由于都信仰伊斯兰教,被统称为"回回氏"。"元时回回遍天下",在保持原有宗教信仰和民族习惯的同时,回回人改用汉姓者不断增加,有丁、鲁、马、荀、金、郭、蒲、赛、闪、纳、苏、拉等等。

据族谱记载,泉州丁、金、郭、蒲四姓都是南宋末或元代定居于此的阿拉伯人的后裔。回回官吏赛典赤·赡思丁和他的儿子纳速拉丁的子孙取赛、闪、丁、纳、苏、拉等为姓,散布云南、宁夏、陕西各地。此外还有著名的政治家和诗人鲁至道(伯笃鲁丁),著名诗人丁鹤年、马元德(吉雅漠丁)等。

6. 哈剌鲁人口姓氏

在汉学方面颇有建树的哈剌鲁人也大多采用了汉姓,如儒学名士颜师圣(伯颜)、定居松江的进士沙德润(完泽溥化)、元末诗人马易之(乃贤)。

7. 阿鲁浑人口姓氏

内迁的阿鲁浑人,由于长期在汉地任官和生活,有的取了汉姓,曾任漳州路达鲁花赤的迭里弥实定居漳州,子孙改姓"帖";儒士溥博定居嘉兴,改姓溥[9]。

元代称基督教徒为也里可温。基督教徒都有教名,通称也里可温氏。入居中原后他们有的使用汉姓,如上文列举的汪古马氏和金氏(诗人金元素)。其他色目人姓氏见有伽乃氏(迦叶弥儿人铁哥)、白氏(板勒纥城人察罕)、刘氏(合鲁人虎都铁木禄汉名刘汉卿)、郝氏(朵鲁别族郝天挺及儿子郝佑)等。

(三)汉人和南人人口姓氏

1. 汉族人口姓氏

汉人和南人中绝大部分是汉族。元代汉族人口在多民族内迁和融合的过程中,依然表现出强大的生命力和同化力,姓氏状况没有太大的变化。元末由于政治局势恶化和人口减少,可能对姓氏有一定的影响,但据明初统计,汉族姓氏仍有2000个左右。元代汉族人口中增加了蒙古族姓氏,主要是服务于元廷的汉族上层官吏受蒙古帝王赏赐所得。

2. 女真族人口姓氏

女真人本有自己的姓氏,金代女真人改用汉姓的很多,朝廷曾屡次颁发禁令也未能有效控制。金末直至元代,这种情况更为普遍。据陶宗仪《南村辍耕录》卷1《氏族》载,改易汉姓的金人姓氏有31姓,分别为:完颜汉姓曰王、乌古伦汉姓曰商、乞市烈汉姓曰高、徒单汉姓曰杜、女奚烈汉姓曰郎、兀颜汉姓曰朱、蒲察汉姓曰李、颜盏汉姓曰张、温迪罕汉姓曰温、石抹汉姓曰萧、奥屯汉姓曰曹、孛术鲁汉姓曰鲁、移剌汉姓曰刘、斡勒汉姓曰石、纳剌汉姓曰康、夹谷汉姓曰仝、裴满汉姓曰麻、尼忙古汉姓曰鱼、斡准汉姓曰赵、阿典汉姓曰雷、阿里侃汉姓曰何、温敦汉姓曰空、吾鲁汉姓曰惠、抹颜汉姓曰孟、都烈汉姓曰强、散答汉姓曰骆、呵不哈汉姓曰田、乌林答汉姓曰蔡、仆散汉姓曰林、术虎汉姓曰董、右里申汉姓曰汪,其中大多为女真人姓氏。元人刘因不赞同女真人改用汉姓,他记述曰:"吴景初请予制其子名,自叙其为女真人……本姓古里氏,以女真诸姓今各就其近似者易从中国姓,故古里氏例称吴,已数世矣。予闻之,大以为不可。夫姓氏,乃先世所受,而传之子孙,其脉络截然,有不敢毫发乱者。今非有所禁,而自绝本根,附于他裔,顾乃因仍苟且,徇于流俗而不恤,彼儿子之名,何所不可,而反为问乎?"[10]从上述记载我们还可以看出,元代女真人改汉姓已相习成风,且大多是出于自愿。到元末,女真姓氏大部分汉化,比较知名的有儒士李之英、杂剧家李直夫(人称蒲察李五)、画家刘自然、书法家刘若水和官吏李庭、高闹儿、赵良弼、刘国杰等。

3. 契丹族人口姓氏

契丹人的姓氏比较简单,在元代主要有耶律、移剌、石抹(原为萧氏)、萧、王等。比较知名的有耶律楚材、耶律留哥、耶律秃花、耶律阿海、耶律有尚、耶律忒末、移剌捏儿、石抹孛迭儿、萧拜住、王珣等。

4. 云南少数民族姓氏

云南行省的少数民族主要有白人、罗罗、末些、卢蛮、斡泥、西番、怒人、俅人、阿昌、野蛮、金齿百夷、蒲蛮等等。白人(元仁为僰人)在云南分布相当广泛,白人土官是元代统治者治理云南行省的主要依靠力量,其中地位最显赫的是原大理国主段氏。段氏家族袭任大理总管[11]世之久,有两人与蒙古皇室联姻,是元廷在云南依托的主要土著势力;其次为原大理国重臣高氏,还有杨、赵、李、董等豪族大姓。末些族有和氏和木氏两个大姓。

5. 江浙、江西和湖广行省的少数民族姓氏

这些地区的少数民族主要有罗罗、土獠、苗、蕃、峒、仡佬、僮、徭、黎、畲等。苗人中地位较高的土官有田氏、杨氏和彭氏。蕃人中以龙氏势力最大,其次为程、洪、韦、卢、石、罗等。在元末的反元斗争中,僮人岑氏、黄氏,徭人吴法受、许文杰、龙郎庚、胡老鼠,黎人王氏,畲人许夫人、陈吊眼、黄华、钟明亮、李志甫、吴仲海等都是各民族起

义的首领。

二、元代姓氏的来源与变化

我国姓与氏产生时是两个不同的概念,姓的产生较早,氏为姓的分支。到了汉代,我国以汉族为主体的华夏各族的姓氏体系基本确定下来,姓和氏就不再区分了,其来源与出处主要有以下几大类:以氏为姓、以国名为姓氏、以邑名为姓氏、以乡名亭名为姓氏、以居住地为姓氏、以先人的字或名为姓氏、以排行为姓氏、以官职为姓氏、以技艺为姓氏、以谥号为姓氏、少数民族汉化后产生的姓氏,还有因赏赐、避讳而改姓等等。蒙元时期,国家的统一,人口规模的扩大,民族成分的增多,促进了各民族的广泛交流和大融合,姓氏的来源与变化也是多种多样,主要有以下几种类型。

(一)以人名为姓氏

由人名得姓氏的主要有两种情况。一是以祖先或本人名字中的一个字为姓氏。如蒙古凯烈氏谙都剌以兰为氏,取自祖父的名字阿思兰。畏兀人唐仁祖以唐为姓,取自祖父唐古直的名字;小云石海涯以贯为氏,取自父亲的名字贯只哥;阿鲁浑萨理以全为氏,取自父亲乞台萨理的汉族名字万全。哈剌鲁人抄儿赤的父亲名沙的,宋朝人"使以沙为姓,而名曰全",这纯粹是由于民族语言不通而被汉人误认为姓氏,所以世祖时沙全又请恢复旧名抄儿赤。哈剌鲁儒士伯颜的老师命他以颜为氏,则是取自本人名。11 来自中亚等地的波斯人、阿拉伯人等由于都信仰伊斯兰教,被统称为"回回氏"。回回人大多采取本人或祖先音译名字中的某一个汉字作为姓氏。回回官吏赛典赤·赡思丁的子孙分别取他和他的儿子纳速拉丁名字中的赛、闪、丁、纳、苏、拉等为姓,散布云南、宁夏、陕西各地;此外,还有著名的政治家和诗人鲁至道(伯笃鲁丁)、著名诗人丁鹤年及马元德(吉雅漠丁)、散曲家马九皋、画家高克恭、散曲家兼画家丁野夫等。二是以整个人名为姓氏。西域人札八儿火者就以部落族长赛夷之名为氏。蒙古"五投下"的姓氏来源为:"其先剌真八都,以材武雄诸部。生子曰兀鲁兀台,曰忙兀,与扎剌儿、弘吉剌、亦乞列思等五人。当开创之先,协赞大业。厥后太祖即位,命其子孙各因其名为氏,号五投下。"术赤台是兀鲁兀台的子孙,为兀鲁兀台氏;畏答儿是忙兀的后代,为忙兀氏。⑫

(二)以职官名为姓氏

畏兀儿人廉氏家族的姓氏始自布鲁海牙,儿子希宪出生的当天,他正好接到廉访使的任命书,布鲁海牙双喜临门,以为是天意,因此仿效古代以官名为姓,子孙皆姓廉。⑬雍古马氏的姓氏来源有两种说法:一说是月合乃的曾祖在金代任马步军指挥使,官名有马,所以以马为氏;另一说是马祖常的高祖在金代为凤翔兵马判官,子孙因其官名,以马为氏。[14]两处记载的先人人名、辈分和官职名虽有出入,但可以肯定的是,此家族以马为姓是取自某位先人的官名。

（三）以居住地为姓氏

土土哈因先族徙居西北玉里伯里山,而以山名为氏。回鹘人合剌普华的后代改姓偰,是缘自其祖先生活的地方有一条偰辇杰河。[15]

（四）以部族名为姓氏

元代蒙古族基本保持了以部落或氏族名称为姓氏的传统习惯（详见上文）。女真人乌古孙泽和夹谷之奇,也都是以部落名为姓氏。[16]

（五）因帝王赏赐而改姓

帝王赏赐姓氏古而有之,《风俗通》记载:"张、王、李、赵,黄帝赐姓。"正史中得到元代帝王赏赐姓氏的有皇后、上层官吏和皇帝身边的近侍等。由于元代是蒙古族统治政权,所以他们大都被赐以国姓——蒙古族姓氏。如唐兀人乌密氏察罕,太祖时在内廷任职,被赐姓蒙古,表示亲信和恩宠。[17]顺帝时贺惟一深受赏识和信任,要委任御史大夫一职,然"故事,台端非国姓不以授",祖制不可违,贺惟一坚决推辞。但制度是死的,人是活的,顺帝特下诏"赐姓而改其名"。[18]早在蒙古国时期,特薛禅与他的儿子按陈从太祖征伐有功,有旨:"生女为后,生男尚公主,世世不绝。"所以元代的皇后大多出自特薛禅家族弘吉剌氏,也有少数出自蒙古其他氏族的女子。然而在顺帝时,来自异域的高丽人奇氏改为蒙古姓氏肃良合氏（意思为高丽人）,并被立为第二皇后。这位高丽女子最初仅仅是顺帝身边"主供茗饮"的宫女,"性颖黠",[19]日受宠幸,答纳失里皇后死后,顺帝就想立为她皇后,被丞相伯颜坚决制止了。大臣朵尔直班也曾上书"禁取姬妾于海外"。[20]尽管有祖训和大臣的双重约束,至正二十五年,顺帝还是一意孤行,将奇氏改姓蒙古,并诏告天下,让这位外族的普通女子大大方方、堂而皇之地登上大元皇后的宝座。西域板勒纥城人察罕,深得仁宗宠爱,赐姓白氏（蒙古人谓白为察罕）。土波思乌思藏掇族赵阿哥潘的姓氏是在归附宋朝后的赐姓。[21]

（六）因迁移和政治避难而改姓

契丹人王珣本姓耶律氏,为辽代的世家大族;女真人刘国杰本姓乌古伦,李庭本姓蒲察氏,都是在金末迁入中原后改为汉姓。[22]上述元末留居内地的蒙古贵族改为汉姓者都属于此种类型。

（七）因讹言而改姓

蒙元时期,人口迁移频繁,各民族交错杂居,出现因语言文字不通造成音讹、字讹,又以讹传讹而改变了姓氏的。雍古氏按竺迩年幼时就成了孤儿,寄养在外祖父术要甲家,"讹言为赵家,因姓赵氏"。[23]女直人赵良弼,本姓术要甲,也因音讹改为赵氏,族人不仅不怒,反以"天将华姓吾家"而大喜。[24]夹谷之奇本为女真加古氏,后讹为夹谷。

(八)因避讳而改姓

我国的避讳制度早在西周时就已形成,汉代以后,经历代帝王沿袭、创造和发展,到了宋代被发挥到了极点,姓氏只是其中的一个方面。按照避讳制度,臣民不能直呼也不能写皇帝和官吏的名字,后人也不能直写长辈的名字,若遇到这些字必须回避,或改用别的字,或用同义词代替,或减少笔画。商挺本姓殷,金履祥本姓刘,都是因避讳而改姓。[25]

(九)因被人收养而改姓

元代刑法明确规定"诸乞养过房男女者,听"。按照民间的惯例,收养关系确定后,被收养人要改为养父的姓氏。如黄公望本姓陆,出继永嘉(今浙江温州)黄氏为义子改姓黄;章卿孙本姓刘,从养父章提刑改姓章;李璮本姓徐,从养父李全改姓李。[26]

(十)因入赘而改姓

入赘指的是贫穷的成年男子到女方家落户成婚,即现在俗称的"倒插门"。元末人陈友谅本姓谢,"祖千一,赘于陈,遂从其姓"[27]。

(十一)因出家而改姓

佛教僧徒皆摒弃俗姓改姓"释"是常规。比较知名的有元初的汉族名臣刘秉忠,他在做官前曾出家,姓释名子聪,做官后又恢复了俗姓。[28]

(十二)因华化而得到或改变姓氏

元代迁入汉地的其他各族因华化采用汉姓的情况十分普遍,这在上文多有阐述。

从元代各民族姓氏的来源和变化可以看出,中华民族姓氏的发展变化是何等复杂,而以上种种变化归根结底都是因受到历史背景、政治形势、主流文化、思想观念、风俗习惯等的左右和影响。在蒙古族取得统治地位、天下大一统和民族大融合的元代,民族姓氏的来源和变化呈现出以下显著特征:一是姓氏来源和变化类型的多样性和独特性。元代是中华民族形成和姓氏发展变化的重要时期,民族成分和民族文化的多样性决定了这一时期姓氏变化的多样性。而受历史和政治因素的影响,元代姓氏来源与变化还有独特的一面,主要表现为帝王多赏赐臣下蒙古族姓氏、避讳制度对姓氏影响力的减弱和因讹言改变姓氏的情况的增加等。二是在民族融合的过程中,汉族姓氏继续保持了主体地位和强大的生命力,而包括蒙古族贵族官吏在内的少数民族和外来民族的姓氏都有不同程度的汉化。汉族姓氏的特殊变化是增加了蒙古帝王赏赐的蒙古姓氏。其他迁入民族逐渐受到汉族文化的影响,采取了汉族常见的由人名、职官名、居住地而得姓氏的来源形式,还因帝王赏赐、迁移、政治避难、讹言和华化等或主动或被动地改为汉姓,这在一些有特殊身份和地位的家族和人物身上表现得更加突出。

第二节　元代人口姓氏分布及其规律

一、元代人口姓氏分布的研究方法

（一）研究方法

元代人口姓氏分布的研究方法是,搜集在目前我国国境线以内元代人的姓名、籍贯或居住地,参照谭其骧主编的《中国历史地图集》第七册《元时期》的全国图和分幅图,一一查找出每人籍贯或居住地所属的元行政区和对应的现行政区。其中元行政区具体到路(相当于路的府、州、司)一级,现行政区具体到省(直辖市、自治区)一级。在此基础上,研究元代全国及地方人口姓氏的分布状况及其分布规律。资料来源以《元史》为主,同时广泛收集其他史料、著述和工具书中的有关资料。初次收集的资料有数千条,经多次筛选,共收录元代人口姓氏分布资料 1418 条(见附录二《元代人口姓氏分布资料》)。其中:

974 条收录自《元史》;

106 条收录自苏天爵《滋溪文稿》(中华书局 2007 年版);

105 条收录自夏文彦《图绘宝鉴》(四库全书本);

90 条收录自刘德重、张撝之、沈起炜主编《中国历代人名大辞典》(上海古籍出版社 1999 年版);

143 条收录自元代的文集、方志、墓志、碑刻等史料或现代的历史人物、人名检索工具书、元代研究著述中的资料[29]。

出自《元史》、《滋溪文稿》、《图绘宝鉴》的都是笔者摘录的一手资料,部分二手资料已对照历史文献记载加以核对。

（二）有关说明

元朝人口迁移频繁,各级行政区的名称和归属时常发生变化,现就资料中人物的籍贯或居住地的收录标注、元行政区的名称标注和归属等做以下具体说明。

1. 籍贯或居住地的收录标注

（1）凡涉及人口迁移的,收录标注最后定居地(引文中加粗部分)。

如:

马祖常,世为雍古部,居净州天山。父润,同知漳州路总管府事,家于光州。《元史》卷143《马祖常传》

邱顺,保定行唐人,占籍于曲阳县。《元史》卷151《邱顺传》

刘亨安,其先范阳人,后迁辽东川州。《元史》卷150《刘亨安传》

张荣,清州人,后徙鄢陵。《元史》卷151《张荣传》

许衡,怀之河内人也,世为农。父通,避地河南,以泰和九年九月生衡于新郑县。《元史》卷158《许衡传》

王结,易州定兴人。祖逖勤,以质子军从太祖西征,娶阿鲁浑氏,自西域徙戍秦陇,又徙中山,家焉。《元史》卷178《王结传》

(2)若原始材料中记载有原籍,但迁移后定居地(引文中加粗部分)不可辨明所属行政区划的,不收录。

如:

张惠,成都新繁人。其先徙居青河,后徙蜀。《元史》卷167《张惠传》

李孟,潞州上党人。父唐,历仕秦、蜀,因徙居汉中。《元史》卷175《李孟传》

刘哈剌不花,其先江西人。居燕赵有年。《元史》卷188《刘哈剌不花传》

赵世延,其先雍古族人,居云中北边。《元史》卷180《赵世延传》

敬俨,其先河东人,后徙易水。《元史》卷175《敬俨传》

(3)原始材料中没有明确记载其籍贯,或所载籍贯在谭其骧主编《中国历史地图集》的元代地图中不显示的,通过与相关人物的关系判定其籍贯。

根据地缘关系判定籍贯的一般都记载为同郡、同县或同里。如,柳贯、吴莱据记载均为浦阳人,而在地图中找不到浦阳,根据二人都是黄溍同郡的记载,黄溍为婺州义乌人,则二人的籍贯均判定为江浙行省婺州路。又如,朱震亨的籍贯在史料中没有明确记载,但指明为许谦同郡,许谦是金华人,因此判定朱震亨的籍贯为江浙行省婺州路。同理可判定胡炳文(胡一桂同郡)籍贯为江浙行省徽州路,李桓(杨刚中同郡)籍贯为江浙行省集庆路,龙仁夫、刘岳申(刘诜同郡)籍贯为江西行省吉安路,王余庆(吴师道同郡)籍贯为江浙行省婺州路,危复之(何中同郡)籍贯为江西行省抚州路,高氏妇(张氏女同郡)籍贯为河南江北行省高邮府,王住儿(田改住同县)籍贯为中书省东平路汶上县,施合德(王初应同县)籍贯为江浙行省漳州路长泰县,梁益(陆文圭同里)籍贯为江浙行省江阴州,陈氏、戴氏(姜兼同里)籍贯为江浙行省建德路严州淳安等。

根据血缘关系判定籍贯的一般都记载有其家族世系。如,贺仁杰为京兆鄠县人,他的儿子贺胜、孙子贺惟一的籍贯同为鄠县。同样,张柔的儿子张弘范、孙子张珪的籍贯同为易州定兴,史天倪的儿子史天泽的籍贯同为永清,董俊的长子董文炳的籍贯同为真定藁城,石天禄的父亲石珪的籍贯同为泰安新泰,陈祐的孙子陈思谦的籍贯同为赵州宁晋,姚枢的侄子姚燧的籍贯同为洛阳等。

(4)材料中所载籍贯或居住地在《地图集》中不显示,不可判定其所属政区的,不收录。如:李闰,亳家务;刘容,云京;赵宏伟,颍川;贾昔剌,濂州;谢让,颍昌;张升,平州;熊朋来,豫章;李黼,颍;王士宁,榆县;朱天祥,浑州;柴郁、陈舜咨、李冬儿,甄城;王义,冯翊;郑伯文,新建;童氏,严州;吕彦能,陵川。[③]

2. 行政区的名称标注和归属

(1)行政区名称发生改变,或原始材料与《地图集》中所载地名和行政归属不一致的,均以《地图集》为准标注。如:北京路改为全宁路,太原路改为冀宁路,建康路改为集庆路,安西路改为奉元路,怀孟路改为怀庆路,平滦路改为永平路,蔡州改为新蔡,许昌改为许州,兖州嵫阳为滋阳,许州郾城为鄢城,中牟由归德府改隶汴梁路。

(2)材料所载地名中的低一级行政区在《地图集》中不显示的,根据上一级行政区来确定其行政归属。如郭宝玉的籍贯为华州郑县,经查地图中没有标注郑县的地理位置,华州属陕西行省奉元路,在今陕西省境内。同样的情况还有沙全的籍贯河南柳泉,石天应的籍贯兴中永德,杨奂的籍贯乾州奉天,汪世显的籍贯巩昌盐川,孟祺的籍贯宿州符离,李术鲁翀的籍贯邓之顺阳等。

(3)材料中所载籍贯或居住地出现地名重复的,通过相关资料判定其所属政区,否则不收录。如,程钜夫的籍贯只记载为建昌,经查,江西行省和云南行省都有建昌路。列传中记载世祖要任命他为御史中丞,台臣言:“钜夫南人,且年少。”可知程钜夫为南人,籍贯应是江西行省之建昌;又如,干文传籍贯只记载为平江人,经查湖广行省有平江州,江浙行省有平江路。但据列传记载,“长洲为文传乡邑”,长洲属江浙行省平江路,因此可判定其籍贯为江浙行省平江路。

地名重复,不可判定其所属行政区的有:张丑,高州;范梈,清江;郑佛生,建昌;梁讷、庞遵,永平;汤文英,平江;胡光远,太平;武进,嘉定;唐必荣,永州;黄赟,临江;杜本,临江之清江;朱淑信,山阴;高塔必也,利州;林氏,宁海;禹淑静,崇德之石门;陈氏,长乐石梁;刘氏,顺州;李宗颐,富州;王宗仁,永平;齐关,湖南;[③]等等。

元代史料中记载有大量元代姓氏分布的可用资料,因时间精力所限,未能收录更多,很是遗憾。所有资料汇聚起来,人名、地名、出处尽管多次核查、考证、修改,难免还有与史实不符或重、讹之处,有待修正。

二、元代人口姓氏分布

笔者统计,资料中的 1418 人共有 243 个不同的姓氏,其中一字姓 224 个,二字姓 18 个(谷城、迷里、上官、申屠、持嘉、完颜、尉迟、乌古、吾丘、鲜卑、鲜于、野蒲、移剌、宇文、夹谷、欧阳、石抹、耶律),三字姓 1 个(孛术鲁)。这 243 个姓氏及其出现频率分别是:

王	126	程	10	贺	5	俞	4	柴	2	员	2	扈	1	强	1	吾丘	1
张	116	杜	10	蒋	5	钟	4	成	2	臧	2	滑	1	屈	1	伍	1
李	78	任	9	卢	5	褚	3	仇	2	曾	2	惠	1	饶	1	郗	1
刘	75	戴	8	罗	5	段	3	窦	2	甄	2	姬	1	阮	1	鲜卑	1
赵	52	陆	8	倪	5	管	3	费	2	訾	2	纪	1	芮	1	鲜于	1
杨	42	孟	8	尚	5	侯	3	冯	2	班	1	揭	1	上官	1	向	1
陈	39	史	8	盛	5	霍	3	耿	2	鲍	1	荆	1	上	1	信	1
吴	30	谢	8	薛	5	解	3	贡	2	卞	1	靖	1	邵	1	砚	1
郭	27	丁	7	元	5	金	3	关	2	孛术鲁	1	康	1	申	1	晏	1
高	23	范	7	章	5	靳	3	季	2	查	1	赖	1	申屠	1	燕	1
韩	22	吕	7	白	4	彭	3	夹谷	2	常	1	郎	1	舒	1	羊	1
周	21	秦	7	蔡	4	乔	3	江	2	畅	1	冷	1	汜	1	要	1
黄	20	唐	7	崔	4	商	3	姜	2	持嘉	1	黎	1	睢	1	野蒲	1
郑	20	魏	7	樊	4	施	3	柯	2	楚	1	留	1	隋	1	移剌	1
朱	19	姚	7	傅	4	覃	3	雷	2	邱	1	龙	1	同	1	翼	1
胡	16	郝	6	葛	4	谭	3	路	2	符	1	逯	1	佟	1	应	1
孙	16	梁	6	焦	4	武	3	毛	2	盖	1	麻	1	涂	1	攸	1
何	15	林	6	孔	4	夏	3	牟	2	干	1	茅	1	完颜	1	虞	1
马	15	潘	6	齐	4	邢	3	穆	2	宫	1	迷里	1	万	1	宇文	1
徐	14	苏	6	钱	4	颜	3	聂	2	龚	1	莫	1	危	1	郁	1
曹	12	汪	6	沈	4	尹	3	牛	2	巩	1	缪	1	韦	1	愈	1
董	12	萧	6	石抹	4	于	3	欧阳	2	谷城	1	那	1	卫	1	翟	1
石	12	叶	6	汤	4	岳	3	丘	2	顾	1	宁	1	尉迟	1	詹	1
贾	11	袁	6	陶	4	邹	3	冉	1	官	1	欧	1	温	1	祝	1
宋	11	安	5	阎	4	边	2	沙	1	归	1	裴	1	文	1	庄	1
田	11	邓	5	耶律	4	卜	2	傻	1	桂	1	溥	1	乌	1	宗	1
许	11	方	5	余	4	岑	2	严	2	和	1	綦	1	乌古	1	左	1

资料中的 243 个姓氏分布于元代 10 个行省和现今 25 个省、直辖市、自治区,具体姓氏分布和出现频率情况列表如下。

元代全国人口姓氏分布表一

元行政区	人数	姓氏总数	姓氏及其人数
1. 中书省	621	138	王69 张60 李44 刘41 赵27 郭17 杨17 韩13 郑13 董10 高10 贾10 宋10 马9 何7 石7 史6 田6 吴6 许6 朱6 安5 曹5 杜5 郝5 梁5 苏5 孙5 魏5 元5 崔4 焦4 孟4 齐4 尚4 耶律4 周4 陈3 程3 褚3 樊3 胡3 乔3 任3 商3 石抹3 邢3 于3 白2 柴2 丁2 窦2 段2 范2 费2 耿2 关2 贺2 侯2 解2 靳2 孔2 卢2 路2 吕2 牛2 秦2 覃2 武2 谢2 徐2 薛2 严2 阎2 颜2 姚2 岳2 甄2 訾2 卜1 蔡1 成1 持嘉1 仇1 戴1 邓1 邸1 冯1 傅1 盖1 宫1 巩1 和1 惠1 霍1 姬1 纪1 夹谷1 江1 姜1 荆1 靖1 康1 雷1 冷1 林1 逯1 麻1 毛1 牟1 穆1 潘1 裴1 綦1 钱1 丘1 申1 申屠1 隋1 唐1 佟1 韦1 尉迟1 温1 乌古1 鲜卑1 鲜于1 萧1 信1 冼1 攸1 郁1 员1 袁1 曾1 宗1 邹1 左1
2. 江浙行省	357	115	王29 陈22 张21 吴14 杨10 黄8 李8 徐8 陆7 郑7 周7 戴6 程6 胡6 叶6 赵6 朱6 方4 郭4 林4 刘4 罗4 倪4 沈4 孙4 汪4 俞4 章4 曹3 高3 葛3 韩3 金3 马3 潘3 钱3 施3 唐3 陶3 姚3 余3 袁3 邓2 丁2 杜2 贡2 管2 季2 蒋2 柯2 卢2 吕2 孟2 任2 盛2 石2 汤2 夏2 萧2 傁2 谢2 薛2 臧2 白1 鲍1 边1 蔡1 常1 樊1 范1 傅1 干1 龚1 谷城1 顾1 官1 桂1 滑1 江1 姜1 孔1 赖1 郎1 梁1 留1 毛1 缪1 牟1 彭1 溥1 仇1 饶1 阮1 芮1 沙1 上1 上官1 舒1 宋1 苏1 万1 卫1 魏1 吾丘1 许1 颜1 应1 宇文1 愈1 曾1 詹1 钟1 祝1 庄1 邹1
3. 河南江北行省	205	76	张24 李15 王13 刘11 陈9 高8 赵7 朱5 杨6 郭4 韩4 秦4 孙4 胡4 徐4 许3 尹3 卜2 曹2 丁2 杜2 范2 何2 霍2 吕2 马2 孟2 盛2 石2 史2 田2 吴2 姚2 阎2 周2 白1 孛术鲁1 畅1 成1 楚1 邓1 董1 段1 傅1 葛1 管1 归1 扈1 夹谷1 贾1 蒋1 靳1 孔1 陆1 茅1 穆1 倪1 欧1 任1 沙1 尚1 邵1 睢1 乌1 武1 郤1 夏1 向1 萧1 薛1 羊1 移剌1 翼1 余1 翟1 邹1
4. 江西行省	76	47	刘7 黄6 吴4 周4 陈3 胡3 蔡2 范2 彭2 孙2 杨2 张2 赵2 钟2 曹1 程1 戴1 邓1 丁1 方1 傅1 何1 揭1 雷1 李1 林1 龙1 罗1 聂1 秦1 丘1 汜1 谭1 汤1 陶1 涂1 王1 危1 伍1 解1 晏1 燕1 虞1 袁1 查1 章1 朱1
5. 湖广行省	50	34	黄4 唐3 谢3 吴3 岑2 蒋2 刘2 欧阳2 谭2 张2 周2 班1 曹1 冯1 符1 黎1 李1 卢1 莫1 聂1 潘1 盛1 覃1 汤1 田1 汪1 王1 魏1 文1 许1 杨1 赵1 钟1 朱1

元行政区	人数	姓氏总数	姓氏及其人数
6. 陕西行省	63	29	王10 李7 杨5 张6 刘4 赵4 贺3 任2 萧2 边1 郭1 韩1 何1 侯1 胡1 吕1 迷里1 强1 屈1 田1 同1 汪1 吴1 谢1 徐1 要1 员1 袁1 周1
7. 辽阳行省	21	14	刘3 王3 赵3 高2 杜1 郭1 何1 黄1 李1 那1 石抹1 石1 孙1 完颜1
8. 四川行省	14	13	冉2 陈1 董1 韩1 何1 黄1 李1 刘1 马1 任1 田1 张1 赵1
9. 甘肃行省	7	7	郝1 何1 宁1 杨1 野蒲1 岳1 赵1
10. 云南行省	4	4	何1 刘1 潘1 周1

元代全国人口姓氏分布表二

元行政区	人数	姓氏总数	姓氏及其人数
1. 浙江	186	79	王18 张12 陈9 吴9 杨7 戴5 赵5 周5 徐4 叶4 俞4 程3 韩3 胡3 金3 李3 沈3 唐3 姚3 余3 章3 邓2 丁2 高2 季2 林2 刘2 陆2 孟2 倪2 钱2 盛2 石2 陶2 臧2 郑2 朱2 白1 蔡1 曹1 常1 仇1 范1 方1 管1 桂1 滑1 黄1 姜1 蒋1 柯1 孔1 郎1 卢1 马1 毛1 缪1 牟1 潘1 彭1 溥1 任1 上1 施1 宋1 孙1 汤1 卫1 魏1 吾丘1 夏1 萧1 许1 颜1 宇文1 袁1 曾1 钟1 祝1
2. 河北	227	75	王28 张23 赵17 刘12 董10 李9 贾7 郭5 韩5 高4 尚4 史4 郑4 安3 陈3 杜3 郝3 何3 苏3 杨3 周3 曹2 崔2 窦2 焦2 梁2 卢2 马2 石抹2 宋2 覃2 田2 魏2 吴2 邢2 元2 耶律2 甄2 白1 卞1 成1 邸1 丁1 樊1 范1 冯1 盖1 耿1 巩1 关1 胡1 解1 靳1 荆1 孔1 冷1 林1 麻1 孟1 穆1 牛1 裴1 石1 孙1 武1 鲜卑1 谢1 许1 薛1 阎1 砚1 郁1 岳1 朱1 左1
3. 河南	169	69	王15 张16 刘11 李11 陈7 杨8 郭6 韩6 赵4 丁3 高3 秦3 朱3 褚2 杜2 范2 何2 胡2 霍2 马3 孙2 田2 徐2 许2 薛2 阎2 姚2 尹2 周2 安1 白1 孛术鲁1 卜1 蔡1 曹1 畅1 成1 邓1 董1 段1 葛1 宫1 归1 侯1 扈1 夹谷1 贾1 蒋1 靳1 孔1 陆1 逯1 吕1 孟1 任1 沙1 尚1 邵1 盛1 史1 乌1 吴1 武1 郤1 夏1 颜1 移剌1 员1 郑1
4. 山东	160	64	王18 张18 李16 刘11 杨8 赵5 马4 商3 石3 宋3 于3 郑3 朱3 曹2 程2 樊2 高2 韩2 孟2 齐2 任2 孙2 魏2 訾2 柴1 崔1 戴1 邓1 耿1 郭1 何1 和1 贺1 惠1 夹谷1 姜1 焦1 康1 孔1 吕1 牟1 綦1 秦1 丘1 申屠1 隋1 唐1 田1 吴1 武1 萧1 解1 信1 邢1 徐1 许1 严1 阎1 颜1 耶律1 攸1 元1 袁1 邹1

元行政区	人数	姓氏总数	姓氏及其人数
5. 山西	99	51	李9 郭6 张6 王7 刘4 郑4 宋4 赵3 段2 高2 韩2 郝2 贾2 梁2 路2 齐2 乔2 孙2 许2 姚2 元2 安1 白1 柴1 褚1 崔1 杜1 傅1 贺1 侯1 胡1 姬1 江1 靳1 靖1 雷1 吕1 毛1 牛1 任1 申1 石1 石抹1 史1 苏1 田1 尉迟1 吴1 严1 杨1 周1
6. 江苏	75	48	张6 王5 李4 陆4 孙3 陈2 傻2 谢3 徐2 薛2 杨2 袁2 郑2 卜1 曹1 杜1 樊1 傅1 干1 高1 葛1 顾1 郭1 胡1 黄1 贾1 梁1 刘1 吕1 罗1 马1 倪1 潘1 钱1 芮1 盛1 施1 石1 史1 睢1 汤1 陶1 万1 吴1 萧1 愈1 翟1 周1 朱1
7. 江西	80	44	黄6 刘6 吴6 胡5 周4 程3 张3 陈2 戴2 范2 方2 罗2 彭2 孙2 汪2 杨2 蔡1 曹1 邓1 丁1 傅1 何1 江1 揭1 李1 龙1 马1 倪1 潘1 丘1 汤1 陶1 涂1 王1 危1 伍1 解1 晏1 燕1 虞1 袁1 查1 章1 赵1
8. 北京	72	36	王7 李8 刘10 张6 赵3 费2 高2 韩2 马2 石2 吴2 杨2 曹1 持嘉1 仇1 范1 关1 郭1 何1 胡1 纪1 焦1 梁1 潘1 钱1 乔1 秦1 史1 宋1 苏1 韦1 魏1 岳1 郑1 周1 宗1
9. 安徽	56	34	张6 王5 陈3 高3 许3 方2 贡2 郭2 李2 刘2 汪2 赵2 鲍1 边1 曹1 楚1 杜1 葛1 何1 胡1 柯1 孟1 饶1 石1 舒1 孙1 吴1 羊1 杨1 叶1 翼1 余1 郑1 朱1
10. 福建	54	30	陈9 王5 郭3 黄4 李3 林2 吕2 罗2 徐2 朱2 高1 葛1 龚1 谷城1 官1 蒋1 赖1 留1 卢1 阮1 上官1 施1 苏1 吴1 萧1 叶1 应1 詹1 郑1 邹1
11. 湖南	29	24	刘2 欧阳2 吕2 谭2 张2 曹1 冯1 符1 何1 蒋1 李1 卢1 莫1 覃1 汤1 唐1 田1 汪1 文1 吴1 谢1 赵1 周1 朱1
12. 陕西	52	24	王9 张6 刘4 杨4 李5 贺3 任2 萧2 赵2 边1 郭1 韩1 何1 侯1 胡1 吕1 强1 屈1 田1 同1 吴1 要1 员1 袁1
13. 湖北	25	20	赵2 陈2 徐2 张2 朱2 傅1 高1 管1 李1 穆1 倪1 聂1 欧1 秦1 田1 向1 谢1 尹1 钟1 邹1
14. 上海	19	16	张4 曹1 杜1 管1 黄1 陆1 茅1 任1 沙1 沈1 孙1 吴1 夏1 章1 朱1 庄1
15. 广东	16	14	钟2 刘2 蔡1 陈1 黄1 雷1 林1 聂1 秦1 汜1 谭1 赵1 周1 朱1
16. 辽宁	19	14	王3 赵2 高2 刘2 杜1 郭1 何1 黄1 李1 那1 石抹1 石1 孙1 完颜1
17. 甘肃	15	13	李2 赵2 郝1 迷里1 宁1 汪1 王1 谢1 徐1 杨1 野蒲1 岳1 周1

元行政区	人数	姓氏总数	姓氏及其人数
18. 内蒙古	18	13	张4 王3 程1 何1 霍1 李1 刘1 孟1 田1 佟1 温1 乌古1 耶律1
19. 四川	11	11	陈1 董1 韩1 黄1 李1 刘1 马1 任1 张1 赵1 郑1
20. 广西	12	9	黄4 蒋1 潘1 盛1 唐1 魏1 吴1 许1 张1
21. 贵州	8	7	岑2 班1 黎1 唐1 田1 谢1 杨1
22. 天津	7	5	刘3 鲜于1 杨1 曾1 朱1
23. 云南	4	4	何1 刘1 潘1 周1
24. 宁夏	3	3	何1 杨1 赵1
25. 海南	2	2	王1 吴1

三、元代人口姓氏分布规律

与元代全国人口数量相比,笔者收录的 1418 组元代人口姓氏分布资料虽然十分有限,但从元代姓氏出现频率的角度来分析,依然可获得一些规律性的认识。

(一)姓氏人口的数量差距大

元代姓氏人口从数量上看存在着显著差距,也就是说有的姓人口特别多,有的姓人口特别少。据笔者搜集的元代人口姓氏资料统计,出现频率排在前 20 位的分别为:王 126、张 116、李 78、刘 75、赵 52、杨 42、陈 39、吴 30、郭 27、高 23、韩 22、周 21、黄 20、郑 20、朱 19、胡 16、孙 16、何 15、马 15、徐 14,共 786 人,占总人数的 55%。其中排在前两位的王姓和张姓共 242 人,占总人数的 17%;排在前五位的王、张、李、刘、赵共 447 人,占总人数的三成还多。虽然笔者的统计与元代实际姓氏人口的统计会有出入,但可以确定的是这些姓当时在全国人口中已占绝对优势,以至元末宰相伯颜为维持蒙古贵族的统治,曾提出杀尽张、王、刘、李、赵五大姓汉人的主张,庆幸的是元顺帝没有应允[②]。

(二)姓氏人口的地区分布不平衡

元代姓氏人口从地区分布上看表现出强烈的不平衡性。

1. 人口姓氏总数的地区分布差别很大

在元代各行省中,最多的中书省有 138 个姓氏,最少的云南行省只有 4 个姓氏。在现今行政区划中,最多的浙江省有 79 个姓氏,最少的海南省只有 2 个姓氏。

2. 同姓人群地区分布的范围差别很大

人口数量较多的姓氏相对分布较广,如刘姓分布于元代 9 个行省和现今 17 个省区,赵姓分布于元代 9 个行省和现今 16 个省区,李姓分布于元代 8 个行省和现今 17 个省区,张姓分布于 7 个行省和 16 个省区,王姓分布于 7 个行省和 15 个省区,其他分布较广的姓氏有陈、郭、韩、何、孙、吴、杨、周、朱等。而人口数量较少的姓氏分布也十分有限。同时笔者还注意到，刘、赵、李是综合分布最广的姓氏，而不是人口最多的王、张两姓。

3. 同姓人群的分布具有比较鲜明的地域特征

总体上，王、张、李、刘、赵在北方地区占显著优势，而陈、黄、林、吴、周等姓在南方地区更为常见，各省的具体情况又有所不同。一些人口比较集中的姓氏往往成为某一地域的名门望族和世家大姓。

中书省王、张、刘、李、赵五姓人口较多。在元代前期，这里聚集了一大批势力强大的汉人世侯。所谓汉人世侯，是指13世纪初蒙古在攻打黄河以北地区的战争中，以封高官、划分辖地的办法吸引汉族地主归降，归降的地主官职和领地可以世袭，所以被称为"世侯"。主要有天成（今山西大同东北）刘伯林、真定（今河北正定）史秉直、保定（今河北保定）张柔、济南（今山东济南）张荣、东平（今山东东平）严实、藁城（今属河北）董俊等。他们世代在受封的领地上任职，行使统治权，因此刘氏、史氏、张氏、严氏、董氏都是当地的著姓。其他还有全宁路（今内蒙古自治区翁牛特旗）名门望族张应瑞张氏，真定（今河北正定）百年医家的窦行冲窦氏，世居上都路桓州（今内蒙古自治区多伦附近）的耶律秀花耶律氏，世居太原（今山西太原市）的石抹按只石抹氏，世居晋宁洪洞县（今山西临汾洪洞县）的孙抑孙氏，富雄闾里的宛平（今北京市辖区）王倚王氏等。[33]

江浙行省王、陈、张、吴、杨五姓较多。其中在今福建地区主要有林、郑、陈、方、刘几大姓，有元代名士袁桷《赠黄教授归闽中》诗为证："壶山束银笔，秀色倚车盖。其人清且明，十室九冠带。林郑陈方刘，祥云布卿霭。"

河南江北行省张、李、王、刘四姓较多。

江西行省黄、刘、吴、周四姓相对较多。

陕西行省王、李、杨、张四姓相对较多。巩昌（今甘肃陇西）汪世显汪氏、京兆（今陕西卢县）贺仁杰贺氏、世居临洮（今甘肃临洮）的土播思乌思藏掇族赵阿哥潘赵氏都在当地颇为显赫。

云南行省。在实行土官制度的云南行省，段氏家族袭任大理路总管11世之久，是最具势力的名门望族。东川（今云南会泽）赵垠祖赵氏也是当地的著姓。[34]

此外，宣政院辖地的萨斯迦款氏家族集当地的宗教和行政统治权于一身，是特权著姓。

(三)人口姓氏分布与历史、政治、人口迁移和人口增长特点等关系密切

从历史上看，元代人口较多的姓产生的时间都很早，如李姓出现于商朝、赵姓出

现于西周、张姓出现于少昊时代、刘姓出现于帝尧时代,这些姓的历史都超过 3000 年;王姓、刘姓、李姓、赵姓还因建立过政权,经历了特殊的历史发展时期,人口增长较快;一些地区的人口大姓和小姓则是历史上姓氏人口的延续。

从政治上看,元代受封的汉人世侯和边疆的土著势力之所以能成为雄霸一方的著姓,完全是得益于蒙古统治者建立和巩固蒙古政权的需要。

从人口迁移上看,由于做官、经商、求学、避难和统治者的强制政策等,中书省、江浙行省、河南江北行省是元代主要的人口迁入地区,因此这些地区的人口和姓氏数量远远超过其他地区。

从人口的增长特点来看,在社会稳定、经济繁荣时期,人口可以呈指数增长,2 变 4,4 变 16,基数越大,增长越快。因此人口多的姓与人口少的姓相比,时间越长,绝对数字的落差越大。这造成大姓的人口数量越来越多,分布相对较广。

四、比较与结论

(一)与历史上人口姓氏及分布规律的比较

1987 年,中国科学院遗传与发育生物学研究所副研究员袁义达公布的当代中国人口姓氏研究显示,中国占姓氏总量不足 5% 的 100 个常见汉族姓氏,集中了全国人口的 87%,按人数多少排名前 20 位的分别是 1. 李、2. 王、3. 张、4. 刘、5. 陈、6. 杨、7. 赵、8. 黄、9. 周、10. 吴、11. 徐、12. 孙、13. 胡、14. 朱、15. 高、16. 林、17. 何、18. 郭、19. 马、20. 罗。其中李、王、张三大姓氏的总人口达到 2.7 亿,分别占总人口的 7.9%、7.4% 和 7.1%,为世界上最大的三个同姓人群。袁义达指出,历史上中国大约有一半的人口一直集中在这 20 个同姓人群中。

2007 年公安部治安管理局对全国户籍人口的统计分析显示:4100 个姓氏中,排名前 100 的姓氏总人口占全国人口的 84.77%。王姓是我国第一大姓,有 9288.1 万人,占全国人口总数的 7.25%;第二是李姓,占 7.19%;第三是张姓,占 6.83%。排名前 20 位的姓氏分别是 1. 王、2. 李、3. 张、4. 刘、5. 陈、6. 杨、7. 黄、8. 赵、9. 吴、10. 周、11. 徐、12. 孙、13. 马、14. 朱、15. 胡、16. 郭、17. 何、18. 高、19. 林、20. 罗。与袁义达 1987 年的统计结果相比,前 20 位的姓氏没有变化,只是排序有所变动。

据国务院人口普查办公室统计发布的信息,2010 年我国姓氏人口数量排名前 20 位的分别是 1. 李、2. 王、3. 张、4. 刘、5. 陈、6. 杨、7. 赵、8. 黄、9. 周、10. 吴、11. 徐、12. 孙、13. 胡、14. 朱、15. 高、16. 林、17. 何、18. 郭、19. 马、20. 罗。与袁义达 1987 年的统计的前 20 位姓氏及其排序相同。

袁延胜对东汉人口姓氏的研究表明,东汉排在前 20 位的分别是 1. 王、2. 张、

3.李、4.刘、5.赵、6.杨、7.陈、8.周、9.郭、10.孙、11.杜、12.吴、13.朱、14.董、15.徐、16.马、17.夏、18.吕、19.许、20.冯。㊳这与袁义达统计的前10位大姓只相差两姓,东汉有郭、孙,当代有黄、吴,其余8姓的顺序稍有差异。他认为:这说明各姓氏人口的多寡早在东汉时期已经定型,从东汉时期姓氏分布情况,可以看到今天中国姓氏人口数量和分布的影子㊴。

　　据笔者统计,元代人口姓氏出现频率排在前20位的分别是1.王、2.张、3.李、4.刘、5.赵、6.杨、7.陈、8.吴、9.郭、10.高、11.韩、12.周、13.黄、14.郑、15.朱、16.胡、17.孙、18.何、19.马、20.徐。与袁延胜统计的东汉前10位姓氏只有两姓不同,元代有吴、高,汉代有周、孙;与袁义达统计的当代前10位姓氏也有两姓不同,元有郭、高,当代有黄、周,其余8姓只是排列顺序稍有差异。

　　笔者的统计结果表明,元代王、张、刘、李、赵在北方地区占显著优势,而陈、黄、林、周等姓在南方地区更为常见,在不同的省区都有一些出现频率比较高的姓和望族大姓。袁义达发现,当今在北方地区,以王姓为第一大姓,约占人口的9.9%,其次为李、张、刘;在南方地区,则以陈姓为第一大姓,大约占人口的10.6%,其次为李、黄、林、张;在南北过渡型的长江流域地区,第一大姓为李,大约占人口的7%,其次为王、张、陈、刘。他还发现在我国每一个省区中,都有一些出现频率比其他省区高得多的姓。如广东的梁和罗姓,广西的梁和玝姓,福建的郑姓,台湾的蔡姓,安徽的汪姓,江苏的徐和朱姓,浙江的毛和陈姓,江西的胡和廖姓,湖北的胡姓,湖南的谭姓,四川的何和邓姓,贵州的吴姓,云南的杨姓,河南的程姓,甘肃的高姓,宁夏的万姓,陕西的薛姓,青海的鲍姓,新疆的马姓,山东的孔姓,山西的董和郭姓,内蒙古的潘姓,东北三省的于姓。

　　(二)结论

　　1.元代姓氏人口数量的差距至少在东汉时期已经定型,2000多年来,排在前列的几个人口大姓一直保持领先的位置,只是在排列次序上有所变动。

　　2.元代同姓人群在地区分布上的南北差异是宋代姓氏分布状况的延续,并一直延续至今。

注　释:

①　陶宗仪:《南村辍耕录》卷1《氏族》,四部丛刊,上海书店1985年版。

②　钱大昕:《元史氏族表》卷1,《续修四库全书》第293册,嘉定钱竹汀先生补纂门人黄钟校刊本,上海古籍出版社1995—2002年版。

③　杨志玖:《山东的蒙古族村落和元朝墓碑———〈古老蒙古氏族的新生〉,《历史教学》1991年第1期;苏德

彪：《山东郓城县蒙古族苏氏族源考》，《内蒙古社会科学》1993 年第 5 期；岳青、培植：《营儿门马氏——汉族大家庭中前元蒙古贵族的后裔》，《丝绸之路》1996 年第 6 期；荣盛：《贵州省余姓蒙古族族籍试考》，《内蒙古社会科学》1989 年第 5 期；荣盛：《河南南阳地区的蒙古族》，《内蒙古社会科学》1992 年第 3 期。

④　揭傒斯：《揭文安公全集》卷 4《送燮元溥序》，四部丛刊初编本。

⑤　《元史》卷 130《阿鲁浑萨理传》、卷 143《小云石海涯传》；郝凌：《元代维吾尔族文学家薛昂夫诸考》，《新疆社会科学论坛》1989 年第 1 期；夏文彦：《图绘宝鉴》，中国书店影印本 1983 年版；《元史》卷 134《唐仁祖传》。

⑥　《元史》卷 193《忠义一》，卷 126《廉希宪传》，卷 145《廉惠山海牙传》。

⑦　《元史》卷 120《察罕传》，卷 144《卜颜铁木儿传》，卷 122《昔里钤部传》，卷 132《昂吉儿传》。

⑧　《元史》卷 124《李桢传》、143《余阙传》；(明)陈善等纂修：《万历杭州府志》卷 56《选举志》，中华书局 2005 年版；(清)陈衍：《元诗纪事》卷 14，续修四库全书本；杨维桢：《东维子文集》卷 24《迈里古墓志铭》、卷 8《送何生序》，四库全书本。

⑨　(明)王祎：《王忠文公集》卷 20《漳州路达鲁花赤合鲁温侯墓表》，四库全书本；(明)宋濂：《宋学士文集》卷 17《銮坡集》第 7《西域溥氏定姓碑文》，四库全书本。

⑩　刘因：《静修文集》卷 2《古里氏名字序》，四库全书本。

⑪　《元史》卷 192《良吏二》，卷 134《唐仁祖传》，卷 143《小云石海涯传》，卷 130《阿鲁浑萨理传》，卷 132《沙全传》，卷 190《儒学二》。

⑫　《元史》卷 120《札八儿火者传》，卷 120《术赤台传》，卷 121《畏答儿传》。

⑬　《元史》卷 125《布鲁海牙传》，《元朝名臣事略》卷 7《平章廉正王传》："公(廉希宪)以辛卯五月二十五日生于燕，适孝懿公廉访使命下，孝懿喜曰：'是儿必大吾门，吾闻古者以官受氏，天将以廉氏吾宗乎！吾其从之。'举族承命。"

⑭　《元史》卷 134《月合乃传》曰："月合乃，曾祖帖木儿越哥仕金为马步军指挥使，官名有马，因以马为氏。"卷 143《马祖常传》曰："有锡里吉思者，于祖常为高祖，金季为凤翔兵马判官，以节死赠恒州刺史，子孙因其官，以马为氏。"

⑮　《元史》卷 193《忠义一》；欧阳玄《圭斋集》卷 11《高昌偰氏家传》载："伟兀者，回鹘之转声也。其地本在哈剌和林，即今之和林路也，有三水焉……三水句城北三十里合流，曰偰辇杰河。"

⑯　《元史》卷 163《乌古孙泽传》，卷 174《夹谷之奇传》。

⑰　《元史》卷 120《察罕传》。

⑱　《元史》卷 140《太平传》。

⑲　《元史》卷 114《后妃一》。

⑳　《元史》卷 139《朵尔直班传》。

㉑　《元史》卷 137《察罕传》，卷 123《赵阿哥潘传》。

㉒　《元史》卷 149《王珣传》，卷 162《刘国杰传》、《李庭传》。

㉓　《元史》卷 121《按竺迩传》，又见卷 180《赵世延传》。

㉔　《元史》卷 159《赵良弼传》，《元朝名臣事略》卷 11《枢密赵文正公传》载"公女直人，避辽章帝宗真讳易真为直，以部族术要甲姓，佐金组平辽、宋功，世长千夫，戍真定赞皇，人不能金言者讳为赵家，其曾大父镇国上将军讳祚者，喜曰：'天将华姓吾家耶！'因赵姓。"

㉕　《元史》卷159《商挺传》,卷189《儒学一》。

㉖　夏文彦:《国绘宝鉴》,中国书店影印本1983年版;《元史》卷197《孝友一》,卷206《叛臣》。

㉗　钱谦益:《国初群雄事略》卷4《汉陈友谅》,第87页,中华书局1982年版。

㉘　《元史》卷157《刘秉忠传》。

㉙　主要有吴海林、李延沛编:《中国历史人物辞典》,黑龙江人民出版社1983年版;张舜徽主编:《中国古代学者百人传》,中国青年出版社1986年版;方龄贵:《通制条格校注》,中华书局2001年版;黄时鉴:《元朝史话》,北京出版社1985年版;胡文楷编著:《历代妇女著作考》(增订本),上海古籍出版社1995年版;范书凤:《中国私家藏书史》,大象出版社2001年版;田建平:《元代出版史》,河北人民出版社2003年版。

㉚　《元史》卷51《五行二》,卷134《刘容传》,卷166《赵宏伟传》,卷169《贾昔剌传》,卷176《谢让传》,卷177《张升传》,卷190《儒学二》,卷194《忠义二》,卷197《孝友一》,卷200《列女一》,卷201《列女二》。

㉛　《元史》卷50《五行一》,卷181《范椁传》,卷197《孝友一》,卷198《孝友二》,卷199《隐逸》,卷200《列女一》,卷201《列女二》。

㉜　《元史》卷39《顺帝二》载,至元三年,"伯颜请杀张、王、刘、李、赵五姓汉人,帝不从"。

㉝　李俊义:《元蓟国公张应瑞墓及相关问题管窥》,《昭乌达蒙族师专学报》第19卷第3期;《滋溪文稿》卷19《元故尚医窦君墓碣铭》;《元史》卷149《耶律秃花传》,卷154《石抹按只传》,卷198《孝友二》,卷176《王倚传》。

㉞　杨延福:《元代大理总管段氏世系正误与轶事补》,《大理师专学报》1996年第4期;方晓:《三台发现元赵垠祖墓碑》,《四川文物》1994年第1期。

㉟　袁延胜:《中国人口通史·东汉卷》,第435页 人民出版社2007年版。

㊱　袁延胜:《中国人口通史·东汉卷》,第438页 人民出版社2007年版。

第九章 元代的人口思想

第一节 蒙古社会分土分民的人口管理思想

蒙古游牧民族的草原家产分配和黄金氏族共权的制度,体现了蒙古传统社会分土分民的人口管理思想。在这一思想的指导下,成吉思汗及其继承者在对内兼并、对外征服和实行政治统治的过程中,以分封的形式将俘掠占有的人口在宗王、贵戚和功臣中进行分配。《元史·食货三·岁赐》篇首说:"自昔帝王于其宗族姻戚必致其厚者,所以明亲亲之义也。元之为制,其又厚之至者欤!凡诸王及后妃公主,皆有食采分地。其路府州县得荐其私人以为监,秩禄受命如王官,而不得以岁月通选调。其赋则五户出丝一斤,不得私征之,皆输诸有司之府,视所当得之数而给与之。其岁赐则银币各有差,始定于太宗之时,而增于宪宗之日。及世祖平江南,又各益以民户。时科差未定,每户折支中统钞五钱,至成宗复加至二贯。其亲亲之义若此,诚可谓厚之至矣。至于勋臣亦然,又所以大报功也。"这段文字大致反映了蒙古统治者实行分封制的一些情况。

经研究,李治安先生把蒙元时期的蒙古分封分为草原兀鲁思分封、五户丝食邑分封、投下私属分拨和宗王出镇四种形式。其中最典型、最重要的是前两种。

草原兀鲁思分封大体局限于成吉思汗时期。在古代蒙古社会中,"兀鲁思"(u-lus)即"人民—领地"、"人民—分地",后来兀鲁思又有"人民—国家"、"形成国家—领地的人民"和"国家"的意义了。[①]12世纪,蒙古高原各部落间的征战十分激烈,他们以血亲复仇、掠夺和屠杀为手段,占有更多的属民和土地。"太祖皇帝初起北方时节,哥哥弟弟每商量定:取天下了呵,各分地土,共享富贵。"[②]经过长年的兼并战争,13世纪初,成吉思汗统一蒙古各部,建立蒙古国,随即按照约定把分地分封给家族成员。在家族成员中的分封是按照蒙古贵族传统的家产分配制度进行的。大约在1207—1214年之间,成吉思汗把30多个千户的草原部民和阿尔泰山、大兴安岭一带的牧地,封授给诸子诸弟,并给他们划定了封地范围。诸弟合撒儿、合赤温子按赤台、斡赤斤、别里古台封在蒙古国东部,形成东道诸王兀鲁思;诸子术赤、察合台、窝阔台的封地都在阿勒台山之西,形成西道诸王兀鲁思;幼子拖雷守产,除获得成吉思汗在世时封授的分地外,还继承了成吉思汗属领的所有产业、人口和蒙古本土的兀鲁思。分民与分土是联系在一起的。成吉思汗的母亲月伦太后、母弟合撒儿和正妻所生的四个儿子各分配到了一"份子"(蒙古语为忽必)蒙古百姓。此外,成吉思汗的异母弟别里古台和次妻生子阔列坚由于军功和受宠也分别得到一份子百姓。在兀鲁思内部,所有百姓按照千户制被编入十户、百户、千户、万户,分封给贵族和功臣。"使共立国者,共辛劳者,各为千户官、千之以千,委以千户,百户,十户之官。万之,委以万户之官,各万户、千户官中,似可予恩赐者,恩赐之,当予奖誉者,予之讫。"[③]例如成吉思汗降旨给豁儿赤说:"豁儿赤与塔该、阿失黑二人,于三千巴阿邻之上,加答儿勤之赤那思、脱斡劣思、帖良古惕等部使满万数,汝豁儿赤领之,直至缘额儿的石河(而居)之森林百姓之地,以镇领百姓,自在营居之。豁儿赤汝其领万户,森林百姓不得豁儿赤言语,不可妄自乱动。"[④]千户制内的百姓和各级首领之间有极为严格的从属关系。"人们只能留在指定的百户、千户或十户内,不得转移到另一单位去,也不得到别的地方寻求庇护。违反此令,迁移者要当着军士被处死,收容者也要受严惩。"[⑤]百户长、千户长、万户长可以世袭,但其任免权在大汗手中。成吉思汗在其训言中说:"十夫长不能统率其十人作战者,将连同其妻子、儿女一并治罪,然后从其十人队中另择一人任十夫长,对待百夫长、千夫长、万夫长们也是这样。"[⑥]分封后的诸宗王在自己的兀鲁思拥有较大的自主统治权,所得分民即为各自的家产,管领这些百姓的千户也属于他们的家臣。

　　灭金后,太宗窝阔台在乙未年(1235年)下令全面编籍户口,次年六月共籍户110多万户。在此基础上,窝阔台根据蒙古分封制度,将所籍中原民户按地区分给诸王、贵戚和勋臣。据《元史·食货志·岁赐》记载,当年的分民共计76万多户,称为位下或投下户,分地遍及中原大部分地区。分民占全国总人口的近70%,其余民户则统属大汗治理。这种分土分民的做法与中原地区高度发达的封建经济和中央集权制度是不相适应的。耶律楚材上奏曰"裂土分民,易生嫌隙,不如多以金帛与之",并建议在汉地设置官吏,"除恒赋外,不令擅自征敛"。[⑦]窝阔台接受了这一建议,创立了五户丝食邑制。具体做法是诸投下分民"每二户出丝一斤,并随路丝线、颜色输于官;五户出丝一斤,并随路丝线、颜色输于本位"。[⑧]各投下只在分地设达鲁花赤监临,而由朝廷置官统一征收赋税,再按其应得数额颁给他们。由于裂土分民的思想观念在蒙古贵族中十分顽固,因此,他们依然把分地民户视为自己的私产,在中原不断横征暴敛、索取财物、签括户计甚至劫夺民户,导致民户大量逃亡。宪宗蒙哥时期分别在壬子年(1252年)和丁巳年(1257年)又对中原人口进行了大规模的清理,禁止诸王、公主、驸马和诸投下擅行文字招收户计,抄籍范围增加了河南、山西、辽东西等乙未年没有统计或统计不全的地区。经过清理,壬子年比乙未年的户数增加了20多万户,丁巳年的户数不详。按照惯例,蒙哥在括户后也在宗亲贵族中进行了分土分民,其中以丁巳年的分封规模最大,总计8万多户。南宋统治区收归版图后,至元十八年,忽必烈在江南地区对诸王、后妃、公主和勋臣进行了大规模的食邑分封,建立了户钞制,同时对封主权力加以限制。《元史·食货志·岁赐》记载,当时江南户钞所分封的人户总计约1936946户。在平定西北、北方、东北地区诸王的武装叛乱后,世祖又采取了一系列加强中央集权的措施,封主权力进一步削弱。此后,世祖、成宗、仁宗等蒙古帝王先后实行过分封、改封,但规模和数量都大大减少。

投下私属分拨是蒙元分封的一种附属形态,存在也很普遍。蒙元时期的投下私属大多为蒙古兼并战争和对外征服战争中的各族战俘。他们经蒙古皇帝的分拨或认可,被诸王、驸马、后妃及部分功臣长期占有,为封君从事各种专业劳动或服务。

宗王出镇始于忽必烈时期,是元代在吸收了汉法的基础上、与官僚制相补充的蒙古分封制的特殊形式。宗王出镇的地区有岭北、云南、河西、吐蕃、辽东、江南等边疆要地和军事重地。出镇漠北的诸王有北平王那木罕(忽必烈第四子)、晋王甘麻剌(忽必烈长孙),出镇河西和西北地区的有安西王忙哥剌(忽必烈第三子)及其子阿难答、昌王八剌失里、诸王阿只吉、术伯,出镇吐蕃地区的有西平王奥鲁赤(忽必烈第七子)、镇西武靖王铁木儿不花及其后裔,出镇云南的有云南王忽哥赤(忽必烈第六子)、梁王甘麻剌、西平王奥鲁王及其后裔,出镇江南地区的是皇子镇南王脱欢一系。出镇宗王封藩不治藩,目的重在军事镇戍,地方行政及部分治安由元代地方官僚系统控制。

从蒙元时期蒙古分封制的形式和发展演变过程来看,在进入中原以前,蒙古社会贯彻的是传统的分土分民的人口管理思想,实行的是草原兀鲁思分封。入主汉地后,蒙古社会分土分民的人口思想逐渐渗入了汉族地区制土分民的人口管理思想,在中原和江南地区出现了五户丝食邑分封和江南食邑户钞制分封等多种蒙汉结合的分封形式。忽必烈即位后,一方面继续保留蒙古分封制,另一方面在全国广泛贯彻制土分民的人口管理思想,按照人口多少置州县、设官吏,不断加强中央朝廷对人口的控制,形成并奠定了元代分地与王土、属民与王民交错共存的局面。不过,在诸王分地特别是蒙古草原本部,部民与领主之间一直保持着蒙古社会传统上十分严格的隶属关系,随意脱离领主和分地者必须被遣还,甚至被处斩。例如:至大元年三月,"庄圣皇后及诸王忽秃秃人户散入他郡,阿都赤、脱欢降玺书,俾括索。陕西行省及真定等路言:'百姓均在国家版籍,今所遣使,辄夺军、驿、编民等户,非宜。'中书省臣以闻,帝曰:'彼奏误也,卿等速追以还。'"⑨泰定元年三月,"给蒙古流民粮、钞,遣还所部,敕擅徙者斩,藏匿者杖之";七月,"赈蒙古流民,给钞二十九万锭,遣还,仍禁毋擅离所部,违者斩"。⑩天历三年二月,"遣晋邸部曲之在京师者还所部",三月"蒙古饥民之聚京师者,遣往居庸关北,人给钞一锭、布一匹,仍令兴和路赈粮两月,还所部";至顺元年七月,"蒙古百姓以饥乏至上都者,阅口数给以行粮,俾各还所部"。⑪可见蒙古社会传统的分土分民的人口管理思想在建元后的一定范围内一直得以留存。

第二节　实边固塞、土流共治的人口思想

元代开创了前所未有的全国大一统的局面,今新疆、甘肃、青海、西藏、云南、广西和内蒙古以北的广大地区都纳入元代的版图,其中西藏地区、云南地区在历史上第一次归属中央政府直接管辖。然而,北部、东北和西北地区不断爆发诸王的叛乱,西南接连发生新附少数民族的反抗,湖广地区又是原南宋统治下的少数民族聚居之地。为此,忽必烈采取了多种实边固塞的措施,以巩固在边疆地区的政治统治。

一、通过人口迁移,使边疆各民族杂居融合

蒙古统治者通过镇戍、屯田和其他形式的人口迁移,形成了边疆土著民族与外来各族、军士与民户交错共处的局面,促进了各民族间的交流融合,以达到实边固塞的目的。

据史料记载,从至元九年到至元三十年,忽必烈10多次诏令调发内地军民赴漠北屯垦。如"至元二十年,令西京宣慰司送牛一千,赴和林屯田。二十二年,并和林屯田入五条河。三十年,命戍和林汉军四百,留百人,余令耕屯杭海"⑫。和林、称海、五条河、杭海、兀失蛮、札失蛮、呵札、谦谦州等处都是当时漠北地区重要的屯田之地。在称海屯田的除蒙古军民外,还有汉人和上万的契丹、女真、唐兀、钦察、回回等族军民⑬。元人刘敏中记述道,岭北行省开垦耕田达6400多顷,丰收时"谷恒以贱,以致边政大治"⑭。

东北地区的大规模屯田始于至元末年。史载至元二十一年到至元三十年,忽必

烈曾多次调派蒙古、女真和汉族军民在忻都察、茶剌罕、剌怜、金州、复州、哈思罕、瑞州、咸平府等处开垦屯田。⑮东北屯田以军屯为主，还有一些迁入的各族民户和流囚等。元贞元年(1295 年)，立肇州蒙古屯田万户府，以蒙古、女真、水达达、归附军、续增渐丁等 680 户于肇州旁近地开耕。仁宗延祐六年(1319 年)，朝廷分拣流囚，"重者发付奴儿干，轻者于肇州从宜安置，屯种自赡"。

畏兀儿(高昌回鹘)地区处在大元政权与西北诸王势力交错地带，是元代重兵把守的军事要地。早在畏兀儿归附的前期，蒙哥汗就遣诸王合丹统重兵驻守别十八里(别失八里)一带。蒙古拖雷系和窝阔台系之间的斗争爆发后，蒙古汗系之间争夺皇位的斗争日趋尖锐，西北战事不断。为加强在畏兀儿地区的军事和政治统治，忽必烈先后命安西王忙哥剌、诸王阿只吉等镇守于别十八里军事重地，兼管天山南麓火州和哈密力等处的屯戍军事，又陆续派遣大军自内地入驻西北。《元史·世祖本纪》载：至元十七年，"命万户綦公直分宣慰使刘恩所将屯肃州汉兵千人，入别十八里"；至元二十三年，"遣侍卫新附兵千人屯田别十八里"，又"遣蒙古千户曲出等总新附军四百人，屯田别十八里"；至元二十四年，"以别十八里汉军及新附军五百人屯田合迷玉速曲之地"。一些民户和工匠也在西北屯田。至元二十四年，"发河西、甘肃等处富民千人往阇鄽地，与汉军、新附军杂居耕植"；至元二十五年，"以忽撒马丁为管领甘肃陕西等处屯田等户达鲁花赤，督斡端、可失合儿工匠千五十户屯田"；至元三十年，"以只儿合忽所汰乞儿吉思户七百，屯田合思合之地"。

在云南、湖广"蛮夷腹心之地"，蒙古统治者也尽力"制兵屯旅以控扼之"⑯。根据《元史·兵志》的记载来看，云南军屯的成员大多是当地的乡兵——爨僰军(又称寸白军)，掺杂少量蒙古军、汉军和新附军。屯田的爨僰军分布在威楚路、武定路、鹤庆路、仁德府、建昌路、临安路、大理路、乌撒路等地，少则百十户，最多的有近 800 户。汉军屯田立于至元三十年，"三十一年，发三百人备镇戍巡逻，止存七百人，于乌蒙屯田，后迁于新兴州"。民屯成员主要是在当地签发的编民、拘刷漏籍民户，还有一些迁移到云南的畏兀儿人。至元十二年，云南行省签发大理金齿、永昌、建昌、德州编民2096 户屯田；至元十二、至元十五年，在滇中、滇南等地拘刷漏籍户 11777 户屯田；至元二十二年，遣雪雪的斤领畏兀儿 1000 户戍合剌章。元朝在湖广行省"置戍三十有八，分屯将士以守之。由是东尽交广，西亘黔中，地周湖广，四境皆有屯戍"⑰。和云南一样，湖广屯戍军民也大多是土兵和土著居民。一些被镇压的叛乱参与者被发配到云南、湖广等边远地区屯田。成宗元贞三年，将招降的陈吊眼等余党与戍军相参耕种于南诏、黎、畲各屯；大德六年，衡州袁舜一等诱集 2000 余人侵掠郴州，讨获舜一及其余党后，诛杀为首者三人，将其余发配到洪泽、芍陂屯田或招谕复业。⑱

二、建立调整行政建制,加强中央对边地的控制和管辖

《元史·地理志》曰:"自封建变为郡县,有天下者,汉、隋、唐、宋为盛,然幅员之广,咸不逮元","盖岭北、辽阳与甘肃、四川、云南、湖广之边,唐所谓羁縻之州,往往在是,今皆赋役之,比于内地"。世祖忽必烈统治时期,陆续在边疆地区设置了和内地一体的行省和郡县,随后大德时期加以补充。元代在境内边疆地区设有辽阳、岭北、甘肃、湖广、云南5个行省。其设置情况如下:

云南诸路行中书省,至元十一年置,治中庆路,统中庆等37路、5府、54州、47县。

湖广等处行中书省,至元十一年置,治鄂州,统鄂州等30路、3府、13州。

甘肃等处行中书省,中统二年立,至元十八年复立,二十三年徙置,治甘州路,统有7路、2州。

辽阳等处行中书省,至元二十四年置,治辽阳路,统辽阳等7路、1府、12州、10县。

岭北等处行中书省,大德十一年立和林等处行中书省,皇庆元年改岭北等处行中书省,治和宁路,统北边等处。

以上5个行省,加上中央直辖的管理吐蕃地区的宣政院,元代边疆地区省级行政建制共6个,占全国12个省级行政建制的一半。

边疆五行省、宣政院和西北地区又根据情况不同设置宣慰司、宣抚司、安抚司、招讨司、元帅府、总管府、万户府、千户所、万户、千户、军、蛮夷长官司等军民机构。

岭北行省有称海宣慰司和八邻万户、逊都思千户,其他大都是诸王的封地。

辽阳行省在东北边地奴儿干设置征东招讨司、征东宣慰司都元帅府,其他地区设置多处万户府、千户所、总管府。

在西北新疆地区,至元十六年(1279年),设立斡端宣慰司都元帅府;至元十八年(1281年),将原畏兀儿断事官改为北庭都护府,升从二品;至元二十三年(1286年),设立别失八里、和州(即火州)等处宣慰司都元帅府;元贞元年(1295年),设立北庭都元帅府和曲先塔林都元帅府,分治天山南北地区的军事防务。至顺元年(1330年),改设火州为总管府。

湖广行省的少数民族地区设有宣慰司3、安抚司15、军3,分别是广西两江道宣慰使司都元帅府、湖南道宣慰司、海北海南道宣慰司;乾宁军民安抚司、庆远南丹溪洞等处军民安抚司、罗番遏蛮军安抚司、程番武盛军安抚司、金石番太平军安抚司、卧龙番南宁州安抚司、小龙番静蛮军安抚司、大龙番应天府安抚司、洪番永盛军安抚司、方

番河中府安抚司、卢番静海军安抚司、顺元等路军民安抚司、思州军民安抚司、播州军民安抚司、新添葛蛮安抚司;南宁军、万安军、吉阳军。另有蛮夷长官司若干。

云南行省建立后,全省遍设宣慰司和宣抚司,有乌撒乌蒙宣慰司、八百宣慰司、银沙罗甸宣慰司、曲靖等路宣慰司军民万户府、临安广西元江等处宣慰司兼管军万户府、罗罗蒙庆等处宣慰司都元帅府、大理金齿等处宣慰司都元帅府;金齿等处宣抚司、广南西路宣抚司、丽江路军民宣抚司、楚威开南宣抚司。还有蛮夷长官司若干。

吐蕃地区的宣政院设置三个宣慰司。吐蕃等处宣慰使司都元帅府,又称朵思麻宣慰司、吐蕃宣慰司,管辖范围大致包括今甘肃南部、青海东部和南部以及四川西北一部分地区。下设宣抚司、招讨司、总管府、元帅府、万户府、千户所若干;吐蕃等路宣慰司都元帅府,又称朵甘思宣慰司,管辖范围大致包括今四川西部岷江、大渡河、雅砻江流域及迤西至昌都地区。下设安抚司、招讨司、都元帅府、万户府、千户所若干;乌思藏纳里速古鲁孙等三路宣慰使司都元帅府,简称乌思藏宣慰司,管辖范围大致相当于今西藏自治区。

《元史·百官志七》载:"宣慰司,掌军民之务,分道以总郡县,行省有政令则布于下,郡县有请则为达于省。有边陲军旅之事,则兼都元帅府,其次则止为元帅府。其在远服,又有招讨、安抚、宣抚等使,品秩员数,各有差等。"宣慰司作为省的派出机构,一般介于省和路之间,一司辖一道。和其他省不同的是,云南、湖广和岭北边疆行省的宣慰司不称"道"。边疆各省、路、府、州、县和管军万户府、千户所的品秩员数可参照第八章第一节地方官吏构成中所述,以下是上文未涉及的边疆行政机构及其官吏设置情况[19]。

宣慰使司都元帅府,秩从二品,使三员,同知二员,副使二员,经历二员,知事二员,照磨兼架阁管勾一员。

宣慰使兼管军万户府,宣慰使三员,同知、副使各一员,经历一员,都事二员,照磨兼管勾一员。

都元帅府,都元帅二员,副元帅二员,经历、知事各一员。

元帅府,秩正三品,达鲁花赤一员,元帅一员,经历、知事各一员。

宣抚司,秩正三品,达鲁花赤一员,宣抚一员,同知、副使各二员,佥事一员,计议、经历、知事各一员,提控案牍架阁一员。

安抚司,秩正三品,达鲁花赤一员,安抚使一员,同知、副使、佥事各一员,经历、知事各一员。

招讨司,秩正三品,达鲁花赤一员,招讨使一员,经历一员。

诸蛮夷长官司。西南夷诸溪洞各置长官司,秩如下州,达鲁花赤、长官、副长官、参用其土人为之。

随着地方行政建制的建立、统一和完善,蒙古统治者在广大边疆地区搭建了直接而有效的管辖平台,加强了中央对边疆的控制。

三、招抚任用土人,实现土官与流官的共同治理

元代生活在云南境内的土著民族主要有白人、罗罗、末些、卢蛮、斡泥、西番、怒人、俅人、阿昌、野蛮、金齿百夷、蒲蛮等。各民族的思想观念、风俗习惯、语言文字、经济水平和社会形态的发展极不平衡,与内地有着很大差异。在征服治理云南的过程中,蒙古统治者本着"因俗而治"和"以本土人任本籍事"的方针,招抚任用土人在当地任职,创设土官(又称土司)制度,开创了汉唐以来边疆和民族治理的新局面。土官制度在元代还被应用于四川、湖广等少数民族边远地区,又为明清两代承袭和发展。

杜玉亭先生认为,"元朝在云南设置土官的过程,是与元朝统治云南的时间相始终的"[20]。在忽必烈征服大理和兀良合台镇守云南期间,主要采取的是武力打击,同时也注意对土著势力的分化和招抚。原大理国主段氏就是在这一时期归降蒙古的,受命"主诸蛮白爨等部"[21]。蒙古统治者在云南土酋地区先后设置了 19 个万户府,以大部贵族首领为万户长,以小部贵族首领为千户长或百户长。《元史·地理志》载,普安路"东爨乌蛮七部落居之。其后爨蛮阿宋逐诸蛮据其地,号于失部,为酋长。元宪宗七年,其酋内附,命为于失万户",陆宗"昔麽、些蛮居之,号曰强宗部,其酋卢舍内附,立本部千户",研和"麽些徒蛮步雄居之,其孙龙钟内附,立百户"。不过,当时云南还有很多没有归附的地区。至元十一年,回回人赛典赤·赡思丁出任云南行中书省平章政事。在建立云南行省的过程中,赛典赤结合土酋地区的情况,将万户、千户、百户改设为路府州县等地方机构,同时招抚土著民族上层首领参加地方政权的管理,广泛任用土官,实行土官、流官参治。

云南各级地方行政机构中都普遍推行土官制度,各级土官的实例见于《元史》和《土官底簿》中。行省级土官如大理土官信苴日曾任云南行省参知政事、姚安土官高寿曾任云南行省左丞、乌撒乌蒙女土官实卜曾任云南行省右丞、罗罗斯土官月鲁帖木儿曾任云南行省平章政事等;曾任宣慰司土官宣慰使的有罗罗斯土官述古及其妻漂末、乌撒土官禄余、曲靖土官举宗、大理土官段庆、八百土官昭练、蒙庆土官招南通等;路级土官设在宣抚司、安抚司、招讨司和路总管府,如大理蒙化等处土官宣抚使信苴日、东川路总管普折、车里路总管寒赛;府级土官如木安府土知府招三斤、孟杰府土知府混盆、普定府土知府容苴、蒙化府土知府左禾;至于州县和秩如下州的长官司,土官

更是频频见于史册,如阿迷州知州普宁和、陆凉州知州资宗、亦佐县知县安白、蒙自县知县禄庆。世祖时曾明示:"以云南行省地远,州县官多缺,六品以下许本省选辟以闻。"

云南土官和流官一样是元廷正式任命的地方官员,要按时入朝进贡,向朝廷缴纳赋税,承担徭役。和流官不同的是,土官职位世袭,"世守其土,世长其民",且权职"从本俗"。《元史·仁宗本纪》载:"云南土官病故,子侄兄弟袭之,无则妻承夫职,远方蛮夷,顽犷难制,必任土人,可以集事。今或缺员,宜从本俗,权职以行。"土官的处罚也较轻,《元史·刑法志》载:"诸内郡官仕云南者,有罪依常律;土官有罪,罚而不废。"

云南土官制度的实行,收到了良好的成效。一方面,蒙古统治者借助土著首领的力量和影响,稳定并巩固了对边疆各民族的统治;另一方面,土著首领在元廷的支持下也加强了自己在当地的势力。比较典型的是较早归附的原大理国主段氏。段兴智曾和其叔父段福率土著军,配合兀良合台讨平云南未降各部,其弟段实(信苴日)曾协助元廷镇压了至元年间爆发的云南舍利畏起义。为此,段实曾升任云南行省参知政事。在元代,段氏11代世袭大理路总管,是云南白人土官中势力最强的一支。

鉴于土官制度在云南的成功经验,蒙古统治者在湖广和四川行省的少数民族地区加以推行,普遍设立蛮夷土官。"至元十六年,潭州行省遣两淮招讨司经历刘继昌招降西南诸番,以龙方零为小龙番静蛮军安抚使,龙文求卧龙番南宁州安抚使,龙延三大龙番应天府安抚使,程延随程番武盛军安抚使,洪延畅洪番永盛军安抚使,韦昌盛方番河中府安抚使,石延异石番太平军安抚使,卢延陵卢番静海军安抚使,罗阿资罗甸国遏蛮军安抚使,并怀远大将军、虎符。""至元二十年,四川行省讨平九溪十八洞,以其酋长赴阙,定其地之可以设官者与其人之可以入官者,大处为州,小处为县,并立总管府,听顺元路宣慰司节制。"在湖广和四川,土官成为蒙古统治者平定、招抚和治理土人的得力助手。如大德七年,曾任曾竹蛮夷长官的顺元同知宣抚事阿重,"以其叔父宋隆济结诸蛮为乱,弃家朝京师,陈其事宜,深入乌撒、乌蒙,至于水东,招谕木楼苗、犵,生获隆济以献"[②]。

吐蕃宣政院辖地也在一定程度上实行"以土官治土民"的统治方式。三个宣慰司万户以上的高级官员由帝师或宣政院提名,然后由皇帝正式任命,万户以下属官则听其自署。万户、千户、百户等地方官一般由当地贵族和僧俗首领充任,且职位世袭。

第三节 "重惜人命"的人口思想

在蒙古统治者经略中原的初期,法制尚不健全,基本奉行的是蒙古法。由于征服战争的需要和"汉人于国无补"思想的影响,蒙古族官员贵族滥施刑罚、草菅人命的情况十分严重。灭金后,宪宗命断事官牙鲁瓦赤与不只儿等治理中原,"总天下财赋于燕,视事一日,杀二十八人"。更为恶劣的是,有一个人因盗马被处以杖刑,"杖而释之矣,偶有献环刀者,遂追还所杖者,手试刀斩之"。蒙古官员为了试试一把刀是否锋利,就把一个已释放的罪犯追回来杀掉了。断事官不只儿的做法受到了宪宗的责问:"凡死罪,必详谳而后行刑,今一日杀二十八人,必多非辜。既杖复斩,此何刑也?"[23]身为蒙古国司法行政长官的大断事官尚且如此,可以想见当时中原地区的法制是多么混乱。

忽必烈即位后,广行汉法,采取了一系列加强中央集权的措施,对法律审判权进行了改革。忽必烈对死刑判决采取慎重态度,他曾告谕大臣曰:"朕治天下,重惜人命,凡有罪者必令面对再四,果实也而后罪之,非如宋权奸擅权,书片纸数字即杀人也。"[24]他将死刑的最终判决权收归中央,掌握在皇帝手里,擅自执行死刑的官员要问罪。例如,中统三年五月,真定路不眼里海牙擅杀造伪钞者三人,"诏诘其违制之罪"[25]。一些被判死刑的罪犯可以免死发配服役或屯田。至元二十四年初,札鲁忽赤合剌合孙等上奏,"去岁审囚官所录囚数,南京、济南两路应死者已一百九十人,若总校诸路,为数必多",因此建议让札鲁忽赤数人到各地分道行刑。世祖认为:"囚非群羊,岂可遽杀耶?宜悉配隶淘金"[26]。

忽必烈对死刑判决的慎重态度对蒙古后世帝王和元代的法律制度影响很大。至顺元年闰七月,行枢密院上奏"征戍云南军士二人逃归,捕获,法当死",文宗下诏曰:"如临战阵而逃,死宜也。非接战而逃,辄当以死,何视人命之易耶?其杖而流之"[27]。元代刑法专门规定:"诸奏决天下囚,值上怒,勿辄奏。上欲有所诛,必迟回一二日,乃覆奏。"[28]

笔者对《元史·帝王本纪》中所载一些年份的死刑人数进行摘录,制表如下。

《元史》所载历年死刑人数

年份	死刑人数	出处	年份	死刑人数	出处
中统二年	46	卷4《世祖一》	至元二十年	278	卷12《世祖九》
中统三年	66	卷5《世祖二》	至元二十二年	271	卷13《世祖十》
中统四年	7	卷5《世祖二》	至元二十三年	114	卷14《世祖十一》
至元元年	73	卷5《世祖二》	至元二十四年	121	卷14《世祖十一》
至元二年	42	卷6《世祖三》	至元二十五年	95	卷15《世祖十二》
至元三年	96	卷6《世祖三》	至元二十六年	59	卷15《世祖十二》
至元四年	114	卷6《世祖三》	至元二十七年	72	卷16《世祖十三》
至元五年	69	卷6《世祖三》	至元二十八年	55	卷16《世祖十三》
至元六年	42	卷6《世祖三》	至元二十九年	74	卷17《世祖十四》
至元七年	44	卷7《世祖四》	至元三十年	41	卷17《世祖十四》
至元八年	105	卷7《世祖四》	至元三十一年	31	卷18《成宗一》
至元九年	39	卷7《世祖四》	元贞元年	30	卷18《成宗一》
至元十二年	68	卷8《世祖五》	元贞二年	24	卷19《成宗二》
至元十三年	34	卷8《世祖五》	大德元年	175	卷19《成宗二》
至元十四年	32	卷8《世祖五》	大德五年	61	卷20《成宗三》
至元十五年	52	卷10《世祖七》	大德六年	3	卷20《成宗三》
至元十六年	132	卷10《世祖七》	大德七年	10	卷21《成宗四》
至元十七年	102	卷11《世祖八》	大德十年	44	卷21《成宗四》
至元十八年	22	卷11《世祖八》			

　　上表反映的是世祖和成宗两朝37个年份的死刑人数,其他帝王本纪中没有每年死刑人数的记载。世祖和成宗两朝每年的死刑人数起伏不定,最少3人,最多278人,平均每年死刑人数为74人。忽必烈将死刑判决权收归中央,这既是中国法制史上一大改革,也体现了蒙古统治阶级"重惜人命"的人口思想。

第四节　其他人口思想

一、重视人口繁衍的思想

　　蒙古族有重视种族人口和子孙繁衍的传统。为了保障种族的繁衍增殖,"成吉思汗立法,只要其种子蕃衍,不许有妒忌者"[29],太宗窝阔台曾下谕令:"诸妇人……妒者,乘以骒牛徇部中论罪,即聚财为更娶"[30]。阿剌海别吉公主嫁给汪古部人孛要合后,"孛要合未有子,公主为进姬妾,以广嗣续,生三子:曰君不花,曰爱不花,曰拙里不花。公主视之，皆如己出"③。

蒙古统治者对生育采取多种保护、优待和鼓励的政策。元代的夜禁法规定："诸夜禁，一更三点，钟声绝，禁人行。五更三点，钟声动，听人行。违者笞二十七"，但是产育之类不在夜禁之列。法律还保护男子的生育权，"诸凶人残害良善，强将男子去势，绝灭人后，幸获生免者，杖一百七，流远"②。元代还颁发了禁止堕胎的法令。在元代，一些堕胎的药方已经广泛流传于民间，从事接生和诊治的妇女还为需要的女性提供堕胎服务。至元五年（1268 年），太医院官员上奏说："又有一等妇人，专行堕胎药者，作弊多端"，请求取缔，忽必烈批示："仰中书省遍行随路，严行禁约"。③娼妓是民间堕胎的一个重要市场，对此，元代专门颁发了禁止娼妓之家堕胎的法律条文，规定"所生男女，每季不过次月十日，会其数以上于中书省"，勒令娼妓堕胎者，"犯人坐罪，倡放为良"③。

孕妇依法受到保护和特殊照顾。按照国俗（蒙古习俗），"凡后妃妊身，将及月辰，则移居于外毡帐房。若生皇子孙，则赐百官以金银彩段，谓之撒答海。及弥月，复还内寝。其帐房则以颁赐近臣云"③。元代刑法规定：因斗殴致使妇女堕胎者，杖七十七；"职官殴妻堕胎者，笞三十七，解职，期年后降先品一等，注边远一任，妻离之"③。法律对犯罪的孕妇给予特殊照顾，"诸孕妇有罪，产后百日决遣，临产之月，听令召保，产后二十日复追入禁。无保及犯死罪者，听妇人入侍"③。在预产期的当月允许临产孕妇保释出狱待产，生育后 20 天内再返回监狱，百日后再作判决；而那些无人保释出狱和犯死罪的孕妇，允许其他妇女入狱帮助并照顾孕妇生产。

优待多胞胎家庭。《元史》中记载有 10 多个三胞胎、四胞胎的事例。为保证婴儿得到充分的照顾，多胞胎家庭可以免除三年的杂役，有的还由官府分担一定的抚养义务。例如：

[中统二年]河南民王四妻靳氏一产三男，命有司量给赡养。

[至元八年]邓州军户张二妻，一产三男。都省拟免三年杂役。

[至元十年]凤翔宝鸡县刘铁妻一产三男，复其家三年。

[大德元年]遂宁州军户任福妻一产三男，给复三岁。

[大德四年]高邮府宝应县民孙奕妻朱氏一产三男，蠲复三年。③

二、重视子嗣和重男轻女的人口思想

"不孝有三，无后为大"的传统思想在汉族当中根深蒂固。这里的"后"专指家族的男性后代。前文提到的汉儒刘因就是因为丧子无后、哀伤过度而病亡的。在民间，无子者通常会采取多娶妻妾、收养等方式为自己延续香火。

在统治中原的初期,蒙古统治者曾出台法律限制其他民族多娶妻妾,"诸有妻妾复娶妻妾者,笞四十七,离之。在官者,解职记过,不追聘财"。汉族官员谭澄建言:"不孝有三,无后为大。世德下衰,妇人以悍妒成俗,以既无子,又以是评制其夫,将遏绝苗嗣,曾不省恤。请自今男子四十无子,听其取妾"③,"朝廷从之,遂著为令"④。在江南地区还沿袭着宋代以来流行的典雇妻妾生子的习俗,"江淮薄俗,公然受价将妻典于他人,如同夫妇"④。在汉族的婚姻关系中,无子被列为"七出"之首,因此也不乏身为人妻者主动为夫纳妾的事例。如孙府君妻程氏为夫娶姨母女④;沈仲说40岁无子,其妻邹氏为置一年少貌美之妾④。无子嗣者还可依法通过收养的方式完成传宗接代的使命。元朝法律规定,"听养同宗昭穆相当者为子。如无,听养同姓"④,并逐渐取消了异姓养子的禁止性规定。元代还针对男性立嗣性质的收养,相继出台了一些被收养人、收养人、送养人以及收养程序等的限制和规定(详见第三章第七节民间的收养政策)。在民间,汉族通过过房收养同宗族男子为后的做法十分常见。如刘秉忠无子,"以弟秉恕子兰璋后";欧阳玄无子,"以从子达老后"。④

在原南宋统治下的江南地区,重男轻女的思想已积弊成俗。浙江"长兴民俗,生女则教琴筑歌舞,长利计色,事人取货。岁满,则质他室"⑯。有关江南质女的详情,孔齐在笔记中记载道:"浙西风俗之薄者,莫甚于以女质人,年满归,又质而之他,或至再三然后嫁","盖多质则多得物也",有"不若是"者,则被他人讥讽为"无人要者"。⑫女儿成了自己亲生父母与他人交易获利的商品,毫无人格尊严。

元代畏兀儿地区重男轻女的思想也很严重,流行生了女孩便溺死的风俗。"火州城子里人每的媳妇每,若生女孩儿呵,多有撇在水里溺死了"。为制止当地的这一风俗,至元十三年,朝廷特意颁发了禁止溺死女婴的圣旨:"今已后,女孩儿根底,水里撇的人每,一半家财没官与军每者……违奉圣旨,管民官每有罪过者。"⑱刑法中则申明"诸生女溺死者,没其家财之半以劳军。首者为奴,即以为良。有司失举者,罪之"。⑲

三、民本主义的人口思想

在成吉思汗统治时期,他身边的近侍就不断向他灌输民本主义的思想。伊吾庐人塔本跟随成吉思汗征战多年。在征服西辽时,"军士有妄杀人者,塔本戒之曰:'国之本,民也。杀人得地,何益于国。且杀无罪以坚敌心,非上意。'太祖闻而喜之,赐金虎符……"⑳耶律楚材多次劝谏成吉思汗减少屠杀、招抚汉地百姓。他说:"将士暴露数十年,所欲者土地人民耳。得地无民,将焉用之。"㉑耶律楚材还主动请缨,在汉地试行征收赋税,用事实让蒙古统治者明白汉地的经营之道和汉民的重要性。

忽必烈在分镇中原时期,就聚集任用了一批汉族名士,如刘秉忠、姚枢、郝经、杨惟中、赵璧、宋子贞、商挺、杜瑛,以汉法治理汉地民户,颇得中原民心。即位后,忽必烈更加清醒地认识到:"夫争国家者,取其土地人民而已,虽得其地而无民,其谁与居?"㉒因此,自中统初年,忽必烈不断推广民本主义的人口思想,发布了一系列招民、徕民、安民的诏令。

中统二年,禁使臣毋入民家,令止顿析津驿……敕使臣及军士所过城邑,官给廪饩,毋扰于民……命刘整招怀夔府、嘉定等处民户。《元史》卷4《世祖一》

中统三年四月,诏安辑徐、邳民,禁征戍军士及势官,毋纵畜牧伤其禾稼桑枣……命行中书省、宣慰司、诸路达鲁花赤、管民官,劝诱百姓,开垦田土,种植桑枣,不得擅兴不急之役,妨夺农时……诏河东两路并平阳、太原路达鲁花赤及兵民官,抚安军民,各安生业,毋失岁计……五月,诏撒吉思安抚益都路百姓,各务农功,仍禁蒙古、汉军剽掠。六月乙酉朔,宋兵攻沧州、雅州、泸山,民既降复叛,命诛其首乱者七人,余令安业……九月,招谕济南、滨棣流民……十二月,复立息州城以安其民。《元史》卷5《世祖二》

至元元年,诏新立条格:省并州县,定官吏员数……均赋役,招流移……恤鳏寡,劝农桑,验雨泽,平物价……定立诸王使臣驿传税赋差发,不许擅招民户……《元史》卷5《世祖二》

至元元年十一月,诏宋人归顺及北人陷没来归者,皆月给粮食。《元史》卷5《世祖二》

至元三年七月,诏令西夏避乱之民还本籍,成都新民为豪家所庇者皆归之州县。《元史》卷6《世祖三》

至元四年二月,又诏嘉定、泸州、重庆、夔府、涪、达、忠、万及钓鱼、礼义、大良等处官吏军民有能率众来降者,优加赏擢。《元史》卷6《世祖三》

至元十年,敕南儒为人掠卖者官赎为民。《元史》卷8《世祖五》

至元十二年二月,诏谕江、黄、鄂、岳、汉阳、安庆等处归附官吏士民军匠僧道人等,令农者就耒,商者就途,士庶缁黄,各安己业,如或镇守官吏妄有搔扰,诣行中书省陈告。《元史》卷8《世祖五》

至元十七年十月,诏谕和州诸城招集流移之民。《元史》卷11《世祖八》

至元十八年八月,申严大都总管府、兵马司、左右巡院敛民之禁。《元史》卷11《世祖八》

至元二十年十一月,仍禁没人口为奴及黥其面者。《元史》卷11《世祖八》

至元二十九六月,敕以海南新附四州洞寨五百一十九、民二万余户,置会同、

定安二县,隶琼州,免其田租二年。《元史》卷17《世祖十四》

……

仁宗爱育黎拔力八达自幼师从李孟、姚燧,思想方面深受汉文化的影响。他曾告诫即将赴任江浙平章的张驴说:"民为邦本,无民何以为国? 汝其上体朕心,下爱斯民"⑤。可见汉族传统的民本思想已深入这位蒙古统治者的内心。

四、马端临的人口思想

在中国人口思想史上,宋末元初的著名史学家马端临第一个提出了人口质量的概念。在《文献通考》中,马端临列有《户口考》二卷,记述了上起夏禹、下迄南宋嘉定十六年(1223 年)的历代人口数字,并分析了历史上的人口变化规律以及人口数量、人口质量与国家强弱的关系等。

马端临在《文献通考·自序·户口考》中写道:"古者户口少而皆才智之人,后世生齿繁而多窳(音羽,意为恶劣)惰之辈,均是人也。"⑥可见马端临已经明确提出了人口质量的概念,并且认为人口质量有"才智"与"窳惰"之分。他还认为,从历史对比来看,古代人口数量少但人口质量高,后世人口数量多但人口质量低,即历史人口变化规律是数量增加而质量下降。

马端临还突破了单纯从数量角度论证国家强弱的传统思想,阐述了人口数量、人口质量与国家强弱之间的辩证关系,认为决定国家强弱的是人口质量而不是人口数量。他分析道,古代的人口质量高,虽然古代人口数量少,但是"皆足以世守其国,而扞城其民"。"古之人方其为士,则道学问;及其为农,则力稼穑;及其为兵,则善战阵;投之所向,无不如意",以这样高质量的人口为基础,"民众则其国强,民寡则其国弱"。而后世人口数量众多,但人口质量低,"士拘于文墨,而授之介胄则惭;农安于犁锄,而问之刀笔则废。以至九流百工释老之徒,食土之毛者日以繁伙。其肩摩袂接,三孱(音馋,意为懦弱)不足以满隅者,总总也",因此"民之多寡不足为国之盛衰"。更为严重的是,后世人口质量较低、人口数量增多的情况会造成这样的恶果:统治者既"无藉于民之材",又"不倚民为重",仅把广大民众当做横征暴敛的对象,结果"户调口赋,日增月益",人民则"益穷苦憔悴,祗以身为累矣"。

通过对比分析历代的户口数据,马端临总结出了历史上人口统计与赋役的关系。他说:"两汉时户赋轻,故当时郡国所上户口版籍其数必实。自魏晋以来,户口之赋顿重,则版籍容有隐漏不实,固其势也。"⑥马端临认为统治阶级加重赋役,会导致少报、漏报户口,从而影响户口统计数据的真实性。他总结道:"庸调之征愈增,则户口之数愈减,乃魏晋以来通病。"

马端临人口质量概念的提出以及他对人口质量、人口数量辩证关系的认识在中国人口思想史上具有积极的进步意义。不过他将人口质量的标准界定为智愚和勤惰是比较简单和片面的,他的历史人口质量递降说主要源自他对蒙古灭宋的反思,反映了他思想认识的历史局限性,是不符合人类历史发展事实的。他对人口统计与赋役关系的总结则道出了中国封建社会的一个普遍规律,值得重视和肯定。

注　释:

① ［苏］B. я. 符拉基米尔佐夫:《蒙古社会制度史》,刘荣焌译,第155页,中国社会科学出版社1980年版。

② 《元典章》卷9《吏部3》"改正投下达鲁花赤"条。

③ 道润梯步:《新译简注蒙古秘史》卷9,第248页,内蒙古人民出版社1979年版。

④ 道润梯步:《新译简注蒙古秘史》卷8,第228页,内蒙古人民出版社1979年版。

⑤ 志费尼:《世界征服者史》(上册),何高济译,翁独健校订,第34页,内蒙古人民出版社1981年版。

⑥ 拉施特:《史集》,余大钧、周建奇译,第1卷第2分册,第355页,商务印书馆1983年版。

⑦ 《元史》卷146《耶律楚材传》。

⑧ 《元史》卷93《食货一》。

⑨ 《元史》卷22《武宗一》。

⑩ 《元史》卷29《泰定帝一》。

⑪ 《元史》卷33《文宗二》,卷34《文宗三》。

⑫ 《元史》卷58《地理一》。

⑬ 许有壬:《圭塘小稿》卷10《怯烈公神道碑》,四库全书本。

⑭ 刘敏中:《丞相顺德忠献王碑》,《元文类》卷25,四库全书本。

⑮ 《元史》卷100《兵志三》。

⑯ 《元史》卷99《兵志二》。

⑰ 《元史》卷162《刘国杰传》。

⑱ 《元史》卷100《兵志三·屯田》,卷20《成宗三》。

⑲ 《元史》卷91《百官七》。各地的官吏员数有所不同。

⑳ 杜玉亭:《元代云南的土官制度》,《学术研究》1963年第7期;《元史论集》,第516页,人民出版社1984年版。

㉑ 《元史》卷166《信苴日传》。

㉒ 《元史》卷63《地理六》。

㉓ 《元史》卷4《世祖一》。

㉔ 《元史》卷165《管如德传》。

㉕ 《元史》卷5《世祖二》。

㉖ 《元史》卷14《世祖十一》。

㉗ 《元史》卷34《文宗三》。

㉘ 《元史》卷103《刑法二·职制下》。

㉙　（宋）彭大雅、徐霆注：《黑鞑事略》，四库全书本。

㉚　《元史》卷2《太宗本纪》。

㉛　《元史》卷118《阿剌兀思剔吉忽里传》。

㉜　《元史》卷105《刑法四·杂犯》。

㉝　方龄贵：《通制条格校注》卷21《医药·假医》，第599页，中华书局2001年版。

㉞　《元史》卷105《刑法四·禁令》，卷103《刑法二·户婚》。

㉟　《元史》卷77《祭祀六·国俗旧礼》。

㊱　《元史》卷105《刑法四》。

㊲　《元史》卷105《刑法四》。

㊳　《元史》卷4《世祖一》；方龄贵：《通制条格校注》卷17《赋役·一产三男》，第508页，中华书局2001年版；《元史》卷8《世祖五》、卷19《成宗二》、卷20《成宗三》。

㊴　姚燧：《牧庵集》卷24，四库全书本。《元史》卷191《良吏·谭澄传》载"［澄］建言：'不孝有三，无后为大。宜令民年四十无子听取妾，以为宗祀计。'"

㊵　《元史》卷191《良吏·谭澄传》。

㊶　方龄贵：《通制条格校注》卷4《户令·典雇妻室》，第193—194页，中华书局2001年版。

㊷　姚燧：《牧庵集》卷25，四库全书本。

㊸　陶宗仪：《南村辍耕录》卷22，四部丛刊本，上海书店1985年版。

㊹　《元典章》卷17《户部三·户计·承继·禁乞养异姓子》。

㊺　《元史》卷157《刘秉忠传》，卷182《欧阳玄传》。

㊻　姚燧：《牧庵集》卷29，四库全书本。

㊼　孔齐：《至正直记》卷2，上海古籍出版社1981年版。

㊽　方龄贵：《通制条格校注》卷4《户令·女多溺死》，第202—203页，中华书局2001年版。

㊾　《元史》卷103《刑法二·户婚》。

㊿　《元史》卷124《塔本传》。

○51　《元史》卷146《耶律楚材传》。

○52　《元史》卷8《世祖五》。

○53　《元史》卷24《仁宗一》。

○54　马端临：《文献通考》第一册，第4页，商务印书馆民国二十五年版。

○55　马端临：《文献通考》第一册卷三《田赋三》，第49页，商务印书馆民国二十五年版。

附录一　元代个人寿命资料（873 人）

姓名	寿命	性别	民族	身份	出处
赵喜珠	15	女	汉	平民	《续玉台文苑》
撒蛮	17	男	蒙古	官吏	《元史》119/2944
杜处思	20	男	汉	平民	《滋溪文稿》卷 22《杜公行状》
袁桷母史	21	女	汉	平民	《历代名人生卒录》
刘福	24	男	汉	官吏	《历代名人生卒录》
卫志隐	24	男	汉	官吏	《历代名人生卒录》
曾一汉	25	男	汉	官吏	《历代名人生卒录》
邹元铭妻全玉	27	女	汉	平民	《历代名人生卒录》
贾和	28	男	汉	官吏	《滋溪文稿》卷 19《贾君墓碣铭》
塔思	28	男	蒙古	官吏	《元史》119/2940
顺宗	29	男	蒙古	帝王	《元史》115/2895
文宗	29	男	蒙古	帝王	《元史》36/806
郑允端	30	女	汉	平民	《四库全书提要》
武宗	31	男	蒙古	帝王	《元史》23/530
谔都岱	31	男	蒙古	官吏	《历代名人生卒录》
阿里嘉室利	31	男	蒙古	官吏	《元史》118/2917
兀都带	31	男	蒙古	官吏	《元史》126/3084
伯都	32	男	哈剌鲁	官吏	《元史》137/3313
孛鲁	32	男	蒙古	官吏	《元史》119/2937
孛兰奚	33	男	蒙古	官吏	《元史》133/3235
李洙	35	男	汉	官吏	《历代名人生卒录》
王由	35	男	汉	官吏	《历代名人生卒录》
明玉珍	36	男	汉	平民	《国初群雄事略》卷 5
仁宗	36	男	蒙古	帝王	《元史》26/593
泰定帝	36	男	蒙古	帝王	《元史》30/687
古乃	36	男	契丹	官吏	《元史》149/3515
汪德臣	36	男	旺古	官吏	《元史》155/3653

姓名	寿命	性别	民族	身份	出处
刘坚	37	男	汉	平民/医生	《滋溪文稿》卷20《刘氏阡表》
塔出	37	男	蒙古	官吏	《元史》135/3275
脱欢	37	男	蒙古	官吏	《元史》136/3295
萧泰登	38	男	汉	官吏	《历代名人生卒录》
杨绶	38	男	汉	官吏	《历代名人生卒录》
甄德修	38	男	汉	儒士	《滋溪文稿》卷21《甄德修墓碣》
宋衡	39	男	汉	官吏	《历代名人生卒录》
李德辉父	39	男	汉	官吏	《元文类》
天德于思	39	男	蒙古	官吏	《元史》124/3053
坚童	39	男	蒙古	官吏	《元史》134/3251
小云石海涯	39	男	畏兀儿	官吏/散曲家	《元史》143/3422
孙伯融	40	男	汉	官吏	《历代名人生卒录》
吴復	40	男	汉	官吏	《历代名人生卒录》
杨赛因不花	40	男	汉	官吏	《元史》165/3885
关德聚	40	男	汉	官吏	《滋溪文稿》卷20《关君墓碑铭》
傅若金	40	男	汉	官吏/诗人	《滋溪文稿》卷13《傅君墓志铭》
张买奴妻王氏	40	女	汉	平民	《元史》200/4493
李仲义	40	男	汉	平民	《滋溪文稿》卷20《李氏角山阡表》
吾丘衍	40	男	汉	书法家	《武林藏书录》
睿宗	40	男	蒙古	帝王	《元史》115/2887
显宗	40	男	蒙古	帝王	《元史》115/2895
阔阔	40	男	蒙古	官吏	《元史》134/3251
朵尔直班	40	男	蒙古	官吏书/画家/诗文	《元史》139/3360
买奴	40	男	契丹	官吏	《元史》149/3531
野讷	40	男	畏兀儿	官吏	《元史》137/3314
李氏	41	女	汉	平民	《滋溪文稿》卷16《杨氏东茔碑铭》
戴祖禹	42	男	汉	官吏	《历代名人生卒录》
冯豫	42	男	汉	官吏	《历代名人生卒录》
张伯雨	42	男	汉	官吏	《历代名人生卒录》
谒只里	42	男	汉	官吏	《元史》154/3643
安熙	42	男	汉	儒士	《滋溪文稿》卷22《默庵先生安君行状》
成宗	42	男	蒙古	帝王	《元史》21/472
塔塔儿台	42	男	蒙古	官吏	《元史》119/2943
忽兰	42	男	蒙古	官吏	《元史》124/3053
伯颜忽都	42	女	蒙古	后妃	《元史》114/2880
马祖谦	42	男	旺古	官吏	《滋溪文稿》卷19《马君墓碣铭》
安敬仲	43	男	汉	官吏	《历代名人生卒录》

姓名	寿命	性别	民族	身份	出处
田喜世	43	男	汉	官吏	《历代名人生卒录》
郑大中	43	男	汉	官吏	《历代名人生卒录》
杨邦宪	43	男	汉	官吏	《元史》165/3884
张弘范	43	男	汉	官吏/词人	《元史》156/3684
裕宗	43	男	蒙古	帝王	《元史》115/2893
定宗	43	男	蒙古	帝王	《元史》2/39
竹温台	43	男	蒙古	官吏	《故中顺代夫诸色人匠都总管府达鲁花赤竹君碑》
管如德	44	男	汉	官吏	《元史》165/3873
赵宏伟	44	男	汉	官吏	《元史》166/3913
许维祯	44	男	汉	官吏	《元史》191/4357
唐肃	44	男	汉	官吏/画家	《历代名人生卒录》
吴莱	44	男	汉	官吏/著作家	《元史》181/4190
脱脱	44	男	蒙古	官吏	《元史》119/2945
抄思	44	男	蒙古	官吏	《元史》121/2994
相威	44	男	蒙古	官吏	《元史》128/3131
石抹查剌	44	男	契丹	官吏	《元史》150/3543
汪惟正	44	男	旺古	官吏	《元史》155/3657
岑翔龙	45	男	汉	官吏	《历代名人生卒录》
罗会	45	男	汉	官吏	《历代名人生卒录》
孟泌	45	男	汉	官吏	《滋溪文稿》卷13《孟君墓志铭》
袁易	45	男	汉	官吏/诗人/词人	《历代名人生卒录》
刘因	45	男	汉	官吏/哲学家/诗词人	《元史》171/4010
伊埒格	45	男	蒙古	官吏	《道园学古录》卷16《高昌王神道碑》
收国奴	45	男	契丹	官吏	《元史》149/3515
八思巴	46	男	藏	官吏/佛僧	《藏族传统文化简述》
查居广	46	男	汉	道士/诗人	《历代名人生卒录》
白栋	46	男	汉	官吏	《历代名人生卒录》
文陛	46	男	汉	官吏	《历代名人生卒录》
李守贤	46	男	汉	官吏	《元史》150/3548
梁德珪	46	男	汉	官吏	《元史》170/4005
不忽木	46	男	康里	官吏	《元史》130/3172
铁木儿塔识	46	男	康里	官吏	《元史》140/3374
鲜于枢	46	男	女真	官吏/词人/书法家	《历代名人生卒录》
薛阇	46	男	契丹	官吏	《元史》149/3515
耶律希颜	46	男	契丹	官吏	《元文类》
徐元震	47	男	汉	藏书家	《常熟市志》22编

姓名	寿命	性别	民族	身份	出处
郑制宜	47	男	汉	官吏	《元史》154/3638
王恂	47	男	汉	官吏	《元史》164/3845
李士行	47	男	汉	官吏	《滋溪文稿》卷19《李遵道墓志铭》
李氏	47	女	汉	平民	《滋溪文稿》卷15《甄君墓碑铭》
蒋玄	47	男	汉	儒士	《文宪集》卷20《蒋君墓志铭》
奕赫抵雅尔丁	47	男	回回	官吏	《元史》137/3319
阿沙不花	47	男	康里	官吏	《元史》136/3299
彻里	47	男	蒙古	官吏	《元史》130/3163
卫吾野先	47	男	畏兀儿	官吏	《滋溪文稿》卷15《卫吾公神道碑铭》
洪俊奇	48	男	高丽	官吏	《元史》154/33630
史韦卿	48	男	汉	官吏	《历代名人生卒录》
汪忠臣	48	男	汉	官吏	《历代名人生卒录》
秃忽鲁	48	男	康里	官吏	《元史》134/3252
王珣	48	男	契丹	官吏	《元史》149/3535
月合乃	48	男	旺古	官吏	《元史》134/3245
翟德兴	49	男	汉	官吏	《历代名人生卒录》
李毂	49	男	汉	官吏	《元史》150/3548
砚续	49	男	汉	官吏	《滋溪文稿》卷7《砚公墓碑》
冷颐孙妻周	49	女	汉	平民	《历代名人生卒录》
陆友	49	男	汉	平民/学者	《黄文献集》卷5《陆氏藏书目录》
段思温	49	男	汉	儒士	《吴文正集》卷68《段君墓表》
安童	49	男	蒙古	官吏	《元史》126/3084
和尚	49	男	蒙古	官吏	《元史》134/3257
汪世显	49	男	旺古	官吏	《元史》155/3650
董文忠	50	男	汉	官吏	《历代名人生卒录》
倪骧	50	男	汉	官吏	《历代名人生卒录》
秦仲	50	男	汉	官吏	《历代名人生卒录》
于思睿	50	男	汉	官吏	《历代名人生卒录》
赵天锡	50	男	汉	官吏	《元史》151/3583
陆垕	50	男	汉	官吏	《元史》177/4130
卢熊	50	男	汉	官吏/文学家/著作家	《历代名人生卒录》
戴表元母袁	50	女	汉	平民	《历代名人生卒录》
柳氏	50	女	汉	平民	《元史》201/4500
廉希宪	50	男	畏兀儿	官吏/词人	《元史》126/3096
仇锷	51	男	汉	官吏	《历代名人生卒录》
冯是升	51	男	汉	官吏	《历代名人生卒录》
孙伯英	51	男	汉	官吏	《历代名人生卒录》

续表

姓名	寿命	性别	民族	身份	出处
章民	51	男	汉	官吏	《历代名人生卒录》
赵汸	51	男	汉	官吏	《历代名人生卒录》
刘元振	51	男	汉	官吏	《元史》149/3519
孟祺	51	男	汉	官吏	《元史》160/3772
叶李	51	男	汉	官吏	《元史》173/4050
李天祐	51	男	汉	官吏	《滋溪文稿》卷 18《李侯墓碑》
巎巎	51	男	康里	官吏	《元史》143/3416
顺帝	51	男	蒙古	帝王	《元史》47/986
秃不申	51	男	蒙古	官吏	《元史》119/2943
只必	51	男	蒙古	官吏	《元史》119/2943
汪良臣	51	男	旺古	官吏	《元史》155/3655
韩永	52	男	高丽	官吏	《滋溪文稿》卷 17《韩公神道碑铭》
李思齐	52	男	汉	官吏	《国初群雄事略》卷 10
曹毅	52	男	汉	官吏	《历代名人生卒录》
董文正	52	男	汉	官吏	《历代名人生卒录》
许恕	52	男	汉	官吏	《历代名人生卒录》
余日强	52	男	汉	官吏	《历代名人生卒录》
周天锡	52	男	汉	官吏	《历代名人生卒录》
王毅	52	男	汉	官吏	《文宪集》卷 48《王毅传》
刘容	52	男	汉	官吏	《元史》134/3260
董文直	52	男	汉	官吏	《元史》148/3501
王宾	52	男	汉	官吏	《滋溪文稿》卷 10《王公墓志铭》
郭明德	52	男	汉	官吏	《滋溪文稿》卷 11《郭敬简侯神道碑铭》
乌冲	52	男	汉	儒士	《滋溪文稿》卷 14《乌君墓碑铭》
蛮子台	52	男	蒙古	官吏	《元史》118/2916
哈剌哈孙	52	男	蒙古	官吏	《元史》136/3295
朵儿只	52	男	蒙古	官吏	《元史》139/3354
善哥	52	男	契丹	官吏	《元史》149/3515
述哥察儿	52	男	唐兀	官吏	《浚州达鲁花赤追封魏郡伯墓碑》
陈高	53	男	汉	官吏	《历代名人生卒录》
秦玉	53	男	汉	官吏	《历代名人生卒录》
熊师贤	53	男	汉	官吏	《历代名人生卒录》
徐子卿	53	男	汉	官吏	《历代名人生卒录》
张翼	53	男	汉	官吏	《元故韩城尹张君墓志铭》
刘思敬	53	男	汉	官吏	《元史》152/3605
高觿	53	男	汉	官吏	《元史》169/3980
吴鼎	53	男	汉	官吏	《元史》170/4004

姓名	寿命	性别	民族	身份	出处
王倚	53	男	汉	官吏	《元史》176/4105
赵师鲁	53	男	汉	官吏	《元史》176/4114
王文若	53	男	汉	官吏	《滋溪文稿》卷13《王君墓志铭》
郝鲁伯	53	男	汉	官吏	《滋溪文稿》卷19《郝君墓志铭》
宋显夫	53	男	汉	官吏	《滋溪文稿》卷6《宋翰林文集序》
李孝光	53	男	汉	官吏/词人	《元史》190/4348
宋褧	53	男	汉	官吏/词人	《滋溪文稿》卷13《宋公墓志铭》
杨载	53	男	汉	官吏/诗人/词人	《元诗选》
郝经	53	男	汉	官吏/哲学家	《元史》157/3709
邢从正	53	女	汉	平民	《滋溪文稿》卷21《甄母墓志铭》
李氏	53	女	汉	平民	《滋溪文稿》卷8《字术鲁公神道碑铭》
宪宗	53	男	蒙古	帝王	《元史》3/54
石抹明安	53	男	契丹	官吏	《元史》150/3557
岳柱	53	男	畏兀儿	官吏	《元史》130/3179
唐仁祖	53	男	畏兀儿	官吏	《元史》134/3254
黄叔雅	54	男	汉	官吏	《历代名人生卒录》
滕安上	54	男	汉	官吏	《历代名人生卒录》
姚椿寿	54	男	汉	官吏	《历代名人生卒录》
元明善	54	男	汉	官吏	《历代名人生卒录》
袁洪	54	男	汉	官吏	《历代名人生卒录》
石天禄	54	男	汉	官吏	《元史》152/3602
宋本	54	男	汉	官吏	《元史》182/4205
王守诚	54	男	汉	官吏	《元史》183/4210
赵时勉	54	男	汉	官吏	《滋溪文稿》卷18《赵君墓碣铭》
柯九思	54	男	汉	官吏/词人/书画家	《历代名人生卒录》
史母	54	女	汉	平民	《历代名人生卒录》
张纲	54	男	汉	儒士	《滋溪文稿》卷14《张文季墓碣铭》
月吕鲁那演	54	男	蒙古	官吏	《历代名人生卒录》
木华黎	54	男	蒙古	官吏	《元史》119/2936
阿术	54	男	蒙古	官吏	《元史》128/3124
史元亨	55	男	汉	官吏	《巴西集》卷下《史君墓志铭》
李士瞻	55	男	汉	官吏	《历代名人生卒录》
李彦闻	55	男	汉	官吏	《历代名人生卒录》
梁飞卿	55	男	汉	官吏	《历代名人生卒录》
刘彦文	55	男	汉	官吏	《历代名人生卒录》
潘泽	55	男	汉	官吏	《历代名人生卒录》
徐卿孙	55	男	汉	官吏	《历代名人生卒录》

姓名	寿命	性别	民族	身份	出处
虞安	55	男	汉	官吏	《历代名人生卒录》
杨惟中	55	男	汉	官吏	《元史》146/3468
董守简	55	男	汉	官吏	《滋溪文稿》卷12《董忠肃公墓志铭》
杨义	55	男	汉	官吏	《滋溪文稿》卷16《杨氏东茔碑铭》
杨元	55	男	汉	官吏	《滋溪文稿》卷16《杨氏东茔碑铭》
张氏	55	女	汉	平民	《滋溪文稿》卷15《邢公神道碑》
耶律楚材	55	男	契丹	官吏/诗词人/书法家	《元史》146/3464
蔡巴·贡噶多吉	56	男	藏	佛僧/史学家	《藏族传统文化简述》
王守信	56	男	汉	官吏	《历代名人生卒录》
张庭珍	56	男	汉	官吏	《历代名人生卒录》
梁益	56	男	汉	官吏	《元史》190/4345
陈旅	56	男	汉	官吏	《元史》190/4347
张在	56	男	汉	官吏	《滋溪文稿》卷14《张君墓志铭》
王士元	56	男	汉	官吏	《滋溪文稿》卷19《王长卿墓志铭》
郭畀	56	男	汉	画家	《历代名人生卒录》
方谷真	56	男	汉	平民	《国初群雄事略》卷9
斡罗思	56	男	康里	官吏	《元史》134/3264
脱脱	56	男	康里	官吏	《元史》138/3325
太宗	56	男	蒙古	帝王	《元史》2/37
阿塔海	56	男	蒙古	官吏	《元史》129/3150
耶律留哥	56	男	契丹	官吏	《元史》149/3514
释虚照	57	男	汉	佛僧	《历代名人生卒录》
陈子正	57	男	汉	官吏	《历代名人生卒录》
陶安	57	男	汉	官吏	《历代名人生卒录》
吴安民	57	男	汉	官吏	《历代名人生卒录》
薛元曦	57	男	汉	官吏	《历代名人生卒录》
杨居简	57	男	汉	官吏	《历代名人生卒录》
赵贲亨	57	男	汉	官吏	《元史》151/3585
赵璧	57	男	汉	官吏	《元史》159/3749
贾鲁	57	男	汉	官吏	《元史》187/4292
靳孟亨	57	男	汉	官吏	《滋溪文稿》卷7《靳公神道碑铭》
张枢	57	男	汉	隐士	《元史》199/4478
立智理威	57	男	蒙古	官吏	《元史》120/2959
刘隆瑞	58	男	汉	官吏	《历代名人生卒录》
潘弼	58	男	汉	官吏	《历代名人生卒录》
任天祺	58	男	汉	官吏	《历代名人生卒录》
王珍	58	男	汉	官吏	《历代名人生卒录》

姓名	寿命	性别	民族	身份	出处
杨维翰	58	男	汉	官吏	《历代名人生卒录》
田雄	58	男	汉	官吏	《元史》151/3580
王文干	58	男	汉	官吏	《元史》152/3593
史格	58	男	汉	官吏	《元史》155/3665
盖苗	58	男	汉	官吏	《元史》185/4262
谭澄	58	男	汉	官吏	《元史》191/4357
孙威	58	男	汉	官吏	《元史》203/4543
任格	58	男	汉	官吏	《滋溪文稿》卷 13《任君墓志铭》
黄肯播	58	男	汉	官吏	《滋溪文稿》卷 15《黄公神道碑铭》
牛氏	58	女	汉	平民	《滋溪文稿》卷 20《董府君墓碑铭》
陈氏	58	女	汉	平民	《滋溪文稿》卷 20《李氏角山阡表》
管道昇	58	女	汉	平民/词人/书法家	《元代出版史》P122
完泽	58	男	蒙古	官吏	《元史》130/3174
冯天瑞	59	男	汉	官吏	《历代名人生卒录》
张宏	59	男	汉	官吏	《历代名人生卒录》
张士元	59	男	汉	官吏	《历代名人生卒录》
史楫	59	男	汉	官吏	《元史》147/3482
严实	59	男	汉	官吏	《元史》148/3507
刘敏	59	男	汉	官吏	《元史》153/3611
朱宝国	59	男	汉	官吏	《元史》165/3878
袁裕	59	男	汉	官吏	《元史》170/3999
苏天爵	59	男	汉	官吏	《元史》183/4226
黄清老	59	男	汉	官吏	《滋溪文稿》卷 13《黄公墓碑铭》
何柱	59	男	汉	官吏	《滋溪文稿》卷 21《何君墓碣铭》
刘秉忠	59	男	汉	官吏/词人	《元史》156/3694
范梈	59	男	汉	官吏/诗人	《元史》181/4183
李泂	59	男	汉	官吏/书法家	《元史》183/4224
王惠妻李靖	59	女	汉	平民	《历代名人生卒录》
王氏	59	女	汉	平民	《滋溪文稿》卷 16《李公墓碑铭》
王琰	59	男	汉	隐士	《金华黄先生文集》卷 37《屏山处士王君琰墓志铭》
伯颜	59	男	蒙古	官吏	《元史》127/3116
完者都	59	男	钦察	官吏	《元史》131/3194
李桢	59	男	唐兀	官吏	《元史》124/3051
马润	59	男	旺古	官吏/诗人	《历代名人生卒录》
王昌世	60	男	汉	官吏	《黄文献集》卷 8 下《王公墓志铭》
郭钰	60	男	汉	官吏	《历代名人生卒录》

姓名	寿命	性别	民族	身份	出处
何宗寔	60	男	汉	官吏	《历代名人生卒录》
梁绍祖	60	男	汉	官吏	《历代名人生卒录》
马充实	60	男	汉	官吏	《历代名人生卒录》
史蒙卿	60	男	汉	官吏	《历代名人生卒录》
苏志道	60	男	汉	官吏	《历代名人生卒录》
苏子宁	60	男	汉	官吏	《历代名人生卒录》
熊铄	60	男	汉	官吏	《历代名人生卒录》
严侣之子	60	男	汉	官吏	《历代名人生卒录》
刘秉恕	60	男	汉	官吏	《元史》156/3695
张养浩	60	男	汉	官吏	《元史》175/4092
王寿	60	男	汉	官吏	《元史》176/4104
顾阿瑛	60	男	汉	官吏/词人	《历代名人生卒录》
李德禄	60	男	汉	平民	《滋溪文稿》卷20《李氏角山阡表》
王文渊	60	男	汉	隐士/平民	《滋溪文稿》卷23《贞孝先生状》
邓牧	60	男	汉	隐士/哲学家	《历代名人生卒录》
孛术鲁翀	60	男	女真	官吏	《元史》183/4222
马祖常	60	男	旺古	官吏/诗人	《元史》143/3412
阿里海牙	60	男	畏兀儿	官吏	《元史》128/3128
释可仁	61	男	汉	佛僧	《历代名人生卒录》
释密严	61	男	汉	佛僧	《历代名人生卒录》
释明本	61	男	汉	佛僧	《历代名人生卒录》
董守中	61	男	汉	官吏	《历代名人生卒录》
郭彦高	61	男	汉	官吏	《历代名人生卒录》
袁裒	61	男	汉	官吏	《历代名人生卒录》
曾一鹗	61	男	汉	官吏	《历代名人生卒录》
张祥	61	男	汉	官吏	《历代名人生卒录》
至吕伯里	61	男	汉	官吏	《历代名人生卒录》
王善	61	男	汉	官吏	《元史》151/3573
魏初	61	男	汉	官吏	《元史》164/3858
郭昂	61	男	汉	官吏	《元史》165/3882
隋世昌	61	男	汉	官吏	《元史》166/3894
张荣实	61	男	汉	官吏	《元史》166/3905
张九思	61	男	汉	官吏	《元史》169/3981
王克敬	61	男	汉	官吏	《元史》184/4235
李稷	61	男	汉	官吏	《元史》185/4258
周仁荣	61	男	汉	官吏	《元史》190/4346
杜信	61	男	汉	官吏	《滋溪文稿》卷16《杜氏先德碑铭》

姓名	寿命	性别	民族	身份	出处
王宗	61	男	汉	官吏/医生	《滋溪文稿》卷19《王府君墓表》
贡奎	61	男	汉	官吏/著作家	《历代名人生卒录》
刘成	61	男	汉	平民	《滋溪文稿》卷19《刘君墓碣铭》
李氏	61	女	汉	平民	《滋溪文稿》卷7《靳公神道碑铭》
桑哥不剌	61	男	蒙古	官吏	《元史》118/2917
土土哈	61	男	钦察	官吏	《元史》128/3135
刘文瑞	62	男	汉	官吏	《安雅堂集》卷11《刘彦章墓碣》
白恪	62	男	汉	官吏	《历代名人生卒录》
陈良能	62	男	汉	官吏	《历代名人生卒录》
孔昭孙	62	男	汉	官吏	《历代名人生卒录》
浦椿	62	男	汉	官吏	《历代名人生卒录》
王惠	62	男	汉	官吏	《历代名人生卒录》
赵与票	62	男	汉	官吏	《历代名人生卒录》
甄昌祖	62	男	汉	官吏	《历代名人生卒录》
刘斌	62	男	汉	官吏	《元史》152/3604
焦用	62	男	汉	官吏	《元史》153/3617
程思廉	62	男	汉	官吏	《元史》163/3831
齐秉节	62	男	汉	官吏	《元史》165/3880
张惠	62	男	汉	官吏	《元史》167/3924
刘好礼	62	男	汉	官吏	《元史》167/3926
谢端	62	男	汉	官吏	《元史》182/4207
董文炳	62	男	汉	官吏	《中国历代人名大辞典》
谢端	62	男	汉	官吏	《滋溪文稿》卷13《谢公神道碑铭》
朱霁	62	男	汉	官吏	《滋溪文稿》卷17《朱公神道碑》
王结	62	男	汉	官吏/词人	《元史》178/4146
张延	62	男	汉	官吏/儒士	《滋溪文稿》卷14《张先生墓碣铭》
袁桷	62	男	汉	官吏/文学家	《元史》172/4026
潘氏	62	女	汉	平民	《元史》201/4516
速哥	62	男	蒙古	官吏	《元史》124/3053
朵儿赤	62	男	唐兀	官吏	《元史》134/3255
孟速思	62	男	畏兀儿	官吏	《元史》124/3059
邸泽	63	男	汉	官吏	《历代名人生卒录》
贾氏	63	男	汉	官吏	《历代名人生卒录》
李仲实	63	男	汉	官吏	《历代名人生卒录》
陆行正	63	男	汉	官吏	《历代名人生卒录》
徐良夫	63	男	汉	官吏	《历代名人生卒录》
徐子邓	63	男	汉	官吏	《历代名人生卒录》

姓名	寿命	性别	民族	身份	出处
郑文瑞	63	男	汉	官吏	《历代名人生卒录》
刘黑马	63	男	汉	官吏	《元史》149/3518
张懋	63	男	汉	官吏	《元史》152/3600
贾居贞	63	男	汉	官吏	《元史》153/3624
刘整	63	男	汉	官吏	《元史》161/3788
李德辉	63	男	汉	官吏	《元史》163/3819
王构	63	男	汉	官吏	《元史》164/3856
张礎	63	男	汉	官吏	《元史》167/3929
归旸	63	男	汉	官吏	《元史》186/4272
董士良	63	男	汉	官吏	《滋溪文稿》卷 12《董公神道碑铭》
钱选	63	男	汉	画家	《元代出版史》P129
刘安德妻方	63	女	汉	平民	《历代名人生卒录》
杨氏	63	女	汉	平民	《滋溪文稿》卷 16《李府君神道碑》
程傑	63	男	汉	平民	《滋溪文稿》卷 19《程君墓志铭》
刘传	63	男	汉	隐士	《滋溪文稿》卷 14《刘君墓碣铭》
高克恭	63	男	回回	画家	《元代出版史》P123
月赤察儿	63	男	蒙古	官吏	《历代名人生卒录》
博罗欢	63	男	蒙古	官吏	《元史》121/2991
曷剌	63	男	蒙古	官吏	《元史》135/3286
马札儿台	63	男	蒙古	官吏	《元史》138/3340
牀兀儿	63	男	钦察	官吏	《元史》128/3138
托克托呼	63	男	钦察	官吏	《元文类》
阿鲁浑萨理	63	男	畏兀儿	官吏	《元史》130/3177
萨迦巴·索南坚赞	64	男	藏	佛僧/史学家/文学家	《藏族传统文化简述》
释显和	64	男	汉	佛僧	《历代名人生卒录》
陈刚中	64	男	汉	官吏	《历代名人生卒录》
范霖	64	男	汉	官吏	《历代名人生卒录》
范元镇	64	男	汉	官吏	《历代名人生卒录》
李凤	64	男	汉	官吏	《历代名人生卒录》
李梦登	64	男	汉	官吏	《历代名人生卒录》
刘彭寿	64	男	汉	官吏	《历代名人生卒录》
吴景奎	64	男	汉	官吏	《历代名人生卒录》
吴思齐	64	男	汉	官吏	《历代名人生卒录》
游应梅	64	男	汉	官吏	《历代名人生卒录》
张必成	64	男	汉	官吏	《历代名人生卒录》
张珪	64	男	汉	官吏	《历代名人生卒录》

姓名	寿命	性别	民族	身份	出处
周文清	64	男	汉	官吏	《历代名人生卒录》
贾辅	64	男	汉	官吏	《陵川集》卷25
孟攀鳞	64	男	汉	官吏	《元史》164/3860
张焜	64	男	汉	官吏	《元史》170/3998
陈孚	64	男	汉	官吏	《元史》190/4339
刘辰翁	64	男	汉	官吏/词人	《历代名人生卒录》
胡泰妻王	64	女	汉	平民	《历代名人生卒录》
张雯	64	男	汉	隐士	《侨吴集·张子昭墓志》
铁连	64	男	蒙古	官吏	《元史》134/3249
段直	65	男	汉	官吏	《历代名人生卒录》
贡师泰	65	男	汉	官吏	《历代名人生卒录》
刘伯傑	65	男	汉	官吏	《历代名人生卒录》
吕良佑	65	男	汉	官吏	《历代名人生卒录》
吕仲实	65	男	汉	官吏	《历代名人生卒录》
王荣祖	65	男	汉	官吏	《元史》149/3537
王珍	65	男	汉	官吏	《元史》152/3592
吕思诚	65	男	汉	官吏	《元史》185/4251
曹鉴	65	男	汉	官吏	《元史》186/4283
吴当	65	男	汉	官吏	《元史》187/4299
张康	65	男	汉	官吏	《元史》203/4540
高昉	65	男	汉	官吏	《滋溪文稿》卷11《高公神道碑铭》
李迕	65	男	汉	官吏	《滋溪文稿》卷16《李府君神道碑》
周之翰	65	男	汉	官吏	《滋溪文稿》卷17《周府君墓碑铭》
杨居义	65	男	汉	官吏	《滋溪文稿》卷20《杨君墓志铭》
耶律铸	65	男	契丹	官吏/词人	《元史》146/3465
舍蓝蓝	65	女	畏兀儿	佛僧/学者	《佛祖历代通载》卷22
褚锡珪	66	男	汉	官吏	《历代名人生卒录》
韩政	66	男	汉	官吏	《历代名人生卒录》
刘须汉	66	男	汉	官吏	《历代名人生卒录》
王构	66	男	汉	官吏	《历代名人生卒录》
杨镕	66	男	汉	官吏	《历代名人生卒录》
姚思恭	66	男	汉	官吏	《历代名人生卒录》
杨桓	66	男	汉	官吏	《元史》164/3854
罗璧	66	男	汉	官吏	《元史》166/3895
谢让	66	男	汉	官吏	《元史》176/4111
高鸣	66	男	汉	官吏/词人	《元史》160/3759
太祖	66	男	蒙古	帝王	《元史》1/25

续表

姓名	寿命	性别	民族	身份	出处
克埒实实岱	66	男	蒙古	官吏	《雪楼集》卷22《克埒君墓铭》
奥鲁赤	66	男	蒙古	官吏	《元史》131/3192
阔里吉思	66	男	蒙古	官吏	《元史》134/3262
高睿	66	男	唐兀	官吏	《元史》125/3074
撒吉思	66	男	畏兀儿	官吏	《元史》134/3244
郝天挺	67	男	朵鲁别	官吏/诗人	《元史》174/4066
释道云	67	男	汉	佛僧	《历代名人生卒录》
何真	67	男	汉	官吏	《国初群雄事略》卷14
陈晟	67	男	汉	官吏	《历代名人生卒录》
单庚金	67	男	汉	官吏	《历代名人生卒录》
韩思恭	67	男	汉	官吏	《历代名人生卒录》
李道复	67	男	汉	官吏	《历代名人生卒录》
李孟	67	男	汉	官吏	《历代名人生卒录》
李润	67	男	汉	官吏	《历代名人生卒录》
陆颐真	67	男	汉	官吏	《历代名人生卒录》
王元父	67	男	汉	官吏	《历代名人生卒录》
邢德裕	67	男	汉	官吏	《历代名人生卒录》
熊位辛	67	男	汉	官吏	《历代名人生卒录》
杨琦	67	男	汉	官吏	《历代名人生卒录》
袁似道	67	男	汉	官吏	《历代名人生卒录》
张祥	67	男	汉	官吏	《历代名人生卒录》
岳浚	67	男	汉	官吏	《尚友录》卷27
何玮	67	男	汉	官吏	《雪楼集》卷8《何文正公神道碑》
史枢	67	男	汉	官吏	《元史》147/3485
杜丰	67	男	汉	官吏	《元史》151/3575
张文谦	67	男	汉	官吏	《元史》157/3697
孔思晦	67	男	汉	官吏	《元史》180/4168
王思诚	67	男	汉	官吏	《元史》183/4215
崔敬	67	男	汉	官吏	《元史》184/4244
赵秉正	67	男	汉	官吏	《滋溪文稿》卷10《赵忠敏公神道碑》
齐履谦	67	男	汉	官吏	《滋溪文稿》卷9《齐文懿公神道碑铭》
胡祇遹	67	男	汉	官吏/词人	《元史》170/3993
戴表元	67	男	汉	官吏/诗人	《元史》190/4337
韩公麟	67	男	汉	官吏/医生	《滋溪文稿》卷22《韩公行状》
钱良右	67	男	汉	书法家	《历代名人生卒录》
岳璘帖穆尔	67	男	畏兀儿	官吏	《元史》124/3050
脱烈海牙	67	男	畏兀儿	官吏	《元史》137/3320

姓名	寿命	性别	民族	身份	出处
焦永	68	男	汉	官吏	《历代名人生卒录》
刘智	68	男	汉	官吏	《历代名人生卒录》
楼师默	68	男	汉	官吏	《历代名人生卒录》
孟德	68	男	汉	官吏	《历代名人生卒录》
卫德嘉	68	男	汉	官吏	《历代名人生卒录》
徐舫	68	男	汉	官吏	《历代名人生卒录》
许益之	68	男	汉	官吏	《历代名人生卒录》
薛勉	68	男	汉	官吏	《历代名人生卒录》
阎鼎吉	68	男	汉	官吏	《历代名人生卒录》
钟文兴	68	男	汉	官吏	《历代名人生卒录》
周应合	68	男	汉	官吏	《历代名人生卒录》
詹景仁	68	男	汉	官吏	《尚友录》卷14
史天祥	68	男	汉	官吏	《元史》147/3488
韩若愚	68	男	汉	官吏	《元史》176/4112
赵垠祖	68	男	汉	官吏	《元赵垠祖墓碑》
甄世良	68	男	汉	官吏	《滋溪文稿》卷15《甄君墓碑铭》
杨梓	68	男	汉	官吏/剧作家	《元代出版史》P91
许谦	68	男	汉	官吏/哲学家/词人	《元史》189/4320
杨宗伯	68	男	汉	平民	《滋溪文稿》卷19《杨府君墓志铭》
元好问	68	男	汉	文学家/诗人	《陵川集》卷35《遗山先生墓铭》
何中	68	男	汉	学者	《历代名人生卒录》
迺贤	69	男	哈剌鲁	诗人	《元代北方民族词选》
李英	69	男	汉	官吏	《历代名人生卒录》
刘过	69	男	汉	官吏	《历代名人生卒录》
刘庄孙	69	男	汉	官吏	《历代名人生卒录》
汪克宽	69	男	汉	官吏	《历代名人生卒录》
杨谦之	69	男	汉	官吏	《历代名人生卒录》
岳存	69	男	汉	官吏	《元史》152/3597
焦德裕	69	男	汉	官吏	《元史》153/3618
高兴	69	男	汉	官吏	《元史》162/3806
刘德温	69	男	汉	官吏	《元史》176/4115
张起严	69	男	汉	官吏	《元史》182/4195
华幼武	69	男	汉	官吏/词人	《历代名人生卒录》
赵孟頫	69	男	汉	官吏/词人/书画家	《元史》172/4022
唐棣	69	男	汉	画家	《元代出版史》P129
程氏	69	女	汉	平民	《滋溪文稿》卷20《郭府君墓表》
赛典赤·赡思丁	69	男	回回	官吏	《元史》125/3066

姓名	寿命	性别	民族	身份	出处
康里氏	69	女	康里	平民	《浚州达鲁花赤追封魏郡伯墓碑》
按竺迩	69	男	蒙古	官吏	《元史》121/2985
石抹明里	69	男	契丹	官吏	《元史》169/3977
昔里钤部	69	男	唐兀	官吏	《元史》122/3012
布鲁海牙	69	男	畏兀儿	官吏	《元史》125/3071
斡罗思密	69	男	畏兀儿	官吏	《元史》134/3247
倪瓒	70	男	汉	词人/书画家	《历代名人生卒录》
释义琼	70	男	汉	佛僧	《历代名人生卒录》
陈济民	70	男	汉	官吏	《历代名人生卒录》
范忠	70	男	汉	官吏	《历代名人生卒录》
李祁	70	男	汉	官吏	《历代名人生卒录》
王逢	70	男	汉	官吏	《历代名人生卒录》
杨彦珍	70	男	汉	官吏	《历代名人生卒录》
王玉	70	男	汉	官吏	《元史》151/3568
赵迪	70	男	汉	官吏	《元史》151/3569
王庆端	70	男	汉	官吏	《元史》151/3574
杨奂	70	男	汉	官吏	《元史》153/3622
赵良弼	70	男	汉	官吏	《元史》159/3746
杨恭懿	70	男	汉	官吏	《元史》164/3843
魏璠	70	男	汉	官吏	《元史》164/3857
陈思济	70	男	汉	官吏	《元史》168/3958
程钜夫	70	男	汉	官吏	《元史》172/4018
陈思廉	70	男	汉	官吏	《元史》184/4240
许楫	70	男	汉	官吏	《元史》191/4359
程文海	70	男	汉	官吏/词人	《历代名人生卒录》
邓文原	70	男	汉	官吏/书法家	《元史》172/4024
张以宁	70	男	汉	官吏/学者	《历代名人生卒录》
盛贞一	70	女	汉	平民	《三台名媛诗辑》
冯氏	70	女	汉	平民	《滋溪文稿》卷20《李氏角山阡表》
马端临	70	男	汉	史学家	《中国历代人名大辞典》
张雨	70	男	汉	文学家/书画家	《历代名人生卒录》
愈琰	70	男	汉	学者	《列朝诗集小传》丙集
杜瑛	70	男	汉	隐士	《元史》199/4475
乃蛮台	70	男	蒙古	官吏	《元史》139/3353
谙都剌	70	男	蒙古	官吏	《元史》192/4365
夹谷龙古带	70	男	女真	官吏	《历代名人生卒录》
石抹字迭儿	70	男	契丹	官吏	《元史》151/3577

姓名	寿命	性别	民族	身份	出处
乞台萨理	70	男	畏兀儿	官吏	《元史》130/3174
释德海	71	男	汉	佛僧	《历代名人生卒录》
释广裕	71	男	汉	佛僧	《历代名人生卒录》
程翔	71	男	汉	官吏	《历代名人生卒录》
郝从	71	男	汉	官吏	《历代名人生卒录》
蒋晓	71	男	汉	官吏	《历代名人生卒录》
梁祯	71	男	汉	官吏	《历代名人生卒录》
项天觉	71	男	汉	官吏	《历代名人生卒录》
张畴齐	71	男	汉	官吏	《历代名人生卒录》
赵棨	71	男	汉	官吏	《历代名人生卒录》
庄肃	71	男	汉	官吏	《松江府志》卷50
史秉直	71	男	汉	官吏	《元史》147/3478
马亨	71	男	汉	官吏	《元史》163/3829
畅师文	71	男	汉	官吏	《元史》170/3996
王艮	71	男	汉	官吏	《元史》192/4372
王仁	71	男	汉	官吏	《滋溪文稿》卷10《王正肃侯墓志铭》
王惟贤	71	男	汉	官吏	《滋溪文稿》卷17《王公神道碑铭》
周贞	71	男	汉	官吏	《滋溪文稿》卷17《周侯神道碑铭》
揭傒斯	71	男	汉	官吏/文学家/书画家	《元史》181/4186
危亦林	71	男	汉	官吏/医学家	《元代出版史》P113
田氏	71	女	汉	平民	《滋溪文稿》卷19《贾君墓碣铭》
熊氏	71	女	汉	平民	《滋溪文稿》卷19《杨府君墓志铭》
千奴	71	男	蒙古	官吏	《元史》134/3259
廉惠山海牙	71	男	畏兀儿	官吏	《元史》145/3448
陈普	72	男	汉	官吏	《历代名人生卒录》
陈尚德	72	男	汉	官吏	《历代名人生卒录》
胡斗元	72	男	汉	官吏	《历代名人生卒录》
胡仲虎	72	男	汉	官吏	《历代名人生卒录》
王止善	72	男	汉	官吏	《历代名人生卒录》
许松	72	男	汉	官吏	《历代名人生卒录》
刘伯林	72	男	汉	官吏	《元史》149/3516
岳天祯	72	男	汉	官吏	《元史》152/3597
和洽	72	男	汉	官吏	《滋溪文稿》卷17《和公墓碑铭》
郑铨	72	男	汉	官吏	《滋溪文稿》卷18《郑君碑》
林坚	72	男	汉	官吏	《滋溪文稿》卷21《林公墓碑铭》
赵秉温	72	男	汉	官吏	《滋溪文稿》卷22《赵文昭公行状》
焦悦	72	男	汉	官吏/儒士	《滋溪文稿》卷14《焦先生墓表》

续表

姓名	寿命	性别	民族	身份	出处
郝从之妻刘	72	女	汉	平民	《历代名人生卒录》
杨镕妻张	72	女	汉	平民	《历代名人生卒录》
高氏	72	女	汉	平民	《滋溪文稿》卷 12《集贤直学士韩公神道碑铭》
周伯琦	72	男	汉	书运家	《元代出版史》P119
金履祥	72	男	汉	隐士	《历代名人生卒录》
兀良合台	72	男	蒙古	官吏	《元史》121/2982
刘国傑	72	男	女真	官吏	《元史》162/3812
希台特勒氏	72	女	畏兀儿	平民	《合刺普华墓志铭》
刘贞	73	男	汉	官吏	《历代名人生卒录》
史徽孙	73	男	汉	官吏	《历代名人生卒录》
陶煜	73	男	汉	官吏	《历代名人生卒录》
王鑑	73	男	汉	官吏	《历代名人生卒录》
张荣	73	男	汉	官吏	《元史》151/3581
李之绍	73	男	汉	官吏	《元史》164/3862
姚天福	73	男	汉	官吏	《元史》168/3962
雷膺	73	男	汉	官吏	《元史》170/3992
李守中	73	男	汉	官吏	《滋溪文稿》卷 11《李公墓志铭》
杜瑶	73	男	汉	官吏	《滋溪文稿》卷 16《杜氏先德碑铭》
杨成	73	男	汉	官吏	《滋溪文稿》卷 16《杨氏东茔碑铭》
左彦实	73	男	汉	官吏	《滋溪文稿》卷 21《左君墓碣铭》
吴元珪	73	男	汉	官吏	《滋溪文稿》卷 22《吴公行状》
朱德润	73	男	汉	官吏/画家	《历代名人生卒录》
柳贯	73	男	汉	官吏/文学家	《元史》181/4189
许衡	73	男	汉	官吏/哲学家	《元史》158/3729
郭贯	73	男	汉	平民	《中庵集》卷 18《郭氏先茔碑铭》
谢氏	73	女	汉	平民	《滋溪文稿》卷 20《刘氏阡表》
段氏	73	女	汉	平民	《滋溪文稿》卷 20《杨氏先茔碣铭》
胡三省	73	男	汉	史学家	《中国历史人物辞典》
郑明德	73	男	汉	书法家	《历代名人生卒录》
孙辙	73	男	汉	隐士	《元史》199/4479
王冕	73	男	汉	隐士/诗人/画家	《历代名人生卒录》
伯德那	73	男	回回	官吏	《大元河东郡公伯德公神道碑铭》
速不台	73	男	蒙古	官吏	《元史》121/2978
耶律阿海	73	男	契丹	官吏	《元史》150/3549
赡思	74	男	大食	官吏/书法家	《元史》190/4353
董进	74	男	汉	官吏	《历代名人生卒录》

姓名	寿命	性别	民族	身份	出处
董彦材	74	男	汉	官吏	《历代名人生卒录》
揭法	74	男	汉	官吏	《历代名人生卒录》
李存	74	男	汉	官吏	《历代名人生卒录》
徐元得	74	男	汉	官吏	《历代名人生卒录》
张师汉	74	男	汉	官吏	《历代名人生卒录》
董文用	74	男	汉	官吏	《元史》148/3501
邸顺	74	男	汉	官吏	《元史》151/3570
史天泽	74	男	汉	官吏	《元史》155/3662
贺仁杰	74	男	汉	官吏	《元史》169/3969
孟梦恂	74	男	汉	官吏	《元史》190/4346
杨景行	74	男	汉	官吏	《元史》192/4366
张留孙	74	男	汉	官吏	《元史》202/4528
赵晟	74	男	汉	官吏	《滋溪文稿》卷11《赵惠肃侯神道碑铭》
赵密	74	男	汉	官吏	《滋溪文稿》卷15《赵侯墓碑铭》
李羽	74	男	汉	官吏	《滋溪文稿》卷16《李公墓碑铭》
舒頔	74	男	汉	官吏/文学家/书法家	《历代名人生卒录》
任仁发	74	男	汉	画家	《元代出版史》P124
宋衡妻孙	74	女	汉	平民	《历代名人生卒录》
贾壤	74	男	汉	隐士/平民	《滋溪文稿》卷19《处士贾君墓表》
布顿·仁钦珠	75	男	藏	佛僧/佛学家	《藏族传统文化简述》
吴镇	75	男	汉	词人/书画家	《历代名人生卒录》
释妙源	75	男	汉	佛僧	《历代名人生卒录》
欧阳圭齐	75	男	汉	官吏	《历代名人生卒录》
徐之纲	75	男	汉	官吏	《历代名人生卒录》
游子贤	75	男	汉	官吏	《历代名人生卒录》
张兴祖	75	男	汉	官吏	《历代名人生卒录》
张奴婢	75	男	汉	官吏	《元史》151/3582
杨果	75	男	汉	官吏	《元史》164/3854
胡长孺	75	男	汉	官吏	《元史》190/4334
程端礼	75	男	汉	官吏	《元史》190/4343
田忠良	75	男	汉	官吏	《元史》203/4538
张克恭	75	男	汉	官吏	《滋溪文稿》卷15《张公墓志铭》
史姜张	75	女	汉	平民	《历代名人生卒录》
吴克珍妻江	75	女	汉	平民	《历代名人生卒录》
强氏	75	女	汉	平民	《元史》197/4456
张特立	75	男	汉	隐士	《元史》199/4476
杜本	75	男	汉	隐士/书法家	《元史》199/4477

续表

姓名	寿命	性别	民族	身份	出处
张孔孙	75	男	契丹	官吏	《元史》174/4068
陈万里	76	男	汉	官吏	《历代名人生卒录》
郭天祐	76	男	汉	官吏	《历代名人生卒录》
黄景昌	76	男	汉	官吏	《历代名人生卒录》
欧阳同寅	76	男	汉	官吏	《历代名人生卒录》
吴荣	76	男	汉	官吏	《历代名人生卒录》
邢秉仁	76	男	汉	官吏	《历代名人生卒录》
刘肃	76	男	汉	官吏	《元史》160/3764
尚野	76	男	汉	官吏	《元史》164/3861
石高山	76	男	汉	官吏	《元史》166/3898
姜彧	76	男	汉	官吏	《元史》167/3928
许国桢	76	男	汉	官吏	《元史》168/3963
陈颢	76	男	汉	官吏	《元史》177/4131
韩性	76	男	汉	官吏	《元史》190/4343
刘敏中	76	男	汉	官吏/词人	《元史》178/4137
李衎	76	男	汉	官吏/画家	《滋溪文稿》卷10《李文简公神道碑》
姚燧	76	男	汉	官吏/散曲家/词人	《元史》174/4058
杨维桢	76	男	汉	官吏/文学家/书法家	《历代名人生卒录》
李氏	76	女	汉	平民	《滋溪文稿》卷16《杜氏先德碑铭》
林起宗	76	男	汉	儒士	《滋溪文稿》卷14《内丘林先生墓碣铭》
俞和	76	男	汉	书法家	《元代出版史》P120
陈肖孙	77	男	汉	官吏	《历代名人生卒录》
方澜	77	男	汉	官吏	《历代名人生卒录》
方叔渊	77	男	汉	官吏	《历代名人生卒录》
胡汲仲	77	男	汉	官吏	《历代名人生卒录》
殷澄	77	男	汉	官吏	《历代名人生卒录》
邸浃	77	男	汉	官吏	《元史》151/3571
阎复	77	男	汉	官吏	《元史》160/3774
王利用	77	男	汉	官吏	《元史》170/3994
高源	77	男	汉	官吏	《元史》170/4002
赵世延	77	男	汉	官吏	《元史》180/4166
赵伯成	77	男	汉	官吏	《滋溪文稿》卷15《赵公神道碑铭》
杨和	77	男	汉	官吏	《滋溪文稿》卷16《杨氏东茔碑铭》
虞集	77	男	汉	官吏/诗词人/书法家	《元史》181/4181
蒲道源	77	男	汉	官吏/诗人/散曲家	《元代北方民族词选》
窦行冲	77	男	汉	官吏/医生	《滋溪文稿》卷19《窦君墓碣铭》
顾安	77	男	汉	画家	《元代出版史》P128

姓名	寿命	性别	民族	身份	出处
侯珪妻王	77	女	汉	平民	《历代名人生卒录》
周公谨	77	男	汉	文学家	《历代名人生卒录》
释善入	78	男	汉	佛僧	《历代名人生卒录》
冯岵	78	男	汉	官吏	《历代名人生卒录》
康燊	78	男	汉	官吏	《历代名人生卒录》
刘德渊	78	男	汉	官吏	《历代名人生卒录》
牟伯成	78	男	汉	官吏	《历代名人生卒录》
王晖	78	男	汉	官吏	《历代名人生卒录》
萧维斗	78	男	汉	官吏	《历代名人生卒录》
徐德举	78	男	汉	官吏	《历代名人生卒录》
张子良	78	男	汉	官吏	《元史》152/3598
姚枢	78	男	汉	官吏	《元史》158/3716
吕墣	78	男	汉	官吏	《元史》167/3931
张思明	78	男	汉	官吏	《元史》177/4124
许有壬	78	男	汉	官吏	《元史》182/4203
干文传	78	男	汉	官吏	《元史》185/4255
萧㪍	78	男	汉	官吏	《元史》189/4326
同恕	78	男	汉	官吏	《元史》189/4328
熊朋来	78	男	汉	官吏	《元史》190/4336
牟应龙	78	男	汉	官吏	《元史》190/4338
吕端善	78	男	汉	官吏	《滋溪文稿》卷7《吕文穆公神道碑铭》
砚弥坚	78	男	汉	官吏	《滋溪文稿》卷7《砚公墓碑》
王仲谋	78	男	汉	官吏/文学家	《历代名人生卒录》
危素	78	男	汉	官吏/文学家	《历代名人生卒录》
倪渊	78	男	汉	官吏/学者	《历代名人生卒录》
朱震亨	78	男	汉	官吏/医学家	《元代出版史》P113
郑思肖	78	男	汉	画家	《元代出版史》P127
蒋氏	78	女	汉	平民	《元史》201/4516
郓城	78	男	汉	平民	《滋溪文稿》卷20《郑公神道碑铭》
张氏	78	女	汉	平民	《滋溪文稿》卷21《左君墓碣铭》
释善良	79	男	汉	佛僧	《历代名人生卒录》
王忱	79	男	汉	官吏	《历代名人生卒录》
萧伯启	79	男	汉	官吏	《历代名人生卒录》
杨天德	79	男	汉	官吏	《历代名人生卒录》
张柔	79	男	汉	官吏	《元史》147/3476
李谦	79	男	汉	官吏	《元史》160/3768
何荣祖	79	男	汉	官吏	《元史》168/3956

续表

姓名	寿命	性别	民族	身份	出处
曹伯启	79	男	汉	官吏	《元史》176/4101
韩中	79	男	汉	官吏	《滋溪文稿》卷 12《集贤直学士韩公神道碑铭》
张善	79	男	汉	官吏	《滋溪文稿》卷 16《张氏先茔碑铭》
穆忱	79	男	汉	官吏	《滋溪文稿》卷 23《穆公行状》
贾氏	79	女	汉	平民	《滋溪文稿》卷 16《杜氏先德碑铭》
马氏	79	女	汉	平民	《滋溪文稿》卷 20《刘氏阡表》
张德明	79	男	汉	平民	《滋溪文稿》卷 20《张府君墓碑》
纳麟	79	男	唐兀	官吏	《元史》142/3408
赵阿哥昌	80	男	藏	官吏	《元史》123/3028
陈尧龙	80	男	汉	官吏	《历代名人生卒录》
敬俨	80	男	汉	官吏	《历代名人生卒录》
刘起潜	80	男	汉	官吏	《历代名人生卒录》
刘壎	80	男	汉	官吏	《历代名人生卒录》
徐威卿	80	男	汉	官吏	《历代名人生卒录》
赵瑨	80	男	汉	官吏	《元史》150/3555
商挺	80	男	汉	官吏	《元史》159/3741
徐世隆	80	男	汉	官吏	《元史》160/3770
张德辉	80	男	汉	官吏	《元史》163/3826
谢仲温	80	男	汉	官吏	《元史》169/3978
丘处机	80	男	汉	官吏	《元史》202/4525
杨成父	80	男	汉	官吏	《滋溪文稿》卷 16《杨氏东茔碑铭》
阎琛	80	男	汉	官吏	《滋溪文稿》卷 18《阎侯墓碑》
汪泽民母	80	女	汉	平民	《历代名人生卒录》
徐忠甫妻韩	80	女	汉	平民	《历代名人生卒录》
姬文龙	80	男	汉	儒士	《滋溪文稿》卷 14《姬先生墓碣铭》
世祖	80	男	蒙古	帝王	《元史》17/376
石抹曷鲁	80	男	契丹	官吏	《元史》169/3976
孙道明	81	男	汉	藏书家	《松江府志·人物传》
蔡衍	81	男	汉	官吏	《历代名人生卒录》
陈可大	81	男	汉	官吏	《历代名人生卒录》
倪宜弟	81	女	汉	平民	《历代名人生卒录》
任杞	81	男	汉	官吏	《历代名人生卒录》
宋庠	81	男	汉	官吏	《历代名人生卒录》
宋子虚	81	男	汉	官吏	《历代名人生卒录》
赵宋安	81	男	汉	官吏	《历代名人生卒录》
郑温	81	男	汉	官吏	《元史》154/3644

姓名	寿命	性别	民族	身份	出处
宋子贞	81	男	汉	官吏	《元史》159/3737
刘赓	81	男	汉	官吏	《元史》174/4063
张升	81	男	汉	官吏	《元史》177/4128
梁曾	81	男	汉	官吏	《元史》178/4135
邢璘	81	男	汉	官吏	《滋溪文稿》卷15《邢公神道碑》
方回	81	男	汉	官吏/诗人	《元诗选》
黄潘	81	男	汉	官吏/文学家/书画家	《元史》181/4188
葛妙真母	81	女	汉	平民	《元史》200/4493
陈观	81	男	汉	隐士	《历代名人生卒录》
勃古思	81	男	蒙古	官吏	《元史》120/2964
别的因	81	男	蒙古	官吏	《元史》121/2995
耶律希亮	81	男	契丹	官吏	《元史》180/4162
吴可行	82	男	汉	官吏	《历代名人生卒录》
徐懋昭	82	男	汉	官吏	《历代名人生卒录》
黄仲元	82	男	汉	官吏	《四如集》卷4《寿藏自志》
张应瑞	82	男	汉	官吏	《元蓟国公张应瑞墓碑》
郭贯	82	男	汉	官吏	《元史》174/4061
王约	82	男	汉	官吏	《元史》178/4143
卜天璋	82	男	汉	官吏	《元史》191/4362
吴全节	82	男	汉	官吏	《元史》202/4529
张翥	82	男	汉	官吏/词人	《元史》186/4285
白廷玉	82	男	汉	官吏/诗人/书法家	《历代名人生卒录》
胡氏	82	女	汉	平民	《元赵垠祖墓碑》
杨氏	82	女	汉	平民	《滋溪文稿》卷20《李氏角山阡表》
杜道坚	83	男	汉	道士	《杜真人碑》
蔡旺	83	男	汉	官吏	《历代名人生卒录》
陈寿翁	83	男	汉	官吏	《历代名人生卒录》
刘桂翁	83	男	汉	官吏	《历代名人生卒录》
苏伯夔	83	男	汉	官吏	《历代名人生卒录》
熊召子	83	男	汉	官吏	《历代名人生卒录》
张昱	83	男	汉	官吏	《历代名人生卒录》
张荣	83	男	汉	官吏	《元史》150/3559
王思廉	83	男	汉	官吏	《元史》160/3766
陈栎	83	男	汉	官吏	《元史》189/4321
刘诜	83	男	汉	官吏	《元史》190/4342
韩冲	83	男	汉	官吏	《滋溪文稿》卷12《工部尚书韩公神道碑铭》

姓名	寿命	性别	民族	身份	出处
董清	83	男	汉	官吏	《滋溪文稿》卷20《董府君墓碑铭》
靳德茂	83	男	汉	官吏/医生	《元靳德茂墓碑》
胡炳文	84	男	汉	官吏	《历代名人生卒录》
刘成	84	男	汉	官吏	《历代名人生卒录》
胡松	84	男	汉	官吏	《元故婺州路兰溪州判官致仕胡君墓志铭》
王鹗	84	男	汉	官吏	《元史》160/3757
曹云西	84	男	汉	画家	《历代名人生卒录》
孟氏	84	女	汉	平民	《元史》197/4448
郭聚	84	男	汉	平民	《滋溪文稿》卷20《郭府君墓表》
杨德	84	男	汉	平民	《滋溪文稿》卷20《杨氏先茔碣铭》
镇海	84	男	蒙古	官吏	《元史》120/2964
草庐	85	男	汉	官吏	《历代名人生卒录》
洪希文	85	男	汉	官吏	《历代名人生卒录》
刘友益	85	男	汉	官吏	《历代名人生卒录》
牟巘	85	男	汉	官吏	《历代名人生卒录》
年献之	85	男	汉	官吏	《历代名人生卒录》
吴克己	85	男	汉	官吏	《历代名人生卒录》
章元泽	85	男	汉	官吏	《历代名人生卒录》
董朴	85	男	汉	官吏	《元史》190/4340
陆文圭	85	男	汉	官吏	《元史》190/4345
张升	85	男	汉	官吏	《滋溪文稿》卷16《张氏先茔碑铭》
崔显母	85	女	汉	官吏	《滋溪文稿》卷23《崔孝廉传》
欧阳玄	85	男	汉	官吏/词人	《元史》182/4198
窦默	85	男	汉	官吏/哲学家	《元史》158/3732
吴澄	85	男	汉	官吏/哲学家/词人	《元史》171/4014
吴克己妻舒	85	女	汉	平民	《历代名人生卒录》
王氏	85	女	汉	平民	《滋溪文稿》卷16《杨氏东茔碑铭》
张氏	85	女	汉	平民	《滋溪文稿》卷17《和公墓碑铭》
张氏	85	女	汉	平民	《滋溪文稿》卷21《张氏墓志铭》
石盏德玉	85	男	女真	剧作家/画家	《洪山老人石琖公墓碣铭》
潘声甫	86	男	汉	官吏	《历代名人生卒录》
潘音	86	男	汉	官吏	《历代名人生卒录》
邵弥远	86	男	汉	官吏	《历代名人生卒录》
谢晟孙	86	男	汉	官吏	《历代名人生卒录》
杜思敬	86	男	汉	官吏	《元史》151/3576
史弼	86	男	汉	官吏	《元史》162/3803

姓名	寿命	性别	民族	身份	出处
郭守敬	86	男	汉	官吏	《元史》164/3852
黄公望	86	男	汉	画家	《中国历史人物辞典》
卢全妻王	86	女	汉	平民	《历代名人生卒录》
刘氏	86	女	汉	平民	《滋溪文稿》卷20《郑公神道碑铭》
耶律有尚	86	男	契丹	官吏	《元史》174/4065
李昶	87	男	汉	官吏	《元史》160/3763
陈天祥	87	男	汉	官吏	《元史》168/3950
黄泽	87	男	汉	官吏	《元史》189/4325
董源	87	男	汉	官吏	《滋溪文稿》卷10《董公神道碑铭》
苏恒	87	男	汉	官吏	《滋溪文稿》卷21《苏君墓碣铭》
黄楚望	87	男	汉	官吏/道士	《历代名人生卒录》
释净日	88	男	汉	佛僧	《历代名人生卒录》
释行端	88	男	汉	佛僧	《历代名人生卒录》
周霆震	88	男	汉	官吏	《历代名人生卒录》
李冶	88	男	汉	官吏	《元史》160/3760
昔班	89	男	畏兀儿	官吏	《元史》134/3247
白氏之姑	90	女	汉	平民	《元史》200/4495
韩公麟母	90	女	汉	平民	《滋溪文稿》卷22《韩公行状》
伯德氏	90	女	蒙古	平民	《滋溪文稿》卷7《耶律文正公神道》
库烈儿	90	男	契丹	官吏	《元史》150/3544
王文炳	92	男	汉	官吏	《历代名人生卒录》
石天麟	92	男	汉	官吏	《元史》153/3620
王磐	92	男	汉	官吏	《元史》160/3755
王良	92	男	汉	官吏	《元史》164/3843
尚文	92	男	汉	官吏	《元史》170/3988
王幼学	93	男	汉	隐士	《中国历代藏书家辞典》
欧阳泾	95	男	汉	官吏	《历代名人生卒录》
安松	95	男	汉	官吏	《滋溪文稿》卷14《安先生墓志铭》
范氏	95	女	汉	平民	《元史》201/4500
邢植	96	男	汉	官吏	《历代名人生卒录》
吾也而	96	男	蒙古	官吏	《元史》120/2969
杨元诚	97	男	汉	官吏	《东维子文集·元故中奉大夫浙东尉杨公神道碑》
陈氏	97	女	汉	平民	《滋溪文稿》卷20《郭府君墓表》
郭回母	98	女	汉	平民	《元史》197/4445
谢应芳	98	男	汉	哲学家/词人	《元代出版史》P74
蒋氏	100	女	汉	平民	《滋溪文稿》卷18《程府君墓碑铭》

续表

姓名	寿命	性别	民族	身份	出处
阿剌瓦丁	102	男	畏兀儿	官吏	《元史》123/3026
林氏	103	女	汉	平民	《元史》201/4599
扎八儿火者	118	男	赛夷	官吏	《元史》120/2960

说明：

1. 关于寿命数据。表中寿命均为虚岁。原始记载死亡年龄为约数的，如七十余、八十余、近七十等均取整数收录；同一人的寿命在不同资料的记载有差异的，尽量考校，不可考的舍去。

2. 关于姓名。姓名收录尊重原始材料，一些人只载有姓氏，一些人的姓名记载的是与相关人物的关系，如郭回母、白氏之姑等。同一人在不同资料中以名为名、以字号为名而重复收录的，已统一选取以名收录。

3. 关于身份。人物身份的收录参照多种史料记载、相关研究著述和工具书，同一人常常见有多种身份，因此标注未必全面、准确。《历代名人生卒录》中均未注明人物身份，因所收录者为名人，故将元代名人中的女性列为平民、释氏列为僧，其他列为官吏。

4. 关于民族。元代民族氏族问题复杂，存疑颇多，人物民族归属也多存争议。资料中民族名称的标注，河西、西夏都标注为唐兀，畏兀、回鹘都标注为畏兀儿，雍古、汪古都标注为旺古，女直都标注为女真，哈鲁都标注为哈剌鲁。人物民族归属参照史料记载和有关学术观点标注。元代已汉化的民族标注为汉族，如元好问原为北魏鲜卑族拓跋氏，汉化改以"元"为姓；蒲道源原为西南氏族，后迁到陕西，汉化为"蒲"姓。

5. 关于出处。《元史》后的第一个数字指卷数，第二个数字为页数。其他出处大都仅标有页数或卷数。

元代文集中的墓志铭、墓表、神道碑、行状等，见有大量元代人的寿命数据，但因时间精力所限，未能尽收，很是遗憾。所有资料汇聚起来，尽管多次核查、考证、修改，难免还有与史实不符或重、讹之处。所列资料仅供参考。

附录二 元代人口姓氏分布资料(1418 人)

姓名	性别	籍贯或居住地	出处	元行政区	现行政区
野蒲氏	男	张掖	《元史》卷 132《昂吉儿传》	甘肃行省甘州路	甘肃
岳忽南	男	甘州路	《元史》卷 36《文宗五》	甘肃行省甘州路	甘肃
何惠月	男	宁夏	《元史》卷 197《孝友一》	甘肃行省宁夏府路	宁夏
杨朵儿只	男	宁夏	《元史》卷 179《杨朵儿只传》	甘肃行省宁夏府路	宁夏
赵那海	男	宁夏路	《元史》卷 36《文宗五》,卷 197《孝友一》	甘肃行省宁夏府路	宁夏
郝荣	男	山丹州	《元史》卷 35《文宗四》	甘肃行省山丹州	甘肃
宁猪狗	男	山丹州	《元史》卷 197《孝友一》	甘肃行省山丹州	甘肃
楚鼎	男	安丰蒙城	《元史》卷 166《楚鼎传》	河南江北行省安丰路	安徽
高泽	男	安丰	《元史》卷 197《孝友一》	河南江北行省安丰路	安徽
高中	男	濠州	《元史》卷 197《孝友一》	河南江北行省安丰路	安徽
郭子兴	男	定远	《中国历代人名大辞典》	河南江北行省安丰路	安徽
何溥	男	安丰	《元史》卷 197《孝友一》	河南江北行省安丰路	安徽
石思让	男	安丰	《元史》卷 197《孝友一》	河南江北行省安丰路	安徽
王德新	男	安丰	《元史》卷 197《孝友一》	河南江北行省安丰路	安徽
许从政	男	下蔡	《元史》卷 197《孝友一》	河南江北行省安丰路	安徽
许氏	女	安丰	《元史》卷 200《列女一》	河南江北行省安丰路	安徽
翼宁	男	安丰	《元史》卷 197《孝友一》	河南江北行省安丰路	安徽
张镣	男	下蔡	《元史》卷 197《孝友一》	河南江北行省安丰路	安徽
张旺舅	男	安丰霍丘	《元史》卷 197《孝友一》	河南江北行省安丰路	安徽
王胜	男	桐城	《中国历代人名大辞典》	河南江北行省安庆路	安徽
王幼学	男	望江	《中国私家藏书史》	河南江北行省安庆路	安徽
卜天璋	男	汴	《元史》卷 191《良吏一》	河南江北行省汴梁路	河南
曹德	男	钧州	《元史》卷 201《列女二》	河南江北行省汴梁路	河南
陈善	男	汴梁	《元史》卷 197《孝友一》	河南江北行省汴梁路	河南
陈思济	男	柘城	《元史》卷 168《陈思济传》	河南江北行省汴梁路	河南

姓名	性别	籍贯或居住地	出处	元行政区	现行政区
陈祖仁	男	汴	《元史》卷 186《陈祖仁传》	河南江北行省汴梁路	河南
邓孝祖	男	汴梁	《元史》卷 197《孝友一》	河南江北行省汴梁路	河南
丁文忠	男	许州偃城	《元史》卷 197《孝友一》	河南江北行省汴梁路	河南
丁煦	男	汴梁	《元史》卷 197《孝友一》	河南江北行省汴梁路	河南
杜天麟	男	汴梁	《元史》卷 197《孝友一》	河南江北行省汴梁路	河南
段好仁	男	郑州	《元史》卷 197《孝友一》	河南江北行省汴梁路	河南
范孟	男	开封杞县	《元史》卷 40《顺帝三》,卷 186《归旸传》	河南江北行省汴梁路	河南
范显	男	钧州阳翟	《通制条格校注》卷 3《户令》	河南江北行省汴梁路	河南
高成	男	汴梁	《元史》卷 197《孝友一》	河南江北行省汴梁路	河南
归旸	男	汴梁	《元史》卷 186《归旸传》	河南江北行省汴梁路	河南
郭敏	男	杞县	《图绘宝鉴》卷 5	河南江北行省汴梁路	河南
韩荣	男	汴梁	《元史》卷 197《孝友一》	河南江北行省汴梁路	河南
韩因	男	汴梁	《元史》卷 194《忠义二》	河南江北行省汴梁路	河南
韩元善	男	汴梁太康	《元史》卷 184《韩元善传》	河南江北行省汴梁路	河南
韩政	男	河南睢州	《中国历代人名大辞典》	河南江北行省汴梁路	河南
何泰	男	汴梁	《元史》卷 197《孝友一》	河南江北行省汴梁路	河南
胡伴侣	男	钧州密县	《元史》卷 198《孝友二》	河南江北行省汴梁路	河南
胡闰儿	男	陈州	《中国历代人名大辞典》	河南江北行省汴梁路	河南
扈铎	男	汴梁兰阳	《元史》卷 197《孝友一》	河南江北行省汴梁路	河南
霍显卿	男	郑州	《元史》卷 200《列女一》	河南江北行省汴梁路	河南
霍耀卿	男	郑州	《元史》卷 200《列女一》	河南江北行省汴梁路	河南
蒋氏	女	汴	《图绘宝鉴》卷 5	河南江北行省汴梁路	河南
李氏	女	汴梁	《元史》卷 201《列女二》	河南江北行省汴梁路	河南
李氏	女	开封	《滋溪文稿》卷 16	河南江北行省汴梁路	河南
李顺儿	女	许州	《元史》卷 201《列女二》	河南江北行省汴梁路	河南
李文渊	男	汴梁	《元史》卷 197《孝友一》	河南江北行省汴梁路	河南
刘斌	男	汴梁	《元史》卷 197《孝友一》	河南江北行省汴梁路	河南
刘德泉	男	汴梁杞县	《元史》卷 197《孝友一》	河南江北行省汴梁路	河南
刘源	男	归德中牟	《元史》卷 198《孝友二》	河南江北行省汴梁路	河南
孟志刚	男	汴梁	《元史》卷 201《列女二》	河南江北行省汴梁路	河南
尚氏	女	开封	《滋溪文稿》卷 16	河南江北行省汴梁路	河南
邵敬祖	男	宛丘	《元史》卷 197《孝友一》	河南江北行省汴梁路	河南
史恪	男	汴梁	《元史》卷 197《孝友一》	河南江北行省汴梁路	河南
孙淑	女	汴	《名媛诗归》	河南江北行省汴梁路	河南
田滋	男	开封	《元史》卷 191《良吏一》	河南江北行省汴梁路	河南

姓名	性别	籍贯或居住地	出处	元行政区	现行政区
王氏	女	开封	《滋溪文稿》卷 16	河南江北行省汴梁路	河南
乌冲	男	汴	《滋溪文稿》卷 14	河南江北行省汴梁路	河南
吴炳	男	杞县	《元史》卷 186《归旸传》	河南江北行省汴梁路	河南
夏全	男	鄢陵	《元史》卷 197《孝友一》	河南江北行省汴梁路	河南
徐世隆	男	陈州西华	《元史》卷 160《徐世隆传》	河南江北行省汴梁路	河南
许衡	男	河南新郑	《元史》卷 158《许衡传》	河南江北行省汴梁路	河南
薛明善	男	郑州	《元史》卷 197《孝友一》	河南江北行省汴梁路	河南
阎让	男	中牟	《元史》卷 197《孝友一》	河南江北行省汴梁路	河南
杨果	男	许昌	《元史》卷 164《杨果传》	河南江北行省汴梁路	河南
尹华	男	汴梁	《元史》卷 34《文宗三》	河南江北行省汴梁路	河南
尹莘	男	汴梁洧川	《元史》卷 197《孝友一》	河南江北行省汴梁路	河南
张齐	男	郑州	《元史》卷 197《孝友一》	河南江北行省汴梁路	河南
张荣	男	鄢陵	《元史》卷 151《张荣传》	河南江北行省汴梁路	河南
张氏	女	长葛	《滋溪文稿》卷 21	河南江北行省汴梁路	河南
张显祖	男	汴梁	《元史》卷 197《孝友一》	河南江北行省汴梁路	河南
张裕	男	汴梁	《元史》卷 197《孝友一》	河南江北行省汴梁路	河南
张桢	男	汴	《元史》卷 186《张桢传》	河南江北行省汴梁路	河南
赵璧	男	郑州	《元史》卷 197《孝友一》	河南江北行省汴梁路	河南
茅氏	女	崇明	《元史》卷 200《列女一》	河南江北行省崇明州	上海
朱清	男	崇明	《中国历代人名大辞典》	河南江北行省崇明州	上海
高可焘	男	德安随州	《元史》卷 35《文宗四》,卷 197《孝友一》	河南江北行省德安府	湖北
赵复	男	德安	《元史》卷 189《儒学一》	河南江北行省德安府	湖北
赵孝妇	女	德安应城	《元史》卷 200《列女一》	河南江北行省德安府	湖北
卜胜荣	男	高邮	《元史》卷 197《孝友一》	河南江北行省高邮府	江苏
高氏	男	高邮	《元史》卷 201《列女二》	河南江北行省高邮府	江苏
孙奕	男	高邮府宝应	《元史》卷 20《成宗三》,卷 54《五行一》	河南江北行省高邮府	江苏
张氏	女	高邮	《元史》卷 201《列女二》	河南江北行省高邮府	江苏
张提领	男	高邮	《元史》卷 186《张桢传》	河南江北行省高邮府	江苏
曹彦可	男	亳州	《元史》卷 194《忠义二》	河南江北行省归德府	安徽
陈君佐	男	宿州	《图绘宝鉴》卷 5	河南江北行省归德府	安徽
陈乞儿	男	归德夏邑	《元史》卷 197《孝友一》	河南江北行省归德府	河南
杜佑	男	邳州	《元史》卷 197《孝友一》	河南江北行省归德府	江苏
葛祥	男	归德	《元史》卷 197《孝友一》	河南江北行省归德府	河南
郭成	男	亳州	《元史》卷 197《孝友一》	河南江北行省归德府	安徽

姓名	性别	籍贯或居住地	出处	元行政区	现行政区
胡居仁	男	徐州	《元史》卷34《文宗三》,卷197《孝友一》	河南江北行省归德府	江苏
孔全	男	亳州鹿邑	《元史》卷197《孝友一》	河南江北行省归德府	河南
李二	男	萧县	《元史》卷42《顺帝五》	河南江北行省归德府	安徽
李二	男	邳州	《中国历代人名大辞典》	河南江北行省归德府	江苏
李让	男	徐州	《元史》卷201《列女二》	河南江北行省归德府	江苏
刘弼	男	归德	《元史》卷197《孝友一》	河南江北行省归德府	河南
刘通	男	亳州谯县	《元史》卷197《孝友一》	河南江北行省归德府	安徽
刘泽	男	睢阳	《元史》卷200《列女一》	河南江北行省归德府	河南
吕德	男	宁陵	《元史》卷197《孝友一》	河南江北行省归德府	河南
孟祺	男	宿州符离	《元史》卷160《孟祺传》	河南江北行省归德府	安徽
盛昭	男	归德	《元史》卷194《忠义二》	河南江北行省归德府	河南
石普	男	徐州	《元史》卷194《忠义二》	河南江北行省归德府	江苏
史彦斌	男	邳州	《元史》卷198《孝友二》	河南江北行省归德府	江苏
孙克忠	男	宿州	《元史》卷197《孝友一》	河南江北行省归德府	安徽
王珪	男	归德	《元史》卷197《孝友一》	河南江北行省归德府	河南
王氏	男	宁陵	《元史》卷192《良吏二》	河南江北行省归德府	河南
王珍	男	宿州	《元史》卷197《孝友一》	河南江北行省归德府	安徽
吴希曾	男	睢宁	《元史》卷197《孝友一》	河南江北行省归德府	江苏
杨氏	男	宁陵	《元史》卷192《良吏二》	河南江北行省归德府	河南
张德成	男	归德	《元史》卷197《孝友一》	河南江北行省归德府	河南
张氏	男	归德府永城	《元史》卷35《文宗五》	河南江北行省归德府	河南
张逊	男	归德	《元史》卷197《孝友一》	河南江北行省归德府	河南
张允中	男	徐州	《元史》卷197《孝友一》	河南江北行省归德府	江苏
赵君用	男	萧县	《元史》卷42《顺帝五》	河南江北行省归德府	安徽
陈某	男	陕州	《元史》卷200《列女一》	河南江北行省河南府路	河南
陈天祥	男	洛阳	《元史》卷168《陈祐传》	河南江北行省河南府路	河南
董清	男	河南洛阳	《滋溪文稿》卷20	河南江北行省河南府路	河南
高颜和	男	河南	《元史》卷197《孝友一》	河南江北行省河南府路	河南
夹谷天祐	男	河南	《元史》卷197《孝友一》	河南江北行省河南府路	河南
靳孟亨	男	洛阳	《滋溪文稿》卷7	河南江北行省河南府路	河南
李福	男	河南	《元史》卷197《孝友一》	河南江北行省河南府路	河南
李氏（溥圆）	男	河南	《图绘宝鉴》卷5	河南江北行省河南府路	河南
刘坚	男	洛阳	《滋溪文稿》卷20	河南江北行省河南府路	河南
刘濆	男	河南	《元史》卷195《忠义三》	河南江北行省河南府路	河南

姓名	性别	籍贯或居住地	出处	元行政区	现行政区
刘氏	女	河南	《元史》卷201《列女二》	河南江北行省河南府路	河南
陆仁	男	河南	《中国历代人名大辞典》	河南江北行省河南府路	河南
秦长卿	男	洛阳	《元史》卷168《秦长卿传》	河南江北行省河南府路	河南
秦氏	女	河南宜阳	《元史》卷200《列女一》	河南江北行省河南府路	河南
秦氏	女	河南宜阳	《元史》卷200《列女一》	河南江北行省河南府路	河南
任格	男	河南洛阳	《滋溪文稿》卷13	河南江北行省河南府路	河南
沙全	男	河南柳泉	《元史》卷132《沙全传》	河南江北行省河南府路	河南
孙裔	男	河南	《元史》卷197《孝友一》	河南江北行省河南府路	河南
王安哥	女	偃师	《元史》卷200《列女一》	河南江北行省河南府路	河南
王四	男	河南	《元史》卷4《世祖一》,卷50《五行一》	河南江北行省河南府路	河南
王宗道	男	河南	《元史》卷197《孝友一》	河南江北行省河南府路	河南
王佐	男	登封	《元史》卷197《孝友一》	河南江北行省河南府路	河南
阎遂	男	河南	《元史》卷34《文宗三》	河南江北行省河南府路	河南
杨公直	男	洛阳	《滋溪文稿》卷7	河南江北行省河南府路	河南
杨朴	男	河南	《元史》卷194《忠义二》	河南江北行省河南府路	河南
杨氏	男	河南	《元史》卷200《列女一》	河南江北行省河南府路	河南
姚枢	男	洛阳	《元史》卷158《姚枢传》	河南江北行省河南府路	河南
姚燧	男	洛阳	《元史》卷174《姚燧传》	河南江北行省河南府路	河南
张恭	男	河南偃师	《元史》卷197《孝友一》	河南江北行省河南府路	河南
赵喜珠	女	河南	《续玉台文苑》	河南江北行省河南府路	河南
朱锦哥	女	洛阳	《元史》卷200《列女一》	河南江北行省河南府路	河南
朱友谅	男	河南	《元史》卷197《孝友一》	河南江北行省河南府路	河南
萧月潭	男	淮	《图绘宝鉴》卷5	河南江北行省淮安路	江苏
翟諟	男	淮安	《元史》卷197《孝友一》	河南江北行省淮安路	江苏
管如德	男	黄州黄陂	《元史》卷165《管如德传》	河南江北行省黄州路	湖北
欧普祥	男	黄冈	《中国历代人名大辞典》	河南江北行省黄州路	湖北
邹普胜	男	黄州麻城	《元史》卷42《顺帝五》	河南江北行省黄州路	湖北
高仁	男	庐州路	《元史》卷36《文宗五》	河南江北行省庐州路	安徽
羊仁	男	庐州庐江	《元史》卷197《孝友一》	河南江北行省庐州路	安徽
余阙	男	庐州	《元史》卷143《余阙传》	河南江北行省庐州路	安徽
张氏	女	庐州	《元史》卷200《列女一》	河南江北行省庐州路	安徽
张顺兴	男	庐州	《元史》卷41《顺帝四》	河南江北行省庐州路	安徽
陈友谅	男	沔阳	《中国历代人名大辞典》	河南江北行省沔阳府	湖北
倪文俊	男	沔阳	《中国历代人名大辞典》	河南江北行省沔阳府	湖北
徐胜祖	男	沔阳	《元史》卷197《孝友一》	河南江北行省沔阳府	湖北

姓名	性别	籍贯或居住地	出处	元行政区	现行政区
白景亮	男	南阳	《元史》卷 192《良吏二》	河南江北行省南阳府	河南
孛术鲁翀	男	邓之顺阳	《元史》卷 183《孛术鲁翀传》	河南江北行省南阳府	河南
畅师文	男	南阳	《元史》卷 170《畅师文传》	河南江北行省南阳府	河南
陈介	男	南阳	《元史》卷 197《孝友一》	河南江北行省南阳府	河南
成遵	男	南阳穰县	《元史》卷 186《成遵传》	河南江北行省南阳府	河南
李庭瑞	男	南阳裕州	《元史》卷 36《文宗五》,卷 197《孝友一》	河南江北行省南阳府	河南
刘权	男	南阳	《元史》卷 197《孝友一》	河南江北行省南阳府	河南
刘整	男	邓州穰城	《元史》卷 161《刘整传》	河南江北行省南阳府	河南
王保子	男	叶县	《元史》卷 200《列女一》	河南江北行省南阳府	河南
王磐	男	汝之鲁山	《元史》卷 160《王磐传》	河南江北行省南阳府	河南
武展	男	汝州梁县	《滋溪文稿》卷 25	河南江北行省南阳府	河南
郗二	男	南阳	《元史》卷 33《文宗二》	河南江北行省南阳府	河南
杨思敬	男	卢氏	《忻州志》	河南江北行省南阳府	河南
张二	男	邓州	《通制条格校注》卷 17《赋役》	河南江北行省南阳府	河南
赵毓	男	唐州	《元史》卷 197《孝友一》	河南江北行省南阳府	河南
周郁	男	南阳	《元史》卷 197《孝友一》	河南江北行省南阳府	河南
徐寿辉	男	蕲州罗田	《元史》卷 42《顺帝五》	河南江北行省蕲州路	湖北
朱氏	男	蕲州罗田	《元史》卷 197《孝友一》	河南江北行省蕲州路	湖北
高兴	男	蔡州	《元史》卷 162《高兴传》	河南江北行省汝宁府	河南
郭菩萨	男	息州	《元史》卷 29《泰定帝一》	河南江北行省汝宁府	河南
李从善	男	汝宁	《元史》卷 197《孝友一》	河南江北行省汝宁府	河南
李守中	男	颍州	《滋溪文稿》卷 11	河南江北行省汝宁府	河南
李思齐	男	信阳罗山	《元史》卷 42《顺帝五》	河南江北行省汝宁府	河南
刘福通	男	颍州	《元史》卷 42《顺帝五》	河南江北行省汝宁府	安徽
马祖常	男	光州	《元史》卷 143《马祖常传》	河南江北行省汝宁府	河南
马祖谦	男	光州	《滋溪文稿》卷 19	河南江北行省汝宁府	河南
移刺伯颜	男	息州	《元史》卷 197《孝友一》	河南江北行省汝宁府	河南
张桓	男	汝宁	《元史》卷 194《忠义二》	河南江北行省汝宁府	河南
张绍祖	男	颍州	《元史》卷 198《孝友二》	河南江北行省汝宁府	安徽
张郁	男	汝宁	《元史》卷 197《孝友一》	河南江北行省汝宁府	河南
赵丑厮	男	息州	《元史》卷 29《泰定帝一》	河南江北行省汝宁府	河南
周全	男	汝宁光州	《元史》卷 165《周全传》	河南江北行省汝宁府	河南
秦桂华	男	峡州	《元史》卷 197《孝友一》	河南江北行省峡州路	湖北
向存义	男	峡州	《元史》卷 197《孝友一》	河南江北行省峡州路	湖北

姓名	性别	籍贯或居住地	出处	元行政区	现行政区
李氏	男	襄阳南漳	《元史》卷16《世祖十三》,卷50《五行一》	河南江北行省襄阳路	湖北
田端	男	均州郧县	《元史》卷195《忠义三》	河南江北行省襄阳路	湖北
张氏	男	枣阳	《元史》卷51《五行二》	河南江北行省襄阳路	湖北
朱某	男	枣阳	《元史》卷200《列女一》	河南江北行省襄阳路	湖北
贾蓬莱	女	扬州江都	《福建通志》	河南江北行省扬州路	江苏
李茂	男	扬州	《元史》卷197《孝友一》	河南江北行省扬州路	江苏
吕天麟	男	扬州路	《元史》卷35《文宗四》	河南江北行省扬州路	江苏
盛昭	男	扬州	《图绘宝鉴》卷5	河南江北行省扬州路	江苏
睢景臣	男	扬州	《中国历代人名大辞典》	河南江北行省扬州路	江苏
张士诚	男	泰州白驹场	《元史》卷43《顺帝六》,卷194《忠义二》	河南江北行省扬州路	江苏
陈一宁	男	江陵	《元史》卷197《孝友一》	河南江北行省中兴路	湖北
傅文鼎	男	中兴	《元史》卷197《孝友一》	河南江北行省中兴路	湖北
穆坚	男	江陵	《元史》卷197《孝友一》	河南江北行省中兴路	湖北
尹梦龙	男	中兴	《元史》卷197《孝友一》	河南江北行省中兴路	湖北
张二	男	江陵	《元史》卷13《世祖十》	河南江北行省中兴路	湖北
班光金	男	八番	《元史》卷29《泰定帝一》	湖广行省八番顺元宣慰司	贵州
黎平爱	男	播州	《元史》卷30《泰定帝二》	湖广行省播州宣抚司	贵州
谢乌穷	男	播州	《元史》卷30《泰定帝二》	湖广行省播州宣抚司	贵州
曹氏	女	茶陵	《元史》卷201《列女二》	湖广行省茶陵州	湖南
刘耕孙	男	茶陵州	《元史》卷195《忠义三》	湖广行省茶陵州	湖南
覃氏	男	茶陵	《元史》卷184《王都中传》	湖广行省茶陵州	湖南
谭景星	男	茶陵	《元史》卷197《孝友一》	湖广行省茶陵州	湖南
卢氏	男	常德	《元史》卷183《苏天爵传》	湖广行省常德路	湖南
莫氏	男	常德	《元史》卷183《苏天爵传》	湖广行省常德路	湖南
谭氏	男	常德	《元史》卷184《苏天爵传》	湖广行省常德路	湖南
汪氏	男	常德	《元史》卷183《苏天爵传》	湖广行省常德路	湖南
文氏	男	沅陵	《元史》卷183《苏天爵传》	湖广行省辰州路	湖南
符翼轸	男	道州宁远	《元史》卷28《英宗二》	湖广行省道州路	湖南
蒋氏	男	道州	《元史》卷40《顺帝三》	湖广行省道州路	湖南
唐大二	男	道州	《元史》卷41《顺帝四》	湖广行省道州路	湖南
蒋仁五	男	贺州	《元史》卷41《顺帝四》	湖广行省贺州	广西
吴天保	男	靖州	《元史》卷41《顺帝四》	湖广行省靖州路	湖南
魏贵	男	古城	《元史》卷200《列女一》	湖广行省静江路	广西

姓名	性别	籍贯或居住地	出处	元行政区	现行政区
王文何	男	琼州临高	《元史》卷21《成宗四》	湖广行省雷州路	海南
吴国宝	男	雷州	《元史》卷197《孝友一》	湖广行省雷州路	海南
朱克彬	男	雷州	《元史》卷200《列女一》	湖广行省雷州路	湖南
欧阳玄	男	浏阳	《元史》卷182《欧阳玄传》	湖广行省浏阳州	湖南
谢一鲁	男	浏阳	《元史》卷195《忠义三》	湖广行省浏阳州	湖南
周镗	男	浏阳州	《元史》卷195《忠义三》	湖广行省浏阳州	湖南
黄德清	男	柳州	《元史》卷15《世祖十二》	湖广行省柳州路	广西
黄震	男	邕州	《元史》卷177《臧梦解 陆垕传》	湖广行省南宁路	广西
黄焱	男	钦州	《元史》卷30《泰定帝二》	湖广行省钦州路	广西
潘父绢	男	广西庆远	《元史》卷29《泰定帝一》	湖广行省庆远南丹安抚司	广西
黄宗永	男	广西思明州	《元史》卷33《文宗二》	湖广行省思明路	广西
田仁	男	思州	《元史》卷30《泰定帝二》	湖广行省思州宣抚司	贵州
杨大车	男	思州平茶	《元史》卷29《泰定帝一》	湖广行省思州宣抚司	贵州
许文杰	男	广西全茗州	《元史》卷30《泰定帝二》	湖广行省太平路	广西
唐氏	男	藤州	《元史》卷177《臧梦解 陆垕传》	湖广行省藤州	广西
冯子振	男	攸州	《元史》卷190《儒学二》	湖广行省天临路	湖南
李孔英	男	潭州	《元史》卷197《孝友一》	湖广行省天临路	湖南
欧阳诚复	男	衡山	《元史》卷197《孝友一》	湖广行省天临路	湖南
汤居恭	男	潭州	《元史》卷197《孝友一》	湖广行省天临路	湖南
张康	男	潭州湘潭	《元史》卷203《方技》	湖广行省天临路	湖南
赵淇	男	潭州	《图绘宝鉴》卷5	湖广行省天临路	湖南
盛昌年	男	武林	《元代出版史》P126	湖广行省田州路	广西
张孔孙	男	隆安	《元史》卷174《张孔孙传》	湖广行省田州路	广西
吴法受	男	梧州	《元史》卷10《世祖七》	湖广行省梧州路	广西
聂炳	男	江夏	《元史》卷195《忠义三》	湖广行省武昌路	湖北
谢端	男	武昌	《元史》卷182《谢端传》	湖广行省武昌路	湖北
钟斗光	男	兴国	《中国私家藏书史》	湖广行省兴国路	湖北
周鼎	男	兴国路大冶	《通制条格校注》卷20《赏令》	湖广行省兴国路	河北
岑世兴	男	云南右江	《元史》卷30《泰定帝二》	湖广行省右江	贵州
岑世忠	男	云南右江	《元史》卷30《泰定帝二》	湖广行省右江	贵州
唐申	男	沅州	《元史》卷173《燕公楠传》	湖广行省沅州路	贵州
刘琦	男	岳州临湘	《元史》卷198《孝友二》	湖广行省岳州	湖南
蔡猛	男	潮州	《元史》卷15《世祖十二》	江西行省潮州路	广东

姓名	性别	籍贯或居住地	出处	元行政区	现行政区
雷贵安	男	海阳	《通制条格校注》卷20《赏令》	江西行省潮州路	广东
钟友鸣	男	海阳	《通制条格校注》卷20《赏令》	江西行省潮州路	广东
周伯玉	男	潮阳	《广东女子艺文考》	江西行省潮州路	广东
刘寅	男	德庆路泷水	《元史》卷29《泰定帝一》	江西行省德庆路	广东
查居广	男	临川	《元诗选》	江西行省抚州路	江西
邓忠	男	江西临川	《元史》卷42《顺帝五》	江西行省抚州路	江西
何中	男	抚之乐安	《元史》卷199《隐逸》	江西行省抚州路	江西
黄绍	男	临川	《元史》卷195《忠义三》	江西行省抚州路	江西
黄嗣贞	女	金谿	《江西诗征》	江西行省抚州路	江西
黄晷	男	抚州金溪	《元史》卷196《忠义四》	江西行省抚州路	江西
孙辙	男	临川	《元史》卷199《隐逸》	江西行省抚州路	江西
陶氏	男	金溪	《元史》卷192《良吏二》	江西行省抚州路	江西
涂佑	男	江西宜黄	《元史》卷42《顺帝五》	江西行省抚州路	江西
危复之	男	抚之乐安	《元史》卷199《隐逸》	江西行省抚州路	江西
吴澂	男	抚之乐安	《元史》卷199《隐逸》	江西行省抚州路	江西
吴澄	男	抚州崇仁	《元史》卷171《吴澄传》	江西行省抚州路	江西
吴当	男	抚州崇仁	《元史》卷187《吴当传》	江西行省抚州路	江西
吴定翁	男	临川	《元史》卷199《隐逸》	江西行省抚州路	江西
虞集	男	临川崇仁	《元史》卷181《虞集传》	江西行省抚州路	江西
章伯颜	男	抚州	《元史》卷144《道童传》	江西行省抚州路	江西
蔡五九	男	赣州	《元史》卷25《仁宗二》	江西行省赣州路	江西
胡海	男	赣州	《元史》卷15《世祖十二》	江西行省赣州路	江西
孙正臣	男	宁都	《元史》卷28《英宗二》	江西行省赣州路	江西
林桂方	男	广东新会	《元史》卷12《世祖九》	江西行省广东路	广东
赵良钤	男	广东新会	《元史》卷12《世祖九》	江西行省广东路	广东
陈韶孙	男	广州番禺	《元史》卷24《仁宗一》,卷197《孝友一》	江西行省广东路	广东
汜长弟	男	广州新会	《元史》卷29《泰定帝一》	江西行省广东路	广东
朱光卿	男	广州增城	《元史》卷39《顺帝二》	江西行省广东路	广东
张思进	男	桂阳州	《元史》卷130《阿鲁浑萨理传》	江西行省桂阳州	湖南
聂秀卿	男	惠州归善	《元史》卷39《顺帝二》	江西行省惠州路	广东
谭景山	男	惠州归善	《元史》卷39《顺帝二》	江西行省惠州路	广东
曹毅	男	庐陵	《滋溪文稿》卷6	江西行省吉安路	江西
解子尚	男	吉水	《中国私家藏书史》	江西行省吉安路	江西
刘诜	男	吉安庐陵	《元史》卷190《儒学二》	江西行省吉安路	江西

姓名	性别	籍贯或居住地	出处	元行政区	现行政区
刘岳申	男	吉安庐陵	《元史》卷190《需学二》	江西行省吉安路	江西
龙仁夫	男	吉安庐陵	《元史》卷190《需学二》	江西行省吉安路	江西
罗明远	男	吉安路	《元史》卷42《顺帝五》	江西行省吉安路	江西
彭丝	男	安福	《中国历代人名大辞典》	江西行省吉安路	江西
杨景行	男	吉安太和州	《元史》卷192《良吏二》	江西行省吉安路	江西
程钜夫	男	建昌	《元史》卷172《程钜夫传》	江西行省建昌路	江西
戴良	男	建昌	《元史》卷42《顺帝五》	江西行省建昌路	江西
丘元	男	建昌	《元史》卷16《世祖十三》	江西行省建昌路	江西
范士奇	男	江州	《元史》卷197《孝友一》	江西行省江州路	江西
方氏	男	江州湖口	《元史》卷50《五行一》	江西行省江州路	江西
黄泽	男	九江	《元史》卷189《儒学一》	江西行省江州路	江西
范梈	男	清江	《元史》卷181《范梈传》	江西行省临江路	江西
傅若金	男	新喻	《滋溪文稿》卷13	江西行省临江路	江西
胡制机	男	新淦	《元史》卷20《成宗三》	江西行省临江路	江西
刘永之	男	清江	《中国历代人名大辞典》	江西行省临江路	江西
周自强	男	临江路新喻州	《元史》卷192《良吏二》	江西行省临江路	江西
陈璧	男	龙兴	《元史》卷201《列女二》	江西行省龙兴路	江西
陈淑真	女	龙兴	《元史》卷201《列女二》	江西行省龙兴路	江西
丁中	男	新建	《中国私家藏书史》	江西行省龙兴路	江西
胡斗元	男	靖安	《元史》卷195《忠义三》	江西行省龙兴路	江西
黄云	男	靖安	《元史》卷195《忠义三》	江西行省龙兴路	江西
揭傒斯	男	龙兴富州	《元史》卷181《揭傒斯传》	江西行省龙兴路	江西
刘孙	女	龙兴	《元史》卷201《列女二》	江西行省龙兴路	江西
刘贞	女	龙兴	《元史》卷201《列女二》	江西行省龙兴路	江西
汤霖	男	龙兴新建	《元史》卷198《孝友二》	江西行省龙兴路	江西
伍真父	男	南昌	《元史》卷181《虞集传》	江西行省龙兴路	江西
张仁兴	男	龙兴	《元史》卷34《文宗三》	江西行省龙兴路	江西
赵一德	男	龙兴新建	《元史》卷197《孝友一》	江西行省龙兴路	江西
燕公楠	男	南康之建昌	《元史》卷173《燕公楠传》	江西行省南康路	江西
杨宗伯	男	南康路建昌州	《滋溪文稿》卷19	江西行省南康路	江西
李明德	男	瑞州路上高	《元史》卷198《孝友二》	江西行省瑞州路	江西
王成	男	瑞州	《元史》卷201《列女二》	江西行省瑞州路	江西
晏顺	男	瑞州	《元史》卷13《世祖十》	江西行省瑞州路	江西
袁氏	女	瑞州	《元史》卷201《列女二》	江西行省瑞州路	江西

姓名	性别	籍贯或居住地	出处	元行政区	现行政区
周德清	男	高安	《中国历代人名大辞典》	江西行省瑞州路	江西
秦元吉	男	循州	《元史》卷27《英宗一》	江西行省循州	广东
钟明亮	男	循州	《中国历代人名大辞典》	江西行省循州	广东
刘传	男	清溪	《滋溪文稿》卷14	江西行省英德州	广东
彭莹玉	男	袁州	《中国历代人名大辞典》	江西行省袁州路	江西
周子旺	男	袁州	《元史》卷39《顺帝二》	江西行省袁州路	江西
黄宝才	男	肇庆路	《元史》卷29《泰定帝一》	江西行省肇庆路	广东
倪瓒	男	常州无锡	《图绘宝鉴》卷5	江浙行省常州路	江苏
谢应芳	男	武进	《元代出版史》P74	江浙行省常州路	江苏
方时发	男	池州	《元史》卷197《孝友一》	江浙行省池州路	安徽
李鹏飞	男	池州	《元史》卷197《孝友一》	江浙行省池州路	安徽
王勉	男	池州贵池	《元史》卷15《世祖十二》	江浙行省池州路	安徽
陈绎曾	男	处州	《元史》卷190《儒学二》	江浙行省处州路	浙江
胡深	男	处州	《元史》卷188《石抹宜孙传》	江浙行省处州路	浙江
季锐	男	处州龙泉	《元史》卷201《列女二》	江浙行省处州路	浙江
季文龙	男	处州青田	《元史》卷151《赵天锡传》	江浙行省处州路	浙江
刘甲乙	男	处州青田	《元史》卷16《世祖十三》	江浙行省处州路	浙江
毛氏	女	松阳	《元史》卷201《列女二》	江浙行省处州路	浙江
汤婿	女	龙泉	《元史》卷201《列女二》	江浙行省处州路	浙江
王梦松	男	青田	《元史》卷190《儒学二》	江浙行省处州路	浙江
王毅	男	龙泉	《中国私家藏书史》	江浙行省处州路	浙江
叶琛	男	处州	《元史》卷188《石抹宜孙传》	江浙行省处州路	浙江
余学古	男	青田	《元史》卷190《儒学二》	江浙行省处州路	浙江
张三八	男	龙泉	《元史》卷151《赵天锡传》	江浙行省处州路	浙江
张氏	女	处州龙泉	《元史》卷201《列女二》	江浙行省处州路	浙江
章焱	男	处州青田	《元史》卷151《赵天锡传》	江浙行省处州路	浙江
章溢	男	处州	《元史》卷188《石抹宜孙传》	江浙行省处州路	浙江
郑滁孙	男	处州	《元史》卷190《儒学二》	江浙行省处州路	浙江
郑元祐	男	遂昌	《中国历代人名大辞典》	江浙行省处州路	四川
祝公荣	男	处州丽水	《元史》卷198《孝友二》	江浙行省处州路	浙江
范妙元	女	奉化	《元史》卷201《列女二》	江浙行省奉化州	浙江
朱虞龙	男	福建	《元史》卷197《孝友一》	江浙行省福建道宣慰司	福建
林兴祖	男	福州罗源	《元史》卷192《良吏二》	江浙行省福州路	福建
吕复	男	福州	《元史》卷196《忠义四》	江浙行省福州路	福建
上官粹	男	闽县	《福建通志》	江浙行省福州路	福建
王都中	男	福宁州	《元史》卷184《王都中传》	江浙行省福州路	福建

姓名	性别	籍贯或居住地	出处	元行政区	现行政区
王荐	男	福宁	《元史》卷34《文宗三》,卷 197《孝友一》	江浙行省福州路	福建
吴海	男	闽县	《八闽通志》卷63	江浙行省福州路	福建
郑思肖	男	福州	《图绘宝鉴》卷5	江浙行省福州路	福建
王静照	男	建平	《元史》卷16《世祖十三》	江浙行省广德路	江苏
白珽	男	钱塘	《中国历史人物辞典》	江浙行省杭州路	浙江
曹妙清	女	钱塘	《杭州府志》	江浙行省杭州路	浙江
陈鉴	男	杭州	《图绘宝鉴》卷5	江浙行省杭州路	浙江
陈鑑如	男	杭州	《图绘宝鉴》卷5	江浙行省杭州路	浙江
仇远	男	钱塘	《中国历代人名大辞典》	江浙行省杭州路	浙江
戴淳	男	钱塘	《图绘宝鉴》卷5	江浙行省杭州路	浙江
邓牧	男	钱塘	《中国历代人名大辞典》	江浙行省杭州路	浙江
邓文原	男	钱塘	《元史》卷172《邓文原传》	江浙行省杭州路	浙江
丁清溪	男	钱塘	《图绘宝鉴》卷5	江浙行省杭州路	浙江
金仁杰	男	杭州	《元代出版史》P91	江浙行省杭州路	浙江
金渊	男	杭	《元史》卷170《雷膺传》	江浙行省杭州路	浙江
李邦宁	男	钱塘	《元史》卷204《宦者》	江浙行省杭州路	浙江
林坚	男	钱塘	《滋溪文稿》卷21	江浙行省杭州路	浙江
钱惟善	男	钱塘	《四库全书提要》	江浙行省杭州路	浙江
上正真	男	杭州	《图绘宝鉴》卷5	江浙行省杭州路	浙江
沈和	男	杭州	《中国历代人名大辞典》	江浙行省杭州路	浙江
沈麟	男	杭州	《图绘宝鉴》卷5	江浙行省杭州路	浙江
施惠	男	杭州	《中国历代人名大辞典》	江浙行省杭州路	浙江
宋汝志	男	钱塘	《图绘宝鉴》卷5	江浙行省杭州路	浙江
孙君泽	男	杭州	《图绘宝鉴》卷5	江浙行省杭州路	浙江
唐珍	男	杭州	《元史》卷16《世祖十三》	江浙行省杭州路	浙江
王景升	男	杭州	《图绘宝鉴》卷5	江浙行省杭州路	浙江
王晔	男	杭州	《中国历代人名大辞典》	江浙行省杭州路	浙江
王绎	男	杭州	《图绘宝鉴》卷5	江浙行省杭州路	浙江
王渊	男	杭州	《图绘宝鉴》卷5	江浙行省杭州路	浙江
魏一愚	男	杭州	《中国私家藏书史》	江浙行省杭州路	浙江
吴垢	男	杭州	《图绘宝鉴》卷5	江浙行省杭州路	浙江
吴古松	男	杭州	《图绘宝鉴》卷5	江浙行省杭州路	浙江
吾丘衍	男	钱塘	《元代出版史》P121	江浙行省杭州路	浙江
萧德祥	男	杭州	《中国历代人名大辞典》	江浙行省杭州路	浙江
杨辉	男	钱塘	《元代出版史》P110	江浙行省杭州路	浙江

姓名	性别	籍贯或居住地	出处	元行政区	现行政区
杨载	男	杭	《元史》卷190《儒学二》	江浙行省杭州路	浙江
姚氏	女	余杭	《元史》卷201《列女二》	江浙行省杭州路	浙江
叶李	男	杭州	《元史》卷173《叶李传》	江浙行省杭州路	浙江
余应桂	男	钱塘	《图绘宝鉴》卷5	江浙行省杭州路	浙江
俞全	男	杭州	《元史》卷197《孝友一》	江浙行省杭州路	浙江
臧良	男	钱塘	《图绘宝鉴》卷5	江浙行省杭州路	浙江
曾瑞卿	男	钱塘	《图绘宝鉴》卷5	江浙行省杭州路	浙江
张伯淳	男	杭州崇德	《元史》卷178《张伯淳传》	江浙行省杭州路	浙江
张妙净	女	钱塘	《名媛诗归》	江浙行省杭州路	浙江
张渥	男	杭州	《图绘宝鉴》卷5	江浙行省杭州路	浙江
张雨	男	钱塘	《元代出版史》P119	江浙行省杭州路	浙江
钟嗣成	男	杭州	《中国历代人名大辞典》	江浙行省杭州路	浙江
周密	男	钱塘	《图绘宝鉴》卷5	江浙行省杭州路	浙江
周如齐	男	杭州	《图绘宝鉴》卷5	江浙行省杭州路	浙江
朱氏	女	杭州	《元史》卷201《列女二》	江浙行省杭州路	浙江
常阳	男	武康	《四库全书提要》	江浙行省湖州路	浙江
管道升	女	吴兴	《中国历代人名大辞典》	江浙行省湖州路	浙江
郎氏	女	湖州安吉	《元史》卷200《列女一》	江浙行省湖州路	浙江
孟玉洞	男	吴兴	《图绘宝鉴》卷5	江浙行省湖州路	浙江
牟应龙	男	吴兴	《元史》卷190《儒学二》	江浙行省湖州路	浙江
倪渊	男	乌程	《中国历代人名大辞典》	江浙行省湖州路	浙江
钱远	男	吴兴	《中国历代人名大辞典》	江浙行省湖州路	浙江
唐棣	男	吴兴	《图绘宝鉴》卷5	江浙行省湖州路	浙江
王蒙	男	吴兴	《中国历代人名大辞典》	江浙行省湖州路	浙江
王氏	男	吴兴	《图绘宝鉴》卷5	江浙行省湖州路	浙江
王子中	男	武康	《元史》卷197《孝友一》	江浙行省湖州路	浙江
吴钧	男	吴兴	《中国私家藏书史》	江浙行省湖州路	浙江
吴庭晖	男	吴兴	《图绘宝鉴》卷5	江浙行省湖州路	浙江
徐恺	男	湖州南浔	《图绘宝鉴》卷5	江浙行省湖州路	浙江
姚氏	男	南浔	《乌程县志》	江浙行省湖州路	浙江
宇文公谅	男	吴兴	《元史》卷190《儒学二》	江浙行省湖州路	浙江
张氏	男	乌程	《元史》卷185《干文传传》	江浙行省湖州路	浙江
张文枢	男	湖州德清	《图绘宝鉴》卷5	江浙行省湖州路	浙江
章德一	男	归安	《中国私家藏书史》	江浙行省湖州路	浙江
赵孟頫	男	湖州	《元史》卷172《赵孟頫传》	江浙行省湖州路	浙江
赵奕	男	吴兴	《中国历代人名大辞典》	江浙行省湖州路	浙江

续表

姓名	性别	籍贯或居住地	出处	元行政区	现行政区
赵雍	男	吴兴	《中国历代人名大辞典》	江浙行省湖州路	浙江
鲍同仁	男	歙县	《中国历代人名大辞典》	江浙行省徽州路	安徽
陈栎	男	休宁	《元史》卷 189《儒学一》	江浙行省徽州路	安徽
程文	男	徽州婺源	《元史》卷 190《儒学二》	江浙行省徽州路	江西
戴焴	男	婺源	《中国私家藏书史》	江浙行省徽州路	江西
方回	男	徽州歙县	《中国历代人名大辞典》	江浙行省徽州路	安徽
胡炳文	男	婺源	《元史》卷 189《儒学一》	江浙行省徽州路	江西
胡发	男	绩溪	《元史》卷 16《世祖十三》	江浙行省徽州路	安徽
胡一桂	男	婺源	《元史》卷 189《儒学一》	江浙行省徽州路	江西
江丙	男	婺源	《元史》卷 185《干文传传》	江浙行省徽州路	江西
柯三八	男	绩溪	《元史》卷 192《良吏一》	江浙行省徽州路	安徽
潘氏	女	婺源	《元史》卷 201《列女二》	江浙行省徽州路	江西
饶必成	男	绩溪	《元史》卷 16《世祖十三》	江浙行省徽州路	安徽
舒頔	男	绩溪	《中国历代人名大辞典》	江浙行省徽州路	安徽
汪千十	男	歙县	《元史》卷 191《良吏一》	江浙行省徽州路	安徽
汪士濂	男	黟县	《中国私家藏书史》	江浙行省徽州路	安徽
汪泽民	男	婺源	《元史》卷 185《汪泽民传》	江浙行省徽州路	江西
吴子恭	男	歙县	《元史》卷 201《列女二》	江浙行省徽州路	安徽
赵汸	男	休宁	《中国历代人名大辞典》	江浙行省徽州路	安徽
郑玉	男	歙县	《元史》卷 196《忠义四》	江浙行省徽州路	安徽
朱震雷	男	休宁	《元史》卷 197《孝友一》	江浙行省徽州路	安徽
曹子英	男	溧水	《元史》卷 200《列女一》	江浙行省集庆路	江苏
樊渊	男	建康句容	《元史》卷 197《孝友一》	江浙行省集庆路	江苏
傅霖	男	集庆	《元史》卷 197《孝友一》	江浙行省集庆路	江苏
李桓	男	建康上元	《元史》卷 190《儒学二》	江浙行省集庆路	江苏
马彦翚	男	建康	《佩玉斋类稿》卷 4	江浙行省集庆路	江苏
潘桂	男	金陵	《图绘宝鉴》卷 5	江浙行省集庆路	江苏
汤大有	男	建康	《元史》卷 197《孝友一》	江浙行省集庆路	江苏
陶铉	男	金陵	《图绘宝鉴》卷 5	江浙行省集庆路	江苏
王丑丑	女	建康	《元史》卷 200《列女一》	江浙行省集庆路	江苏
王荣	男	句容	《元史》卷 197《孝友一》	江浙行省集庆路	江苏
王训	男	建康	《元史》卷 26《仁宗三》	江浙行省集庆路	江苏
偰佰僚逊	男	溧阳	《王文忠公文集》卷 6	江浙行省集庆路	江苏
偰哲笃	男	溧阳	《圭斋文集》卷 11《高昌偰氏家传》	江浙行省集庆路	江苏
杨刚中	男	建康上元	《元史》卷 190《儒学二》	江浙行省集庆路	江苏

姓名	性别	籍贯或居住地	出处	元行政区	现行政区
袁氏	女	建康溧水州	《元史》卷201《列女二》	江浙行省集庆路	江苏
周成	男	句容	《元史》卷197《孝友一》	江浙行省集庆路	江苏
李氏（道隐）	男	海盐当湖	《图绘宝鉴》卷5	江浙行省嘉兴路	浙江
林伯英	男	嘉兴魏塘	《图绘宝鉴》卷5	江浙行省嘉兴路	浙江
陆正	男	海盐	《中国历代人名大辞典》	江浙行省嘉兴路	浙江
溥博	男	嘉兴	《宋学士文集》卷17	江浙行省嘉兴路	浙江
沈雪坡	男	嘉兴魏塘	《图绘宝鉴》卷5	江浙行省嘉兴路	浙江
盛懋	男	嘉兴魏塘	《图绘宝鉴》卷5	江浙行省嘉兴路	浙江
王鼎	男	海盐	《图绘宝鉴》卷5	江浙行省嘉兴路	浙江
吴瓘	男	嘉兴	《图绘宝鉴》卷5	江浙行省嘉兴路	浙江
吴镇	男	嘉兴	《中国历代人名大辞典》	江浙行省嘉兴路	浙江
徐再思	男	嘉兴	《中国历史人物辞典》	江浙行省嘉兴路	浙江
杨梓	男	海盐	《中国历代人名大辞典》	江浙行省嘉兴路	浙江
周尧敏	男	海盐当湖	《图绘宝鉴》卷5	江浙行省嘉兴路	浙江
陈氏	男	严州淳安	《元史》卷198《孝友二》	江浙行省建德路	浙江
戴汝惟	男	桐庐	《元史》卷172《邓文原传》	江浙行省建德路	浙江
戴氏	男	严州淳安	《元史》卷198《孝友二》	江浙行省建德路	浙江
姜兼	男	严州淳安	《元史》卷198《孝友二》	江浙行省建德路	浙江
王氏	女	建德	《元史》卷200《列女一》	江浙行省建德路	浙江
徐舫	男	桐庐	《中国历代人名大辞典》	江浙行省建德路	浙江
余氏	男	建德遂安	《元史》卷197《孝友一》	江浙行省建德路	浙江
俞和	男	桐庐	《元代出版史》P120	江浙行省建德路	浙江
葛令史	男	建阳	《通制条格校注》卷20《赏令》	江浙行省建宁路	福建
官胜娘	女	建宁	《元史》卷201《列女二》	江浙行省建宁路	福建
黄福	男	建宁	《元史》卷15《世祖十二》	江浙行省建宁路	福建
黄华	男	建宁政和	《元史》卷10《世祖七》	江浙行省建宁路	福建
蒋易	男	建阳	《中国私家藏书史》	江浙行省建宁路	福建
李智贞	女	建宁浦城	《元史》卷200《列女一》	江浙行省建宁路	福建
苏照	男	建安	《中国历代人名大辞典》	江浙行省建宁路	福建
王贵甫	男	建宁	《元史》卷197《孝友一》	江浙行省建宁路	福建
徐彩鸾	女	浦城	《元史》卷201《列女二》	江浙行省建宁路	福建
徐嗣源	男	浦城	《元史》卷201《列女二》	江浙行省建宁路	福建
詹景仁	男	崇安	《中国私家藏书史》	江浙行省建宁路	福建
邹天佑	男	建宁路	《通制条格校注》卷20《赏令》	江浙行省建宁路	福建
梁益	男	江阴	《元史》卷190《儒学二》	江浙行省江阴州	江苏

续表

姓名	性别	籍贯或居住地	出处	元行政区	现行政区
刘若水	男	江阴	《书史会要》卷7	江浙行省江阴州	江苏
陆垕	男	江阴	《元史》卷177《臧梦解　陆垕传》	江浙行省江阴州	江苏
陆文圭	男	江阴	《元史》卷190《儒学二》	江浙行省江阴州	江苏
边鲁	男	宣城	《元代出版史》P124	江浙行省宁国路	安徽
葛妙真	女	宣城	《元史》卷200《列女一》	江浙行省宁国路	安徽
贡奎	男	宣城	《中国历代人名大辞典》	江浙行省宁国路	安徽
贡师泰	男	宁国宣城	《元史》卷187《贡师泰传》	江浙行省宁国路	安徽
张道	男	宁国路泾县	《元史》卷35《文宗四》	江浙行省宁国路	安徽
陈深	男	平江	《中国历代人名大辞典》	江浙行省平江路	江苏
陈植	男	吴郡	《图绘宝鉴》卷5	江浙行省平江路	江苏
干文传	男	平江	《元史》卷185《干文传传》	江浙行省平江路	江苏
葛干孙	男	平江	《中国历代人名大辞典》	江浙行省平江路	江苏
顾瑛	男	昆山	《中国历代人名大辞典》	江浙行省平江路	江苏
黄公望	男	平江常熟	《图绘宝鉴》卷5	江浙行省平江路	江苏
陆广	男	吴	《中国历代人名大辞典》	江浙行省平江路	江苏
陆友志	男	吴郡	《黄文献集》卷5《陆氏藏书目录》	江浙行省平江路	江苏
钱良右	男	平江	《中国历史人物辞典》	江浙行省平江路	江苏
施伯仁	男	平江	《四库全书提要》	江浙行省平江路	江苏
王原杰	男	吴江	《中国历代人名大辞典》	江浙行省平江路	江苏
谢庭芝	男	平江昆山	《图绘宝鉴》卷5	江浙行省平江路	江苏
徐元震	男	常熟	《中国私家藏书史》	江浙行省平江路	江苏
薛蕙英	女	吴郡	《剪灯新话》	江浙行省平江路	江苏
薛兰英	女	吴郡	《剪灯新话》	江浙行省平江路	江苏
杨基	男	平江昆山	《图绘宝鉴》卷5	江浙行省平江路	江苏
愈琰	男	吴县	《中国私家藏书史》	江浙行省平江路	江苏
袁易	男	平江	《中国历代人名大辞典》	江浙行省平江路	江苏
张雯	男	吴县	《中国私家藏书史》	江浙行省平江路	江苏
张瑄	男	嘉定	《中国历代人名大辞典》	江浙行省平江路	上海
张逊	男	吴郡	《图绘宝鉴》卷5	江浙行省平江路	江苏
郑喜	男	吴郡	《图绘宝鉴》卷5	江浙行省平江路	江苏
郑允端	女	平江	《四库全书提要》	江浙行省平江路	江苏
朱德润	男	吴郡	《图绘宝鉴》卷5	江浙行省平江路	江苏
吴友文	男	铅山州	《元史》卷192《良吏二》	江浙行省铅山州	江西
陈观	男	奉化	《中国历代人名大辞典》	江浙行省庆元路	浙江

姓名	性别	籍贯或居住地	出处	元行政区	现行政区
程端礼	男	庆元	《元史》卷190《儒学二》	江浙行省庆元路	浙江
程端学	男	庆元	《元史》卷190《儒学二》	江浙行省庆元路	浙江
戴表元	男	庆元奉化州	《元史》卷190《儒学二》	江浙行省庆元路	浙江
倪可与	男	鄞县	《中国私家藏书史》	江浙行省庆元路	浙江
任士林	男	四明	《元史》卷190《儒学二》	江浙行省庆元路	浙江
王世昌	男	鄞县	《中国私家藏书史》	江浙行省庆元路	浙江
俞述祖	男	庆元象山	《元史》卷195《忠义三》	江浙行省庆元路	浙江
袁桷	男	庆元	《元史》卷172《袁桷传》	江浙行省庆元路	浙江
臧梦解	男	庆元	《元史》卷177《臧梦解　陆垕传》	江浙行省庆元路	浙江
张可九	男	庆元	《中国历代人名大辞典》	江浙行省庆元路	浙江
孔昭孙	男	衢州	《中国历代人名大辞典》	江浙行省衢州路	浙江
刘文瑞	男	开化	《中国私家藏书史》	江浙行省衢州路	浙江
颜辉	男	江山	《图绘宝鉴》卷5	江浙行省衢州路	浙江
陈每仔	男	晋江县	《通制条格校注》卷20《赏令》	江浙行省泉州路	福建
陈七师	男	泉州南安	《元史》卷16《世祖十三》	江浙行省泉州路	福建
谷城王福	男	泉州	《元史》卷197《孝友一》	江浙行省泉州路	福建
留应总	男	泉州	《元史》卷28《英宗二》	江浙行省泉州路	福建
卢琦	男	惠安	《元史》卷192《良吏二》	江浙行省泉州路	福建
吕祐	男	晋江	《元史》卷198《孝友二》	江浙行省泉州路	福建
阮凤子	男	泉州	《元史》卷30《泰定帝二》	江浙行省泉州路	福建
王福	男	泉州	《元史》卷197《孝友一》	江浙行省泉州路	福建
叶森	男	泉州	《元史》卷197《孝友一》	江浙行省泉州路	福建
程杰	男	鄱阳霍溪	《滋溪文稿》卷19	江浙行省饶州路	江西
程氏	女	浮梁	《江西通志》	江浙行省饶州路	江西
黄镒	男	鄱阳	《元史》卷197《孝友一》	江浙行省饶州路	江西
刘楫	男	饶州	《元史》卷200《列女一》	江浙行省饶州路	江西
马端临	男	饶州乐平	《中国历代人名大辞典》	江浙行省饶州路	江西
汪元亨	男	饶州	《中国历代人名大辞典》	江浙行省饶州路	江西
吴全节	男	饶州安仁	《元史》卷202《释老》	江浙行省饶州路	江西
周伯琦	男	饶州	《元史》卷187《周伯琦传》	江浙行省饶州路	江西
陈良	男	邵武	《元史》卷200《列女一》	江浙行省邵武路	福建
高日新	男	邵武	《元史》卷11《世祖八》	江浙行省邵武路	福建
龚顺	男	邵武	《通制条格校注》卷20《赏令》	江浙行省邵武路	福建
郭回	男	邵武	《元史》卷197《孝友一》	江浙行省邵武路	福建
黄清老	男	邵武和平乡	《滋溪文稿》卷13	江浙行省邵武路	福建

姓名	性别	籍贯或居住地	出处	元行政区	现行政区
应必达	男	邵武建宁	《元史》卷42《顺帝五》	江浙行省邵武路	福建
蔡氏	女	诸暨	《元史》卷201《列女二》	江浙行省绍兴路	浙江
丁祥一	男	诸暨	《元史》卷197《孝友一》	江浙行省绍兴路	浙江
韩氏	女	绍兴	《元史》卷201《列女二》	江浙行省绍兴路	浙江
韩性	男	绍兴	《元史》卷190《儒学二》	江浙行省绍兴路	浙江
滑寿	男	余姚	《中国历代人名大辞典》	江浙行省绍兴路	浙江
陆思孝	男	绍兴山阴	《元史》卷198《孝友二》	江浙行省绍兴路	浙江
潘妙圆	女	山阴	《元史》卷201《列女二》	江浙行省绍兴路	浙江
石明三	男	余姚	《元史》卷198《孝友二》	江浙行省绍兴路	浙江
石永	男	绍兴新昌	《元史》卷198《孝友二》	江浙行省绍兴路	浙江
唐肃	男	山阴	《中国历史人物辞典》	江浙行省绍兴路	浙江
王艮	男	绍兴诸暨	《元史》卷192《良吏二》	江浙行省绍兴路	浙江
王冕	男	会稽	《图绘宝鉴》卷5	江浙行省绍兴路	浙江
王英孙	男	绍兴	《图绘宝鉴》卷5	江浙行省绍兴路	浙江
杨宏	男	山阴	《中国私家藏书史》	江浙行省绍兴路	浙江
杨维桢	男	诸暨	《中国历代人名大辞典》	江浙行省绍兴路	浙江
俞新之	男	绍兴	《元史》卷200《列女一》	江浙行省绍兴路	浙江
张氏	男	余姚	《元史》卷135《王都中传》	江浙行省绍兴路	浙江
曹知白	男	华亭	《中国历代人名大辞典》	江浙行省松江府	上海
杜元芳	男	上海	《中国私家藏书史》	江浙行省松江府	上海
管仲德	男	松江	《元史》卷197《孝友一》	江浙行省松江府	上海
黄道婆	男	松江乌泥泾	《中国历代人名大辞典》	江浙行省松江府	上海
陆居仁	男	华亭	《中国历代人名大辞典》	江浙行省松江府	上海
任仁发	男	松江	《元代出版史》P124	江浙行省松江府	上海
沙德润	男	松江	《正德松江府志》卷25《科贡》	江浙行省松江府	上海
沈月溪	男	华亭	《图绘宝鉴》卷5	江浙行省松江府	上海
孙道明	男	华亭	《中国私家藏书史》	江浙行省松江府	上海
吴氏	男	松江	《东维子文集》卷24	江浙行省松江府	上海
夏椿	男	松江	《元史》卷197《孝友一》	江浙行省松江府	上海
张观	男	松江枫泾	《图绘宝鉴》卷5	江浙行省松江府	上海
张远	男	华亭	《图绘宝鉴》卷5	江浙行省松江府	上海
张中	男	松江	《图绘宝鉴》卷5	江浙行省松江府	上海
章梦贤	男	松江	《元史》卷197《孝友一》	江浙行省松江府	上海
庄肃	男	上海	《中国私家藏书史》	江浙行省松江府	上海
陈孚	男	台州临海	《元史》卷190《儒学二》	江浙行省台州路	浙江
陈立善	男	黄岩	《元代出版史》P126	江浙行省台州路	浙江

姓名	性别	籍贯或居住地	出处	元行政区	现行政区
陈子由	男	台州	《元史》卷42《顺帝五》	江浙行省台州路	浙江
程远大	男	台州	《元史》卷197《孝友一》	江浙行省台州路	浙江
戴甲	男	台州	《元史》卷42《顺帝五》	江浙行省台州路	浙江
方国珍	男	台州黄岩	《元史》卷143《泰不华传》	江浙行省台州路	浙江
韩戒之	男	台州临海	《元史》卷190《儒学二》	江浙行省台州路	浙江
胡三省	男	天台	《中国历代人名大辞典》	江浙行省台州路	浙江
柯九思	男	台州	《图绘宝鉴》卷5	江浙行省台州路	浙江
卢益修	男	天台	《图绘宝鉴》卷5	江浙行省台州路	浙江
马彦奇	男	黄岩	《三台名媛诗辑》	江浙行省台州路	浙江
孟梦恂	男	黄岩	《元史》卷190《儒学二》	江浙行省台州路	浙江
盛贞一	女	黄岩	《三台名媛诗辑》	江浙行省台州路	浙江
陶复初	男	天台	《图绘宝鉴》卷5	江浙行省台州路	浙江
陶宗媛	女	台州	《元史》卷201《列女二》	江浙行省台州路	浙江
卫九鼎	男	天台	《元代出版史》P125	江浙行省台州路	浙江
徐氏	女	天台	《元史》卷201《列女二》	江浙行省台州路	浙江
杨恕卿	男	台州	《元史》卷42《顺帝五》	江浙行省台州路	浙江
杨镇龙	男	台州	《元史》卷15《世祖十二》	江浙行省台州路	浙江
姚雪心	男	台州黄岩	《图绘宝鉴》卷5	江浙行省台州路	浙江
赵士正	男	台州	《元史》卷42《顺帝五》	江浙行省台州路	浙江
周仁荣	男	台州临海	《元史》卷190《儒学二》	江浙行省台州路	浙江
陈省八	男	当涂	《中国私家藏书史》	江浙行省太平路	安徽
杜坚道	男	当涂	《中国私家藏书史》	江浙行省太平路	安徽
芮世通	男	芜湖	《元史》卷197《孝友一》	江浙行省太平路	江苏
孙惟俊	男	芜湖	《元史》卷16《世祖十三》	江浙行省太平路	江苏
徐汝安	男	芜湖	《元史》卷16《世祖十三》	江浙行省太平路	江苏
杨太	男	当涂	《元史》卷30《泰定二》,卷50《五行一》	江浙行省太平路	安徽
叶大五	男	太平县	《元史》卷16《世祖十三》	江浙行省太平路	安徽
陈积万	男	汀州连城	《元史》卷41《顺帝四》	江浙行省汀州路	福建
赖禄孙	男	汀州宁化	《元史》卷25《仁宗二》,卷197《孝友一》	江浙行省汀州路	福建
罗德用	男	汀州	《元史》卷41《顺帝四》	江浙行省汀州路	福建
罗天麟	男	汀州连城	《元史》卷41《顺帝四》	江浙行省汀州路	福建
高明	男	瑞安	《元代出版史》P93	江浙行省温州路	浙江
高则诚	男	瑞安	《中国历代人名大辞典》	江浙行省温州路	浙江
桂完泽	男	永嘉	《元史》卷195《忠义三》	江浙行省温州路	浙江

姓名	性别	籍贯或居住地	出处	元行政区	现行政区
李孝光	男	温州乐清	《元史》卷190《儒学二》	江浙行省温州路	浙江
缪主一	男	永嘉	《中国历代人名大辞典》	江浙行省温州路	浙江
彭庭坚	男	温州瑞安	《元史》卷195《忠义三》	江浙行省温州路	浙江
王振鹏	男	永嘉	《图绘宝鉴》卷5	江浙行省温州路	浙江
夏迪	男	温州	《图绘宝鉴》卷5	江浙行省温州路	浙江
张庸	男	温州	《元史》卷196《忠义四》	江浙行省温州路	浙江
赵云岩	男	温州	《图绘宝鉴》卷5	江浙行省温州路	浙江
周乐	男	温州瑞安	《元史》卷198《孝友二》	江浙行省温州路	浙江
陈樵	男	东阳	《中国历代人名大辞典》	江浙行省婺州路	浙江
胡长孺	男	婺州永康	《元史》卷190《儒学二》	江浙行省婺州路	浙江
黄溍	男	婺州义乌	《元史》卷181《黄溍　柳贯　吴莱传》	江浙行省婺州路	浙江
蒋玄	男	东阳	《中国私家藏书史》	江浙行省婺州路	浙江
金履祥	男	婺之兰溪	《元史》卷189《儒学一》	江浙行省婺州路	浙江
王十四	男	兰溪州	《元史》卷131《拜降传》	江浙行省婺州路	浙江
王余庆	男	婺州兰溪	《元史》卷190《儒学二》	江浙行省婺州路	浙江
吴师道	男	婺州兰溪	《元史》卷190《儒学二》	江浙行省婺州路	浙江
吴埕	男	金华	《元史》卷36《文宗五》	江浙行省婺州路	浙江
许谦	男	金华	《元史》卷189《儒学一》	江浙行省婺州路	浙江
叶万五	男	婺州	《元史》卷15《世祖十二》	江浙行省婺州路	浙江
叶一	男	兰溪州	《元史》卷13《拜降传》	江浙行省婺州路	浙江
张枢	男	婺之金华	《元史》卷199《隐逸》	江浙行省婺州路	浙江
郑文嗣	男	婺州浦江	《元史》卷197《孝友一》	江浙行省婺州路	浙江
朱震亨	男	金华	《元史》卷189《儒学一》	江浙行省婺州路	浙江
方从义	男	贵溪	《中国历代人名大辞典》	江浙行省信州路	江西
罗妙安	女	信州弋阳	《元史》卷201《列女二》	江浙行省信州路	江西
倪晦	男	信州	《元史》卷188《刘哈剌不花传》	江浙行省信州路	江西
吴霞	男	信州龙虎山	《图绘宝鉴》卷5	江浙行省信州路	浙江
张留孙	男	信州贵溪	《元史》卷202《释老》	江浙行省信州路	江西
张与材	男	信州龙虎山	《图绘宝鉴》卷5	江浙行省信州路	江西
陈旅	男	兴化莆田	《元史》卷190《儒学二》	江浙行省兴化路	福建
郭道卿	男	兴化莆田	《元史》卷197《孝友一》	江浙行省兴化路	福建
黄仲元	男	莆田	《中国私家藏书史》	江浙行省兴化路	福建
朱五十三	男	兴化路仙游	《元史》卷16《世祖十三》	江浙行省兴化路	福建
陈君用	男	延平	《元史》卷195《忠义三》	江浙行省延平路	福建

姓名	性别	籍贯或居住地	出处	元行政区	现行政区
陈必达	男	漳州龙溪	《元史》卷34《文宗三》	江浙行省漳州路	福建
陈端才	男	龙溪	《元史》卷200《列女一》	江浙行省漳州路	福建
陈机察	男	漳州	《元史》卷15《世祖十二》	江浙行省漳州路	福建
郭真顺	女	龙溪凤乡	《广东女子艺文考》	江浙行省漳州路	福建
李继善	男	龙岩	乾隆《龙岩州志》卷11《人物志·忠义》	江浙行省漳州路	福建
李智甫	男	漳州南胜	《元史》卷39《顺帝二》,卷193《忠义一》	江浙行省漳州路	福建
林用作	男	龙岩	乾隆《龙岩州志》卷11《人物志·忠义》	江浙行省漳州路	福建
施合德	男	漳州长泰	《元史》卷197《孝友一》	江浙行省漳州路	福建
王初应	男	漳州长泰	《元史》卷24《仁宗一》,卷197《孝友一》	江浙行省漳州路	福建
萧景茂	男	漳州龙溪	《元史》卷193《忠义一》	江浙行省漳州路	福建
郭畀	男	丹徒	《中国历代人名大辞典》	江浙行省镇江路	江苏
罗璧	男	镇江	《元史》卷166《罗璧传》	江浙行省镇江路	江苏
孙瑾	男	镇江丹徒	《元史》卷197《孝友一》	江浙行省镇江路	江苏
万家闾	男	镇江	《至顺镇江志》卷19《侨寓·仕进·人才》	江浙行省镇江路	江苏
杜氏	女	大宁	《元史》卷200《列女一》	辽阳行省大宁路	辽宁
何千	男	大宁和众	《元史》卷35《文宗四》	辽阳行省大宁路	辽宁
黄肯播	男	锦州	《滋溪文稿》卷15	辽阳行省大宁路	辽宁
李守贤	男	大宁义州	《元史》卷150《李守贤传》	辽阳行省大宁路	辽宁
刘亨安	男	辽东川州	《元史》卷150《刘亨安传》	辽阳行省大宁路	辽宁
刘廷让	男	大宁武平	《元史》卷197《孝友一》	辽阳行省大宁路	内蒙古
刘义	男	义州	《通制条格校注》卷3《户令》	辽阳行省大宁路	辽宁
石抹昌龄	男	兴中	《元史》卷197《孝友一》	辽阳行省大宁路	辽宁
石天应	男	兴中永德	《元史》卷149《石天应传》	辽阳行省大宁路	辽宁
孙秀实	男	大宁	《元史》卷197《孝友一》	辽阳行省大宁路	辽宁
王克敬	男	大宁	《元史》卷184《王克敬传》	辽阳行省大宁路	辽宁
王珣	男	义州开义	《元史》卷149《王珣传》	辽阳行省大宁路	辽宁
赵哇儿	女	大宁	《元史》卷200《列女一》	辽阳行省大宁路	辽宁
赵沄儿	男	大宁	《元史》卷200《列女一》	辽阳行省大宁路	辽宁
完颜帖哥住	男	盖州	《元史》卷36《文宗五》	辽阳行省盖州	辽宁
赵炳	男	惠州滦阳	《元史》卷163《赵炳传》	辽阳行省惠州	河北

姓名	性别	籍贯或居住地	出处	元行政区	现行政区
高守质	男	沈州	《元史》卷 137《孝友一》	辽阳行省辽阳路	辽宁
高宣	男	辽阳	《元史》卷 153《高宣传》	辽阳行省辽阳路	辽宁
郭全	男	辽阳	《元史》卷 197《孝友一》	辽阳行省辽阳路	辽宁
那怀	男	辽阳	《元史》卷 50《五行一》	辽阳行省辽阳路	辽宁
王氏	女	辽阳	《元史》卷 200《列女一》	辽阳行省辽阳路	辽宁
任氏	女	邠州	《元史》卷 200《列女一》	陕西行省邠州	陕西
刘铁牛	男	凤翔宝鸡	《元史》卷 8《世祖五》,卷 50《五行一》	陕西行省凤翔府	陕西
王楫	男	凤翔虢县	《元史》卷 153《王楫传》	陕西行省凤翔府	陕西
杨晔	男	扶风	《元史》卷 197《孝友一》	陕西行省凤翔府	陕西
赵荣	男	扶风	《元史》卷 197《孝友一》	陕西行省凤翔府	陕西
边武	男	京兆	《图绘宝鉴》卷 5	陕西行省奉元路	陕西
郭宝玉	男	华州郑县	《元史》卷 149《郭宝玉传》	陕西行省奉元路	陕西
韩择	男	奉元	《元史》卷 89《儒学一》	陕西行省奉元路	陕西
贺仁杰	男	京兆鄠	《元史》卷 169《贺仁杰传》	陕西行省奉元路	陕西
贺胜	男	京兆鄠	《元史》卷 179《贺胜传》	陕西行省奉元路	陕西
贺惟一	男	京兆鄠	《元史》卷 140《太平传》	陕西行省奉元路	陕西
侯均	男	奉元	《元史》卷 189《儒学一》	陕西行省奉元路	陕西
胡璠	男	京兆	《图绘宝鉴》卷 5	陕西行省奉元路	陕西
李邦瑞	男	京兆临潼	《元史》卷 153《李邦瑞传》	陕西行省奉元路	陕西
李宁	男	华阴	《元史》卷 197《孝友一》	陕西行省奉元路	陕西
李氏	男	醴泉	《滋溪文稿》卷 1	陕西行省奉元路	陕西
李郁	男	奉元	《元史》卷 34《文宗三》	陕西行省奉元路	陕西
李子敬	男	陕西三原	《元史》卷 197《孝友一》	陕西行省奉元路	陕西
刘德	男	奉元	《元史》卷 197《孝友一》	陕西行省奉元路	陕西
刘氏	女	蓝田	《元史》卷 201《列女二》	陕西行省奉元路	陕西
吕端善	男	京兆	《滋溪文稿》卷 7	陕西行省奉元路	陕西
强安	男	同官	《元史》卷 197《孝友一》	陕西行省奉元路	陕西
屈秀	男	华阴	《元史》卷 197《孝友一》	陕西行省奉元路	陕西
任居敬	男	临潼	《元史》卷 197《孝友一》	陕西行省奉元路	陕西
田氏	女	干州	《元史》卷 200《列女一》	陕西行省奉元路	陕西
同恕	男	奉元	《元史》卷 189《儒学一》	陕西行省奉元路	陕西
王贾僧	男	富平	《元史》卷 197《孝友一》	陕西行省奉元路	陕西
王思	男	耀州	《元史》卷 197《孝友一》	陕西行省奉元路	陕西
王显政	男	奉元蒲城	《元史》卷 33《文宗二》,卷 197《孝友一》	陕西行省奉元路	陕西

姓名	性别	籍贯或居住地	出处	元行政区	现行政区
吴好直	男	华州蒲城	《元史》卷197《孝友一》	陕西行省奉元路	陕西
萧㪺	男	奉元	《元史》卷189《儒学一》	陕西行省奉元路	陕西
萧道寿	男	京兆兴平	《元史》卷197《孝友一》	陕西行省奉元路	陕西
杨恭懿	男	奉元	《元史》卷164《杨恭懿传》	陕西行省奉元路	陕西
杨奂	男	干州奉天	《元史》卷153《杨奂传》	陕西行省奉元路	陕西
杨氏	女	安西	《元史》卷200《列女一》	陕西行省奉元路	陕西
要敬	男	华州	《元史》卷197《孝友一》	陕西行省奉元路	陕西
袁天祐	男	泾阳	《元史》卷200《列女一》	陕西行省奉元路	陕西
张德明	男	奉元路龙桥镇	《滋溪文稿》卷20	陕西行省奉元路	陕西
张国祥	男	泾阳	《元史》卷197《孝友一》	陕西行省奉元路	陕西
张思孝	男	华州	《元史》卷197《孝友一》	陕西行省奉元路	陕西
张兴祖	男	安西	《元史》卷200《列女一》	陕西行省奉元路	陕西
张子夒	男	安西	《元史》卷197《孝友一》	陕西行省奉元路	陕西
李庭玉	男	陇西	《元史》卷162《李忽兰吉传》	陕西行省巩昌路	甘肃
汪世显	男	巩昌盐川	《元史》卷155《汪世显传》	陕西行省巩昌路	甘肃
王钦	男	巩昌	《元史》卷197《孝友一》	陕西行省巩昌路	甘肃
徐德兴	男	陇西	《元史》卷197《孝友一》	陕西行省巩昌路	甘肃
周庆	男	陇西	《元史》卷197《孝友一》	陕西行省巩昌路	甘肃
李子才	男	泾州	《元史》卷197《孝友一》	陕西行省泾州	甘肃
赵阿哥潘	男	临洮	《元史》卷123《赵阿哥潘传》	陕西行省临洮府	甘肃
王氏	男	平凉	《元史》卷159《商挺传》	陕西行省平凉府	陕西
迷里氏	男	秦州	《元史》卷197《孝友一》	陕西行省秦州	甘肃
谢思明	男	成纪	《元史》卷200《列女一》	陕西行省秦州	甘肃
杨大渊	男	天水	《元史》卷161《杨大渊传》	陕西行省秦州	甘肃
赵思直	男	秦州成纪	《元史》卷29《泰定帝一》,卷50《五行一》	陕西行省秦州	甘肃
何从义	男	延安洛川	《元史》卷198《孝友二》	陕西行省延安路	陕西
刘思敬	男	延安宜君	《元史》卷198《孝友二》	陕西行省延安路	陕西
王克己	男	延安中部	《元史》卷198《孝友二》	陕西行省延安路	陕西
王旻	男	延安	《元史》卷197《孝友一》	陕西行省延安路	陕西
王士弘	男	延安	《元史》卷198《孝友二》	陕西行省延安路	陕西
王思聪	男	延安安塞	《元史》卷197《孝友一》	陕西行省延安路	陕西
员从政	男	鄜州	《元史》卷197《孝友一》	陕西行省延安路	陕西
张闰	男	延安延长	《元史》卷197《孝友一》	陕西行省延安路	陕西
赵胤	男	延安路	《通制条格校注》卷3《户令》	陕西行省延安路	陕西

姓名	性别	籍贯或居住地	出处	元行政区	现行政区
董元章	男	成都	《滋溪文稿》卷1	四川行省成都路	四川
李世安	男	成都	《元史》卷200《列女一》	四川行省成都路	四川
张保童	男	成都	《元史》卷200《列女一》	四川行省成都路	四川
陈继贤	男	广安	《中国私家藏书史》	四川行省广安府	四川
何惹	男	绍庆西阳	《元史》卷30《泰定帝二》	四川行省怀德府	湖南
冉朝	男	酉阳	《元史》卷27《英宗一》	四川行省怀德府	湖南
冉世昌	男	绍庆酉阳州	《元史》卷27《英宗一》,卷30《泰定帝二》	四川行省怀德府	湖南
田谋远	男	酉阳	《元史》卷27《英宗一》	四川行省怀德府	湖南
马伯	男	邛部州	《元史》卷34《文宗三》	四川行省嘉定府路	四川
赵国安	男	峨眉	《元史》卷197《孝友一》	四川行省嘉定府路	四川
任福	男	遂宁州	《元史》卷19《成宗二》,卷50《五行一》	四川行省潼川府	四川
韩法师	男	合州大足	《元史》卷39《顺帝二》	四川行省重庆路	四川
黄赟	男	临江	《元史》卷198《孝友二》	四川行省重庆路	四川
刘良臣	男	临江	《元史》卷197《孝友一》	四川行省重庆路	四川
何童	男	广西	《元史》卷29《泰定帝一》	云南行省广西路	云南
潘宝	男	广西	《元史》卷29《泰定帝一》	云南行省广西路	云南
周喜同	男	河西	《元史》卷194《忠义二》	云南行省临安路	云南
刘氏	女	顺宁	《元史》卷200《列女一》	云南行省顺宁府	云南
戴贞	男	般阳	《元史》卷197《孝友一》	中书省般阳路	山东
韩大	男	蒲台	《通制条格校注》卷3《户令》	中书省般阳路	山东
成珪	男	保定	《元史》卷197《孝友一》	中书省保定路	河北
邸顺	男	保定曲阳	《元史》卷151《邸顺传》	中书省保定路	河北
杜萧	男	保定	《滋溪文稿》卷1	中书省保定路	河北
范玉庭	男	保定	《图绘宝鉴》卷5	中书省保定路	河北
耿德温	男	保定	《元史》卷197《孝友一》	中书省保定路	河北
巩彦晖	男	易州	《元史》卷166《巩彦晖传》	中书省保定路	河北
郭贯	男	保定	《元史》卷174《郭贯传》	中书省保定路	河北
郭聚	男	中山龙泉里	《滋溪文稿》卷20	中书省保定路	河北
郭璘	男	保定	《元史》卷36《文宗五》	中书省保定路	河北
韩若愚	男	保定满城	《元史》卷176《韩若愚传》	中书省保定路	河北
郝天挺	男	安肃州	《元史》卷174《郝天挺传》	中书省保定路	河北
何伯祥	男	易州易县	《元史》卷150《何伯祥传》	中书省保定路	河北
何玮	男	涞水	《中国私家藏书史》	中书省保定路	河北
贾秉实	男	保定	《元史》卷197《孝友一》	中书省保定路	河北

姓名	性别	籍贯或居住地	出处	元行政区	现行政区
贾文备	男	祁州蒲阴	《元史》卷165《贾文备传》	中书省保定路	河北
焦德裕	男	雄州	《元史》卷153《焦德裕传》	中书省保定路	河北
解诚	男	易州定兴	《元史》卷165《解诚传》	中书省保定路	河北
李进	男	保定曲阳	《元史》卷154《李进传》	中书省保定路	河北
李肖岩	男	中山	《元代出版史》P125	中书省保定路	河北
李注	男	雄之新城	《滋溪文稿》卷16	中书省保定路	河北
刘贯道	男	中山	《图绘宝鉴》卷5	中书省保定路	河北
刘好礼	男	保定完州	《元史》卷167《刘好礼传》	中书省保定路	河北
刘因	男	保定容城	《元史》卷171《刘因传》	中书省保定路	河北
卢挚	男	涿郡	《中国历代人名大辞典》	中书省保定路	河北
尚恕	男	保定	《滋溪文稿》卷18	中书省保定路	河北
尚文	男	保定	《元史》卷170《尚文传》	中书省保定路	河北
尚野	男	满城	《元史》卷164《尚野传》	中书省保定路	河北
田忠良	男	中山	《元史》卷203《方技》	中书省保定路	河北
王宾	男	中山	《滋溪文稿》卷10	中书省保定路	河北
王伯成	男	涿州	《中国历代人名大辞典》	中书省保定路	河北
王结	男	中山	《元史》卷178《王结传》	中书省保定路	河北
王仁	男	中山	《滋溪文稿》卷10	中书省保定路	河北
王寿	男	涿郡新城	《元史》卷176《王寿传》	中书省保定路	河北
王惟贤	男	中山	《滋溪文稿》卷17	中书省保定路	河北
王文渊	男	中山安喜	《滋溪文稿》卷23	中书省保定路	河北
王昔刺	男	保定	《元史》卷166《王昔刺传》	中书省保定路	河北
王恂	男	中山唐县	《元史》卷164《杨恭懿传》	中书省保定路	河北
王庸	男	雄州归信	《元史》卷198《孝友二》	中书省保定路	河北
魏敬益	男	雄州容城	《元史》卷198《孝友二》	中书省保定路	河北
鲜卑仲吉	男	中山	《元史》卷165《鲜卑仲吉传》	中书省保定路	河北
邢政	男	保定	《元史》卷197《孝友一》	中书省保定路	河北
许维祯	男	遂州	《元史》卷191《良吏一》	中书省保定路	河北
薛宝住	男	中山府	《元史》卷12《世祖九》	中书省保定路	河北
张珪	男	易州定兴	《元史》卷175《张珪传》	中书省保定路	河北
张弘范	男	易州定兴	《元史》卷156《张弘范传》	中书省保定路	河北
张克恭	男	中山	《滋溪文稿》卷15	中书省保定路	河北
张柔	男	易州定兴	《元史》卷147《张柔传》	中书省保定路	河北
张信	男	易州定兴	《元史》卷147《张柔传》	中书省保定路	河北
张行一	男	保定	《元史》卷197《孝友一》	中书省保定路	河北
张勖	男	保定	《元史》卷197《孝友一》	中书省保定路	河北

姓名	性别	籍贯或居住地	出处	元行政区	现行政区
张元素	男	易	《元史》卷203《方技》	中书省保定路	河北
赵秉正	男	中山	《滋溪文稿》卷10	中书省保定路	河北
赵密	男	易州涞水	《滋溪文稿》卷15	中书省保定路	河北
赵柔	男	涞水	《元史》卷152《赵柔传》	中书省保定路	河北
赵晟	男	易州涞水	《滋溪文稿》卷11	中书省保定路	河北
赵时勉	男	中山	《滋溪文稿》卷18	中书省保定路	河北
周贞	男	保定清苑县	《滋溪文稿》卷17	中书省保定路	河北
程进	男	曹州禹城	《元史》卷28《英宗二》	中书省曹州	山东
邓渊	男	曹州	《元史》卷197《孝友一》	中书省曹州	山东
李时中	男	曹县	《中国私家藏书史》	中书省曹州	山东
吕政	男	曹州	《元史》卷197《孝友一》	中书省曹州	山东
商琦	男	曹州	《图绘宝鉴》卷5	中书省曹州	山东
商璹	男	曹州	《图绘宝鉴》卷5	中书省曹州	山东
商挺	男	曹州济阴	《元史》卷159《商挺传》	中书省曹州	山东
孙撝	男	曹州	《元史》卷194《忠义二》	中书省曹州	山东
王鹗	男	曹州东明	《元史》卷160《王鹗传》	中书省曹州	山东
邢着	男	曹州禹城	《元史》卷28《英宗二》	中书省曹州	山东
元显祖	男	定陶	《元史》卷197《孝友一》	中书省曹州	山东
郑腊儿	男	曹州	《元史》卷200《列女一》	中书省曹州	山东
朱淳甫	男	济阴	《图绘宝鉴》卷5	中书省曹州	山东
曹鉴	男	宛平	《元史》卷186《曹鉴传》	中书省大都路	北京
持嘉君实	男	燕	《图绘宝鉴》卷5	中书省大都路	北京
仇谔	男	大都大兴	《中国历代人名大辞典》	中书省大都路	北京
范徽卿	男	燕	《秋涧先生大全文集》	中书省大都路	北京
费岩	男	大都	《元史》卷200《列女一》	中书省大都路	北京
费隐	男	良乡	《元史》卷201《列女二》	中书省大都路	北京
高吉甫	男	燕	《图绘宝鉴》卷5	中书省大都路	北京
高克恭	男	大都	《元代出版史》P123	中书省大都路	北京
关汉卿	男	大都	《中国历代人名大辞典》	中书省大都路	北京
郭仲安	男	大都大兴	《元史》卷35《文宗四》	中书省大都路	北京
韩德渊	男	燕	《图绘宝鉴》卷5	中书省大都路	北京
韩绍晔	男	燕	《图绘宝鉴》卷5	中书省大都路	北京
郝彬	男	霸州信安	《元史》卷170《郝彬传》	中书省大都路	河北
何澄	男	大都	《元代出版史》P125	中书省大都路	北京
胡德	男	大都右警巡院	《元史》卷35《文宗四》	中书省大都路	北京

姓名	性别	籍贯或居住地	出处	元行政区	现行政区
纪君祥	男	大都	《中国历代人名大辞典》	中书省大都路	北京
贾和	男	涿州房山	《滋溪文稿》卷 19	中书省大都路	河北
贾壤	男	涿州房山	《滋溪文稿》卷 19	中书省大都路	河北
焦善甫	男	燕	《图绘宝鉴》卷 5	中书省大都路	北京
李秉彝	男	潞县	《中国历代人名大辞典》	中书省大都路	北京
李德辉	男	通州潞县	《元史》卷 163《李德辉传》	中书省大都路	北京
李侯	男	大都	《滋溪文稿》卷 3	中书省大都路	北京
李简	男	大都	《元史》卷 197《孝友一》	中书省大都路	北京
李衎	男	燕	《滋溪文稿》卷 10	中书省大都路	北京
李赛儿	女	房山	《元史》卷 201《列女二》	中书省大都路	北京
李士传	男	蓟丘	《图绘宝鉴》卷 5	中书省大都路	北京
李有	男	燕	《图绘宝鉴》卷 5	中书省大都路	北京
梁德圭	男	大兴良乡	《元史》卷 170《梁德圭传》	中书省大都路	河北
梁曾	男	燕	《元史》卷 178《梁曾传》	中书省大都路	北京
刘秉直	男	大都武清	《元史》卷 192《良吏二》	中书省大都路	天津
刘成	男	燕	《滋溪文稿》卷 19	中书省大都路	北京
刘翠哥	女	房山	《元史》卷 201《列女二》	中书省大都路	北京
刘德成	男	檀州	《元史》卷 15《世祖十二》	中书省大都路	北京
刘德仁	男	大都	《元史》卷 35《文宗四》	中书省大都路	北京
刘德温	男	大兴	《元史》卷 176《刘德温传》	中书省大都路	河北
刘德渊	男	燕	《图绘宝鉴》卷 5	中书省大都路	北京
刘广之	男	燕	《图绘宝鉴》卷 5	中书省大都路	北京
刘居敬	男	大都	《元史》卷 197《孝友一》	中书省大都路	北京
刘融	男	蓟丘	《图绘宝鉴》卷 5	中书省大都路	北京
刘氏	男	燕	《图绘宝鉴》卷 5	中书省大都路	北京
刘元	男	宝坻	《元史》卷 203《方技》	中书省大都路	天津
刘仲温	男	漷州	《元史》卷 34《文宗三》	中书省大都路	天津
刘自然	男	燕城	《图绘宝鉴》卷 5	中书省大都路	北京
马氏	男	大都	《元诗选》	中书省大都路	北京
马致远	男	大都	《元代出版史》P88	中书省大都路	北京
潘居敬	男	大都	《元史》卷 34《文宗三》	中书省大都路	北京
钱仲鼎	男	通州	《中国历代人名大辞典》	中书省大都路	北京
乔达	男	燕	《图绘宝鉴》卷 5	中书省大都路	北京
秦简夫	男	大都	《元代出版史》P91	中书省大都路	北京
石抹字迭儿	男	霸州	《元史》卷 151《石抹字迭儿传》	中书省大都路	河北

姓名	性别	籍贯或居住地	出处	元行政区	现行政区
石天麟	男	顺州	《元史》卷 153《石天麟传》	中书省大都路	北京
石子章	男	大都	《元代出版史》P90	中书省大都路	北京
史吉	男	大都	《元史》卷 15《世祖十二》	中书省大都路	北京
史天倪	男	燕之永清	《元史》卷 147《史天倪传》	中书省大都路	河北
史天泽	男	燕之永清	《元史》卷 155《史天泽传》	中书省大都路	河北
宋本	男	大都	《元史》卷 182《宋本传》	中书省大都路	北京
苏氏	女	大都	《元史》卷 201《列女二》	中书省大都路	北京
覃澄	男	德兴怀来	《元史》卷 191《良吏一》	中书省大都路	河北
覃资荣	男	德兴怀来	《元史》卷 167《覃资荣传》	中书省大都路	河北
王伯胜	男	霸州文安	《元史》卷 169《王伯胜传》	中书省大都路	河北
王得林	男	固安州	《元史》卷 50《五行一》	中书省大都路	河北
王利用	男	通州潞县	《元史》卷 170《尚文传》	中书省大都路	北京
王麟	男	大都	《元史》卷 197《孝友一》	中书省大都路	北京
王马驹	男	霸州	《元史》卷 51《五行二》	中书省大都路	河北
王实甫	男	大都	《中国历代人名大辞典》	中书省大都路	北京
王氏	男	大都	《元史》卷 178《王约传》	中书省大都路	北京
王氏	女	大都	《元史》卷 201《列女二》	中书省大都路	北京
王倚	男	燕之宛平	《元史》卷 176《王倚传》	中书省大都路	北京
王仲文	男	大都	《中国历代人名大辞典》	中书省大都路	北京
韦安	男	大都良乡	《元史》卷 36《文宗五》	中书省大都路	北京
魏阿张	女	大都路咸宁坊	《通制条格校注》卷 17《赋役》	中书省大都路	北京
吴德新	男	大都	《元史》卷 194《忠义二》	中书省大都路	北京
吴鼎	男	燕	《元史》卷 170《吴鼎传》	中书省大都路	北京
鲜于枢	男	渔阳	《中国历代人名大辞典》	中书省大都路	天津
杨杰只哥	男	宝坻	《元史》卷 152《杨杰只哥传》	中书省大都路	天津
杨居义	男	燕	《滋溪文稿》卷 20	中书省大都路	北京
杨显之	男	大都	《中国历代人名大辞典》	中书省大都路	北京
岳氏	女	大都	《元史》卷 201《列女二》	中书省大都路	北京
曾德	男	渔阳	《元史》卷 198《孝友二》	中书省大都路	天津
张拔都	男	昌平	《元史》卷 151《张拔都传》	中书省大都路	北京
张础	男	燕之通州	《元史》卷 167《张础传》	中书省大都路	北京
张德琪	男	燕	《图绘宝鉴》卷 5	中书省大都路	北京
张国宾	男	大都	《中国历代人名大辞典》	中书省大都路	北京
张九思	男	燕宛平	《元史》卷 169《张九思传》	中书省大都路	北京
张敏夫	男	燕	《图绘宝鉴》卷 5	中书省大都路	北京

姓名	性别	籍贯或居住地	出处	元行政区	现行政区
张荣实	男	霸州保定	《元史》卷166《张荣实传》	中书省大都路	河北
张子良	男	涿州范阳	《元史》卷152《张子良传》	中书省大都路	河北
赵师鲁	男	霸州文安	《元史》卷176《赵师鲁传》	中书省大都路	河北
赵氏	女	大都	《元史》卷201《列女二》	中书省大都路	北京
赵祥	男	大都	《元史》卷34《文宗三》	中书省大都路	北京
赵英	男	大都	《元史》卷34《文宗三》	中书省大都路	北京
郑珪	男	大都宛平	《元史》卷34《文宗三》	中书省大都路	北京
周之翰	男	燕	《滋溪文稿》卷17	中书省大都路	北京
朱国宝	男	宝坻	《元史》卷165《朱国宝传》	中书省大都路	天津
宗杞	男	大都	《元史》卷197《孝友一》	中书省大都路	北京
卞琛	男	大名	《元史》卷194《忠义二》	中书省大名路	河北
曹本	男	大名	《滋溪文稿》卷7	中书省大名路	河北
曹革	男	大名魏县	《元史》卷35《文宗四》	中书省大名路	河北
樊楫	男	冠州	《元史》卷166《樊楫传》	中书省大名路	河北
冯淑安	女	大名	《元史》卷200《列女一》	中书省大名路	河北
盖苗	男	大名元城	《元史》卷185《盖苗传》	中书省大名路	河北
高昉	男	大名	《滋溪文稿》卷11	中书省大名路	河北
宫天挺	男	开州	《中国历代人名大辞典》	中书省大名路	河南
郭嘉	男	濮阳	《元史》卷194《忠义二》	中书省大名路	河南
郭全	男	浚州	《通制条格校注》卷3《户令》	中书省大名路	河南
郭氏	女	大名	《元史》卷200《列女一》	中书省大名路	河北
靳德进	男	大名	《元史》卷203《方技》	中书省大名路	河北
李好文	男	大名东明	《元史》卷183《李好文传》	中书省大名路	河南
刘天孚	男	大名	《元史》卷193《忠义一》	中书省大名路	河北
卢世荣	男	大名	《元史》卷205《奸臣》	中书省大名路	河北
牛老	男	大名	《图绘宝鉴》卷5	中书省大名路	河北
王氏	女	内黄	《元史》卷200《列女一》	中书省大名路	河南
王珍	男	大名南乐	《元史》卷152《张晋亨传》	中书省大名路	河南
谢显	男	大名	《图绘宝鉴》卷5	中书省大名路	河北
颜师圣	男	开州濮阳	《元史》卷190《儒学二》	中书省大名路	河南
郁世复	男	冠州	《元史》卷34《文宗三》	中书省大名路	河北
元明善	男	大名清河	《元史》卷181《元明善传》	中书省大名路	河北
元善	男	大名	《元史》卷197《孝友一》	中书省大名路	河北
岳存	男	大名冠氏	《元史》卷152《岳存传》	中书省大名路	河北
张立道	男	大名	《元史》卷167《张立道传》	中书省大名路	河北
张禄	男	大名	《通制条格校注》卷17《赋役》	中书省大名路	河北

姓名	性别	籍贯或居住地	出处	元行政区	现行政区
赵氏	女	大名	《元史》卷200《列女一》	中书省大名路	河北
赵天锡	男	冠氏	《元史》卷151《赵天锡传》	中书省大名路	河北
赵玉儿	女	冠州	《元史》卷200《列女一》	中书省大名路	河北
程思廉	男	东胜州	《元史》卷163《程思廉传》	中书省大同路	内蒙古
崔斌	男	马邑	《元史》卷173《崔斌传》	中书省大同路	山西
高着	男	大同	《元史》卷197《孝友一》	中书省大同路	山西
贾进	男	大同	《元史》卷197《孝友一》	中书省大同路	山西
江郁	男	大同	《元史》卷197《孝友一》	中书省大同路	山西
雷膺	男	浑源	《元史》卷170《雷膺传》	中书省大同路	山西
李伯祥	男	大同	《元史》卷15《世祖十二》	中书省大同路	山西
李氏(溥光)	男	大同	《图绘宝鉴》卷5	中书省大同路	山西
李文实	男	大同	《元史》卷34《文宗三》	中书省大同路	山西
毛翔	男	大同	《元史》卷197《孝友一》	中书省大同路	山西
宋坚童	男	大同	《元史》卷200《列女一》	中书省大同路	山西
苏永福	男	大同	《元史》卷15《世祖十二》	中书省大同路	山西
孙威	男	浑源	《元史》卷203《方技》	中书省大同路	山西
王瑞之	男	大同	《元史》卷197《孝友一》	中书省大同路	山西
吴昌龄	男	大同	《中国历代人名大辞典》	中书省大同路	山西
张思孝	男	大同	《元史》卷201《列女二》	中书省大同路	山西
赵璧	男	云中怀仁	《元史》卷159《赵璧传》	中书省大同路	山西
樊俗	男	清平县	《通制条格校注》卷4《户令》	中书省德州	山东
李天祐	男	清平	《滋溪文稿》卷18	中书省德州	山东
刘显	男	德州齐河	《元史》卷197《孝友一》	中书省德州	山东
于货儿	女	德州	《通制条格校注》卷3《户令》	中书省德州	山东
于进	男	德州	《通制条格校注》卷3《户令》	中书省德州	山东
訾汝道	男	德州齐河	《元史》卷197《孝友一》	中书省德州	山东
訾仲元	男	德州齐河	《滋溪文稿》卷6	中书省德州	山东
丘处机	男	登州栖霞	《元史》卷202《释老》	中书省登州	山东
隋世昌	男	登州栖霞	《元史》卷166《隋世昌传》	中书省登州	山东
焦养直	男	东昌堂邑	《元史》卷164《焦养直传》	中书省东昌路	山东
齐荣显	男	聊城	《元史》卷152《齐荣显传》	中书省东昌路	山东
杨德	男	东昌莘县	《滋溪文稿》卷20	中书省东昌路	山东
袁裕	男	聊城	《元史》卷170《袁裕传》	中书省东昌路	山东
张本	男	东昌茌平	《元史》卷197《孝友一》	中书省东昌路	山东
张复亨	男	堂邑	《元史》卷197《孝友一》	中书省东昌路	山东

姓名	性别	籍贯或居住地	出处	元行政区	现行政区
张翚	男	东昌	《元史》卷197《孝友一》	中书省东昌路	山东
张泰亨	男	堂邑	《元史》卷166《张泰亨传》	中书省东昌路	山东
张特立	男	东明	《元史》卷199《隐逸》	中书省东明路	河南
曹元用	男	汶上	《元史》卷172《曹元用传》	中书省东平路	山东
柴祯	男	东平	《图绘宝鉴》卷5	中书省东平路	山东
高文秀	男	东平	《中国历代人名大辞典》	中书省东平路	山东
李昶	男	东平须城	《元史》卷160《李昶传》	中书省东平路	山东
李谦	男	郓之东阿	《元史》卷160《李谦传》	中书省东平路	山东
李章	男	东平	《图绘宝鉴》卷5	中书省东平路	山东
李之绍	男	东平平阴	《元史》卷164《李之绍传》	中书省东平路	山东
刘金莲	女	平阴	《元史》卷168《陈祐传》	中书省东平路	山东
刘通	男	东平齐河	《元史》卷152《刘通传》	中书省东平路	山东
马元亨	男	东平	《通制条格校注》卷4《户令》	中书省东平路	山东
申屠致远	男	东平寿张	《元史》卷170《申屠致远传》	中书省东平路	山东
田改住	男	汶上	《元史》卷197《孝友一》	中书省东平路	山东
王构	男	东平	《元史》卷164《王构传》	中书省东平路	山东
王闰	男	东平须城	《元史》卷197《孝友一》	中书省东平路	山东
王士熙	男	东平	《图绘宝鉴》卷5	中书省东平路	山东
王祯	男	东平	《中国历代人名大辞典》	中书省东平路	山东
王住儿	男	汶上	《元史》卷197《孝友一》	中书省东平路	山东
信世昌	男	东平	《图绘宝鉴》卷5	中书省东平路	山东
徐顺	男	东平	《元史》卷200《列女一》	中书省东平路	山东
许时中	男	须城	《元史》卷197《孝友一》	中书省东平路	山东
杨三	男	东平	《元史》卷200《列女一》	中书省东平路	山东
杨升	男	莘县	《中国私家藏书史》	中书省东平路	山东
杨氏	女	东平须城	《元史》卷200《列女一》	中书省东平路	山东
耶律有尚	男	东平	《元史》卷174《耶律有尚传》	中书省东平路	山东
张昉	男	东平汶上	《元史》卷170《张昉传》	中书省东平路	山东
赵恒	男	汶上	《元史》卷197《孝友一》	中书省东平路	山东
赵原	男	东平	《元代出版史》P130	中书省东平路	山东
郑氏	女	东平	《元史》卷200《列女一》	中书省东平路	山东
王士元	男	恩州	《元史》卷194《忠义二》	中书省恩州	山东
张汝卿	男	恩州	《中国私家藏书史》	中书省恩州	山东
刘居敬	男	高唐	《元史》卷197《孝友一》	中书省高唐州	山东
孟恭	男	高唐	《元史》卷197《孝友一》	中书省高唐州	山东
孙希贤	男	高唐	《元史》卷197《孝友一》	中书省高唐州	山东

姓名	性别	籍贯或居住地	出处	元行政区	现行政区
王氏	男	武城	《元史》卷6《世祖三》，卷50《五行一》	中书省高唐州	山东
阎复	男	山东高唐	《元史》卷160《阎复传》	中书省高唐州	山东
赵良	男	高唐	《元史》卷197《孝友一》	中书省高唐州	山东
郑荣	男	高唐	《元史》卷197《孝友一》	中书省高唐州	山东
邹伯颜	男	高唐	《元史》卷192《良吏二》	中书省高唐州	山东
安正同	女	磁州	《元史》卷201《列女二》	中书省广平路	河北
董抟霄	男	磁州	《元史》卷188《董抟霄传》	中书省广平路	河北
窦默	男	广平肥乡	《元史》卷158《窦默　李俊民附传》	中书省广平路	河北
何荣祖	男	广平	《元史》卷168《何荣祖传》	中书省广平路	山东
胡祗遹	男	磁州武安	《元史》卷170《胡祗遹传》	中书省广平路	河北
李齐	男	广平	《元史》卷194《忠义二》	中书省广平路	山东
刘恩	男	威州	《元史》卷166《刘恩传》	中书省广平路	山东
刘赓	男	洺水	《元史》卷174《刘赓传》	中书省广平路	山东
刘肃	男	威州洺水	《元史》卷160《刘肃传》	中书省广平路	河北
秦起宗	男	广平洺水	《元史》卷176《秦起宗传》	中书省广平路	山东
石高山	男	广平洺水	《元史》卷166《石高山传》	中书省广平路	山东
田云童	男	磁州	《元史》卷21《成宗四》	中书省广平路	河北
吴元珪	男	广平	《元史》卷177《吴元珪传》	中书省广平路	山东
杨泰	男	广平	《滋溪文稿》卷7	中书省广平路	山东
张阿黄	女	广平肥乡	《通制条格校注》卷17《赋役》	中书省广平路	河北
陈颢	男	清州	《元史》卷177《陈颢传》	中书省河间路	河北
李氏	男	景州蓨县	《元史》卷185《吕思诚传》	中书省河间路	河北
刘正	男	清州	《元史》卷176《刘正传》	中书省河间路	河北
刘智社	男	景州蓨县	《元史》卷185《吕思诚传》	中书省河间路	河北
孟泌	男	陵州	《滋溪文稿》卷13	中书省河间路	河北
石安儿	男	景州蓨县	《元史》卷185《吕思诚传》	中书省河间路	河北
孙氏女	女	河间	《元史》卷200《列女一》	中书省河间路	河北
王成	男	河间	《元史》卷33《文宗二》	中书省河间路	河北
王青	男	景州蓨县	《元史》卷185《吕思诚传》	中书省河间路	河北
王天下	男	河间	《元史》卷21《成宗四》	中书省河间路	河北
王宗	男	河间	《滋溪文稿》卷19	中书省河间路	河北
杨朝英	男	青城	《中国历代人名大辞典》	中书省河间路	山东
张复	男	景州蓨县	《元史》卷185《吕思诚传》	中书省河间路	河北
张衡	男	乐陵	《图绘宝鉴》卷5	中书省河间路	山东

姓名	性别	籍贯或居住地	出处	元行政区	现行政区
郑义	男	河间	《元史》卷166《郑义传》	中书省河间路	河北
梁外僧	男	河中	《元史》卷197《孝友一》	中书省河中府	山西
丁用	男	怀庆	《元史》卷197《孝友一》	中书省怀庆路	河南
郭天一	男	怀庆	《元史》卷197《孝友一》	中书省怀庆路	河南
何氏	女	怀孟	《元史》卷200《列女一》	中书省怀庆路	河南
侯荣	男	怀庆	《元史》卷197《孝友一》	中书省怀庆路	河南
逯鲁曾	男	修武	《元史》卷187《逯鲁曾传》	中书省怀庆路	河南
马英	女	河内	《元史》卷200《列女一》	中书省怀庆路	河南
薛超	男	河内	《中国私家藏书史》	中书省怀庆路	河南
杨一	男	怀孟	《元史》卷197《孝友一》	中书省怀庆路	河南
员思忠	男	修武	《元史》卷197《孝友一》	中书省怀庆路	河南
程璧	男	章丘	《滋溪文稿》卷18	中书省济南路	山东
韩镛	男	济南	《元史》卷185《韩镛传》	中书省济南路	山东
惠高儿	男	滨州	《元史》卷200《列女一》	中书省济南路	山东
姜彧	男	济南	《元史》卷167《姜彧传》	中书省济南路	山东
解节亨	男	渤海	《中国私家藏书史》	中书省济南路	山东
康进之	男	棣州	《中国历代人名大辞典》	中书省济南路	山东
李恭	男	济南	《元史》卷197《孝友一》	中书省济南路	山东
李伍	男	渤海	《元史》卷200《列女一》	中书省济南路	山东
李伍	男	济南邹平	《元史》卷200《列女一》	中书省济南路	山东
刘斌	男	济南历城	《元史》卷152《刘斌传》	中书省济南路	山东
刘伯林	男	济南	《元史》卷149《刘伯林传》	中书省济南路	山东
刘敏中	男	济南章丘	《元史》卷178《刘敏中传》	中书省济南路	山东
刘平	男	渤海	《元史》卷200《列女一》	中书省济南路	山东
马万	男	济南章丘	《元史》卷35《文宗四》	中书省济南路	山东
马子昭	男	邹平	《元史》卷42《顺帝五》	中书省济南路	山东
孟德	男	济南	《元史》卷166《孟德传》	中书省济南路	山东
牟克孝	男	济南	《元史》卷197《孝友一》	中书省济南路	山东
齐秉节	男	滨州蒲台	《元史》卷165《齐秉节传》	中书省济南路	山东
任速哥	男	渤海	《元史》卷184《任速哥传》	中书省济南路	山东
宋怀忠	男	济南	《元史》卷197《孝友一》	中书省济南路	山东
王伯颜	男	滨州沾化	《元史》卷195《忠义三》	中书省济南路	山东
王瘦厮	男	济南路	《通制条格校注》卷3《户令》	中书省济南路	山东
魏中立	男	济南	《元史》卷195《忠义三》	中书省济南路	山东
武汉臣	男	济南	《中国历代人名大辞典》	中书省济南路	山东
萧氏	女	济南	《元史》卷201《列女二》	中书省济南路	山东

姓名	性别	籍贯或居住地	出处	元行政区	现行政区
杨乘	男	滨州渤海	《元史》卷194《忠义二》	中书省济南路	山东
攸哈剌拔都	男	渤海	《元史》卷193《忠义一》	中书省济南路	山东
张均	男	济南	《元史》卷166《张均传》	中书省济南路	山东
张起岩	男	济南	《元史》卷182《张起岩传》	中书省济南路	山东
张荣	男	济南历城	《元史》卷150《张荣传》	中书省济南路	山东
张养浩	男	济南	《元史》卷175《张养浩传》	中书省济南路	山东
张义妇	女	济南邹平	《元史》卷200《列女一》	中书省济南路	山东
张焟	男	济南	《元史》卷170《张焟传》	中书省济南路	山东
曹伯启	男	济宁砀山	《元史》卷176《曹伯启传》	中书省济宁路	山东
樊执敬	男	济宁郓城	《元史》卷195《忠义三》	中书省济宁路	山东
耿氏	女	济宁金乡	《滋溪文稿》卷21	中书省济宁路	山东
郭灰儿	男	任城	《元史》卷200《列女一》	中书省济宁路	山东
和洽	男	济州任城	《滋溪文稿》卷17	中书省济宁路	山东
孔思晦	男	曲阜	《中国历代人名大辞典》	中书省济宁路	山东
刘义	男	金乡	《滋溪文稿》卷21	中书省济宁路	山东
马绍	男	济州金乡	《元史》卷173《马绍传》	中书省济宁路	山东
王德	男	济州任城	《元史》卷36《文宗五》	中书省济宁路	山东
王思诚	男	兖州嵫阳	《元史》卷183《王思诚传》	中书省济宁路	山东
王玉汝	男	郓	《元史》卷153《王玉汝传》	中书省济宁路	山东
王治	男	兖州	《元史》卷197《孝友一》	中书省济宁路	山东
魏铎	男	济宁路	《元史》卷35《文宗四》,卷197《孝友一》	中书省济宁路	山东
谢仲温	男	丰州丰县	《元史》卷169《谢仲温传》	中书省济宁路	江苏
许义夫	男	砀山	《元史》卷192《良吏二》	中书省济宁路	安徽
颜瑜	男	兖州曲阜	《元史》卷194《忠义二》	中书省济宁路	山东
杨桓	男	兖州	《元史》卷164《杨桓传》	中书省济宁路	山东
安广全	男	离石	《中国私家藏书史》	中书省冀宁路	山西
白氏	女	太原	《元史》卷200《列女一》	中书省冀宁路	山西
杜丰	男	汾州西河	《元史》卷151《杜丰传》	中书省冀宁路	山西
郝和尚拔都	男	太原	《元史》卷150《郝和尚拔都传》	中书省冀宁路	山西
李孝仁	男	冀宁	《元史》卷33《文宗二》	中书省冀宁路	山西
梁世明	男	冀宁路	《元史》卷34《文宗三》	中书省冀宁路	山西
刘宣	男	太原	《元史》卷168《刘宣传》	中书省冀宁路	山西
吕思诚	男	平定州	《元史》卷185《吕思诚传》	中书省冀宁路	山西

姓名	性别	籍贯或居住地	出处	元行政区	现行政区
牛麟	男	太原	《图绘宝鉴》卷5	中书省冀宁路	山西
齐氏	女	太原	《元史》卷201《列女二》	中书省冀宁路	山西
乔吉	男	太原	《元代出版史》P91	中书省冀宁路	山西
申氏	女	冀宁	《元史》卷201《列女二》	中书省冀宁路	山西
石抹按只	男	太原	《元史》卷154《石抹按只传》	中书省冀宁路	山西
田济川	男	冀宁	《元史》卷200《列女一》	中书省冀宁路	山西
王构	男	太原	《元史》卷197《孝友一》	中书省冀宁路	山西
王士元	男	汾	《滋溪文稿》卷19	中书省冀宁路	山西
王氏	男	太原文水县	《滋溪文稿》卷4	中书省冀宁路	山西
王守诚	男	太原阳曲	《元史》卷183《王守诚传》	中书省冀宁路	山西
王思忠	男	冀宁	《元史》卷200《列女一》	中书省冀宁路	山西
许楫	男	太原忻州	《元史》卷191《良吏一》	中书省冀宁路	山西
杨汉英	男	太原	《元史》卷165《杨赛因不花传》	中书省冀宁路	山西
姚天福	男	雁门	《元史》卷168《姚天福传》	中书省冀宁路	山西
元好问	男	太原秀容	《元代北方民族词选》	中书省冀宁路	山西
元严	女	秀容	《忻州志》	中书省冀宁路	山西
张德辉	男	冀宁交城	《元史》卷163《张德辉传》	中书省冀宁路	山西
张维善	男	忻州	《中国私家藏书史》	中书省冀宁路	山西
张岩起	男	汾州	《元史》卷194《忠义二》	中书省冀宁路	山西
柴氏	女	晋宁	《元史》卷201《列女二》	中书省晋宁路	山西
褚不华	男	隰州石楼	《元史》卷194《忠义二》	中书省晋宁路	山西
段思温	男	稷山	《中国私家藏书史》	中书省晋宁路	山西
段直	男	泽州晋城	《元史》卷192《良吏二》	中书省晋宁路	山西
傅岩起	男	晋宁	《元史》卷186《张翥传》	中书省晋宁路	山西
高觿	男	上党	《元史》卷169《高觿传》	中书省晋宁路	山西
郭从训	男	平阳府	《通制条格校注》卷3《户令》	中书省晋宁路	山西
郭狗狗	男	平阳翼城	《元史》卷197《孝友一》	中书省晋宁路	山西
郭四	男	平阳府	《通制条格校注》卷3《户令》	中书省晋宁路	山西
郭稳	男	平阳路	《通制条格校注》卷3《户令》	中书省晋宁路	山西
郭秀哥	女	平阳路	《通制条格校注》卷3《户令》	中书省晋宁路	山西
郭仲玉	男	沁州	《元史》卷186《归旸传》	中书省晋宁路	山西
韩阿巩	男	平阳府	《通制条格校注》卷3《户令》	中书省晋宁路	山西
韩赵奴	女	平阳府	《通制条格校注》卷3《户令》	中书省晋宁路	山西
郝经	男	泽州陵川	《元史》卷157《郝经传》	中书省晋宁路	山西
贺方	男	晋宁	《元史》卷144《福寿传》	中书省晋宁路	山西

姓名	性别	籍贯或居住地	出处	元行政区	现行政区
侯喜儿	男	晋宁	《元史》卷25《仁宗二》	中书省晋宁路	山西
胡芳	男	平阳	《中国私家藏书史》	中书省晋宁路	山西
姬文龙	男	绛州	《滋溪文稿》卷14	中书省晋宁路	山西
贾鲁	男	河东高平	《元史》卷187《贾鲁传》	中书省晋宁路	山西
靳昺	男	绛州曲沃	《元史》卷198《孝友二》	中书省晋宁路	山西
靖与曾	男	解州	《元史》卷197《孝友一》	中书省晋宁路	山西
李伯祥	男	平阳路	《通制条格校注》卷17《赋役》	中书省晋宁路	山西
李俊民	男	泽州	《元史》卷158《窦默 李俊民附传》	中书省晋宁路	山西
李潜夫	男	绛州	《中国历代人名大辞典》	中书省晋宁路	山西
李篑峤	男	河东	《图绘宝鉴》卷5	中书省晋宁路	山西
李忠	男	晋宁	《元史》卷197《孝友一》	中书省晋宁路	山西
刘哈剌八都鲁	男	河东	《元史》卷169《刘哈剌八都鲁传》	中书省晋宁路	山西
刘如翁	男	吉州	《元史》卷197《孝友一》	中书省晋宁路	山西
刘玮	男	晋宁路沁州	《元史》卷36《文宗五》	中书省晋宁路	山西
路显	男	平阳路	《通制条格校注》卷3《户令》	中书省晋宁路	山西
路重兴	男	平阳路	《通制条格校注》卷3《户令》	中书省晋宁路	山西
齐显明	男	平阳路	《通制条格校注》卷17《赋役》	中书省晋宁路	山西
乔彝	男	晋宁	《元史》卷194《忠义二》	中书省晋宁路	山西
任志	男	潞州	《元史》卷193《忠义一》	中书省晋宁路	山西
石君宝	男	平阳	《中国历代人名大辞典》	中书省晋宁路	山西
史贵	男	晋宁	《元史》卷197《孝友一》	中书省晋宁路	山西
宋衜	男	潞州长子	《元史》卷178《宋衜传》	中书省晋宁路	山西
宋嘉乐	男	上党	《图绘宝鉴》卷5	中书省晋宁路	山西
宋子贞	男	潞州长子	《元史》卷159《宋子贞传》	中书省晋宁路	山西
孙抑	男	晋宁洪洞	《元史》卷198《孝友二》	中书省晋宁路	山西
王仲嘉	男	绛县	《中国私家藏书史》	中书省晋宁路	山西
尉迟德诚	男	绛州	《元史》卷176《尉迟德诚传》	中书省晋宁路	山西
许国祯	男	绛州曲沃	《元史》卷168《许国祯传》	中书省晋宁路	山西
严用父	男	吉州	《元史》卷197《孝友一》	中书省晋宁路	山西
姚好智	男	绛州	《元史》卷197《孝友一》	中书省晋宁路	山西
张琛	男	解州	《元史》卷197《孝友一》	中书省晋宁路	山西
张矞	男	晋宁	《元史》卷186《张矞传》	中书省晋宁路	山西
赵氏	男	绛州太平	《元史》卷30《泰定帝二》	中书省晋宁路	山西
赵氏	女	平阳	《元史》卷201《列女二》	中书省晋宁路	山西

姓名	性别	籍贯或居住地	出处	元行政区	现行政区
郑大	男	平阳路	《通制条格校注》卷3《户令》	中书省晋宁路	山西
郑鼎	男	泽州阳城	《元史》卷154《郑鼎传》	中书省晋宁路	山西
郑光祖	男	平阳	《中国历代人名大辞典》	中书省晋宁路	山西
郑堪净	男	平阳路	《通制条格校注》卷3《户令》	中书省晋宁路	山西
周氏	女	泽州	《元史》卷200《列女一》	中书省晋宁路	山西
任梓	男	莱州	《元史》卷197《孝友一》	中书省莱州	山东
霍荣	男	隆兴	《元史》卷200《列女一》	中书省隆兴路	内蒙古
崔惟孝	男	宁海州	《元史》卷35《文宗四》	中书省宁海州	山东
王义	男	濮州	《元史》卷33《文宗二》	中书省濮州	山东
朱汝谐	男	濮州	《元史》卷197《孝友一》	中书省濮州	山东
何实	男	北京	《元史》卷150《何实传》	中书省全宁路	内蒙古
李溥	男	北平	《滋溪文稿》卷2	中书省全宁路	内蒙古
田雄	男	北京	《元史》卷151《田雄传》	中书省全宁路	内蒙古
王善甫	男	北京	《元史》卷203《方技》	中书省全宁路	内蒙古
王脱欢	男	全宁	《元史》卷35《文宗四》	中书省全宁路	内蒙古
张洪范	男	北京	《元史》卷197《孝友一》	中书省全宁路	内蒙古
张应瑞	男	全宁路	《元蓟国公张应瑞墓碑》	中书省全宁路	内蒙古
李如忠	男	山东	《元史》卷200《列女一》	中书省山东东西道宣慰司	山东
赵元	男	山东	《图绘宝鉴》卷5	中书省山东东西道宣慰司	山东
崔彧	男	弘州	《元史》卷173《崔斌传》	中书省上都路	河北
高氏	男	奉圣州	《元史》卷179《贺胜传》	中书省上都路	河北
刘敏	男	宣德青鲁里	《元史》卷153《刘敏传》	中书省上都路	河北
石抹明安	男	桓州	《元史》卷150《石抹明安传》	中书省上都路	河北
佟士明	男	上都	《图绘宝鉴》卷5	中书省上都路	内蒙古
王佐	男	上都	《元史》卷194《忠义二》	中书省上都路	内蒙古
魏初	男	弘州顺圣	《元史》卷164《魏初传》	中书省上都路	河北
温义	男	开平	《元史》卷197《孝友一》	中书省上都路	内蒙古
武恪	男	宣德府	《元史》卷199《隐逸》	中书省上都路	河北
杨惟中	男	弘州	《元史》卷146《杨惟中传》	中书省上都路	河北
耶律伯坚	男	桓州	《元史》卷192《良吏二》	中书省上都路	河北
耶律秃花	男	桓州	《元史》卷149《耶律秃花传》	中书省上都路	内蒙古
张弼	男	开平	《元史》卷179《贺胜传》,《杨朵儿只传》	中书省上都路	内蒙古
赵瑨	男	蔚州	《元史》卷150《赵瑨传》	中书省上都路	河北

姓名	性别	籍贯或居住地	出处	元行政区	现行政区
董朴	男	顺德	《元史》卷190《儒学二》	中书省顺德路	河北
郭守敬	男	顺德邢台	《元史》卷164《杨恭懿传》	中书省顺德路	河北
韩伯敬	男	唐山	《滋溪文稿》卷6	中书省顺德路	河北
林起宗	男	顺德内丘	《滋溪文稿》卷14	中书省顺德路	河北
刘秉忠	男	邢州	《元史》卷157《刘秉忠传》	中书省顺德路	河北
马奔	男	顺德	《元史》卷34《文宗三》	中书省顺德路	河北
马亨	男	邢州南和	《元史》卷163《马亨传》	中书省顺德路	河北
张文谦	男	邢州沙河	《元史》卷157《张文谦传》	中书省顺德路	河北
石珪	男	泰安新泰	《元史》卷193《忠义一》	中书省泰安州	山东
石天禄	男	泰安新泰	《元史》卷152《石天禄传》	中书省泰安州	山东
严实	男	泰安长清	《元史》卷148《严实传》	中书省泰安州	山东
张立	男	泰安长清	《元史》卷165《张立传》	中书省泰安州	山东
朱霁	男	泰安新泰	《滋溪文稿》卷17	中书省泰安州	山东
安寅	男	卫辉	《元史》卷33《文宗二》	中书省卫辉路	河南
韩冲	男	卫	《滋溪文稿》卷12	中书省卫辉路	河南
韩中	男	卫	《滋溪文稿》卷12	中书省卫辉路	河南
贾拾得	男	卫辉路获嘉	《通制条格校注》卷4《户令》	中书省卫辉路	河南
刘淇	男	汲县	《元史》卷197《孝友一》	中书省卫辉路	河南
王庆	男	卫辉	《元史》卷197《孝友一》	中书省卫辉路	河南
王氏	男	淇州	《元史》卷185《李稷传》	中书省卫辉路	河南
王恽	男	卫州汲县	《元史》卷167《王恽传》	中书省卫辉路	河南
徐昌祖	男	汲县	《元史》卷197《孝友一》	中书省卫辉路	河南
张聚	男	汲县	《元史》卷192《良吏二》	中书省卫辉路	河南
张思明	男	辉州	《元史》卷177《张思明传》	中书省卫辉路	河南
朱良	男	汲县	《元史》卷15《世祖十二》	中书省卫辉路	河南
吴思达	男	蔚州	《元史》卷197《孝友一》	中书省蔚州	河北
赵秉温	男	蔚州蜚狐	《滋溪文稿》卷22	中书省蔚州	河北
吴氏	女	兴和	《元史》卷200《列女一》	中书省兴和路	河北
高希允	男	高苑县	《元史》卷17《世祖十四》	中书省益都路	山东
贺祉	男	益都	《元史》卷166《贺祉传》	中书省益都路	山东
夹谷之奇	男	滕州	《元史》卷174《郭贯传》	中书省益都路	山东
李瓒	男	潍州	《元史》卷206《叛臣》	中书省益都路	山东
李稷	男	滕州	《元史》卷185《李稷传》	中书省益都路	山东
李泂	男	滕州	《元史》卷183《李泂传》	中书省益都路	山东
李庭	男	寿光	《元史》卷162《李忽兰吉传》	中书省益都路	山东
李之英	男	滕州邹县	《中国历代人名大辞典》	中书省益都路	山东

姓名	性别	籍贯或居住地	出处	元行政区	现行政区
綦公直	男	益都乐安	《元史》卷165《綦公直传》	中书省益都路	山东
宋德让	男	益都路	《元史》卷35《文宗四》	中书省益都路	山东
宋仲荣	男	翼城	《元史》卷200《列女一》	中书省益都路	山东
唐镕	男	益都费县	《滋溪文稿》卷18	中书省益都路	山东
王国昌	男	胶州高密	《元史》卷167《王国昌传》	中书省益都路	山东
王氏	女	博兴	《元史》卷201《列女二》	中书省益都路	山东
王英	男	益都	《元史》卷188《王英传》	中书省益都路	山东
于大本	男	密州	《元史》卷195《忠义三》	中书省益都路	山东
张缉	男	益都胶州	《元史》卷198《孝友二》	中书省益都路	山东
张禧	男	益都	《元史》卷165《张禧传》	中书省益都路	山东
张雄飞	男	琅琊临沂	《元史》卷163《张雄飞传》	中书省益都路	山东
张昱	男	沂州	《元史》卷27《英宗一》	中书省益都路	山东
赵仁	男	益都路	《元史》卷35《文宗四》	中书省益都路	山东
乌古孙泽	男	临潢	《元史》卷163《乌古孙泽传》	中书省应昌路	内蒙古
张庭珍	男	临潢全州	《元史》卷167《张庭珍传》	中书省应昌路	内蒙古
裴某	男	滦州	《元史》卷200《列女一》	中书省永平路	河北
王振	男	平滦	《元史》卷197《孝友一》	中书省永平路	河北
周氏	女	平滦石城	《元史》卷200《列女一》	中书省永平路	河北
孟攀鳞	男	云内	《元史》卷164《孟攀鳞传》	中书省云内州	内蒙古
蔡珍	男	彰德安阳	《元史》卷166《蔡珍传》	中书省彰德路	河南
褚克衡	男	彰德路	《通制条格校注》卷4《户令》	中书省彰德路	河南
褚克衍	男	彰德路	《通制条格校注》卷4《户令》	中书省彰德路	河南
杜瑛	男	彰德	《元史》卷199《隐逸》,《滋溪文稿》卷22	中书省彰德路	河南
郭昂	男	彰德林州	《元史》卷165《郭昂传》	中书省彰德路	河南
田衍	男	彰德	《图绘宝鉴》卷5	中书省彰德路	河南
王兴祖	男	彰德汤阴	《通制条格校注》卷4《户令》	中书省彰德路	河南
许有壬	男	汤阴	《元史》卷182《许有壬传》	中书省彰德路	河南
杨阿田	男	彰德	《通制条格校注》卷3《户令》	中书省彰德路	河南
郑廷玉	男	彰德	《中国历代人名大辞典》	中书省彰德路	河南
安松	男	真定	《滋溪文稿》卷14	中书省真定路	河北
安熙	男	真定藁城	《元史》卷189《儒学一》	中书省真定路	河北
白朴	男	真定	《元代出版史》P81	中书省真定路	河北
陈思谦	男	赵州宁晋	《元史》卷184《陈思谦传》	中书省真定路	河北
陈祐	男	赵州宁晋	《元史》卷168《陈祐传》	中书省真定路	河北
崔显	男	真定	《滋溪文稿》卷23	中书省真定路	河北

姓名	性别	籍贯或居住地	出处	元行政区	现行政区
丁好礼	男	蠡州	《元史》卷196《忠义四》	中书省真定路	河北
董俊	男	藁城	《元史》卷148《董俊传》	中书省真定路	河北
董讷	男	真定赵州柏乡	《滋溪文稿》卷23	中书省真定路	河北
董士楷	男	藁城	《元史》卷190《儒学二》	中书省真定路	河北
董士良	男	藁城	《滋溪文稿》卷12	中书省真定路	河北
董氏	男	藁城	《元史》卷43《顺帝六》	中书省真定路	河北
董守简	男	藁城	《滋溪文稿》卷12	中书省真定路	河北
董文炳	男	藁城	《元史》卷156《董文炳传》	中书省真定路	河北
董源	男	真定藁城	《滋溪文稿》卷10	中书省真定路	河北
窦行冲	男	真定	《滋溪文稿》卷19	中书省真定路	河北
杜良	男	真定	《元史》卷197《孝友一》	中书省真定路	河北
杜氏	男	真定	《滋溪文稿》卷16	中书省真定路	河北
高鸣	男	真定	《元史》卷160《高鸣传》	中书省真定路	河北
高源	男	晋州	《元史》卷170《高源传》	中书省真定路	河北
关德聚	男	真定新乐	《滋溪文稿》卷20	中书省真定路	河北
韩公麟	男	真定真定县	《滋溪文稿》卷22	中书省真定路	河北
韩山童	男	栾城	《元史》卷42《顺帝五》	中书省真定路	河北
韩永	男	京师	《滋溪文稿》卷17	中书省真定路	河北
郝兴	男	真定	《元史》卷5《世祖二》	中书省真定路	河北
何柱	男	真定灵寿	《滋溪文稿》卷21	中书省真定路	河北
贾德成	男	真定藁城	《滋溪文稿》卷21	中书省真定路	河北
贾居贞	男	真定获鹿	《元史》卷153《贾居贞传》	中书省真定路	河北
贾塔剌浑	男	冀州	《元史》卷151《贾塔剌浑传》	中书省真定路	河北
焦悦	男	真定	《滋溪文稿》卷14	中书省真定路	河北
荆玩恒	男	宁晋	《滋溪文稿》卷5	中书省真定路	河北
孔元	男	真定	《元史》卷165《孔元传》	中书省真定路	河北
冷起岩	男	京师	《图绘宝鉴》卷5	中书省真定路	河北
李杲	男	真定	《元代出版史》P113	中书省真定路	河北
李生	男	真定	《滋溪文稿》卷1	中书省真定路	河北
李冶	男	栾城	《元史》卷160《李冶传》	中书省真定路	河北
李羽	男	京师	《滋溪文稿》卷16	中书省真定路	河北
李元礼	男	真定	《元史》卷176《李元礼传》	中书省真定路	河北
梁子益	男	真定	《元史》卷34《文宗三》	中书省真定路	河北
刘驴儿	男	真定	《元史》卷13《世祖十》	中书省真定路	河北
刘恕	男	晋州	《元史》卷200《列女一》	中书省真定路	河北

姓名	性别	籍贯或居住地	出处	元行政区	现行政区
麻泽民	男	真定	《秋涧先生大全文集》	中书省真定路	河北
穆忱	男	赵州宁晋	《滋溪文稿》卷23	中书省真定路	河北
尚仲贤	男	真定	《中国历代人名大辞典》	中书省真定路	河北
史弼	男	蠡州博野	《元史》卷162《史弼传》	中书省真定路	河北
史元亨	男	真定	《中国私家藏书史》	中书省真定路	河北
宋褧	男	京师	《滋溪文稿》卷13	中书省真定路	河北
宋贞	男	真定	《元史》卷197《孝友一》	中书省真定路	河北
苏大年	男	真定	《图绘宝鉴》卷5	中书省真定路	河北
苏恒	男	真定元氏	《滋溪文稿》卷21	中书省真定路	河北
苏天爵	男	真定	《元史》卷183《苏天爵传》	中书省真定路	河北
王好古	男	赵州	《中国历代人名大辞典》	中书省真定路	河北
王惠	男	真定	《滋溪文稿》卷7	中书省真定路	河北
王善	男	藁城	《元史》卷151《王善传》	中书省真定路	河北
王世贤	男	真定	《元史》卷197《孝友一》	中书省真定路	河北
王守道	男	真定平山	《元史》卷153《王守道传》	中书省真定路	河北
王思廉	男	真定获鹿	《元史》卷160《王思廉传》	中书省真定路	河北
王文若	男	真定安平	《滋溪文稿》卷13	中书省真定路	河北
王义	男	真定宁晋	《元史》卷151《王义传》	中书省真定路	河北
王玉	男	赵州宁晋	《元史》卷151《王玉传》	中书省真定路	河北
王约	男	真定	《元史》卷178《王约传》	中书省真定路	河北
邢从正	女	真定	《滋溪文稿》卷21	中书省真定路	河北
阎琛	男	真定	《滋溪文稿》卷18	中书省真定路	河北
砚弥坚	男	真定	《滋溪文稿》卷7	中书省真定路	河北
杨成	男	真定	《滋溪文稿》卷16	中书省真定路	河北
杨湜	男	藁城	《元史》卷170《杨湜传》	中书省真定路	河北
耶律武末	男	真定	《元史》卷193《忠义一》	中书省真定路	河北
张纲	男	京师	《滋溪文稿》卷14	中书省真定路	河北
张公爵	男	宁晋	《滋溪文稿》卷16	中书省真定路	河北
张晋亨	男	冀州南宫	《元史》卷152《张晋亨传》	中书省真定路	河北
张庆	男	真定	《元史》卷197《孝友一》	中书省真定路	河北
张延	男	藁城	《滋溪文稿》卷14	中书省真定路	河北
张彦辅	男	京师	《图绘宝鉴》卷5	中书省真定路	河北
张用道	男	真定	《中国私家藏书史》	中书省真定路	河北
张在	男	真定藁城	《滋溪文稿》卷14	中书省真定路	河北
赵伯成	男	真定	《滋溪文稿》卷15	中书省真定路	河北
赵德隆	男	赵州	《元史》卷197《孝友一》	中书省真定路	河北

姓名	性别	籍贯或居住地	出处	元行政区	现行政区
赵迪	男	藁城	《元史》卷151《赵迪传》	中书省真定路	河北
赵弘毅	男	真定晋州	《元史》卷196《忠义四》	中书省真定路	河北
赵宽	男	真定	《滋溪文稿》卷18	中书省真定路	河北
甄德修	男	真定	《滋溪文稿》卷21	中书省真定路	河北
甄世良	男	真定	《滋溪文稿》卷15	中书省真定路	河北
郓城	男	真定冀州	《滋溪文稿》卷20	中书省真定路	河北
郑铨	男	真定灵寿	《滋溪文稿》卷18	中书省真定路	河北
郑温	男	真定灵寿	《元史》卷154《郑温传》	中书省真定路	河北
朱显	男	真定	《元史》卷197《孝友一》	中书省真定路	河北
左彦实	男	真定	《滋溪文稿》卷21	中书省真定路	河北

主要参考文献

（按作者姓氏首字字母排序）

一、基本古籍

（元）孛蘭肹等《元一统志》（上下册），赵万里校辑，中华书局 1966 年版。

（意）《柏朗嘉宾蒙古行纪》，耿升译，中华书局 1985 年版。

（明）陈邦瞻《元史纪事本末》，中华书局 1979 年版。

（元）陈大震纂修《大德南海志》，宋元方志丛刊本，中华书局 1990 年版。

道润梯步《新译简注蒙古秘史》，内蒙古人民出版社 1979 年版。

（清）陈衍《元诗纪事》，续修四库全书本。

（宋）陈元靓《事林广记》，中华书局 1999 年版。

（瑞典）多桑《多桑蒙古史》（上下册），冯承钧译，中华书局 1963 年版。

方龄贵《通制条格校注》，中华书局 2001 年版。

（元）冯福京修、郭荐纂《大德昌国州图志》，宋元方志丛刊本，中华书局 1990 年版。

（元）胡祗遹《紫山先生大全集》，四库全书本。

（元）黄溍《黄学士文集》，四部丛刊初编本。

（清）柯劭忞《新元史》，上海古籍出版社影印本。

（元）揭傒斯《文安集》，四库全书本。

（元）孔齐《至正直记》，上海古籍出版社 1981 年版。

（波斯）拉施特主编《史集》，余大钧、周建奇译，商务印书馆 1983 年版。

（元）刘因《静修文集》，四库全书本。

（法）《鲁布鲁克东行纪》，何高济译，中华书局 1985 年版。

（元）马端临《文献通考》，商务印书馆民国二十五年版。

（意）《马可·波罗行记》，冯承钧译，上海书店出版社2001年版。

（元）马祖常《石田集》，四库全书本。

（宋）孟珙《蒙鞑备录》，四库全书本。

（元）欧阳玄《圭斋文集》，四库全书本。

（宋）彭大雅、徐霆注《黑鞑事略》，四库全书本。

（清）钱大昕《元史氏族表》，《续修四库全书》第293册，嘉定钱竹汀先生补篡门人黄钟校刊本，上海古籍出版社1995—2002年版。

（清）钱保塘编《历代名人生卒录》，北京图书馆出版社2002年版。

（清）钱谦益《国初群雄事略》，中华书局1982年版。

（元）权衡《庚申外史》，丛书集成初编本，商务印书馆1937年版。

（明）宋濂等《元史》，中华书局1997年版。

（元）苏天爵《元朝名臣事略》，姚景安点校，中华书局1996年版。

（元）苏天爵《元文类》，四库全书本。

（元）苏天爵《滋溪文稿》，中华书局2007年版。

（元）单庆修、徐硕篡《至元嘉禾志》，宋元方志丛刊本，中华书局1990年版。

（明）陶宗仪《南村辍耕录》，四部丛刊本，上海书店1985年版。

（清）屠寄《蒙兀儿史记》，中国书店1984年版。

（元）脱因修、俞希鲁篡《至顺镇江志》，宋元方志丛刊本，中华书局1990年版。

（元）王恽《秋涧先生大全集》，四部丛刊本。

（元）吴澄《吴文正公集》，四库全书本。

（元）夏文彦《图绘宝鉴》，四库全书本。

（元）许有壬《圭塘小稿》，四库全书本。

（元）徐元瑞《吏学指南》，杨讷点校，元代史料丛刊《吏学指南》（外三种），浙江古籍出版社1988年版。

（明）杨士奇等《历代名臣奏议》，四库全书本，上海古籍出版社1989年影印版。

（元）杨维桢《东维子文集》，四库全书本。

（元）姚燧《牧庵集》，四库全书本。

（明）叶子奇《草木子》，中华书局1953年版。

（元）虞集《道园学古录》，四库全书本。

（元）袁桷《清容居士集》，四库全书本。

（元）张铉篡修《至正金陵新志》，宋元方志丛刊本，中华书局1990年版。

（伊朗）志费尼《世界征服者史》（上下册），何高济译，翁独健校订，内蒙古人民出版社 1981 年版。

（元）朱德润《存复斋集》，四库全书本。

《蒙古黄金史纲》，朱风、贾敬颜汉译本，内蒙古人民出版社 1985 年版。

《庙学典礼》（外二种），王颋点校，浙江古籍出版社 1992 年版。

二、学术著作

（法）阿尔弗雷·索维《人口通论》（上册），查瑞传、邬沧萍等译校，商务印书馆 1983 年版。

白寿彝总主编《中国通史》第 13、14 册《元时期》，上海人民出版社 1997 年版。

（苏）В·Я·符拉基米尔佐夫《蒙古社会制度史》，刘荣焌译，中国社会科学出版社 1980 年版。

蔡美彪编著《元代白话碑集录》，科学出版社 1955 年版。

陈高华、史卫民《中国风俗通史·元代卷》，上海文艺出版社 2001 年版。

陈茂同《历代职官沿革史》，华东师范大学出版社 1988 年版。

陈垣《元西域人华化考》，上海古籍出版社 2000 年版。

陈智超、乔幼梅主编《中国封建社会经济史》，齐鲁书社、文津出版社 1996 年版。

费孝通《乡土中国生育制度》，北京大学出版社 1998 年版。

高树林《元代赋役制度研究》，河北大学出版社 1997 年版。

葛剑雄《中国人口发展史》，福建人民出版社 1991 年版。

葛剑雄《中国移民史》，福建人民出版社 1997 年版。

韩儒林《穹庐集——元史及西北民族史研究》，上海人民出版社 1982 年版。

韩儒林主编《元朝史》（上、下），人民出版社 1986 年版。

胡文楷编著《历代妇女著作考》（增订本），上海古籍出版社 1995 年版。

江立华、孙洪涛《中国流民史·古代卷》，安徽人民出版社 2001 年版。

李干《元代社会经济史稿》，湖北人民出版社 1985 年版。

李治安《元代分封制度研究》，天津古籍出版社 1992 年版。

梁方仲《中国历代户口、田地、田赋统计》，上海人民出版社 1980 年版。

梁中堂《人口学》，山西人民出版社 1983 年版。

路遇、滕泽之《中国人口史》，山东人民出版社 2000 年版。

罗贤佑《元代民族史》，四川民族出版社 1996 年版。

马尔萨斯《人口原理》，商务印书馆 1992 年版。

内蒙古社科院历史所《蒙古族通史》编写组《蒙古族通史》（上），民族出版社1989年版。

南京大学历史系元史研究室编《中国历史研究丛书——元史论集》，人民出版社1984年版。

秦新林《元代社会生活史》，河南大学出版社1997年版。

任崇岳主编《中原地区历史上的民族融合》，内蒙古人民出版社2004年版。

任崇岳《中原移民简史》，河南人民出版社2006年版。

桑德斯《人口问题》，商务印书馆1983年版。

石方《中国人口迁移史稿》，黑龙江人民出版社1990年版。

史卫民《元代社会生活史》，中国社会科学出版社1996年版。

谭其骧主编《中国历史地图集》，中国地图出版社1996年版。

汤兆云《当代中国人口政策研究》，知识产权出版社2005年版。

田方、陈一筠主编《中国移民史略》，知识出版社1986年版。

田建平《元代出版史》，河北人民出版社2003年版。

田雪原、周丽萍《中国人口》，五洲传播出版社2004年版。

汪玢玲《中国婚姻史》，上海人民出版社2001年版。

王威海《中国户籍制度——历史与政治的分析》，上海文化出版社2006年版。

王卫平、黄鸿山《中国古代传统社会保障与慈善事业——以明清时期为重点的考察》，群言出版社2005年版。

王育民《中国人口史》，江苏人民出版社1995年版。

王钟翰主编《中国民族史》，中国社会科学出版社1994年版。

吴斐丹主编《人口问题与理论》，四川人民出版社1986年版。

吴松弟《中国人口史》第三卷《辽宋金元时期》，复旦大学出版社2000年版。

谢元鲁、王定璋《中国古代敬老养老风俗》，陕西人民出版社2004年版。

许凡《元代吏制研究》，劳动人事出版社1987年版。

杨志玖《元史三论》，人民出版社1985年版。

袁祖亮《中国古代人口史专题研究》，中州古籍出版社1994年版。

袁祖亮主编《丝绸之路人口问题研究》，新疆人民出版社1998年版。

袁祖亮主编《中国古代边疆民族人口研究》，中州古籍出版社1999年版。

张纯元主编《人口经济学》，北京大学出版社1983年版。

赵文林、谢淑君《中国人口史》，人民出版社1998年版。

中国蒙古史学会编《中国蒙古史学会论文选集》，内蒙古人民出版社1981年版。

周秋光、曾桂林《中国慈善简史》,人民出版社 2006 年版。

三、学术论文

白翠琴《略论元朝法律文化特色》,《民族研究》,1998 年第 1 期。

陈高华《论元代的称谓习俗》,《浙江学刊》,2000 年第 5 期。

陈高华《论元代的军户》,《元史论丛》第 1 辑,中华书局 1982 年版。

陈高华《论元代的站户》,《元史论丛》第 2 辑,中华书局 1983 年版。

陈高华《元朝的土地登记和土地籍册》,《历史研究》,1998 年第 1 期。

陈高华《元代的流民问题》,《元史论丛》第 4 辑,中华书局 1992 年版。

陈高华《元代的医疗习俗》,《浙江学刊》,2001 年第 4 期。

陈高华《元代户等制略论》,《中国史研究》,1979 年第 1 期。

陈高华《元代的哈剌鲁人》,《西北民族研究》,1988 年第 1 期。

陈广恩《论蒙元开发西北之指导思想》,《宁夏大学学报》,2004 年第 4 期。

陈伟明《元代岭南少数民族的人口分布》,《广东史志》,2000 年第 1 期。

陈伟明《元代岭南少数民族的人口迁移》,《中国历史地理论丛》,1999 年第 4 期。

丛佩远《元代辽阳行省境内的契丹、高丽、色目与蒙古》,《史学集刊》,1993 年第 1 期。

丁明俊、马芳《元代回回人与中西文化交流》,《宋辽金元史》,2003 年第 1 期。

杜芳琴《元代理学初渐对妇女的影响》,《山西师范大学学报》,1996 年第 4 期。

方慧《元代大理段氏总管世次历年考略》,《广西民族研究》,1998 年第 2 期。

方慧《元、明、清时期进入西南地区的外来人口》,《中央民族大学学报》,1996 年第 5 期。

方铁《蒙元经营西南边疆的统治思想及治策》,《中国边疆史地研究》,2002 年第 1 期。

冯继钦《从战迹和官职看契丹人在蒙元时期的分布》,《北方文物》,1995 年第 2 期。

符海朝《蒙元时期汉人世侯文化素质之探讨》,《殷都学刊》,2008 年第 2 期。

高荣盛《元代匠户散论》,《南京大学学报》,1997 年第 1 期。

高士荣《略论蒙元政府与西北各族首领的友好关系》,《西北史地》,1997 年第 3 期。

葛仁考《元代汉族妇女守节问题初探》,《内蒙古社会科学》,2003 年第 3 期。

龚荫《元朝民族等级政治述略》,《西南民族大学学报》,2003 年第 6 期。

桂栖鹏、尚衍斌《元代色目人进士考》,《新疆大学学报》,1994 年第 4 期。

洪用斌《元代的奴隶买卖》,《内蒙古社会科学》,1982 年第 5 期。

洪玉范《元朝时期蒙古上层社会婚姻及家庭》,《黑龙江民族丛刊》,2000 年第 1 期。

韩志远《关于元代社会风尚的几个问题》,《社会学研究》,1991 年第 3 期。

韩光辉《建都以来北京历代城市人口规模蠡测》,《人口与经济》,1988 年第 1 期。

韩光辉《古代北京城市户籍管理与户口统计》,《中国历史地理论丛》,1993 年第 2 期。

韩光辉《辽金元明时期北京地区人口地理研究》,《北京大学学报》(哲学社会科学版),1995 年第 5 期。

韩光辉《元代中国的建制城市》,《地理学报》,1995 年第 4 期。

韩光辉《12 至 14 世纪中国城市的发展》,《中国史研究》,1996 年第 4 期。

韩光辉《宋辽金元建制城市的出现与域市体系的形成》,《历史研究》,2007 年第 4 期。

胡小鹏《元朝统治下的西夏故地》,《西北师范大学学报》,2000 年第 6 期。

黄鸿山《元代常平义仓研究》,《苏州大学学报》,2005 年第 4 期。

黄鸿山《元代义仓设立的时间与积谷方法考辨》,《文化学刊》,2007 年第 6 期。

贾丛江《关于元朝内迁畏兀儿人的几个问题》,《内蒙古社会科学》,2003 年第 6 期。

金滢坤《从黑城文书看元代的养济院制度:兼论元代的集乃路》,《中央民族大学学报》,2003 年第 2 期。

李安辉《试析蒙元政策对元末明初新生民族形成的促进作用》,《内蒙古社会科学》,2004 年第 5 期。

李干《元代屯田的发展和演变》,《中南民族学院学报,1984 年第 1 期。

李干《元代西藏(吐蕃)土司制度探析——元朝中央政府管理西藏地方方略研究》,《中南民族学院学报》,2002 年第 1 期。

李景林《论元太宗乙未年的户籍清理》,《社会科学战线》,1987 年第 2 期。

李星琼《元初西域少数民族翻译家的主要活动及其贡献》,《西域研究》,2002 年第 2 期。

李治安《元代的投下户》,《南开学报》,1989 年第 5 期。

李治安《元代冗官论述》,《宋辽金元史》,2006 年第 3 期。

梁峻、梁平《元代罪囚医药政策分析》,《中国民族医药杂志》,1996 年第 2 期。

刘向明《元朝法制中的僧侣特权》,《嘉应大学学报》,1998 年第 4 期。

刘晓《从黑城文书看元代的户籍制度》,《江西财经大学学报》,2000 年第 6 期。

刘晓《元代收养制度研究》,《中国史研究》,2000 年第 3 期。

罗立刚《元朝的统一与南北文化的变迁》,《内蒙古社会科学》,2000 年第 3 期。

罗贤佑《金、元时期女真人的内迁及演变》,《民族研究》,1984 年第 2 期。

罗贤佑《试论元朝蒙古皇室的联姻关系》,《中国民族史研究》,中国社会科学出版社 1987 年版。

马建春《钦察、阿速、斡罗思人在元朝的活动》,《西北民族研究》,2002 年第 4 期。

马建春《元代东迁中土的康里人》,《宁夏社会科学》,2003 年第 1 期。

马建春《元代回回教育特征述论》,《民族研究》,2002 年第 1 期。

马娟《蒙元时期的穆斯林签军》,《回族研究》,2000 年第 2 期。

马瑞江《蒙元文化变异重心的形成》,《社会科学战线》,1999 年第 3 期。

默书民《关于元代腹里地区的人口问题》,《河北师范大学学报》,2000 年第 3 期。

穆德全《元代回回人分布江浙考》,《河南师范大学学报》,1984 年第 1 期。

聂树锋、王秀珑《史氏家族在真定——金元之交的汉人世侯剖析》,《石家庄师范专科学校学报》,

2000 年第 3 期。

潘清《元代江南地区蒙古、色目侨寓人户婚姻状态的分析》,《学海》,2002 年第 3 期。

潘清《元代江南蒙古、色目侨寓人户的基本类型》,《南京大学学报》,2000 年第 3 期。

彭建英《元朝治藏方略》,《西北史地》,1999 年第 4 期。

彭清深《宋元西北汉族族群历史观照》,《西北第二民族学院学报》,2001 年第 1 期。

邱树森、王颋《元代户口问题刍议》,《元史论丛》第 2 辑,中华书局,1983 年版。

邱树森《元初伊斯兰教在中国北方和西北的传播》,《回族研究》,2001 年第 1 期。

（日）池内功《元代的蒙汉通婚及其背景》，郑信哲译，《民族译丛》，1992 年第 3 期。

申万里《元代江南民间义庄考述》，《中央民族大学学报》（哲学社会科学版），2009 年第 2 期。

申万里《元代游学初探》，《中国史研究》，2006 年第 2 期。

史金波、吴峰云《元代党项人余氏及其后裔》，《宁夏大学学报》，1985 年第 2 期。

谭晓玲《浅析元代的判决离婚》，《内蒙古大学学报》，2003 年第 3 期。

谭晓玲《元代买卖女口现象初探》，《中央民族大学学报》，2003 年第 4 期。

谭晓玲《元代女性贞节观念刍议》，《中央民族大学学报》，2007 年第 5 期。

汤开建、马宏祥《元代西夏人的历史贡献》，《宋辽金元史》，1988 年第 1 期。

汤晓方《论元朝文化的历史地位》，《内蒙古社会科学》，1985 年第 5 期。

佟洵《也里可温在蒙元帝国的传入及消亡原因初探》，《中央民族大学学报》，2000 年第 3 期。

田卫疆《论元代畏兀儿人对发展中华文化的历史贡献》，《西北民族研究》，1993 年第 1 期。

王崇实《元与高丽统治集团的联姻》，《吉林师范学院学报》，1992 年第 4 期。

王东平《元代关涉回回立法初探》，《中央民族大学学报》，2001 年第 6 期。

王洪春《略论中国古代人口统计口径》，《人口研究》，1992 年第 4 期。

王建平《元代穆斯林移民与云南社会》，《青海民族学院学报》，1999 年第 2 期。

王培华《元代北方水旱灾害时空分布特点与申灾体覆救灾制度》，《社会科学战线》，1999 年第 3 期。

王三北《论蒙元时期蒙汉种族融合》，《甘肃社会科学》，2001 年第 2 期。

王三北《蒙元时期蒙畏民族关系发展及其影响》，《西北民族学院学报》，2001 年第 2 期。

王颋《元代书院考略》，《中国史研究》，1984 年第 1 期。

王颋《元代屯田考》，《中华文史论丛》，1983 年第 4 辑。

王颋《元代粮仓考略》，《安徽师大学报》（哲学社会科学版），1981 年第 2 期。

王献军《元代入居内地的藏族人》，《海南师范学院学报》，2003 年第 1 期。

王育民《论中国封建社会人口发展的阶段性》，《中国史研究》，1992 年第 2 期。

王育民《元代人口考实》，《历史研究》，1992 年第 5 期。

位雪燕、徐适端《从〈元史·列女传〉所元代妇女的贞节观》，《内蒙古师范大学学报》，2007 年第 3 期。

位雪燕《元代妇女贞节问题再探》,《河北师范大学学报》,2007 年第 3 期。

吴冬梅《试论元朝的"孝治"》,《云南师范大学学报》,2001 年第 4 期

吴海涛《近十年来元代社会史研究概述》,《西北民族研究》,1995 年第 1 期。

喜蕾《论元代高丽贡女制度的实质》,《内蒙古社会科学》,2000 年第 6 期。

喜蕾《元朝宫廷中的高丽贡女》,《内蒙古大学学报》,2001 年第 3 期。

喜蕾《元代高丽贡女制度的形成与发展》,《中国社会科学院研究生院学报》,2001 年第 2 期。

喜蕾《元代高丽贡宦制度与高丽宦官势力》,《内蒙古社会科学》(汉文版),2002 年第 3 期。

行龙《近年来中国人口史研究综述》,《中国史研究动态》,1987 年第 9 期。

许凡《元代的首领官》,《西北大学学报》,1983 年第 2 期。

徐飞《蒙元时期基督教在华兴盛的原因》,《贵州师范大学学报》,1995 年第 2 期。

徐黎丽《蒙元时期中亚诸民族在中国的民族过程》,《兰州大学学报》,2002 年第 1 期。

徐适端《元代平民妇女婚姻生活考》,《西南师范大学学报》,2003 年第 2 期。

徐晓望《论元代福建的人口问题》,《福建论坛》,1998 年第 6 期。

杨志玖《山东的蒙古族村落和元朝墓碑——一个古老蒙古氏族的新生》,《历史教学》,1991 年第 1 期。

杨志玖《元代回回人的政治地位》,《历史研究》,1984 年第 3 期。

姚远《中国历史人口政策初探》,《人口研究》,1991 年第 2 期。

姚兆余《论唐宋元王朝对西北地区少数民族的羁縻政策》,《甘肃社会科学》,1997 年第 5 期。

尤中《元朝对西南各民族地区的设治和经营》,《思想战线》,1995 年第 2 期。

袁祖亮、袁延胜《中国古代人口研究回顾与展望》,《历史研究》,1996 第 5 期。

岳青、培植《营儿门马氏——汉族大家庭中前元蒙古贵族的后裔》,《丝绸之路》,1996 年第 6 期。

张沛之《元代少数民族官僚家族婚姻初探》,《河南师范大学学报》,2004 年第 1 期。

张善余《中国历史人口周期性巨大波动的自然原因初探》,《人口研究》,1991 年第 5 期。

张文《中国古代报灾检灾制度述论》,《中国经济史研究》,2004 年第 1 期。

张啸虎《辽金遗士对元初政治建设与文化开拓的贡献》,《宋辽金元史》,1988 年第 3 期。

张云《元朝在西藏地方征税考》,《中国经济史研究》,2002 年第 4 期。

赵经纬《元代赈灾机构初探》,《张家口师专学报》(社会科学版),1996 年第 1 期。

赵经纬、赵玉坤《元代赈灾物资来源浅述》,《河北师范大学学报》1998 年第 2 期。

钟年、孙秋云《宋元时期游牧文化对农耕文化的冲击毁伤》,《史学月刊》,1995 年第 4 期。

周良霄《元代投下分封制度初探》,《元史论丛》第 2 辑,中华书局 1983 年版。

周良霄《元和元以前中国的基督教》,《元史论丛》第 1 辑,中华书局 1982 年版。

朱春阳《元代义仓初探》,《东南文化》,2007 年第 5 期。

索引(按笔画为序)
(人名、地名、氏族名、国名、历史事件、典章制度等)

后 记

　　历经 8 载,这本书终于正式出版了。

　　我是自 2004 年 9 月师从袁祖亮先生攻读博士学位才开始涉猎人口史和元史研究领域的。自入学始,我有幸参与到导师主持的中国人口通史研究计划之中,承担元代部分书稿的写作任务,因此初定以《元代人口史》作为博士学位论文的选题。之所以选择元代,一是考虑自己对人口史研究没有基础,而元代历史跨度较小,比较有把握在 3 年时间内完成学位论文;二是因为元代作为一个少数民族执政的大帝国,历史辉煌之处不逊于汉唐明清,相比之下自己却知之甚少,引起了我探究的兴趣和愿望。

　　说实话,在确定选题的时候,我连《元史》都没有读过,人口史的学习研究也是从零起步。在初步浏览了解元代史料和元代人口相关研究成果之后,我发现自己起初所谓元代历史短、资料少、完成论文比较容易的想法完全是凭空想象。多民族、多语言(种)的史料和世界范围的活动空间为元代人口研究设置了重重障碍,我意识到自己面对的是一块难啃的"硬骨头"。自入师门,导师袁祖亮先生时常给予我关怀、指导、鞭策和鼓励,并将他数十年学术生命中积累形成的研究思想、研究体系、研究方法和经验体会毫无保留地传授给学生,使我很快就认清了航道,有序地一步步进入学习和研究状态。随着理论的丰富、资料的积累,我对元代人口研究逐渐有了清晰的认识,也增强了信心。由于时间所限,2007 年 3 月提交博士学位论文时,我仅撰写完成了引言(元代人口研究综述)、元代人口政策、元代人口分布、元代人口迁移、元代人口素质、元代人口姓氏与分布共六个部分、五个问题,还有几个问题仅完成了部分写作,故学位论文题目最终定为《元代人口问题研究》。

2007年9月我留校任教,在工作之余继续完成了元代户口概况、元代人口构成、元代婚姻家庭与人口、元代人口思想几个问题的写作,补充修改了学位论文中的内容,于2009年9月完成整部书的初稿,交出版社张秀平主任审读,至此已整整历时5年。这艰辛而充实的5年为本书打下了坚实的基础。随后的3年,我一边根据出版社的审读意见加以修改,一方面继续搜集补充资料,对书中史实、文献资料、引文注释多次查证、核对,对个人粗浅的认识、观点和文字反复思考、打磨。

感谢我的导师袁祖亮先生。8年来,在共同奋斗目标的承托下,我深刻体会到严师慈父的特别的爱和教导方法。导师在无比繁忙的教学、科研和各项事务之余,挤出时间亲自撰写书稿,即使在身体病弱时也从未言弃,只是借此提醒我们要注意身体、劳逸结合,不要累倒了。导师对学术研究的执著、严谨和身体力行,让我感到由衷地敬佩和感动;导师的人格品行,是我受益终生的精神财富!

感谢诸位专家、学者、老师的教诲和指导。郑州大学历史学院安国楼教授、张民服教授、姜建设教授、王星光教授、杨天宇教授、张旭华教授和河南省社会科学院历史研究所任崇岳研究员、上海交通大学关增建教授、中国社会科学院民族学与人类学研究所罗贤佑教授、南开大学李治安教授曾对我的博士学位论文和书稿提出宝贵意见和建议。特别是任崇岳研究员,不仅细细审读了我的博士学位论文和书稿,而且从元史、民族史的史料、史实方面多次给予指导。

感谢我的母亲宁彩云、父亲李若实、夫韩强、子天彻、姐李宁。8年来他们为我提供了最充分、最有力、最无私的亲情支持和日常保障。在奶奶去世、爸爸住院、孩子生病的非常时期,我的论文和书稿写作都是家人心中的重点保护对象。这一点非常重要也非常难得,我深感庆幸!

在与师兄袁延胜、焦培民、王孝俊、王涛等人的交流探讨中,我们分享彼此的苦乐和经验、成果;他们对我的研究方法和思路提供了启发和帮助。领导同事经常给予我支持、关心和鼓励,让我倍感安心和温暖。

人民出版社张秀平主任一直支持、关心本书的写作与出版,在此一并致谢!

8年一剑,然至出版之日仍有待充实改进之处,不由发出"只道'学无止境’，然‘学问亦无止境’”的慨叹！且将慨叹留做自己今后努力的空间，谨以此书呈谢本书的指导者和支持者。

　　书中资料繁多且文稿数经修改，错漏及认识偏颇之处恳请读者批评指正。

李　莎

2012 年 5 月 18 日午时

郑州大学新区柳园 17 号楼 123 室

图书在版编目（CIP）数据

中国人口通史·元代卷：全 11 册／袁祖亮主编；李莎著.
－北京：人民出版社，2012
ISBN 978-7-01-010594-9／
Ⅰ.①中… Ⅱ.①袁… ②李… Ⅲ.①人口－历史－中
国－元代 Ⅳ.①C924.2
中国版本图书馆 CIP 数据核字（2012）第 005660 号

中国人口通史·元代卷
ZHONGGUO RENKOU TONGSHI YUANDAIJUAN

主　　编：袁祖亮
作　　者：李　莎
出版策划：张秀平
责任编辑：张秀平
装帧设计：曹　春

人民出版社 出版发行

地　　址：北京朝阳门内大街 166 号
邮政编码：100706　www.peoplepress.net
经　　销：全国新华书店
印刷装订：河北永恒印刷有限公司
出版日期：2012 年 8 月第 1 版　2012 年 8 月第 1 次印刷
开　　本：787 毫米×1092 毫米　1/16
印　　张：25.5
字　　数：480 千字
书　　号：ISBN 978-7-01-010594-9/
定　　价：75.00元